李行健 张世平 赵景荣 著

讲述216个词语的故事

华语教学出版社
北京

图书在版编目(CIP)数据

说词解字 / 李行健，张世平，赵景荣著. —北京：华语教学出版社，2024.1
ISBN 978-7-5138-2487-3

Ⅰ. ①说… Ⅱ. ①李… ②张… ③赵… Ⅲ. ①汉语－词汇－研究 Ⅳ. ①H13

中国国家版本馆 CIP 数据核字(2023)第 231443 号

说词解字

出 版 人	王君校
策　　划	说词解字辞书研究中心
编　　者	李行健　张世平　赵景荣
责任编辑	郝　娜
装帧设计	罗小元
出　　版	华语教学出版社
社　　址	北京百万庄大街 24 号
邮政编码	100037
发行部电话	010-68995871　010-68326333(传真)
编辑部热线	010-68421318　18510010655（商务微信）
网　　址	www.sinolingua.com.cn
电子邮箱	scjzbook@126.com
印　　刷	北京中科印刷有限公司
经　　销	全国新华书店
开　　本	16 开（710×1000）
印　　张	30.5
字　　数	300(千)
版　　次	2024 年 1 月第 1 版第 1 次印刷
书　　号	ISBN 978-7-5138-2487-3
定　　价	68.00 元

版权所有・未经许可不得采用任何方式擅自复制或使用本产品任何部分・违者必究
如有印装质量问题,请拨打发行部电话；如有内容问题和商务合作，请拨打编辑部热线。

前 言

《说词解字》是一本具有很强的知识性、趣味性的语言学通俗读物。书中涉及的词语都是我们常用的,但是要想很好地理解它们,必须要理解透彻其中构成这些词语的语素。这本书是《现代汉语规范词典》编写组在编写《语素释词词典》的时候,长期积累的一些科研成果。

在上个世纪,王力先生就提出汉语词语是由单音节的语素构成的,要解释清楚这些词,就必须从语素入手,将它们的语素解释清楚了,词语自然就好理解了。周祖谟先生曾经说:如果谁用这种办法编词典,其编纂方法上的创新意义是非常大的。但是这个事情难度比较大,所以始终没人去做。在20多年前,国家语委在半谷开会的时候,为适应提升素质教育质量和外国人学汉语的需求,就确定了以此作为重要的项目编纂专门词典的方案,后来由于多种因素资金未得到落实。几年后,编写组自筹资金把这件事启动了起来,做了七八年时间,终于使《语素释词词典》书稿告竣,并且在不断的词语语素研究中,还发现司空见惯的词语背后,竟然有那么多有趣的故事以及发展演进的曲折过程,同时,也发现社会上流行的词语释义中存在的诸多谬误,因此,更觉得讲好词语故事、匡正认识谬误、理清孳乳源流是当代词典人当仁不让的责任和使命。

这个稿子里头有很多语素释词的科研成果,有的语素,一般人不知道来源和含义,也就弄不清楚这个词到底是什么意思。比如说"膜拜",就没有词典把"膜"解释清楚,经过考证研究,我们解释清楚了"膜拜"中"膜"的意思,这也就成为了从语素义清晰释词的关键。再如"瓦解"跟"瓦砾",这两个"瓦"字形读音相同,但含义是不同的,这就说明好多语素是多义的,它在不同词语里的意思也不一样,在组字成词的结构和过程中所起到的作用也是不一样的,如果这些意思弄不清楚,那对这些词语的理解就不可能确切。或者只是笼统地知"其然",而不能知其"所以然"。这样的词还不少。

说词解字

词语含义的引申发展是一个极其复杂的过程,其中有词义本身的扩大、缩小以及转换等因素的交替影响,也有跟随社会和语言发展而引申呈现出的各种新情况。所以,如何辨别一个词语语义的时代特征(共时)和历史特征(历时),同时寻找出它们在组成词语中的准确语义和结构作用,是一件很不容易的事情。比如我们所吃的中药药方是叫"单方"还是"丹方"? 以及用来嘲弄书生引经据典的"掉书袋"还是"调书袋"? 当前风靡一时的《罗刹海市》的"刹"字,读"chà"还是"shā"? 是梵文音译的"恶鬼"还是佛教语言的翻译? 这些问题都会出现在我们的生活中,困扰着我们对于词语的使用。还有一些名物词,伴随着历史的发展进程,呈现在我们面前的往往是一副有别于原型的新面:比如"鸲鹆"为什么改名叫"八哥"呢?"山药"最早叫"薯蓣",为什么唐代诗人改称"山药"? 还有,我们常吃的"菠萝",台湾同胞却称之为"凤梨"……我们也论说"咸猪手、破瓜、小姐"以及"绿帽子"这样的词语,不是为了哗众取宠添加一点儿"颜色",只是要正本清源地告诉大家,什么才是一个词语的正确起源,什么才是对于词语含义的准确理解。

解读词语中的文化特质,告诉读者词语所包含的"言外之义""弦外之音"也是我们词语研究者的责任。例如"禽兽"是不齿,而"衣冠禽兽"从锦衣华服到罪不可赦,其中的文化内容包括古代官制、服饰制度、等级制度等诸多方面;再如"二百五"这个俗语,其中包含古代货币制度、计量方式;还有"八哥"一词,其中涉及古代避讳制度、拟声规矩等等,这些涉及文化内容的词语不是一个两个,而是几乎所有的汉语词语都自带这样的天然禀赋。说清楚了,会豁然开窍;说不清楚,就只能囫囵吞枣、马马虎虎。我们会尽可能地深入浅出,把这些深奥的文化"藏经洞"变成通俗易懂的故事来呈现给大家。因此,纠正跑偏的语言文字观,保持对源远流长的汉语语言文字的敬畏和尊重,高举国家语言文字规范的旗帜,告诉大家什么是正确的、可以使用的词语,什么是违背国家规范和社会约定俗成的错、别字词或者已成明日黄花的过气不再使用的字词,是初心,也是我们的希望和愿景。

当然,最主要的是趣味和快乐,要让你在愉悦中阅读,而不是苦行僧般地寒窗苦读,所以像"八珍、饽饽、点心、馒头"的美妙口感;"借花献佛""不共戴天"的执着坚定;"卿卿我我""青梅竹马"的亲昵恩爱;"沧海桑田""蟾宫折桂"的神仙缥缈……都隐藏在一个个的小故事或者趣闻中向你款款而来。

前 言

因此,有的同志看了之后很感兴趣,觉得读者很需要这样的读物,就提出说希望我们先把这些成果及其探源过程从限于词典体例的简明释词中还原出来,单出一本书。大家接受了这个意见,遂委托赵景荣同志来做这件事情。景荣同志很早就参与了《语素释词词典》的编写,他有精深的古汉语和文学方面的修养,也有很强的写作能力,经过一段时间整理编写终于完成了这个任务,写出了200多例。这些稿件承《语言文字报》《北京晚报》的编辑加以青眼,在他们的阵地上先行发表了部分条目,也得到了读者的认可和鼓励,更坚定了我们在出版社的支持下使此书及《语素释词词典》早日问世的决心。

前辈语言学家的夙愿和期许,编写组同人的十年探索,希望得到社会和使用者的检验和评判。

李行健　张世平　赵景荣
2023 年 8 月 31 日

开篇:"山药"一词的来历

李行健

"山药"是我国南北各地普遍栽种的块根作物,国内品种很多,可以当粮食或蔬菜吃,同时也是中医常用药之一。"山药"通名"薯蓣",它最早记载于《山海经》,其后各种本草、雅书、笔记等间有记录。别名有玉延、山芋、山羊、诸薯等。李铁城同志的《简谈"圣讳"》(《光明日报》1961年12月9日)一文中说:"唐代宗名豫,旧时'山药'名叫'薯蓣',为了忌'豫'字,则将薯蓣改名为'薯药'。后因宋英宗名曙,又将'薯药'改名为'山药'。"这一说法最早见于北宋寇宗奭《本草衍义》卷七"山药"条。南宋顾文荐《负暄杂录》"物以讳易"条和罗愿《尔雅翼》卷六也有同样的记载。寇宗奭的书成于政和年间,距宋英宗(只做了四年皇帝)不过五六十年,他的记载应该是可信的。后来李时珍编《本草纲目》时就加以引用,清初张玉书等编纂《佩文韵府》和稍后吴其濬著《植物名实图考长编》时,也还照抄寇说,直到1958年再版的陈垣先生《史讳举例》卷二中还沿用此说。这一说法由于它的原始材料出自北宋人,加之历代学者往往深信不疑地辗转引用,似乎成了定论了。

但实际上它是有疑问的。王念孙在《广雅疏证》卷十上中就曾引韩愈《送文畅师北游》诗"山药煮可掘"为例,指出"唐时已呼山药。别国异言,古今殊语不必皆为避讳也"。后来《辞源》又重申了此说。但可惜他们谈得太简略,似未引起人们的注意。所以,"山药"到底是怎样来的,确是值得我们搞清楚的一个问题。

唐人诗中谈到"山药"的很多,除韩愈《送文畅师北游》外,还有韦应物的《郡斋赠王卿》:"秋斋雨成滞,山药寒始华。"《答僴奴重阳二甥》:"山药经雨碧,海榴凌霜翻。"陆龟蒙《新秋杂题六首·食》:"日午空斋带睡痕,水蔬山药荐盘飧。"马戴《过野叟居》:"呼儿采山药,放犊饮溪泉。"等等。似乎"山药"是当时的一个通行词。但我们马上会很自然地想到:这里"山药"是指的"薯蓣"吗?我的回答是肯定的。其一,诗中的"山药"是一个专有名词,不是"山中之药",如果当作"山中之药"诗就不好讲,因为许多药就不需要"掘"。其二,从诗中谈到的情况来看,它们与"山药"的特征是相符合的。"山药"是块根植物,需要"掘";"山药"在秋天收获,诗人就在"新秋"的"饮食"中歌唱它。据钱仲联先生考证,"山药煮可掘"一诗也写于秋末冬初(见《韩昌黎诗系年集释》卷五)。这也是不无原因的吧?其三,唐人前后就有不少把"薯蓣"当食物的记载(见《太平御览》)。所以诗人才把"山药"与蔬菜并列。可见"山药"并不是一般的"药"物。其实,有不少学者是把唐诗中的"山药"理解为"薯蓣"的,如王念孙和《辞源》的编者等。我们还可以从正面来说明"山药"确是指的"薯蓣"。隋末唐初的孙思邈就有过"薯蓣生于山者名山药"的记载(见所著《千金要方》)。可见"山药"的来历绝不是因为避唐代宗李豫或宋英宗赵曙的"圣讳",而是生于"山"且可以入"药"这个特点带来的。因而"薯蓣"才有"山芋"(《神农本草经》卷一)"山羊"(《异苑》)"山薯"(苏颂《图经本草》)等以"山"来命名的别称。更怪的是,既然唐代宗之后改叫"薯药",从有关文献中却找不到这"名字"。这就更不能不使人怀疑这一说法的可靠性了。

从以上看来,是否寇说就完全不可信,应像王念孙那样笼统地加以否定呢?那也未必。寇宗奭距宋英宗朝极近,不大可能无中生有的虚构,其记必有所本,其他宋人著作中才会一再出现类似的记载。我们还绝不能设想寇氏等宋儒不知韩昌黎、韦应物、陆龟蒙等唐代著名诗人的作品中一再出现"山药"的事实。如果作一合理的推断,我认为事情可能是这样:宋英宗前"薯蓣""山药"同时并行,确因避宋英宗讳,有过排斥"薯蓣"而人为地定"山药"为正名的举动。寇说的毛病在于记得不确切,好像"山药"这个词是从宋英宗后才产生,并且它同"薯蓣"是先后出现而不能并存似的。这就给我们带来了不少混乱。本来,一个事物同时通行两个或两个以上的名称是极普通的事,就在今天普通话中也可以找到不少同实异名的词。上述理解还是有根据的(从孙思邈的记载中也说明"山药""薯蓣"并行的情况),也只有这样理解,我们才会解决寇宗奭等既知唐时已称"薯蓣"为"山药"的事实,但又记载了避宋英宗讳改"薯蓣"(或所谓"薯药")为"山药"的问题。今天我们要注意的是,各地所说的"山药"却不一定是指"薯蓣"了,比如河北省保定、石家庄、邯郸一带"山药"指的是"红薯",张家口一带"山药"却又指"马铃薯"。真正的"薯蓣"当地则叫作"菜山药""长山药""条子山药""麻山药""白山药"等。这是由于明朝万历年间从国外引入"红薯",群众把"红薯"也叫作"山药",为了避免引起混乱,就给原来的"山药"都加上一定的修饰语。

  从"山药"来历的探索中,深深感到做学问时鉴别材料的重要和困难。清初张玉书等人编《佩文韵府》,在"山药"条下引寇宗奭说法作命名的说明,后又引韩昌黎、韦应物等人的诗作例证。这本来就是奇怪的事,因为宋朝产生的词竟跑到唐人诗中去了。这似乎说明他们只堆砌了材料,并未对这些材料进行分析。大约是官修的书往往难免粗制滥造的缘故。日人诸桥辙次等编的《大汉和辞典》,也同样犯了《佩文韵府》的错误,引用寇说作说明,引用韦应物诗作例证。这些都且不去说它。李时珍误信寇说,却说明了即使宋朝人记的宋朝事,也不可轻信,还需用其他材料来校正,否则即令像他这样杰出的学者也难免上当。陈垣老之所以相信寇说,那是因为他过分相信了李时珍(因为他转引自《本草纲目》)。这又说明即使对像李时珍这种持有十分谨严的治学态度的学者所引用过的材料也还需要加以鉴别。

(原载《天津日报》1962年9月12日,
转载于《咬文嚼字》2023年11期)

目 录

1 仓颉"范书"风开"戊己" ……………………………… 1
2 万流归宗话"中国" ………………………………… 4
3 古时"规范"不规范 ………………………………… 12
4 "膜拜"溯源 ………………………………………… 15
5 以树喻人识"楷模" ………………………………… 17
6 殊途同旨的"榜样" ………………………………… 19
7 何为"鞭策"? ……………………………………… 21
8 "觉悟"探源 ………………………………………… 23
9 "桑梓"缘何指乡愁? ……………………………… 25
10 "翘楚"何以喻"出众"? …………………………… 27
11 古今"角色"看变化 ………………………………… 29
12 "元首"一词的来历? ……………………………… 31
13 "秩序"解 …………………………………………… 34
14 "盘缠"与"川资" …………………………………… 36
15 "蟾宫折桂"不易,"独占鳌头"真难 ……………… 39
16 "碧"有千千语,色无一点尘 ……………………… 41
17 "难"字为什么当选2021海峡两岸年度汉字? …… 43
18 "槽"与"枥"的不同 ………………………………… 45
19 "当"是怎么上的? ………………………………… 48
20 河水干了,羿能"蹚"过去吗? …………………… 50
21 "苔"与"薹"一样吗? ……………………………… 53
22 "悲"字亦有不悲时 ………………………………… 55
23 辨识"班"字不容易 ………………………………… 57

24 此"斗"非彼"斗"也！ …………………………………… 59

25 腊月说"腊" ………………………………………………… 61

26 拈酸说"醋" ………………………………………………… 63

27 公说"公"的理 ……………………………………………… 66

28 "乖"是怎么"变乖"的？ …………………………………… 69

29 谁"罢"了谁的官？ ………………………………………… 72

30 毛病是"病"要根治 ………………………………………… 74

31 桃之夭夭：古人也玩谐音梗 ……………………………… 76

32 "白丁"之"白"非白色 ……………………………………… 78

33 "永远"是多远？ …………………………………………… 80

34 回马交兵说"回合" ………………………………………… 82

35 做人为何要挺起"脊梁"？ ………………………………… 85

36 如何"提携"？ ……………………………………………… 87

37 梦回古代的"聪明" ………………………………………… 89

38 小议"打尖" ………………………………………………… 91

39 "打点"从哪里来？ ………………………………………… 94

40 来龙去脉话"龙脉" ………………………………………… 97

41 百年心事祈"圆梦" ………………………………………… 99

42 拨开迷雾辨"推荐" ………………………………………… 101

43 "瓦解"源流辨 ……………………………………………… 103

44 学生因何称"桃李"？ ……………………………………… 106

45 八珍：美食文字的古往今来 ……………………………… 108

46 古今品"八宝"，滋味大不同 ……………………………… 111

47 "牛耳"与"马首" …………………………………………… 113

48 "鼻祖"为何称"始祖"？ …………………………………… 115

49 "爱河"是褒还是贬？ ……………………………………… 117

50 "八字"怎么就"没一撇"呢？ ……………………………… 119

51 "保管"是从"人"到"财物"吗？ …………………………… 121

52 "碧玉"是不是"邻家女孩"？ ……………………………… 123

53 "百姓"不平凡，平凡无"百姓" …………………………… 125

目 录

54 "版图"怎成"疆域"代名词？ …… 127
55 "大驾"是什么"驾"？ …… 129
56 "丹方"还是"单方"？ …… 131
57 "伙伴"是"火伴"吗？ …… 133
58 "结发""束发"两相疑 …… 135
59 "六甲"到底指什么？ …… 137
60 "三伏"与"三秋" …… 139
61 二十四节气说"白露" …… 141
62 "杀青"为何表"完成"？ …… 143
63 "烧包"何来？ …… 145
64 "私房"究竟指什么？ …… 147
65 "天物"能说人吗？ …… 149
66 梆子：从深夜敲到舞台 …… 151
67 便利店前说"便利" …… 153
68 此"八卦"非彼"八卦"？ …… 155
69 芳龄几何说"破瓜"？ …… 157
70 纷繁杂乱说"小姐" …… 159
71 各说各话说"涂鸦" …… 161
72 古今"罢休"义不同 …… 163
73 古今"保姆"差异大 …… 165
74 古来"鏖战"苦，"鏖""熬"各不同 …… 167
75 含糊其词说"含胡" …… 169
76 汉唐婚嫁无"财（彩）礼" …… 171
77 解说"烦恼" …… 173
78 明明白白说"糊涂" …… 175
79 模棱两可说"模棱" …… 177
80 众说纷纭辨"东西" …… 179
81 探究"黄泉" …… 181
82 也说"傀儡" …… 184
83 "卑鄙"是"身份证"还是"品德操行评语"？ …… 186

84	"扯淡"不是"扯蛋"	188
85	"后门"是方便之门吗？	190
86	"马虎"出人命,不是小事情	192
87	"染指"一词勿乱用	194
88	暗算:谍中谍、计中计？	196
89	巴结:越黏糊越有效	198
90	把柄:从抓手到物证的演化	200
91	霸道:形而下治人	202
92	褒贬迥异说"禽兽"	204
93	鸠占鹊巢说"洋"相	206
94	"败北"为什么是"败背"？	209
95	情意绵绵说"秋波"	211
96	"膏粱"与"纨绔"	213
97	何谓"荒唐"？	215
98	"石油"的前世今生	217
90	从"山药"的更名说起	219
100	逢年过节"饽饽"香	221
101	凤梨、菠萝怎分辨？	223
102	"八哥"更名记	225
103	家里家外说"馒头"	227
104	闲话"点心"	229
105	墙里墙外说"秋千"	231
106	门里门外话"影壁"	234
107	"翻译"始自佛门吗？	236
108	小解"南无"	239
109	"超度"的前世今生	241
110	"坐蜡"是土语还是佛缘？	244
111	变得是表象,不变的是内心	246
112	不"棒喝"无以阅本性、悟道理	248
113	被滥用的"借花献佛"	250

目 录

- 114 苦海无边说"苦海" …………………………………… 252
- 115 我们都错怪了"二师兄" ……………………………… 254
- 116 "元宇宙"里看"沧海桑田" …………………………… 256
- 117 如何理解"风马牛不相及" …………………………… 258
- 118 老态为何用"龙钟"？ ………………………………… 260
- 119 "唇亡齿寒"非小事 …………………………………… 262
- 120 "卿卿我我"为哪般？ ………………………………… 264
- 121 胡说"?"道 …………………………………………… 266
- 122 目不识"丁"识什么？ ………………………………… 268
- 123 "沉鱼落雁"是形容美还是丑？ ……………………… 270
- 124 "春风得意"处，人生尽此时 ………………………… 272
- 125 "出人头地"见真章 …………………………………… 274
- 126 "高枕"怎么就"无忧"了？ …………………………… 276
- 127 "皆大欢喜"不容易 …………………………………… 279
- 128 "三阳开泰"春风来 …………………………………… 281
- 129 "生花"的是笔吗？ …………………………………… 283
- 130 "竹马"何以配"青梅" ………………………………… 285
- 131 "道""魔"争锋谁更高？ ……………………………… 287
- 132 按什么"部"？就哪里的"班"？ ……………………… 289
- 133 八仙过海：民众理想的英雄实现 …………………… 291
- 134 白虹贯日：从天象说到人间 ………………………… 293
- 135 从专业到通俗的"按图索骥" ………………………… 295
- 136 结交为什么要"八拜"？ ……………………………… 297
- 137 秦晋之好：从政治联姻到两情相悦 ………………… 299
- 138 什么人叫"乘龙快婿"？ ……………………………… 302
- 139 古人也会"凡尔赛" …………………………………… 304
- 140 "苦口婆心"为哪般？ ………………………………… 306
- 141 来来往往说"朋友" …………………………………… 308
- 142 为什么叫步步"金莲"？ ……………………………… 311
- 143 正解"门当户对" ……………………………………… 313

144	天下之大，何处"安身"？	315
145	研习"雕虫"小技	318
146	"三教九流"指什么？	320
147	三更半夜是何时？	323
148	"三长两短"正误辨	325
149	百无聊赖话"聊赖"	327
150	人云亦云的"拐弯抹角"	329
151	为什么是"徐娘"？	331
152	什么才是"司空"见惯？	333
153	迷惑人的"花言巧语"	335
154	"痴人说梦"终不疑	337
155	"饮鸩止渴"是找死！	339
156	"恶语伤人"恨难销	341
157	"五雷轰顶"心欲碎	343
158	伤心欲绝才用"肠断"？	345
159	"拔、揠"皆愚蠢，长苗须自然	347
160	什么人被称为"乌合之众"？	349
161	什么"仇"才会"不共戴天"？	351
162	生死一知己，成败皆萧何	353
163	什么人被称为不"速"之客？	355
164	作壁上观：各私自私，各利自利	357
165	哪些人会"奴颜婢膝"？	358
166	一个关于待遇的成语	360
167	一"窍"不通几人同？	362
168	无药可治的都是"心"病	364
169	天下本无事，疑心自扰之	366
170	"家贼"为什么难防？	368
171	两个糊涂蛋的"立此存照"	371
172	古今"抱佛脚"，意义大不同	373
173	"高帽"究竟给谁戴？	375

目　录

174	俯首甘做"孺子牛"	377
175	比翼鸟：从身体到感情的永不分离	379
176	"金龟婿"是"贵"还是"富"？	381
177	"石榴裙"因何指美女？	383
178	"半瓶醋"为什么喻指读书人	386
179	逃避现实的绝招，表达情绪的窗口	388
180	心有善恶，"术"分良莠	390
181	为什么投降要举"白旗"？	392
182	"试金石"试出了什么？	394
183	"掉书袋"为什么是正确用法？	396
184	撒手锏：充满文学想象力的绝招	398
185	"不服老"，可不是"不伏老"！	400
186	"下马威"是谁的威风？	402
187	"鬼门关"前细分辨	404
188	"绿头巾（帽子）"为谁而戴？	406
189	"守财奴"还是"守钱虏"？	408
190	"长舌"的福祸	410
191	被"杀"的风景使人愁	412
192	"一不做，二不休"告诉我们什么？	414
193	急急如律令，网上怎么用？	416
194	天地人情，通通不管	418
195	方言俗语说"黄牛"	420
196	古往今来说"饭圈"	423
197	"二五眼"是什么眼？	425
198	"半吊子"当不得！	427
199	"咸猪手"是什么手？	429
200	八（大）姨：为什么是"裙带关系"？	432
201	刮地皮是怎么个"刮"法？	434
202	什么是"烧高香"？	436
203	眼中钉是什么"钉"？	439

204 究竟什么人才会"打秋风"? …………………………………… 441
205 码头"敲竹杠",闹市"拆白党" …………………………………… 443
206 名士翻"白眼",名妓"闭门羹" …………………………………… 445
207 为什么是"说曹操,曹操到"? …………………………………… 447
208 旁门左道的"野狐禅" …………………………………………… 449
209 皮囊因何用"臭"字? …………………………………………… 451
210 乞丐为什么俗称"叫花子"? …………………………………… 453
211 冤不冤,与大头何干? ………………………………………… 455
212 色盲不可怕,"心"盲才糊涂 …………………………………… 457
213 挂什么头,卖什么肉? ………………………………………… 459
214 有钱能使"鬼"推磨 …………………………………………… 461
215 怪诞奇"词"道符字 …………………………………………… 463
216 语言"杂烩"造就的娱乐狂欢——解词《罗刹海市》………… 467

后　记 …………………………………………………………………… 470

仓颉"范书"风开"戊己"

问：为什么题目用"戊己"两个字？多难懂啊！

答：因为这是中国文字史上最早的两个规范用字，也就是当时的"范书"，是字圣仓颉所造汉字的头两个字，代表"黄帝"的意思。

中华文字之始，从现有资料看应该是殷商甲骨文，也就是公元前2000年左右，再往前，就只能靠考古资料的佐证和想象丰富的神话了。按古文字学家的意见，甲骨文是"目前所能看到的最早而又比较完备的文字。"已发现多达3000个以上字，包括名词、代名词、动词、助动词、形容词等。作为成熟文字，甲骨文能组成长达170多字的记叙文，所以很多学者也认为，甲骨文一定不是我国文字的萌芽初创阶段，在它以前，文字一定已经有一段较长时间的萌发过程。

后来考古发现，甲骨文之前，出土于八千多年前的贾湖刻符、距今6000年前的属于仰韶文化的半坡遗址的半坡陶符（于省吾认为"是文字起源阶段所产生的一些简单文字"其中一些是数字）、距今5000年前，属于长江下游良渚文化的江苏省青墩遗址数字刻符以及山东的骨刻文等，都昭示着中华文字系统创始时期的一些情况。

东南西北中，都发现了不同形式的文字早期雏形，这些早期刻画如何转化成为可以读写表义的文字呢？迄今为止，作为文字的肇始之说，只有仓颉造字的传说流传甚广。

仓颉到底对中华文字做出过怎样的贡献呢？

最早记载仓颉的《荀子·解蔽》一书，是这么描述的："故好书者众矣，而仓颉独传者，壹也。好稼者众矣，而后稷独传者，壹也。好乐者众矣，而夔独传者，壹也；好义者众矣，而舜独传者，壹也"。所谓"壹"，意为统一，就是将搜集的文字整理，然后规范并且定型的意思。荀子在这里是说,仓颉因为做了整理规范统一文字的工作,所以被历史所铭记。

后来,东汉许慎的《说文解字》中说:"黄帝之史仓颉,见鸟兽蹄迒之迹,知分理之可相别异也,初造书契,百工以乂,万品以察。"

"初造书契"说得很清楚,是"书契",此"书"同秦始皇所下诏书中"书同文"之"书"是一个意思,就是官方使用的规范文字。后来,鲁迅在《汉文字史纲要》里,也对汉字形成问题作了探讨,认为历经许多年代,许多人手,最终才慢慢形成。所以,文字在仓颉之前已经出现雏形了,但通用官方规范文字——"书",确自仓颉开始。

几千年前的中国,我们姑且将来自各地的刻符刻文称为方言,将仓颉整理规范文字的行为称为第一次通用汉字字表的制定。这是古代各地方文字提升为中华民族统一通用语言文字的开始。

那么,仓颉作为中国最早的文字规范创始人,他做了哪些工作呢?

首先是制订规范文字字表,设立文字规范标准,使得文字成为中华大一统时代的基础性工程。

位于陕西省渭南市白水县城东北35公里处的仓颉庙,距今已有2000多年,是中国唯一仅存的纪念文字先祖的庙宇。庙里立着一块《仓圣鸟迹书碑》,黑色的石碑上刻着28个古怪的符号,相传这就是仓颉当年所整理规范象形文字的本形字表。据1984年上海书店翻印的宋代王著《淳化阁帖》中,将它们破译为:"戊己甲乙,居首共友,所止列世,式气光名,左互X家,受赤水尊,戈矛釜苇"。

这28个即便是如今也难以辨认的文字,即是中国规范文字的肇始,就像秦始皇命令李斯等人作的小篆文字、汉代刻石的熹平石经一样,都是文字或者经典的标准范本。

其次,文字肇始,首推炎黄,确立华夏民族主体地位,显示文字传颂的神奇力量。

据《史记·五帝本纪》记载,炎帝有圣德,以火德王,黄帝有土德之瑞,土为黄色,所以称为黄帝,居于涿鹿,位于中央位置。所以"戊己"代表黄帝,"甲乙"代表炎帝,炎黄是中华民族的代名词,因此,"戊己甲乙"位列中华文字的首位和核心。

仓颉是黄帝的史官,代表当时的官方,毫无疑问,他是中华民族统一规范文字的创始人。他首创的前四个字"戊己甲乙"所承载的中华民族炎黄子孙的含义,充分显示了文字在历史传承发展关键时期的重大作用,向后人昭示和确立了华夏炎黄子孙的根脉渊源。

当然,后世也有学习仓颉这种做法的,诸如大宋王朝初创便编写的《百家姓》,就把老赵家、老钱家列在前两位,可惜学歪了。

再次,开启汉文字从象形符号到真正文字的先河。

"苍天焉灵圣躬于阳武俾传六书字法,黄帝敕葬仙骨于利乡命享万代香烟。"在仓颉庙后殿石刻中,有一幅后人点赞的对联说得清楚,"俾传六书字法"中的六书(指象形、指事、会意、形声、转注、假借)成字法,即是约定俗成的汉语文字六种规范创字组词方式。传说中仓颉所开创的从划符、刻符到有规律可循的形音义齐备的文字历史,在后人的不断继承、规范、发展中,完成了中国方块文字的构图全景。

顺便"皮"一下,画像上双眼皮四只眼睛的大知识分子仓颉,似乎预知今天的知识分子都要戴上厚厚的眼镜一样,早早地变成了"四眼",而且,他的所有行迹和创造都在陕西。辛卯年清明节前,在陕西省黄帝陵的神天鼎下,延绵不绝的沮水河边,一座大理石仓颉造像和一组仓颉造字的大理石浮雕群落成。从此,"人文初祖"和"文字初祖"再一次珠联璧合,成为中华民族伟大文化遗产的巍巍高山。

一、"中国"的文字含义

"中国"一词最早出现在西周时期的一件青铜器——何尊的铭文中,是这样表述的:"曰:余其宅兹中国自兹乂民。"可见此时的"中国"并不是一个复合词,各自代表自己原本的含义,正像《尚书·盘庚上》中说:"我王来,既爰宅于兹。""宅兹中"就是居住在中央的意思,"中"在此处是一个自然地域概念,也是一个社会治理枢纽的概念,还不足以表示国家或者民族的政治或组织概念。因此,许慎在《说文解字》里说:"中:内也。从口。丨,上下通。"属于六书中的指事。甲骨文字形,中像旗杆,上下有旌旗和飘带,旗杆正中竖立,飘带迎风飘扬(图1)。

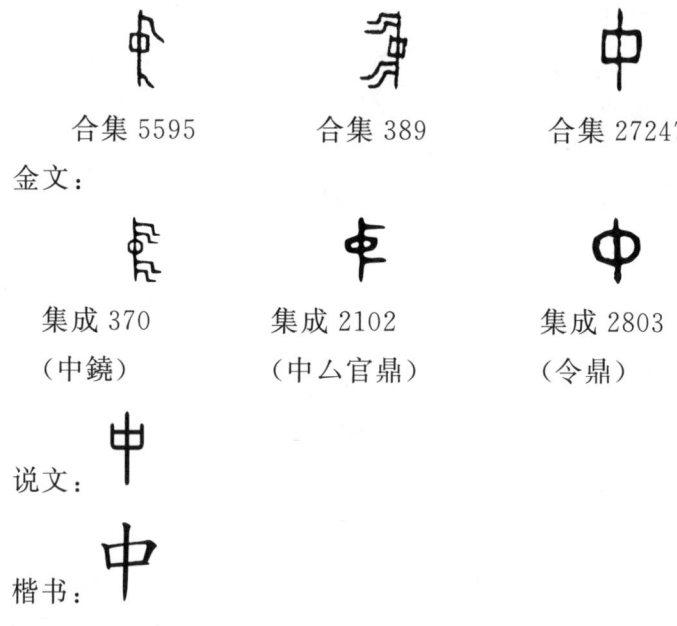

甲骨文:
合集 5595　　合集 389　　合集 27247

金文:
集成 370　　集成 2102　　集成 2803
(中鏡)　　(中厶官鼎)　　(令鼎)

说文:

楷书:中

甲骨文三例词形中,第一例 ,六书中属于指事字,像旗

之形,竖笔像旗杆,中像幅,上、下像斿(古代旌旗上的飘带)。第三例作 ⊕ ,其实是 ⊕ 字的省略,从矢、从 (圜之初文),是一个会意字,表示一支箭矢从靶标中穿心而过,与旗帜飘扬在圜心的意思有了截然不同的区别。可见,"中"字从造字伊始,就肩负了两重含义,一个是方圆地理中心的意思,一个是弓箭射中靶标的意思。只是在古代,人们把 ⊕ 和 ⊕ 混成了一个字,这种情况从甲骨文一直延续到金文以至于战国文字。在现代汉语中,这个问题倒是分野很清楚,人们用读音声调的不同来区分这两个字,读一声是 ⊕ ,读四声是 ⊕ 。据说 ⊕ 有召集、凝聚士众百姓的作用。本文中讨论的是 ⊕ 字的含义,当是"中心;当中"的意思,指一定范围内部居于中心的位置。

到了西周时期,该字又被引申出政治文化的枢纽核心。因此,《康熙字典》解释为:中央,四方之中也。《尚书·召诰》里"王来绍上帝,自服于土中。"的注释说:洛(邑)为天地之中。因此,此处的"中"即是指当时的天地方圆之中心,具体说就是《禹贡》九州的核心地段——洛邑(尚书称"洛")。这与《逸周书》中的一段记载十分吻合:王曰:"呜呼,旦!我图夷,兹殷,其惟依天,其有宪命,求兹无远。天有求绎,相我不难。自洛汭延于伊汭,居阳无固,其有夏之居。我南望过于三途,北望过于有岳,鄙顾瞻过于河宛,瞻于伊洛。无远天室,其曰兹曰度邑。"大意是:武王对旦(周公)说:如果要确定承受天命,平灭殷商,就必须依傍天室(上天的都邑),那里有上天的法令;依傍天室的地方在哪儿呢?不需要到远处去寻找,就是洛地;上天已经经过反复探求,一定会佑助我们,洛地距离上天的都邑不远,以后定都于兹,就把这里叫作度邑。后来,武王病逝后,成王继位,"使召公复营洛邑,如武王之意。周公复卜申视,卒营筑,居九鼎焉。曰:'此天下之中,四方入贡道里均。'《史记·周本纪》"可见,在当时西周王朝据有宗周(丰镐)之地作为国都的同时,又指派周公、召公建设成周(洛邑)之都。《新书》中说:"古者天子地方千里,中之而为都。"因为有了王朝国都的加持,才使得"中"字在地缘概念上附加了政治、经济、人口等中心的社会治理枢纽概念。

同时,这个"中"字在西周的文字体系中也是指乾坤阴阳的中心,大家知道,文王演"易",西周创立的"易学"体系为世界创建了一个意识形态的中心学说——这就是乾坤阴阳,这个学说以阴阳为本体,以八卦为表象,来解释自然世界物质运动和人类社会生活的所有问题。其最简单的表现方式就是画"九宫格"——周人的自然世界是"九州",于是就按照自然地理划分了九个格子,其中洛邑所在的豫州,处于九州(九宫格)之"中",是对应天上"中宫"的"天下之中"(见图2)。而且,纵观周人的社会治理方面,也是遵循这一规律来进行的。比如官僚制度中的"分封制"、土地制度中的"井田制(图3)"以及统治者死后墓葬制度中的"中"字形墓葬坑等等。在那个"普天之下,莫非王土,率土之滨,莫非王臣"的时代,"中"字出现极早并承担着重要的文字内涵和社会意义。

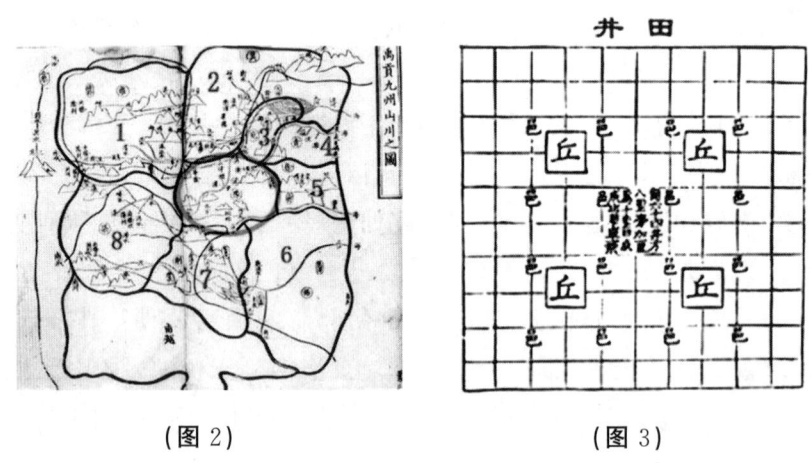

(图2)　　　　　　　　(图3)

"国"字在何尊的字形是不带全包围的"囗"的,原作"或"。甲骨文无此字,周初金文中的该字含义指城邑、城邦,也有的字形上还附加一个"邑"字(见图5),可见都是表达一个"都城,都邑"的意思。古代的城邑,即为王国都城或者诸侯百姓居住生活的中心城市或者聚居区域。"囗"表示城垣,"戈"为兵器,表示武装,含义是用武力(戈)保卫城邦(囗)(见图4),含有武装保卫天子之都的含义。

(图4,兮白盘铭文)　　**(图5,师敦器盖铭文)**

万流归宗话"中国"——"中国"一词的文字含义与文化意义

周礼对"国"字有明确的界定,其注中说:"大曰邦,小曰国,邦之所居亦曰国。"《说文解字》中"国,邦也。"所以"国"所释放的含义中,处处充溢着政治、经济、文化、社会生活中心的意味。当以"天人合一"思想为圭臬的周人把代表天地中心的"中"和代表人文中心的"国"结合成一个具有复合意义的"中国"一词时,尽管最初的它并不完全像一枝血脉相通、亭亭玉植的并蒂莲花那样具有天然的内在联系,却也表现出缠绵纠缠中脉脉含情的绝世风貌。这种观瞻感伴随着时世轮回,沧海桑田的过程愈发显得具有更加高古和风雅的崇敬感和归属感。

由"中"与"国"组成"中国"一词的出现,始见于周初,除了青铜器《何尊》以外,最早的传世文献《尚书》中追述周成王说:"皇天既付中国民越厥疆土于先王。"《诗经》《左传》《孟子》等先秦典籍也多用此词。此时的词义还具有浓郁的地域特点,一般多与"四方""四夷"对称,例如:《诗经·民劳》:"惠此中国,以绥四方。""惠此中国,以绥四国。"以及《诗经·六月》序:"《小雅》尽废,四夷交侵,中国微矣。"《穀梁传》:"澶渊之会,中国不侵伐夷狄,夷狄不入中国,无侵伐八年。"等等,均表示周天子所居首都京师的含义,具体还是指成周之城——洛邑。之后由于包括宋、卫、晋、齐等中原诸侯国的不断加入,"中国"从专名引申为泛指中原诸侯国组成的国家政权群体,其词义也由于统治地域上的不断扩大而逐渐拓展开来。

从历时角度来看,"中国"一词具有先表地域方位义、后表示京都、皇权等政治、经济、文化和人才、财富、权力等中心的特点,也就是先具象后抽象、先地理、再社会,最后升华为意识形态的特点。

上古时代,人们以洛邑称中国,后泛指中原地区。《韩非子》里说:"夫越虽国富兵强,中国之主皆知无益于己也。"汉代桓宽在《盐铁论》里也说:"大河之始决于瓠子也,涓涓尔,及其卒,泛滥为中国害。"同时,该词也开始指建国于此地的国家、王朝、京城或者人民。《汉书》里:"即以为不毛之地,亡用之民,圣王不以劳中国,宜罢郡,放弃其民,绝其王侯勿复通。"毛亨在解释《诗经》里"惠此中国,以绥四方。"时说:"中国,京师也。裴骃集解《史记·五帝本纪》引刘熙的话说:"帝王所都为中,故曰中国。"方世举注解李贺"江娥啼竹素女怨,李凭中国弹箜篌。"诗句里的"中国,作都中解。"南朝宋·刘义庆《世说新语》里:"江左地促,不如中国。"《宋史·岳飞传》里:"金人所以立刘豫于河南,盖欲荼毒中原,以中国攻中国。"所以,汉代《盐铁论》说:"中国与边境,犹支体与腹心也。"正如《战国策》里所说:"夫韩、魏,中国之处而天下之枢也,王其欲霸,必亲中国以为天下枢,以威楚、赵。""中国"一词既代表着天下(地域、政权、经济、文化)的中枢,也是至高无上、万民敬仰的核心。

二、"中国"的文化意义

"中国"一词其含义从单纯的地缘位置中心到邦国城邑的政治、经济和社会生活枢纽,再到具备文化含义的核心,以至于升华至形而上学的意识形态归宿和依托,走过了一个又一个具有不同社会制度、生活方式、心理感受等复杂内容交织纠缠的过程,形成了具有核心控制力、影响融合力、信仰归宿感等诸多文化内涵,直接影响了我国社会发展的进程和左右了人们的价值趋向和情感皈依。《史记·赵世家》里说:"中国者,盖聪明徇智之所居也,万物财用之所聚也,贤圣之所教也,仁义之所施也,诗书礼乐之所用也,异敏技能之所试也,远方之所观赴也,蛮夷之所义行也。"正是由于这种逐步深入的转变,使得"中国"一词所涵盖的地域、社会体制、文化传承以及意识形态都产生了与其他地方截然不同的状态,具备了自己独特的文化意义。

首先,"中国"一词所赋予的文化意义,最重要的就是大一统的国家观、核心统治力下的控制论以及全民向心的凝聚力。

从"中国"悠久的历史发展中,不管是两周"礼治德化"的分封时代,还是秦汉"尊法明德"的封建初创时代以及隋唐"尊儒吏治"的封建鼎盛时期,"中国"一词含义中永续不变的地缘中心,其所对应的四方夷蛮的基础概念是一以贯之的,从未发生丝毫的偏移和改变。这既是古人天命观念的重要组成部分,也是后天地缘政治所形成的自然结果。

《礼记》中说:"中国、蛮、夷、戎、狄五方之人。"《尚书》中说:"皇天既付中国民越厥疆土于先王,肆王惟德用,和怿先后为迷民,用怿先王受命。"《司徒职》说:"日至之景,尺有五寸,谓之地中,天地之所合也,四时之所交也,风雨之所会也,阴阳之所和也,然则百物阜安,乃建王国焉。"因此,"中国"所处的位置既是天意的顺势而为,又是天地人和、百物集于一体的核心所在。

其所能够展示的核心统治力主要表现在三个方面。一是不断完善核心统治制度展示出强大的吞并力量。伴随着中国历史的王朝更迭,产生了一种几乎不变的向心力量,使得每一个战胜民族或国家,在建立王朝核心统治力量时,都不约而同地将目光凝聚在"中国"这片土地上,并不仅仅因为它有肥沃的土地、能产粮食或者物品的良田以及数量众多的人口,还因为这个中国还有先进而积累数量可观的典章制度、社会文化储备,这种硬实力和软优势使得"中国"首先成为一个新王朝的首善之选。定国都于此,迁移人口于此,修建经济设施于此,造就文化中心于此……将此地打造成为统辖域内最有力量、有高度的首要区位,几乎是作为统治者的首要任务。例如西周灭掉殷商后的第一件工作,就是迁宗周丰镐的国都到成周洛邑;秦代灭六国后,也是把都城从关中平原西部的雍城迁移到咸阳渭河北岸;西汉灭酷秦之后,放着咸阳北版上现成的都城宫殿不用,一定要定都渭河南岸的长安,为了解决人口的不足,还从江淮一带迁移大量的人口进驻长安周围,作为拱卫。《昭明文选》里记载了汉代娄敬所说:"委辂脱挽,掉三寸之舌,建不拔之策,举中国徙之长安,适也。"唐代李氏统治集团,从太原起兵,用了当地"唐"的国号,却不在太原建都,而是扩建了隋朝大兴城,改称长安城……所有的历史史实都说明了一点,"中国"不仅是地理方位上的中心,而且是国家统治的中心,其所日益完备的社会治理体系和相关制度优势吸引着历朝历代的创立者,因此,选择对了"中国"的所在,也就无形中建立起来强大的统治力量,使得"四夷宾服,万国来朝。"所以,《盐铁论》里讲:"夫中国,天下腹心,贤士之所总,礼义之所集,财用之所殖也。"

"中国"一词所蕴含的体制制度以及社会治理基础的特色内容成为吸引周边所有社会形态的巨大内核。正如西汉杨雄在《法言》中表述的那样:"五政之所加,七赋之所养,中于天地者,为中国。"承继"今万方绝国之君奉赘献者,怀天子之盛德,而欲观中国之礼仪,故设明堂、辟雍以示之,扬干戚、昭《雅》《颂》以风之。(《盐铁论》)"所言,"践天子位焉"的君主,都期盼着"夫然后之中国。"才能够"得志行乎中国,若合符节,先圣后圣,其揆一也。(孟子语)"

制度的优越性还使得"中国"成为各方仿效和学习的对象。"陈良,楚产也,悦周公、仲尼之道,北学于中国。(孟子语)""长于京师,慕乐中国,亦复参其典法。(《后汉书》)""其文字、甲兵同于中国。(《隋书》)""有文字,知书计,所置官亦采中国之号焉。(《旧唐书》)"尤其是还处于边鄙的各个少数民族,其对于"中国"制度和社会治理方式的仿效学习,几乎是完成其自身发展最快、最好、最有效的途径，因而，归附和融合直至成为一体，也就成为历史发展中民族融合的不二法则和捷径。

"今回纥娶妇，须慕中国礼。"对于"中国"制度的敬仰出自对于"中国"的主观认知，《旧唐书》里说："中国百姓，天下本根；四夷之人，犹于枝叶。"作为根本性的源泉，"中国"在所有其他民族中的认知含义决定了他们必然会以"茫茫九派流中国"的方式前来投靠。匈奴冒顿单于在得到汉王朝皇帝的复书后，"复使使来谢曰：'未尝闻中国礼义，陛下幸而赦之。'"《北史》记载，少数民族首领阿那瑰因入洛阳，心慕中国。左思《三都赋》里说："是时蜀人始通中国，言语颇与华同，故言开国于中古也。"在"四夷闻之，咸贵中国之仁义。"的影响下，产生了归附、效仿、学习一直走到融为一体。如"特勒大奈，隋大业中与曷萨那可汗同归中国。""自昔南诏尝款附中国，中国尚礼义，以惠养为务，无所求取。(《旧唐书》)""魏郑公谏录高丽等三蕃僧，求学至中国，游莱州，莱州以闻。"以至于唐代诗人刘商感叹到："一朝胡骑入中国，苍黄处处逢胡人。"那种努力效仿和学习的过程，其实就是各民族不断融合、发展、强大的过程，也是由于不断深入的汉化、"中国"化带来的必然结果。

其次，"中国"长期积累的国力世情、典章制度、风俗文化的传承成果，产生了巨大的融合力、影响力以及拓展力量，使得来自内部和外部的各种势力往往不自觉地向其靠拢并沉湎在其中而融为一体，产生巨大的融合和凝聚力量。

司马迁《史记》记载说："中国之人以亿计，地方万里，居天下之膏腴，人众车舆，万物殷富，政由一家，自天地剖泮未始有也。"当"中国"成为"膏腴之地，百谷之所阜也。(《旧唐书》)"时，天下的物产、山川、人物、礼仪等社会发展要素便逐渐汇聚于此，并形成有机、有序的架构组合，从而出现了孔子所说的："名从主人，物从中国，故曰郜大鼎也。(《穀梁传》)"以及陈子昂诗中的"中国要荒内，人寰宇宙荣。"的盛世场景。

春秋时代，庄子说："吾闻中国之君子，明乎礼义而陋于知人心。"而列子说："南国之人祝发而裸；北国之人鞨巾而裘；中国之人冠冕而裳。""中国"之地独特的社会行为、风俗习惯以及由于长期浸淫礼教、儒教、道教、佛教等思想影响所形成的特有习惯方式都成为吸引其他民族或者融合个不同社会状态的强有力工具。

万流归宗话"中国"——"中国"一词的文字含义与文化意义

韩愈《原道》里说:"孔子之作《春秋》也,诸侯用夷礼则夷之,进于中国则中国之。经曰:'夷狄之有君,不如诸夏之亡。'"他指称的"夫所谓先王之教者,何也?博爱之谓仁,行而宜之之谓义。"与《国语》所说:"蛮夷戎狄,其不宾也久矣,中国所不能用也。"异曲同工。华夷可以变易,朴野可以融合互鉴、相互促进,早在战国时期的《穀梁传》"吴信中国而攘夷狄,吴进矣。"已经有了认识,到了隋唐鼎盛时期,则表现在社会生活的方方面面,例如《隋书》里记载:"(夷狄)乐有琴、笛、琵琶、五弦,颇与中国同。""其余兵器,与中国略同。""郭璞有云:'江东偏王三百年,还与中国合。'"等等。甚至记载了与隋朝相隔的少数民族勿吉国因其"悦中国风俗,请被冠带。"而归附隋王朝的事件。

第三,长期秉持始终如一的"家国"信仰观念以及由此形成的社会心理等意识形态的浓郁中国色彩,使得"中国"一词具有极其强烈的共同体认同感、心理依靠感和人情温度感,如同滔滔奔流中的巨大旋涡般极具吸引力,能够同化其他许多社会生活方式。

中国人讲究的"家国"概念,正如《新五代史》记载的安太妃请求自己死后:"当焚我为灰,南向扬之,庶几遗魂得反中国也。"中国人的国家概念,家乡情怀可以铭记在心、至死不渝。同样,其"天下为公"的整体家国观来自长期养成的自然而然的观念认同,它是深埋于中国人骨血里、身心中须臾都不可缺少的组成部分;而"修身齐家治国平天下""为天地立心,为生民立命,为往圣继绝学,为万世开太平(张载《横渠语录》)"的人生价值观则是长期的社会和文化熏陶所造成的,每一个中国人心里都会有一个"中国梦——为国家社会奉献自己所有的能力和才干,从而得到国家社会的认可和褒赞。"同样,一个个体的人生活在一个社区中,也需要依托自己所作所为留存在其他社区成员的口碑来生存,所以,人生价值的体现与国家、社会具有不可隔离的特点。"仁义礼智信""尊老爱幼""宽以待人、严以律己"的生活态度和社会准则等,是充溢于中国人胸臆之间的共同体信念的具体表现。

所有这些信条综合在一个个中国人身上,形成了这个群体特有的、颇具吸引力的湍流旋涡,它荡涤了所有自我的观念,融化了所有猎奇的目光,熨帖了一切可能的坎坷和皱褶,将一条具有中国特色的社会发展通衢逐步展现在所有人面前,包含着极其强烈的吸引力。

古时"规范"不规范

"规范"在现代汉语中是一个同义联合复合词,所以我们在解释"规""范"两字的时候,多数字典上都是说:规:典范、格式;范:模子、样式。其实这都是"规""范"的引申含义,是从其原始基础含义中引申演变过来的。"规""范"两字在古代汉语中的流转演变较为复杂,既涉及本义的引申,还要在引申过程中借助假借字的桥梁转弯掉头——成为一种新的含义。

最早的"规"字字形在古代字书中就产生了歧义,先是说"正圆之器也",孟子有一句名言叫作"不以规矩,不成方圆"。但是,许慎在《说文解字》中提出不同的说法,认为"(规),从夫,从见",便有后学与"丈夫"联系起来,北魏阳承庆撰写的《字统》继承《说文解字》,解释说:"丈夫识用,必合规矩。故规从夫。"而清朝的段玉裁更是说:"凡有所图度匡正皆曰规。""(规)从夫见。会意。丈夫所见也。"于是后人便分析说,"规"字的本义其实与画圆工具毫无关系(见《读书》2019年第12期,冯时:失落的规矩)。

"规"是"正圆之器也"还是丈夫之见的本质是它是一种测量矫正工具还是道德谏劝的争论。这种争论的对与错取决于古代汉语语境中"规"的使用情况,《楚辞·离骚》:"圆曰规,方曰矩。"《荀子》:"圆者中规,方者中矩。"《孟子·离娄上》:"规矩方圆之至也。""不以规矩,不能成方圆。"《韩非子·饰邪》:"悬衡而知平,设规而知圆。"等等,这里的"规"都是指工具。《国语·周语下》:"且吾闻成公之生也,其母梦神规其臀以墨,曰:'使有晋国,三而畀之孙。'"这里的"规"显然是以在臀部画黑色圆圈的意思。所以,说"规"是道德谏劝显然是用今人的标准看古汉语文字,有一点儿"白头宫女说玄宗"的意味。

"范"字在古汉语中较为复杂,一个是字形多,一个是释义

杂。从字形上说,王力先生认为:"范"通"笵""範"两字,都是模型的意思,可以引申为"模范、榜样。"《集韵》里讲:"范,模也。"宋代沈括在《梦溪笔谈》把"铁范"作为活字印刷的字模使用,就是使用"范"作为模子、规格的案例。而"范"本义的"草名;虫名"含义,在假借关系建立后,就发生了根本性的改变,所以我们不再在"规范"的"范"字释义中掺杂"草名;虫名"的原始基础含义。

同时,"笵""範"两字也具备自己本身的基础含义,"笵"指竹制的模型;可以引申为法则、标准。《说文解字》说:"法也""古法有竹。"段玉裁注解说:以竹曰笵。一物材别也。故而《玉篇》将"笵"字列在《竹部》:"笵,楷式也,与范同。"也印证了王力先生所说的"范"字释义和假借关系;

而"範"字则距离较远、引申路径较长。"範"字一义是原指古代遇大事出车,先辗过祭坛及祭牲的一种祭祀仪式,《说文解字》说:"範,範軷也。"朱骏声《说文通训定声》里解释为"祖道之祭也。"就是一种祭祀路神的仪式。因为古代经籍多假"範"做"笵",约定俗成,原"笵"的模子、模范、典范等含义便融入"範"字中,其原有的"範軷"义则逐渐消亡,不再使用。所以,王力先生说"範"是"铸造器物的模子。"继而引申出模型、法则的含义来(《王力古汉语字典》)。

唐代陆德明释《尔雅》"範,常也。"时说:"範,字或作范,同。"段玉裁也说:"(範)或作范。而范其叚(假)借字也。"在古代,"範""笵"和"范"以及"氾"四字互相是通用的,因为他们之间有"笵"作为桥梁来沟通。《说文解字》所载"氾、范、笵、範"均从"已"得声,所以很多典籍上都是混用的状态。比如《孔子家语》中的"範金合土,以为台榭宫室户牖。",即是以"範"代"笵";《荀子·强国》里"刑(型)范正,金锡美。"的"范"也是"笵"的意思,王先谦集解说:"刑与型同,范与笵同,皆铸作器物之法也。";而汉代杨雄《太玄经》里:"鸿文无范恣于川。测曰:鸿文无范,恣意往也。""羹无糁,其腹坎坎,不失其范。测曰:食不糁,犹不失正也。"中的"范"也都是"笵"的假借使用。在后世注解杨雄《法言》中有这样的说法:"范者,'笵'之假。汉书作'范',疑本作'笵',传写改'范'耳。"可见古人早就注意到了这三个字相互假借使用的情况。

"规范"的"范",本应该是"範"或者"笵",今天使用的"范"是因为1955年《第一批异体字整理表》把"笵"字定为"範"字的异体字,"笵"字不再使用;

1956年《汉字简化方案》第一表,"範"字被简化为"范"字。至此,古代"範""笵"和"范"这3个字被并为一个"范"字,才有了今天的"规范"一词。

理解了组成"规范"一词的两个字的由来,"规范"释义和用法也就十分清楚了。"规范"一词最早叫作"轨範",源于《礼记》的记载,是说进行大战之前要祭祀出车的仪程,"其在车则左执辔,右受爵。祭左右轨、範,乃饮。"到了《尚书序》里:"所以恢弘至道,示人主以轨範也。"就表述成为法式或者典范的意思了。

直到晋代的陆云,才在诗词中使用了"规范"一词。这个时期使用该词的还有刘勰《文心雕龙》、沈约的《宋书》以及《北史》等著作。尽管在使用中,"範""笵""范"三字都有出现,但含义一直到清初都是固定的。

不过,此中的"规范"一词的使用频次远远低于民间使用近义词"规矩"的使用频次,两者之比是15∶409,可见民间语言的力量和影响力的巨大程度。

(原载于《语言文字报》2023.5.10,标题有改动)

"膜拜"溯源

"顶礼膜拜"是一个常用的成语,这个词中的"顶礼"含义明确,只是"膜拜"一词怎么理解古今争议较大。

先说古代的,"膜拜"一词,最早出自《穆天子传》,西晋郭璞在注释《穆天子传》时说:"今之胡人礼佛,举手加头,称南膜拜者,即此类也。"对于"膜拜"的不同理解便产生于这句注解。

解读一:"膜拜"即"南膜拜",——汉传佛教最高的一种礼佛拜佛礼仪。

解读二:"膜拜"即"称南膜,拜"——口称南膜阿弥陀佛而拜佛的礼仪。

解读三:"膜拜"即介于"稽首""顿首"之间的礼仪。(本为汉语词语,早见于先秦文献)

那么,"膜拜"一词究竟如何理解才能准确解释词义呢?

经检索《四库全书》,未在先秦文献中发现"膜拜"字眼,此词最早见诸文献,可考者还是《穆天子传》及郭璞注。经查阅,《穆天子传》关于"拜"仪的语句一共有30处,其中"膜拜"13处,"再拜稽手"6处,"再拜"4处,其他为"再拜顿首""再拜空首""拜受"等。其中"膜拜"一词出现的语境多为少数民族首领接受了穆天子赏赐后的答谢礼仪。如郭璞注处的"天子乃□之人□吾黄金之环三五。朱带贝饰三十。工布之四,□吾(人名)乃膜拜而受。"又如:"又赐之黄金之罂二九,贝带三十,朱三百裹,桂姜百,归遗(人名)乃膜拜而受。"

因此可得出以下结论:一是《穆天子传》中,"膜拜"与古代汉语中使用的社会生活礼仪"拜""再拜稽(顿)首""拜受"等词语多混合使用,符合《穆天子传》成书时的书写习惯。这是因为《穆天子传》成书时,佛教还未传入中国,所以也就不存在佛教礼仪的情况。而郭璞作注时,佛教已经传入中国,因此,郭璞用

15

"南膜拜"解释"膜拜"礼仪,并无不妥。同时,"稽首""顿首"等都是中国传统的九拜之礼,古已有之。如:磕头点地后即抬起为顿首,稽首则需要在地上稍微趴一会儿再起;二是《穆天子传》中"膜拜"一词的使用,有特殊的语用场景。只有少数民族首领接受穆天子的赏赐后,以最高礼节回应,才符合"膜拜"的场景,否则则不用。例如与穆天子平起平坐、相亲相爱的西王母就不用行此大礼。她在接受了穆天子的白圭玄璧等礼物后,即是客气地"再拜受之",而不是"膜拜";第三,郭璞注中的"今之胡人礼佛,举手加头,称南膜拜者,即此类也。"是一个完整的句子,即是"当代胡人对佛行礼的方式,是用手放在头顶。这种礼佛的礼仪称为'南膜拜'"因此,郭璞是为了区别各种不同的拜礼样式而做出的注解,而不是为了解释什么是"南膜拜"。此处"拜"应该是名词,指礼拜的样式,即合掌加额,长跪而拜,表示尊敬或畏服的礼式。

同时,我们搜罗了古代一部分语料,来做一些分析:

从魏晋到清代共找到43条含有"膜拜"一词的语料。除了《穆天子传》13条以外,涉及佛教礼仪的共有7条,也就是说,抛开《穆天子传》,只有不到20%的词条与佛教有关。那么剩下的词条都说的是什么呢?

如魏晋六朝《梁书》:"化致长平,于兹四纪;六夷膜拜,八蛮同轨。"这里的"六夷膜拜"即是指海内各个少数民族。《新唐书》:"乃出迎,膜拜受诏书,戴之顶,复遣使者随入朝。"也是少数民族的意思,此类的还有《全唐诗》中"坐观膜拜入,朝夕受降城。""方随膜拜入,歌舞玉门中。"即便是清代的《清史稿》,也记载了"群藩诸部长,咸来膜拜瞻威仪。"的内容。也就是说,古代"膜拜"一词,从《穆天子传》开始,多用于少数民族臣服汉族王朝统治的礼仪,而较少用以表示对佛祖的至高尊敬。

所以,郭璞注解的真实意思是说,"膜拜"这个礼节,其实就是"举手加头"的行礼方式,类似于佛教(南膜)"拜"的样子。

如今,"膜拜"与"顶礼"合用,成为一个成语(也可以单用),则专指佛教信徒信教礼佛的最高敬礼,这一点玄奘在《大唐西域记》里说得十分清楚。至于后人将其比喻对人特别恭敬或极端崇拜(略含贬义),则是语言文字在社会生活中的引申用法。

(原载于《语言文字报》2022.1.12)

以树喻人识"楷模"

我们今天对于"楷模"的定义是：榜样、典范、法式，是后人模仿、效法的对象。我们经常说：雷锋是我们学习的楷模、新时代的楷模等等。然而很多人不清楚，"楷模"这个词最早只是指两棵树，也仅为儒家学派所专用。

确实，"楷"和"模"原指是两种最早生长在北方黄河流域的树。

楷树是北方稀有树种，落叶乔木，雌雄异株。也叫"黄连木"。树干疏而不屈，木材细腻而颜色黄。相传孔子去世后，众弟子多手植楷树于墓前，结庐守墓。"楷"字最早出现在金文里，是象形文字，读 jiē，意思是："树多直木。"王力先生在《王力古汉语字典》中引用《说文·木部》："楷，树也。孔子冢盖树之者。"儒家以其枝干刚直挺拔比喻做人要正直刚烈，做事要不屈不挠。后世将规范有法度、横平竖直的法书叫作"楷书"，也是用的这个意思。

模树四季颜色分明，春季碧绿茂盛，夏季赤红如血，秋季洁白无瑕，冬季黝黑发亮。因其色泽纯正，不染俗尘，因此比喻做人干净无垢、清白圣洁；做官清正廉洁，明明白白。相传此树最早长在周公墓旁，以彰示周公旦作为周王朝的大管家清正廉洁的工作作风和高尚品质。

以楷、模二树的正直圣洁喻人，正像圣贤正道直行、光明磊落、高洁清廉的品格。植于墓旁既有象征意义，又便于后代学习效仿，所以，后来儒家把值得后人效仿的行为或圣贤人物称为楷模。

"楷模"一词之所以发展引申为榜样、典范、法式以及后人模仿、效法的对象的含义。需要注意其中的三个关键内容：一是两种树木本身挺括笔直、颜色分明的原始含义；二是用于种

植在先贤圣人墓冢之上的比喻含义。我们知道,孔子为中国历史上唯一文圣,周公为中国历史上第一贤相,他们死后墓冢上所植树木,一定是代表他们的品格和精神。第三是上述情况的引申意义——成为"楷模"就是需要后人效仿、学习的。因此,该词流传演变至今,仍然大量使用在社会生活之中,具有顽强的生命力和影响力。

没有周公"一沐三握发,一饭三吐哺"的废寝忘食,那里会有"天下归心"的文武盛周;没有孔子"朝闻道,夕死可矣"的不懈追求精神,那里会有中国儒学"郁郁乎文哉"的厚植远流。因此,"楷模"一词绝不可以用于那些貌似轰轰烈烈,实则蝇营狗苟、见利忘义的流量网红;也不可以用于那些财富盈身却伤害社会的精致利己主义者;更不可以用在那些高高在上、得鱼忘筌的犬儒们。

那些默默无闻地为国为民日夜操劳的人,那些守候和捍卫社会安宁、每遇大难却无私无畏,冲锋在前的英雄,才是"楷模"一词的真实写照。

(原载于《语言文字报》2022.1.19)

殊途同旨的『榜样』

"榜样"是一个合成词,榜和样最初都是指两种跟木头有关的物品。

"榜"是用于矫正弓弩准确度的木质器物。《说文解字》:"榜,所以辅弓弩。从木,旁声。"可见是一种用途为矫正而使用的木板或者木片,故其有"矫正;纠偏"的含义;"榜"字还有另外一个意思,就是刑罚的一种,应该是用木板击打的意思,也就是我们俗称的打板子。王力先生在《王力古汉语字典》里解释为"捶击或者鞭打"。例如《史记》中记载:"吏治榜笞数千。"也有人解释说"榜"是划船的木桨,所以《广韵》说:"榜人"即是船夫的意思。"榜"字从其基础义看,既有矫正之义,又有惩罚使其改正的意思,纷乱之中,"榜"字的原始含义开始模糊。但不管是矫正之器、刑罚用具还是船桨,有一点是万变不离其宗的,那就是木制的片状物,其作用都是为了保证正确的方向而使用的。

"榜"字最早是动词性的词语,后来引申作为名词使用时,为竖立于宫殿上或者公众聚集之地,用来题字或者宣告、公布信息的木板。《晋书·王献之传》:"魏时,凌云殿榜未题而匠者误钉之。"同时,当它作为动词使用时,则有公开张贴文书、告示或者发布之义。"榜"在后世的用途基本不外这两个,一个是常用于宫殿楼阁的匾额,另一个是日常所用的公文、告示、排名等内容的发布。

到了太平天国时期,洪秀全将"榜"的作用发挥得淋漓尽致。"榜"成为太平天国早期宣传组织群众的主要方式。它一般用黄纸,或印刷或手抄,正文前往往注有发榜的机关和官员的姓名、职衔,并按内容冠以"诲谕(威严者)""谆谕(寻常者)""瑞谕""钧谕(和平者)"等字样。除以天王名义发的榜张贴地

点固定外,其余的"遍贴通衢"。太平天国兴起时,揭露清王朝和贵族地主罪行、号召四方豪杰起义的文告,例如著名政治宣言《奉天讨胡檄》等,都是用这种方式向民众公布的。后期成为惯例,每攻打一个地方,必先派人潜入秘密张榜。占领后,又用它公布天王诏旨,宣传政策法令等,号召人民"共打江山,共享天福"。

"样"字原是橡木的果实,也是"橡"字的借用字。《说文解字》"样,栩(柞木)实";《正字通》说:"橡,同样"后假借为"像",即式样、标准之义;《集韵》,"样,法也",借指物体的形状,表示样子、模样。从古代字书的解释连贯性中可以看出,"样"字从"果实"到假借为"像(式样)"再到"法(标准)"是经历了词的基础义转移和引申两个过程。

经历了词义延展的"榜"和词义转移的"样"邂逅在文风郁郁的两宋时代。最早合成的"榜样"一词在文人眼里不过也是"样式;模样"的简单重复,例如宋代诗人张镃《俯镜亭》诗中:"唤作大圆镜,波文从此生。何妨云影杂,榜样自天成。"直到后来逐渐浓郁的佛、儒文化交流、传播过程中,在《五灯会元》高僧大德的顿悟棒喝之下,形成了"千古万古独巍巍,留与人间作榜样"的崭新词义,将其"楷模"之义固定下来。那就是"黄面老人,横说竖说,权说实说,法说喻说,建法幢,立宗旨,与后人作榜样。"也就是立标杆、树形象,被后人效仿的典型。

"榜样"一词的含义,到了明清以后被引申发展明确成为"被后人仿效的典型、先例"的含义,是借用了"榜""样"二字中所包含的"公开的法度、标准、样式"之义,并且将这种含义具象化后得出的。明代大儒李贽在《续焚书》说,明朝开国功臣李善长"其不私亲,以为天下榜样,亦大昭揭明白矣。"意为他不对亲人徇私,成为天下好人好官的典型,也大大昭明于世人的。《醒世恒言》中:"只因在下今日要说一个继母谋害前妻儿女,后来天理昭彰,反受了国法,与天下的后母做个榜样。"类似这样的语例表达占据了此时"榜样"一词使用的主流。

《现代汉语规范词典》里,将"榜样"解释为"被仿效的人或事(多用于好的方面)"准确地继承、概括了"榜样"一词的基本词义;而我们今天知道最著名的一句流行语:"学习雷锋好榜样"即是使用该词最为明白通俗的"榜样"。

何为"鞭策"?

"鞭策"一词的"鞭"很多人都觉得很好理解,就是皮质的驱赶骡马役畜的用具,其实"鞭"字还包含一段文字历史上的公案。《说文解字》说:"鞭,驱也。"清代段玉裁认为许慎是错误的,他说:"鞭,殴也。殴,各本作驱,浅人改也,今正。"并据《尚书》《周礼》的语例依据说明"鞭"是"所以殴人之物。以之殴人亦曰鞭。经典之鞭皆施于人,不谓施于马。"所谓的马鞭子"皆是假借施人之用为施马之称,非若今人竟谓以杖马之物杖人也。"是搞颠倒了。

他认为驱赶骡马的是"策"也叫"马箠","击马之箠用竹,殴人之鞭用革,故其字亦从竹、从革不同。"他认为是后世的字书《玉篇》《广韵》《集韵》等在继承了《说文解字》的错误并不断以讹传讹过程中,将两者的区别搞反了,把"鞭"当成了"策",把"策"认作了"鞭"。

段玉裁的说法也得到了古代语料的印证,在先秦语料中,绝大多数的"鞭"字所表述的行为都与殴打、驱赶人有关。例如古代五刑中的鞭刑,即是对人的,不是对马的。《吕氏春秋》中,"楚之会田也,故鞭君之仆于孟诸。"也是指鞭打人的行为。《国语》中也说晋国公子重耳"出于五鹿,乞食于野人,野人举块以与之,公子怒,将鞭之。"《公羊传》:"庄公存之时,乐曾淫于宫中,子般执而鞭之。"等等,都是指鞭打人,而不是马的。用鞭子打马之说多出于汉代以后的语料文献,可以看出,"鞭""策"二字的混用多在汉代以后。

"策"字古人认为是竹制的、顶端带有尖刺的马鞭。"马箠也。《说文解字》《礼记》里说得很明白:"则仆执策立于马前。"所以,"策"是专门赶马用的马鞭子。在秦始皇陵出土的一套铜车马中,就发现了一个手持竹策造型的铜制车夫形象,说明那时的马鞭子是竹棍做成的,是硬质的带有竹节状的节理,类似于我们今天所说的十八般兵器中的"鞭"。

说词解字

"鞭""策"的错用,其实并不影响或改变两个字合成之后所包含的引申含义。"鞭策"一词最早来自《礼记》:"乘路马,必朝服,载鞭策,不敢授绥。"是对大夫士人骑马的规定。那个时候,这个词语还不固定,也有用"鞭筴"一词的,例如《庄子》:"前有橛饰之患,而后有鞭筴之威。"成玄英解释说:"带皮曰鞭,无皮曰筴,俱是马杖也。""筴"同"策"同质,也是竹制的棍状物(后人也用来称筷子)。可见,"鞭策"一词的词根在于"策",因此也就成为"马鞭子";用作动词的时候,就是驱赶马匹的意思。同时,其中的词义以"策"为主,"鞭"的含义尽管退居其次,但却并没有完全消失。

这样的情况一直延续到了汉代,这个词语都是这么使用的。其间虽然也有使用对象的不同,比如《战国策》里:"客谓燕王曰:'齐南破楚,西屈秦,用韩、魏之兵,燕、赵众,犹鞭策也。'"《淮南子》:"使风伯扫尘。电以为鞭策,雷以为车轮。"那只是把"韩、魏,燕、赵"或者"电"比作牛马,用来驱赶使用的,其基本词义并没有发生多大变化。

"鞭策"一词,从对牛马牲畜的鞭打、驱使和驾驭引申演变成对人或者团队的"督促;激励"之义,当在魏晋三国时期。嵇康在《答向子期难养生论》里说:"上以周孔为关键,毕志一诚;下以嗜欲为鞭策,欲罢不能。"即是指人。只是这种文字使用上风格飘逸的魏晋风骨很难被人们接受,所以,当时这样的词义使用语境并不多见。

唐宋时代的文学大发展带来了文字的大繁荣,"鞭策"一词也就广泛地被使用在各个语境之中。如李白的"谁挥鞭策驱四运,万物兴歇皆自然。"说的是自然四季的运行;《唐阙史》里"乃连使飞令,鞭策相沓,以必复为命。"则指的是驿站飞骑的接连不断;苏东坡的"非吹嘘之所及,纵鞭策以何加。"则是表达其"欲其洗濯宿负,激昂晚节。粗行平生之志,少慰朋友之望"的人生暮年犹怀壮志的心态;说得最明白的当属朱熹,在《朱子语类》里:"开卷便有与圣贤不相似处,岂可不自鞭策!"可见,在这个时候,"鞭策"一词的词义已经被丰富到了极致,内容引申扩充到了极限,后世几无再超越此间的情况。

"鞭策"一词,俗语中几无使用,所以并没有受明清白话小说语言使用的影响,一直保持唐宋以来的词义内容,所以,今天的"鞭策"一词,无论是鞭打、驱赶还是驾驭控制,抑或是激励督促;也无论是对马匹牲畜、人类或者其他。都是在古人的引申阐发基础上集大成而来的。

(原载于《语言文字报》2023.4.12,有改动)

"觉悟"探源

我们现在用"觉悟"一词来表述一种自我醒悟、通情明理的思想行为状态,会发现这个由两个动词语素组合而成的复合词,变成了一个具有名词和动词双重性质的词语。这种情况有很多,例如借鉴、突破、讲演等,那么"觉悟"一词在组合过程中是怎样发生转变的呢?

"觉悟"之"觉"一字两音。现代汉语中读 jué 时,指睡醒或者觉醒;读 jiào 时,指睡觉。古代最早读 jué(古岳切),专指明白醒悟的意思。"寤也。(《说文解字》)""学之为言觉也,悟所不知也。(《白虎通》)"后来到了唐代才出现读 jiào(古孝切,《唐韵》)的音,后世韵书纷纷效仿,《集韵》《韵会》《正韵》读作"居效切"但意思还是指明白醒悟。

"觉悟"的"悟",古代也称之为"寤",是刚刚睡醒的意思。例如《东观汉记·冯异传》中:"我梦乘龙上天,觉寤,心中动悸。"的"觉寤"一词,《后汉书·冯异传》就直接写成"觉悟"。但是,清代段玉裁不这么认为,他觉得"觉"就是"悟","悟"就是"觉",二字为转注,并断定《说文解字》中:"寐觉而有言曰寤。非其义也。"也就是说,"觉"义不同于睡觉的"寤",而是东汉何休注《春秋公羊解诂》、赵岐注《孟子》以及《广雅》里说的"觉,悟也。"即警觉的意思。其实,这种争论只是从语源角度还是理据角度来说一个字的问题,角度不同,理解不同,没有什么实质性的意义。

"觉悟"最早是土生土长的古代汉语用词,很早就组合形成了固定的词语。《荀子》里说:"前车已覆,后未知更,何觉时?不觉悟,不知苦,迷惑失指易上下。"这里的"觉悟"是惊醒、警觉的意思,是指人要看到前车之覆后自我警觉的主动行为。后来东汉王逸写《九思》时"吾志兮觉悟,怀我兮圣京。"该词则表示

思想感情上了一个层次和高度,开始通情达理、悟道明性了。唐代刘知几《史通》里说:"向若二书(《竹书纪年》等)不出,学者为古所惑,则代成聋瞽,无由觉悟也。"是说如果没有《竹书纪年》等书的出现,后世的学者就无法判断历史记载的真实性,也就没有拨乱反正、清楚认识的缘由了。所以,"觉悟"一词出现后,其词义的延展性很大,包容性很强。

"觉悟"一词真正得到广泛传播,使用频次高企则得益于佛教在中国的广泛传播。在佛教译经过程中,针对梵文Bodhi(菩提)的翻译,南北朝大德鸠摩罗什译作"道",唐代高僧玄奘译作"觉"——既有觉察(察知恶行),又有觉悟(开智悟道)的双重含义,其秉承了《大乘义章》里:"觉察名觉,如人觉贼;觉悟名觉,如人睡寤。"的经义。

佛教的"觉悟"源自对佛祖出道的经历总结和内容提升,大家知道,佛祖释迦牟尼原名乔达摩·悉达多,是释迦族太子,后"舍太子位,出家学道,勤行增进,觉悟一切种智,而谓之佛。(《隋书·经籍志》)"佛祖的"觉悟"是从凡夫俗子到"既能自觉,复能觉他,觉行圆满"的修行过程。《南本涅盘经》说:"佛者名觉,既自觉悟,复能觉他。"所以,佛家的"觉悟"一词是指"自觉"和"觉他"的辩证统一,是唯识理论的形而上学。

所以,学习佛教的义理,领悟佛教的真理,施之于自我的人生感悟,从中找到一条念佛、事佛、成佛的康庄大道,就成为许多人的人生理想和向往,为此而不惜一切。《敦煌变文》里说:"佛者,觉也,有三觉:一者自觉,胜诸凡夫,凡夫之人不自觉悟。"并指出"今朝觉悟修行,定免如斯恶业。"于是,有人誓言说:"若深体三界为长夜之宅,有生为大梦之主,则思觉悟之道,何贵于形骸。"可见思想和人生的"觉悟"是多么地令人向往和祈盼呐!

现代汉语中则是中和了古人以及佛教改造后的"觉悟"一词的诸多含义,将之高度概括和归纳为今天的意思,用之于指人的思想领域所做出的行为或者行为者。

(原载于《语言文字报》2022.10.19,标题有改动)

"桑梓"缘何指乡愁?

《孟子》说:"五亩之宅,树之以桑,五十者可以衣帛矣。"古代农耕社会,人们为了穿衣吃饭,家家种桑植麻,户户耕田劳作,"桑麻"成了农事活动的代名词。其实,"桑麻"一词多指农事活动,比之更早的"桑梓"却是喻指父母家庭以及所在的故土乡情,较之"桑麻",其内涵则更早、更为丰富。

《诗经》里说:"维桑与梓,必恭敬止。靡瞻匪父,靡依匪母。"宋代理学大家朱熹解释:"桑、梓二木。古者五亩之宅,树之墙下,以遗子孙给蚕食、具器用者也……桑梓父母所植。"生动而具体地说明了《诗经》中已经有将"桑""梓"两种树作为父母代名词的指代含义。在古人看来,"桑""梓"既是父母维系生存和家庭兴旺发展的经济基础,也是传承家族血脉和风尚习俗文化的物质保障。

从"桑""梓"的本身说,"桑"树是保障人们穿衣饮食的来源,也是国家赋税中除了田赋人丁外的基本收入;"梓"树既是家什器物的基本原料,如《康熙字典》引用《埤雅》:"梓为百木长,故呼梓为木王。"也是古代乡村生活的基本燃料。

在《诗经》所处的时代,"桑梓"还是仅仅指"父母"的意思。清代翟灏在《通俗编》里说:"《诗经·小雅》,维桑与梓,必恭敬止。并无乡里之说,而后人文字,多作乡里事用。"可见,"桑梓"一词作为"乡愁"的含义,是后代的引申和发展演化。

由于"桑""梓"这两种树根系发达、分支散叶的能力极强,田间屋后栽种均可以茁壮生长,所以,深受先民们的喜爱,几乎家家户户门前屋后都可以看见它们的身影。古人认为,分枝再生能力极强的桑树和生长快速、材质优良的梓树都是生命之树,是灵异通神之树,是传承后代,促进家族开枝散叶的优秀品种。

说词解字

第三,古时家族的墓地多依傍松柏或者桑林而建,其上多种植梓树。汉末陈琳《为袁绍檄豫州》一文中的"又梁孝王,先帝母昆,坟陵尊显;松柏桑梓,犹宜肃恭。"因为松柏的冬夏常绿代表长存常在,而桑梓则代表着后人永远缅怀父母的生身再造之情以及继承父母遗业、赓续血脉亲缘的信心和决心,故而《史记》里记载:春秋名臣伍子胥被吴王夫差赐剑自刎前,曾提出自己临终前最大的愿望是"必树吾墓上以梓,令可以为器。"

"桑梓"一词,作为故乡或者乡愁的象征含义,至晚在东汉时期张衡的《南都赋》中即有表达,"永世友孝,怀桑梓焉。"三国时期的女诗人蔡文姬的《胡笳十八拍》说得不仅充满了感情色彩,还更为明确和具体,"生仍冀得兮归桑梓,死当埋骨兮长已矣。"大意是生前希望回归老家乡村,死也要死在那里,埋在那里。所以,说起"桑梓",几乎所有的人都是心驰神往、涕泪涟涟的模样。诸如文学家陆机和谢灵运,一个是"悲桑梓之悠旷,愧丞尝之弗营。"另一个则"恋丘坟而萦心,忧桑梓而零泪。"简直是留恋向往,爱得不要不要的了,就像《昭明文选》里所说:"感念桑梓城,仿佛眼中人。"那种情人眼里含情脉脉而又欲罢不能的复杂感觉。

后世"桑梓"一词在不断引申发展过程中,其指代"乡愁"的含义完全替代了其原有的树木实物、甚至是慎终追远地思念缅怀父母祖先的意思,转变成为人们排遣思念故乡风物人情,惆怅不能服务乡里、宣泄乡愁的专用词语。

（原载于《语言文字报》2022.9.28）

"翘楚"何以喻"出众"？

源自《诗经》里的一句"翘翘错薪，言刈其楚"诞生了一个流传至今的词语——翘楚，这得益于东汉大儒郑玄所作的注解："楚，杂薪之中尤翘翘者。"简单说，"翘楚"就是一堆灌木丛中高高超出的楚木，是一种落叶灌木，枝干坚韧，多生长在长江中下游地区，也叫荆或牡荆。"楚，丛木也。一名荆。(《说文解字》)"《康熙字典》说："荆属。薪虽皆高，楚尤翘翘而高也。"所以叫作"翘楚"。

一个比其他灌木长得更高的灌木，怎么就被挑剔的古人认为可以比喻杰出的人才或突出的事物呢？而"翘楚"和春秋五霸之一的楚国又有着什么样的联系呢？

首先，"翘楚"一词既然来自长江中下游的楚地，成为古代语言文字中的一员，自然有其产生的必然。其一是"翘楚"高于其他灌木的原始形态，奠定了其成为语言词语的外在基础。生于灌木丛却高高出脱于其中，兀自独出，确实吸引人们的眼球，而荆楚是古人生火做饭，赖以生存的燃料，自然每天都会与之交集，所以，用身边物来比喻社会生活中的语言场景，是汉语词语产生的一个重要途径。其二，荆楚不是一般的灌木，植物学特性中多刺、枝干坚硬，符合突出而具有独立性的特点。其三，该木古时候除了当作燃料外，因其坚硬，还用来制作刑杖，用来抽打犯人。例如《仪礼》里讲的："楚扑长如笴。"《汉书》里讲的韩延寿为颍川太守，制定了明确的法律规定，老百姓"其始若烦，后吏无追捕之苦，民无棰楚之忧，皆便安之。"可见，"翘楚"一词的造就，来自诸多因素的集合而成。

尽管看起来万事俱备，但是，"翘楚"一词的出现还是到了唐代文学大繁荣的时候，孔颖达在作《春秋正义》序时，率先把它用于表彰优秀人物的语境，指出"刘炫(隋代经学家)于数君

之内,实为翘楚。"自此,该词的使用便一发不可收拾,普遍用于指文章领袖,"工文章古诗,标致翘楚,大得美称。(《唐才子传》)""然其笔敷华藻,吻纵涛波,方驾搢绅,足为翘楚。(《晋书》)";或者展示寻求佛理的艰难困苦中的不懈坚持者,"诛榛荠翘楚,鞭草理芳穗。(颜真卿《赠僧皎然》)";或者表现人物的品性或者容貌出众,如"溁性至孝,自为儿时,翘楚不凡。《元史》""其妹何月娟,亦风尘中之翘楚。《青楼梦》"等等。从此,"翘楚"一词所使用的范围极其广泛,凡是出众的人或者事物,均可以用它来借指表达。

其次,与"翘楚"含义距离最近的楚国国名的来历,其实并不是我们常说的,因为楚国地处长江中游,遍地生长荆楚而得名,楚国得名来自对于祖先的图腾崇拜。据史料和考古发现证实,在商末周初,鬻熊是楚国的最早缔造者,楚人后来感念其功,把他与祝融一样作为祖先来祭祀。在出土的战国竹简中,一篇叫《楚居》的竹简里讲了这样一个故事,当时的鬻熊率族投靠周文王,成为周王朝的属地封臣。《史记·楚世家》:"周文王之时,季连之苗裔曰鬻熊。鬻熊子事文王,蚤卒。其子曰熊丽。熊丽生熊狂,熊狂生熊绎。熊绎当周成王之时,举文、武勤劳之后嗣,而封熊绎于楚。"这时的楚地才开始有了封国的国名,而这个"楚"的地名来自一则故事。据说,鬻熊的妻子妣厉,生儿子丽季时难产死去,而丽季存活。妣厉死后,被巫师用荆楚枝条包裹埋葬。为了纪念这位伟大的国母,后人就称自己的国家为"楚"。由此可见,"楚"地的名称比"楚国"的分封建立要早很多年,是因为为了纪念氏族首领伟大的母亲而定名为"楚"的。因此,"翘楚"一词与楚国立国或者楚国人并没有最直接的关系,不能因为战国时期,楚国曾经的强大或者多文人骚客而误以为之。

"翘楚"一词,今天依然有大量的使用语例,绝大多数是指人物或者事业,其中充满了褒扬称赞的词义色彩。

古今"角色"看变化

开宗明义,按照国家关于异形词规范的相关规定,"角色"一词不能和"脚色"一词混用,规范的用法就是"角色",同时,"角色"的"角"字也不能有两个读音,只能读 jué 的音。

规矩定下来,我们就可以戏剧性穿越"角色"这个词的古往今来,看一看它作为语言文字的风花雪月、风流云转。

先说今天的"角色"一词,涵盖了真实生活场景和演绎生活的各种戏曲影视等舞台范畴里所有亮相出演的人,包括演员扮演的剧中人物;戏曲演员专业分工的类别以及用来比喻生活中某种类型的人物等等。这个"角色"其实是来自国外的舶来品,最初是由拉丁语 rotula 派生出来的,这一概念最初由格奥尔·齐美尔提出,后来风靡世界各国,是一个由专业术语引申转变成为通用语文词语的过程。

但是,"角色"这个词所蕴含的意思,我国早已有之,称之为"角""色"或者"脚色"。

古无"角色"一词,只有"角"或"色"。先说"角"字,起源于古时用来喝酒的酒杯,与"爵"相似,差别是没有上面的两个柱状体。《礼记》记载:"宗庙之祭……尊者举觯,卑者举角。"大概意思是说,祭祀时候下等人用的酒器。因为"角"是量酒器,后来就泛指所有可以衡量的器物。"色"字最初代表颜色,汉代许慎《说文解字》说:"色,颜气也。"因此也指人们脸上喜怒哀乐的表情,并引申为美女的容貌等含义。

至于"角"怎么成了表示演员的"角色"的"角",应该是和"脚色"有密不可分的关系。到了两宋时期,出现了"脚色"一词,作为履历之义,该词见诸宋明两代公文政论极多。清代翟灏《通俗编》中解释说:"《朝野类要》初入仕,必具乡贯三代名衔。谓之脚色。"《通雅》也说:"脚色状,亦谓之根脚。迩来下司初见上司。犹递手本。上开出身履历。所谓脚色是也。"可见"脚色"即是根底、出身、籍贯、家世的意思,其表现形式则类似于今天的名片。后来元明的俗语白话小说中也多见该词,含义基本一致,诸如《初刻拍案惊奇》里的:"恰象那查他的脚色,三代籍贯都报将来。"或者"那郑月娥见他说话牢叨,笑了一笑道:'又不曾盘问客官出身,何故通三代脚色?'"其中的"脚色"一词讲的都是人生履历或者家庭出身的意思。

到了清王朝,"脚色"一词一夜突变,几乎所有语料里都是演员的意思,例如《儿女英雄传》《红楼梦》《儒林外史》《老残游记》等,满篇都是诸如"老梨园脚色""长班带着全班的戏子,都穿了脚色的衣裳,上来禀参了全场。"等等的话语。为什么这个时期会发生这样的变化,大约与"脚色"一词所指代的履历、出身、家世这些人身背景有关,更与"色"为教坊所属部门的名称密切相关。"脚色"缩略为"色",是因为宋代管理教坊的体制里有"色"这样的部门,如杂剧色、歌板色、拍板色等,"色有色长,部有部头。"所以用"色"借代指演奏演出的人也是顺理成章的事情。

"脚色"就是今天"角色"的前身,后来,大概是那些被称为"名角"的人,认为"脚"不够文雅,故改为"角",从而使得"角色"一词广为流行。

(原载于《北京晚报》2022.7.31)

"元首"一词的来历？

"元首"这个词作为政治学术语流行于世界是一个舶来语，来源于拉丁文，是首席元老和第一号公民的意思，最早出现在罗马共和国时期，即拥有第一个回答执政官提出问题的权力的元老院元老。公元前27年，罗马在屋大维独裁统治下开始了帝国时代，屋大维集元老院元老和执政官于一身，被后世称为"奥古斯都（神圣）"的元首政治，简称为"元首制"。由于该词的政治性内容，其最早出现在1831年的比利时王国宪法上。"元首"后来的流行与希特勒有极大的关系，他独揽德国统治权力，担任总统、总理双重职位，在德语中被称为"元首"，如今多泛指国家领袖或首脑。

那么，中国古代有没有"元首"一词呢？这个词又表示什么意思呢？

用"元首"表示君王含义始自《尚书》，最初的《益稷》"股肱喜哉，元首起哉，百工熙哉！"被认为是"元首"最早出现在文献中的例证，据孔颖达疏曰："比以元、首共为头也。君臣大体犹如一身，故元首，君也。"就是说，"元首"最早的含义就是君王的意思。《广雅》也说"元，君也。"《公羊传·隐公元年》说："元年者何？君之始年也。"可见，它表达这个含义是很早的事情。

但是，在古汉语使用中，"元首"一词却不仅仅只有"君王"这个唯一的含义。

——"左右手各握五，左右足各履五，曰四枝，元首曰末。（《逸周书》）"孔晁注："元首，头也。"这里的"元首"说的是人头。

——"汤作《殷历》，弗复以正月朔旦立春为节也，更以十一月朔旦冬至为元首。（《晋书》）"这里的"元首"说的是岁月之始。

——"景龙中，西域羌胡背叛，时并擒获，有敕尽欲诛之。

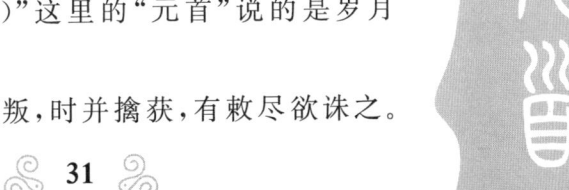

虚心论奏,但罪元首,其所全者千余人。(《旧唐书》)"这里的"元首"说的是乱军之首领。

——"采花酿酒谁作法,终古修罗是元首。(清·钱谦益《采花酿酒歌》)"这里的"元首"说的是鼻祖、创始人。

可见,"元首"一词在中国古代,并不仅仅具有"君王"的意思,而是泛指带头的人或者事物起始的概念,是一个不具备褒贬含义的中性词语,用在不同的语境下,便包含不同的含义。这是由"元"和"首"的基础含义所决定的。

(图 1. 甲骨文. 合集 14825)   **(图 2. 金文. 集成 5278)**

"元"字最初是一个会意字,表示人的头,出现在甲骨文里的字形"兀"象人形,上面一横指明头的部位(图1)。金文字形则像一个顶着巨大头颅的侧立人形,突出人的头颅含义(图2)。因此,"元"最初便是人的头颅。王力先生引用《左传·僖公三十三年》的"(先轸)免胄入狄师,死焉。狄人归其元,面如生。"来说明"元"就是"头颅"的意思。后来有人训其为"首"。例如颜师古注《后汉书·班固叙传》"上正元服。"时说"元,首也。"这与《尚书》中的记载十分吻合。

从其原始基础含义出发,"元"引申出的含义都与"首位;起始、第一;首要"等有着极其密切的关联。《说文解字》说是"始也"。《左传》里说"体之长也。"明代魏校撰《六书精蕴》里说:"元字从二从人,仁字从人从二。在天为元,在人为仁,在人身则为体之长。"就是说"元"是所有自然界万物之始。《广韵》里说的"大也、始也、长也、气也"。该字在上古时期的使用也多是泛义的,例如《尚书》中就有:"汝终陟元后""昆命于元龟""柔远能迩,惇德允元。""厥惟废元命""惟天降命,肇我民,惟元祀。"等多种含义的用法。

(图 3. 甲骨文. 合集 6032 正)   **(图 4. 金文. 集成 5424)**

"元首"一词的来历？

相形之下,"首"字的字形比起"元"字就具体的多了,它的甲骨文字形是由长在脑袋上的几簇毛发组成(图3),而金文直接用眼睛替代了脑袋显示出其更为重要的内在含义(图4)。按照王力先生的说法,"首"即是"头"("头"是"首"的音转)。这个说法也是始自《说文解字》,因此引申出了与"元"几乎相同的诸多含义,稍有区别的是,"元"的含义上更多自然色彩,而"首"字的含义中多具人文风范。

"元""首"两个同义词叠加复合成"元首"是其原始含义的自然结合,也是人为使用促合的必然结果。《字汇》《正字通》在解释"首"字时,就直接使用了"又元也,君为元首。"的说法。因此,元首早在《尚书》成书的时候就已经开始表示邦国领导人或者天子的意思了,除前例外,还有"元首明哉！股肱良哉！庶事康哉！""元首丛脞哉！股肱惰哉！万事堕哉！"后来包括《汉书》中:"朝廷无谄谀之士,元首无失道之愆。"《北史》《三国志》中"故君为元首,臣作股肱,明其一体相须而成也。"等等,都表达了这个意思,并且一直流传到我们使用它作为外来语意译的用词。故而清代《蒙学》中说:"天子尊崇,故称元首；臣邻辅翼,故曰股肱。"

"秩序"解

"秩序"一词从组词结构上说是一个同义联合的词语,表示"秩""序"两字含义基本相同。那么,这两个字形完全不同的字,到底在什么方面表达相同的含义呢？它们的组合来自什么时候呢？

首先,"秩"是一个形声字,最早见于战国时期,按照东汉许慎《说文解字》的说法,是"积也。"就是聚积、堆积的意思。但到了三国时期的《广雅》或《释言》里,就成了"次也;序也。"前后不过百年的时间,词义就发生了变化,可见语言最能够体现社会发展的最新动态。《国语词典》将"秩"列为"官吏的职位、品级。"其实是有道理的,从段玉裁《说文解字注》中"积之必有次叙成文理,是曰秩。"可见"秩"不是普通的堆积,要按照品类等级次序堆积得整齐有序,所以"次也;序也。"的直接引申是成立的,而古代官员的俸禄以"秩"来分等级和次序,所以,解释为官吏俸禄的等级品次(对应依等级而形成的职位品级)。这样的解释应该是来自《周礼》的"行其秩(禄禀)叙。"《礼记》的"羹食,自诸侯以下至于庶人无等。大夫无秩膳,大夫七十而有阁,天子之阁。""七十不俟朝,八十月告存,九十日有秩。"以及《左传》"而收膳夫之秩(禄也,调谷也)"的说法,近人张纯一校注《晏子春秋》时指出:"秩,禄也。所以为养也。"《尚书》里也将"秩"字解释为官员的不同官职品级。不过,这里的"秩"多少含有依不同官职等级来排序(做某事,如祭祀)的含义,比如《皋陶谟》的"天秩有礼。"《舜典》的"望秩(排序祭祀)于山川。"此后的《管子》《史记》等也都这么说,可见,最早的"秩"字,是以积聚俸禄的多少和品级指代当时官职爵位的高低次序,再从这个专指的含义引申到泛指的各种次序、等级。

"秩"字还有一个后起的含义指"十年",大约出现在唐代,白居易在《思旧》诗里回忆了韩愈等诸位老友后,称自己"已开第七秩,饱食仍安眠。"意思就是自己已经七十岁了,还能吃能睡。他在《喜老自嘲》里"行开第八秩,可谓尽天年。"被解释为"时俗谓七十以上为开第八秩。盖以十年为一秩云。(《容斋随笔》)"此义的由来是从"秩"的"常"义引申而出,如前《礼记》之"大夫无秩膳""九十日有秩。"即被郑玄、贾公彦解释为"秩,常也。"就是说如果老臣年纪九十岁以上,就会每一天供给酒馔的意思。但查遍文献,此义仅指老年,绝无将青壮年的十岁称之为一秩之说,大概还是来自《礼记》中的老年供"秩"的说法。司马光为九十岁的文彦博祝寿时也是说"九帙(通"秩")"。直到清代黄宗羲也称其"老母年开九帙,余不敢妄离左右。(《〈黄山续志〉序》)"

"序"字最初除了有房屋的东西墙(东西厢房)以及"州党之学(学校)"的含义以外,与"叙""绪"通用,都表示顺序、次序、等次的意思。段玉裁在《说文解字注》里说:"次弟谓之叙。经传多假序为叙。周礼、仪礼序字注多释为次弟是也。"《易经》:"与四时合其序。"《庄子》:"春夏先,秋冬后,四时之序也。"《大禹谟》:"九功惟叙,九叙惟歌。"《皋陶谟》:"天叙有典,敕我五典五惇哉!"等等。其含义后引申为二。一是顺序、等次(表示年龄的长幼、官职的大小、俸禄的多少等);二是序文(言)、序曲、绪论等。义治武功,斯文歌曲,不管诉说什么内容,其实质还都是与顺序、次序相关。

"秩序"在最早也叫作"秩叙",即依班次不同接受不同的俸禄。"秩序"一词是唐代以后的用词,在此之前,该含义专用"秩叙"的词形。《周礼》中"掌其政令,行其秩叙,作其徒役之事。"被唐人贾公彦注疏为"秩,谓依班次受禄;叙者,才艺高下为次第。"这个注疏是来自汉代郑玄的"秩,禄廪也;叙,才等也。作徒役之事,大子所用。"清人王引之《经义述闻》里说:"秩叙谓士庶子更番宿卫之次第。一月之次谓之秩,一岁之次谓之叙。"是指更值宿卫时间上的前后班次顺序。不管是居功受禄还是更值宿卫的次序,其本质的含义是一致的。例如"自今后武官不得转入文官选改,所冀轮辕各适,秩序区分,其内司不在此限。(《旧唐书》)""如尊卑秩序,充之而无间断。(《朱子语类》)"。后人在使用这两个同义异形词时,也是有着一定的区分的,如果涉及唐以前的内容,也会使用"秩叙",例如清人刘大櫆《续泰伯高于文王》里:"当是时,天命之眷顾者,周也;人心之向往者,周也。周之代商,如春之代冬,其秩叙当然。"但是大多数人还是更多使用"秩序"一词,以至于到了今天,人们不再使用"秩叙",被"秩序"一词完全替代了。

"盘缠"与"川资"

"盘缠"和"川资"同源,都是泛指费用、花销。但是许多人说该词是路费、差旅费的含义,说"川资"就是出入四川的路费,指四川路途艰难,水旱出入均花费甚巨,故而以该词代指路费、差旅费;而"盘缠"也被杜撰为将钱穿缀裹挟藏匿于腰间,以便于旅途使用和防盗抢。那么,究竟这两个词是怎样产生的?又各自蕴含了怎样的词义呢?

"盘缠"一词最早出于五代时《敦煌变文》中的"庐山远公话"篇,远公禀告将军白庄的对话说:"寺曰此先来贫虚,都无一物。纵有些些施利,旋总盘缠斋供,实无财帛,不敢诳妄将军。"宋代白话里也有"郡王教干办去分付(吩咐)临安府,即时差一个缉捕使臣带差做公的,备了盘缠,径来湖南潭州府,下了公文,同来寻崔宁和秀秀。(《碾玉观音》)"的话,后来被明末冯梦龙编在了《警世通言》里。因此,"盘缠"一词总括起来就是泛指费用,特指路费、差旅费用(见《汉语大词典》)。

其实,最初的"盘缠"一词是有具体含义的。北宋初的宰相王溥《五代会要》里说:"人户送纳之时,如有使官布袋者,每一布袋,使百姓纳钱八文,内五文与擎布袋人,余三文即与仓司充吃食、铺衬、纸笔、盘缠。"《五代会要》中出现"盘缠"一词共有三处,都说的是民众交纳粮草时需要额外交纳的货币,例如另一处中也说:"今后诸州店所纳秆草,每二十束别加耗一束,充场司耗折,其每来上旧纳盘缠钱一文。"那么这个额外交纳的货币具体作什么用呢?王溥说得很清楚,这些钱用来"即与仓司充吃食、铺衬、纸笔、盘缠。"即用在仓司(仓库管理者)日常的花费,与"吃食、铺衬、纸笔"等具体项目相区别的是,"盘缠"是指仓储转运清点所产生的费用。

"盘"在宋明以后衍生出的"搬运,转运"义,产生了"盘仓、

"盘缠"与"川资"

盘剥、盘运、盘拨"等词语,表明"盘"的"搬运,转运"义已经被广泛使用在书面语中,例如宋代朱熹《与颜提举札子》:"本军米斛……忽蒙使台改拨入都,不唯小郡顿增水脚之费,无所从出,而舟船艰得,装发迟缓,盘剥留滞,耗折百端,于事有甚不便者。"《宋史》里也有"由是水手、牛驴、牵户、盘剥人等,邀阻百端,商贾不行。"的说法。明代张居正《答河道潘印川书》:"先选舟数只,停泊坝外,以待盘拨可也。"《明史》:"船至张家湾,又雇车盘拨,多称贷以济用,此往来之苦也。"直至清代,林则徐的《会奏夷人趸船尽数呈交烟土折》里:"惟为数甚多,一趸船所载之箱,即须数十只驳船,始敷盘运。"这些词语的使用,为我们理解"盘"的"搬运,转运"义提供了众多而可靠的依据。而"缠"在这个词语中读轻声,也就是说,该词的词义以"盘"为主。而"盘"的"搬运,转运"义是从其原始含义"计算;清查"中引申出来的,与之对应的"盘点""盘库"等词语在明清时期也多有使用。因此,"盘缠"一词用作路费、差旅费用只是它在语用中的特指含义,并不能够涵盖它的所有意思。这一点,《现代汉语规范词典》里解释得很清楚。

"川资"就是货币钱财的意思,这是两个同义词联合起来表达一个意思的词语。《说文解字》说"资,货也。"而《广雅》说"资,川也。"在古代字书里还是比较少见。《广雅》是三国时期张辑为了增广《尔雅》而作,其内容多是汉代以前的经传训诂,也就是说,很早时,"川"字就与"资"同义,具有了货币的含义。《易经》旅卦里有"六二:旅即次,怀其资,得童仆。贞。"其中"资"表示财货,"次"表示旅居,所以"资"的本义应该指旅居行路所用的钱财。《战国策》里"资用乏绝,去秦而归。""既至秦,持千金之资币物,厚遗秦王宠臣中庶子蒙嘉。"也都是这个意思。因此,"川资"一词是路费、差旅费用的正解。

"盘缠"与"川资"之间具有关联性,从历时上看,"盘缠"的大量使用早于"川资"一词,从系统角度说,"川资"是"盘缠"在不同地区使用过程中逐渐衍生出来的后起词语。

从时代上说,宋元明清早期的语例中都使用"盘缠"一词。例如"你私下与他走了,多带了些盘缠,在他州外府过他几时,落得快活。(《初刻拍案惊奇》)""我今年正贡,须赴京廷试,待过成都时,恰好到彼讨此一项做路上盘缠,有何不可?(《二刻拍案惊奇》)""况如今春榜动,选场开,正待上朝取应,又苦盘缠缺少。(《窦娥冤》)""可怜我丈夫病了这些时,盘缠俱用尽了。

（《粉妆楼》）""那小厮生得乖觉,自来只靠县前这许多酒店里卖些时新果品,时常得西门庆赏发他些盘缠。（《金瓶梅》）""将盘缠银两好生接取慈湖庵郑道姑到京中来见我。（《警世通言》）"等等。之后衍化为"盘川"一词,如《三侠五义》里"因此将他极力救出,又助了盘川,叫他上京求取功名。""又叫小人带来十两银子,惟恐路上盘川不足,是要富余些个好。"《老残游记》里的"其先他的父亲原也是个三四品的官,因性情迂拙,不会要钱,所以做了二十年实缺,回家仍是卖了袍褂做的盘川。"以及《再生缘》："盘川付银三十两,即日调停就起身。"这时的词义已经开始由泛指的费用逐渐转化为特指的路费、差旅费。

之后该词又演变为"川资",如《清史稿》："在武汉、襄樊地方分设遣勇局,凡有在鄂散勇,均令赴局报名,雇船押送回籍,酌给川资,庶无业之徒,可归乡里,不至流而为匪。"《青楼梦》："昨闻二位小姐为人慷慨,有女孟尝之誉,是以托言相识引见兰闺,意欲求假（借）川资,得归故里。"薛福成《庸盦笔记》："忽有跪伏道左求助川资者,一武生,端敏同乡也。"也有同时称为"川费"的,如《清史稿》："贵州巡抚陈若霖奏请岁减民、苗佃租二万二千石,给苗疆会试举人川费,允之。"陶成章《浙案纪略》："嘉熊出资助诸人川费,分往各府县考察一切事宜。"

从使用频次上说,"盘缠"一词的古代用例高达 431 例,而"川资"仅数例而已,可见其作为一个同源词的历时演变中,"盘缠"依然是社会语文生活应用中的主流,而"川资"只不过是这股潮流中不时翻腾起的几朵绚烂的浪花而已。

（原载于《语言文字报》2023 年 8 月 30 日,标题有改动）

"蟾宫折桂"不易，"独占鳌头"真难

月亮作为乾坤阴阳的一端，为人们增添了无数美好的想象，长久以来，关于月亮的词语数不胜数。诸如"花好月圆""嫦娥奔月""玉兔捣药""吴刚伐桂"等等。我们今天也说一个与月亮有关的成语，叫作"蟾宫折桂"。

古人认为月亮上有这几种东西，一是嫦娥，二是吴刚，三是桂花树，四是癞蛤蟆，五是小白兔。围绕着他们所发生的离奇曲折的故事可以讲一个夏天。"蟾宫折桂"这个故事就和"吴刚伐桂"有关，所以我们从"吴刚伐桂"说起。

这个故事有很多版本，其中最可信的是唐代段成式在《酉阳杂俎》中的记载：相传汉朝时有个叫吴刚的人，因醉心于仙道被发配到月宫，天帝令他砍伐一棵高五百丈的月桂树，什么时间砍倒桂树，就可得道升仙。于是他便开始伐桂，每一天斧落树枝断，斧起树枝长，日复一日，吴刚伐桂的愿望始终未达成，他成仙得道的初心也就无法实现。

之所以要说"吴刚伐桂"，就是要明白"折桂"的含义，对吴刚来说，伐倒桂树就意味着得道升仙，在我们每一个人来说，"折桂"就意味着得偿心愿，实现人生目标。因此"折桂"所包含的意思有两层，一是过程不容易；二是结果很圆满。所以，当晋武帝询问大臣郤诜说，你怎么评价这几年当丞相的功劳时，郤诜说："臣鉴贤良对策，为天下第一，犹桂林之一枝，昆山之片玉。"用广寒宫中一枝桂、昆仑山上一片玉来比喻自己，也是前不见古人，后不见来者的。可见"月桂"难得，"折桂"更难啊！

我们再说说"蟾宫"，蟾宫即月宫，也叫广寒宫，是古代神话中嫦娥居住的宫殿。早在战国时代，中国民间就传说月中有蟾蜍。屈原在《天问》中说："夜光何德，死则又育？厥利惟何，而顾菟在腹？"根据闻一多先生《天问释天》中的说法，"顾菟"即蟾

39

蜍;《灵宪》中也说:"嫦娥遂托身于月,是为蟾蜍。"因此,有人说,蟾蜍就是嫦娥,嫦娥就是蟾蜍,只是我们距离月亮太远,雾里看花,水中望月,看不清楚罢了。

明白了"蟾宫""折桂"所包含的比喻意义后,也就明白了"蟾宫折桂"的含义了。那就是古代科举考试中的"独占鳌头"成为状元。需要提醒的是,到了隋唐以后,我们才把科举应试及第这样的人生重大转折称为"蟾宫折桂"。那是因为,一来历程太难,经过乡试州考,国子监加殿试,层层选拔,万里挑一;二来事情太大,人生理想和荣华富贵瞬间转化。名登皇榜即可荣华富贵,名落孙山便是辛苦白费。孟郊得中后"春风得意马蹄疾,一日看尽长安花。"即便是平易淡泊如白居易,在他先考中进士,他的堂弟白敏中后来中了第三名时,他也情不自禁地写诗祝贺说:"折桂一枝先许我,穿杨三叶尽惊人。"

所以,曹雪芹在《红楼梦》中写道:"彼时黛玉在窗下对镜理妆,听宝玉说上学去,因笑道:'好,这一去,可是要蟾宫折桂了,我不能送你了。'"可见,"蟾宫折桂"从唐代所指的学有所成、高中功名的含义一直延续使用到现在。

"碧"有千千语，色无一点尘

正如一千个人心目中有一千个哈姆雷特一样，一千个人心中，"碧"字就有一千种解释：

1、蓝色的：宋·苏轼《登州海市》："斜阳万里孤鸟没，但见碧海磨青铜。"

2、碧澄的，纯净的：元·郑元祐《汝阳张御史死节歌》："孤忠既足明丹心，三年犹须化碧血。"

3、青绿色的：唐·杜甫《冬日洛城北谒玄元皇帝庙》："碧瓦初寒外，金茎一气旁。"

4、深邃的：唐·杜甫《铜瓶》："乱后碧井废，时清瑶殿深。"宋·苏轼《石芝》："披衣相从到何许，朱阑碧井开琼户。"

……

那么，"碧"到底最初是什么意思呢？后来又引申发展成什么模样了呢？

其实，"碧"就是一种石头，后人也称之为玉。"石之青美者。从玉石，白声。(《说文解字》)"最早记载"碧"字的是《山海经》："高山，其下多青碧。"郭璞解释说："亦玉类也。"后来，庄子在《外物》篇里说的"苌弘死于蜀，藏其血，三年而化为碧。"也被唐朝人成玄英解释成"碧，玉也。"则是后人的附会。

其实，"碧"字是"玉"并不是最重要的，沉积其上的颜色成为后人阐发字义的核心和重点。

"碧"字是一个会意字，白色的介乎石头和玉之间的东西，核心含义是"白的颜色"，这里的白，既包括白色，也包括无色的纯净和有色的纯净。《广韵》说"碧，色也。"《字汇》《正字通》等字书解释为"深青色"，可见，颜色才是"碧"字的核心含义。

沿着这个核心引申出去，"蓝色的""青绿色的""碧澄的，纯净的""深邃的"都来自"碧"的青色和绿色所带给人们视觉上的

感知。所以,我们说"碧海"既可以是传说中蓝色的深海,也可以是青蓝色的天际;"碧血"则指具有忠臣烈士为正义所流的、碧澄纯净的血;"碧井"是说深不可测而泛深蓝色的井;"碧瓦"则成了琉璃瓦在阳光下所衍射出的青绿色;"碧月"是明澄的月亮;"碧堂"指澄碧通明的高堂大殿。不同的语境下,"碧"所表达的颜色含义在青绿色的底色上焕发出千姿百态的模样,其所组合的词语也展示出令人目不暇接的含义。

  千变万化的"碧"色,含义中的核心概念就是"纯净",包括有颜色的(蓝色、青绿色)和没有颜色的(碧澄、深邃),就像我们看一块通透纯净的翡翠一样,有冰种的无色纯净,也有糯种的色泽纯净,撇开了"纯净"义,则"碧"字的含义就显得没有逻辑而混乱的。因此。我们了解一个字词,就是要从其根本来了解,做到解读要深刻,概括要精确,那种浮皮潦草的解释是对读者的不负责任。

"难"字为什么当选 2021 海峡两岸年度汉字

据新华社报道,由两岸有关机构共同主办的 2021 海峡两岸年度汉字评选结果日前在台北揭晓,"难"字从"困""迷""变""复""缓""拼""忧""危""忙"等 36 个候选汉字中脱颖而出,以最高 113 万票当选为两岸年度汉字。

"难"字为形声字,最早是"鶅"字,《说文解字》说是"支翅鸟",理解为"没有飞羽的、不能够展翅飞翔的鸟。"喻指"无法摆脱的不幸处境"之义。后用"难"字,分为多音多义。当读 nán 时,基本意思表示为困难;不容易;不好看等;当读 nàn 时,表示灾祸;仇怨;诘问等含义。由这样的基本意思引申出的义项含义则多达十几种,比如《汉语大词典》所列为两种十五项含义。

不过,万变不离其宗,"难"字所表达的含义,多数情况下,还是和"困难""灾祸"相关联。归纳起来无外乎来自两个方面,一个是自然界出现的灾难,另一个是人为造成的困难。如孔子解释《尚书》中"礼烦则乱,事神则难"这句话时说:"事神礼烦,则乱而难行",其中的"难"字,即是"困难,不好做"的意思;而"受任于败军之际,奉命于危难之间(诸葛亮《出师表》)"则是"灾祸,危困"的意思。

纵观 2021 年,我们面临着来自自然界和人类社会两方面的巨大变局和挑战。自然界的灾难层出不穷,洪水肆虐,天气变化无常,飓风龙卷风以及各种自然灾害,吞噬人类家园,罹难百姓。更为要命的是新冠疫情纠结反复,德尔塔、奥密克戎变异毒株突变层出,危及全世界人民的安全。

但是,我们可以感受到更多、更为严重的则是人类社会发展所带来的人为祸端。环境污染导致的气候变化、战争带来的人道主义灾难、国际政治、外交的风云突变造成的地区紧张局势……所有的不确定性层出不穷。因此,"难"字成为两岸民众

的眼中情和心里想,113万张投票充分显示了民众的感受和祈望。

有"难"就会有破解"难"的办法,孔颖达在解释《周易》时说"以节俭为德,辟其危难",正是我们要过几年紧日子,实现经济体制结构性转变的古训写照。同样,也正因为中华民族同文同种的血缘呼唤以及坚持永不分裂的决心毅力,才是解决两岸政治经济社会等诸多方面"难"题的经世良方。

(原载于《语言文字报》2022.1.5)

"槽"与"枥"的不同

韩愈的《杂说》里有一句话:"(千里马)骈死于槽枥之间。"我们今天也常用"老骥伏枥"这个成语,可见在古代,"槽"和"枥"并不是同一样东西。

"槽枥"的"槽"指马槽,那"枥"指的是什么?

"枥"在《辞海》中解作"马厩";《辞源》将"伏枥"一词解释为"马被关闭在马房里头";《新华字典》说"枥"是"马槽"。一说是"马厩(房)",一说是"马槽",给读者带来困惑和不解。

其实,"枥"的原义既不是"马槽"也不是"马厩",而是马厩里、马槽之上,用来约束马匹的栏杆。

"枥(櫪)"字,《说文解字》指"櫪撕,椑指也。"清代段玉裁解释说:"柙指如今之拶指,故与械杻桎梏为类。庄子曰:罪人交臂历指。历指谓以枥撕柙其指也。"战国时期的《庄子》《尉缭子》等书说得很清楚,"枥(櫪)"就是夹手指用的木制刑具。直到晋代郭璞注解汉代杨雄的《方言》一书中的"枥,梁宋齐楚北燕之间或谓之槄(suō),或谓之皂"这句话时,才添加上去了"养马器也"的说法。

王力先生认为"枥"是马槽,主要依据清代段玉裁《说文解字注》中对于"槽"字的注解中"马枥曰槽。方言。枥、梁宋齐楚北燕之闲谓之槄皂。皂与槽音义同也。"他认为:"马枥曰槽"是段玉裁下的结论,依据是"枥"就是"槄皂",而"皂与槽音义同也。"因此,"枥"就是"槽","槽"就是"枥"。

从古代字书上看,"枥、槄、皂"三个字显然是近义词。"槄"有两种说法。一种是以《玉篇》为主的"枥也,饲马器。";另外一种是以《字汇》《四声篇海(明刊本)》为主的"栏也,养马器也"以及《正字通》里的"养马器,一曰皂枥,方言。""皂"字则在《广韵》《正字通》《字汇》中被认定为"槽属""以木作如槽"。可见,"枥、

榉、皁"这三个字都是用来指喂养马匹的用具或设施。

三者之间尚有具体而细微的差别,比如"饲马器"是喂马的用具;"养马器"则可能是喂马的用具,也可能是养马的其他用具;"槽属"显然不是专指一种,而是一类多种用具或设置。参之"枥"的原始基础含义,在马厩里,具有约束马匹的养马器是什么呢?那就是和马槽连在一起,用来拴马或者防止马匹相互撕咬的用具或设施,所以,《字汇》《四声篇海(明刊本)》里才说"栏也"。(图1)

(图1)

其次,从古汉语语法上说,"枥"为名词,多数为单用。经查,古代汉语中,"枥"的单用例有160多处(其中个别为与"槽"合用)。如:

老骥伏枥,志在千里。(汉·曹操《步出夏门行》)

夫一马伏枥,当中家六口之食,亡丁男一人之事。(汉·桓宽《盐铁论》)

孰与衔辔而伏枥,同被绣于牺牛哉!(晋·葛洪《抱朴子》)

气劳者,缓系之枥上。(北魏·贾思勰《齐民要术》)

刺史家人至子房所,不见奴婢,至枥中,又不见马。(唐·戴孚《广异记》)

韩愈所说的"骈死于槽枥之间",明确表示千里马是死在"槽"和"枥"之间的。一般来说,单用"枥"表示"马槽"尚有可说,但用"槽枥"表示"马槽"似有不妥。毫无疑问,"槽"表示"马槽——位于马厩下部的喂马器具",如果"枥"也表示"马槽"的话,在多以单音节词为主的古汉语中,是难以想象的。而贾思勰所说"气劳者,缓系之枥上",说明"枥"是用来约束马匹使用的,如果是"槽",怎么可以"系"住马匹呢?

从用法上说,"枥"字多连接"下""中"等方位词,加之"伏枥"的用法,表明"枥"之"下""中"可以包裹马的头或身体;而"槽"字多用"内""里""上"等方位词。也就是说,"枥"在马头的上部,"槽"在马头的下部。

"槽"与"枥"的不同

还有杜甫曾写过一首贺岁诗《杜位宅守岁》,其中有"盍簪喧枥马,列炬散林鸦。"句,既然是"喧枥马",那么"枥"就不是"马槽",否则,马儿在马槽里怎么能够闹腾嘶叫呢?

再次,从目前考古发现的古代马厩设施中,存在大量的、各种材质的"槽",却未见"枥"的踪迹。考古工作者在秦始皇陵园外城东侧的上焦村发现了二百多座小型马厩坑。出土器物中有喂马的陶盆(后成为马槽),唯独没有发现"枥"的存在。结合记载中的"以木作如槽"可以断定,"枥"是马厩里木制的养马设施,由于风化等原因多被损毁。

(原载于《北京晚报》2022.9.13)

"当"是怎么上的？

"上当"这个词挺有意思，"上"字表示人的主动行为；"当"字是指被别人哄骗或欺瞒而导致财物的损失，这种主动进入被别人所设计圈套的过程就叫作"上当"。要说这样的人不是疯子就是傻瓜缺心眼，其实，现实生活中，这样的人不少，还都是所谓的聪明人。

"当"字是"當"的简化字，"當"字始见于战国，从田、尚声，是一个形声字，表示两块价值相等的田地。"田相值也（《说文解字》）。"清代段玉裁《说文解字注》里解释说："值者，持也。田与田相持也。引申之，凡相持相抵皆曰当。"说的就是由等价的田地引申为"相持相抵"的所有事物，所以，它的内容及其广泛，使用也很庞杂。

单就"上当"一词而言，这里的"当"从用人或等价物抵押或者质押的动作（动词）引申为等价抵押物或者抵押交易场所（名词）。前者见《史记·屈贾传》："以一仪而当汉中地，臣请往如楚。"或者《正字通》里说："当，凡出物质钱，俗谓之当。"后者则是清代翟灏《通俗编》里说："俗谓质铺曰当。"这里的"当"指当铺——抵押或者质押的交易场所。

古代典当行业始于汉朝，一直延续到民国，经历了数千年的历史，汉唐时称"质库"，宋时叫"解库"或"长生库"，这个时期，在表达用实物作抵押借钱时，只使用"当"或"典当"，而不是"上当"一词。例如《后汉书》说："虞（刘虞）所赉赏，典当胡夷，瓒复抄夺之。"唐代诗人吕岩"一领布裘权且当，九天回日却归还。"等等。

典当行业的店铺只有到了明清时，才叫"典当铺"。它有三个特点，一是坐店不揽客。二是估价很低。三是活当少，死当、绝当多，赎当不容易。这就为"上当"一词的产生提供了社

"当"是怎么上的？

会基础。"上当"一词最初含有主动受骗或者情势所迫无奈自投罗网的意思，即是指典当铺并不主动招徕顾客，都是顾客自我主动前来，故而称之为"上"。而"上当"即可理解为"主动前去典当行，进行典当交易行为"的意思。其次，不管是官府典当、私人典当还是寺庙典当，都遵循"值十之物，只当四五"的规矩，也就是说送去典当的物品，往往被贬值作价，这样，典当行才有巨额利润可赚。而对于前去典当的人来说，其被质押的财物往往是贬值收押抵当，有一种被其哄骗而吃亏的感觉。同时，能够典当的财物往往很少能够赎当归还原主，多数会沦为死当、绝当，被典当铺拍卖或者收为己有，使得原物主遭受较大的损失。因此，原物主总有一种遭受欺骗、暗自吃亏的心理感受，于是，人们就把被欺骗而使事情败坏或蒙受损失的事儿叫作"上当"。

作为俗语，"上当"一词，产生于明清以后白话小说盛行的时代，显然是与当时民间这种典当行为的大肆盛行密切相关。不过，后来这个俗语的使用也逐渐脱离了生活具象化描述的范畴，上升为一种情绪活动和心理感受，因此，表达出来的含义也具有心理层面的某种愿景或者祈盼。例如最早使用该词的《儒林外史》："我今年七十多岁，看经念佛，观音菩萨听着，我怎肯眼睁睁的(地)看着你上当不说？"以及《官场现形记》里："陶子尧做官心切，便把此话牢记在心，自己拿定主张，到了上海，不叫局，不吃花酒，免得上当。"当然，这个词语的使用，一般都是在白话口语的语境中，表示该词来自民间对话中的俗语。比如《孽海花》："空口白话，你们做官人翻脸不识人，我可不上当，你须写下凭据来。"这样的语言使用场景。

"回回都上当，当当不一样"时至今日，"上当"一词已经完全蜕化为一个社会生活中最常见的口头语词语，其所能够表达的内容含义也不再是财物或者事务的亏损，扩展引申到了社会生活的方方面面，即便是细微到一句小话的食言，也都可以使用这个词语来表达。不过，其贬义色彩一直保留着，并没有出现任何改变。

(原载于《北京晚报》2023.2.19)

河水干了，羿能『蹚』过去吗？
——小学生提问凸显『老师在哪里？』问题

此间多家媒体报道：8岁的福州男孩小冯提了个问题：课文《羿射九日》中，前一段提到"江河里的水被蒸干了"，下一段又说"他蹚过九十九条大河"，羿是怎么蹚的？

6月14日，人民教育出版社微博对此回应，称孩子敢于质疑，提出了很好的问题。出版社表示，联系上下文，"蹚"字的确用得不恰当。"教材编写组正在认真研究，会对教材进行适当修改，下个版本的教材这个问题就解决了。"

课本用错了吗？

首先，我们要分析的是，到底这个"蹚"在这里是否使用错误。可以分为两个层面来说：

一是"蹚"字的本义是什么？

《汉语大字典》3980页释义为动词：

(1)踩，踏；

(2)引申为探路；

(3)从浅水中走过去；涉过。如：蹚水（从浅水中走过去）；蹚过小河；蹚过泥淖；

(4)试验、试做。

而《现代汉语词典》1265页将其简化为两个义项：即

(1)从浅水里走过去，也指从雪地、草地走过去。

(2)用犁把土翻开，除去杂草并给苗培土。

从以上内容我们基本可以得出"蹚"主要的意思是：从浅水中走过去；涉过。从这个意义上说，冯姓同学确实质疑的没错，没有水还"蹚"什么？

但是，且慢，我国语言文字的发展演化历史绝不是这么简单的,相信那些编课本的专家,也不会这么漫不经心或者孤陋寡闻地将这么明显的错误、轻易地展现在小学生课本里。

我们试图顺着专家的思路,再找找"蹚"字有没有其他的意思。我们找到一本字典——秉承国家语言规范使命的《现代汉语规范词典》。在《现代汉语规范词典》1277页明确了"蹚"有四个义项:

(1)从浅水中走过去;

(2)从草地或没有路的地方走过去;

(3)遇或碰(多用于抽象事物);

(4)用犁等翻地除草。

在其第二个义项中明确指出:"蹚"可用于草地或没有路的地方,也就是说,没有水的地方可不可以"蹚"? 回答是可以。

顺着这一思路继续,我们可以看到古代字书《集韵》这样解释"蹚":行不正也;《重订直音篇》说:行失正貌。大概"蹚"就是"不走正步"或者"走路姿势不正规"的意思。至于是不是蹚水,是后来语义发展之后的结果。

我们搞清楚"蹚"的本义后,需要思考的一个问题就是语言规范化的问题,由于我国历史悠久,民族众多,南北方语言差异性很大,造成语言发展的情况十分复杂。为了规范语言使用,国家于2000年颁布的《中华人民共和国国家通用语言文字法》开宗明义,就是"为推动国家通用语言文字的规范化、标准化及其健康发展"。2013年8月,又颁布了《通用规范汉字表》,公布了8105个规范汉字,为语言发展规范提供了法律依据和规范准则。

"蹚"是规范字,使用也是没有问题的。

既然"蹚"可以用在没有水的地方,也是规范字,那么是不是说课本里的"蹚"就用得没有错呢?

答案是否定的,这里的"蹚"错了,而且是严重的语法和逻辑错误。也就是"蹚"过大河与前边描述的"江河里的水被蒸干了"产生了矛盾。首先是"蹚过大河"的表述,一定要"蹚"水。这里的"蹚"即是"蹚"的最主要用法"涉水"之义。其次,课文前边又说,所有的江河都被蒸干了。"河"里没水,只能是河床,不能是"大河",这样"蹚过九十九条大河"岂不是自相矛盾。

所有,冯姓同学提的对,出版社这个"锅"背定了。

思考:"老师"在哪里?

课本这种涉及基础教育的重大领域出现这样的错误,实属不该。但是,也警示我们需要思考一些问题。

社会生活中,像冯姓同学这样具有独立思考,敢于质疑权威的学生还是太少。学生时代,我们给予学生的养成是老师是权威,课本是权威……唯独需要知识滋养的学生,只有接受的义务,没有提问或者质疑的权力。记得一位从以色列归国的学者说过,他们在当地学校里见的最多的情况就是学生踊跃地向老师提问题。当被问到为什么?以色列孩子们回答道:回家妈妈第一句问话就是"今天你问老师问题了吗?"

还有,《现代汉语规范词典》主编、著名语言学家,辞书终身成就奖得主李行健先生在《我与辞书的结缘》中回忆当年名师魏建功先生时,当魏建功先生得知学生没有查字典就贸然来问问题时,十分不悦,说:先去查一查《辞海》《辞源》《中华大字典》《康熙字典》,查完还不懂的,再来问。大家知道,魏建功先生就是我国著名的《新华字典》的主编。

冯姓同学一问惊醒天下人,社会生活中涌现的这样或者那样的问题,我们问真正的老师了吗?那些不懂、不会、不明白的字、词、句、文……我们查没查字典?了解没有了解这些字、词、句、文的含义以及为什么这样用的道理?

顺便说一句,要是《辞海》《辞源》《中华大字典》《康熙字典》这些深奥的、难以理解的字典词典看不懂,那就先在家里备一本《现代汉语规范词典》,这样,类似"蹚"字怎么解释、怎么使用这样的问题就迎刃而解了。

(原载于《语言文字报》2019.7.10,标题有改动)

"苔"与"薹"一样吗?

近日,有读者提出了一个问题,说他在菜市场看到,有人将"蒜薹"写作"蒜苔"。他觉得很奇怪,那么,"蒜苔"与"蒜薹"是一样的吗?"苔"是"薹"的简化字吗?

回答是否定的,"苔"不是"薹"的简化字,所以,"蒜薹"是那种蔬菜的正确写法,而"蒜苔"是完全错误的。

"苔"与"薹"都是通用规范字,这是两个不同含义、各自独立表达意思的汉字。

查阅相关文件,我们可以看到:"苔"是 2013 年国务院颁布的《通用规范汉字表》中的一级字。当它读 tāi 时,指舌苔,中医指舌头表面的一层滑腻物质;当读 tái 时,指苔藓植物的一纲。生长在潮湿地方的绿色地表植物。常见词有"苔藓""青苔"等。

而"薹"字是 2013 年国务院颁布的《通用规范汉字表》中的二级字。只有 tái 一个读音,分别表示两个意思。一是指薹草。多年生草本植物(蓑衣草);二是指蒜、韭菜、油菜等蔬菜从顶端中央长出的长茎,茎顶开花,嫩茎可以食用。

在 1964 年的《简化字总表》和 2013 年的《通用规范汉字表》中,国家从文字法规上,保留了"薹"字,就是为了避免地表植物的"苔"与蔬菜长茎的"薹"相混淆,给汉字的形音义正确传承和使用造成损害。

同样,古代类书中,包括《玉篇》《广韵》《集韵》等都清清楚楚地区别了"苔"和"薹"字的含义,表述为:"薹,菜名也。""苔,水衣。《说文解字》""苔,水青衣也。《段注说文》""苔,石木之衣也。《龙龛手鉴》""苔,一名藓。《正字通》"等等,可以很清楚地分别"苔"和"薹"的字义。

这样,平常我们说的"蒜薹""韭薹""菜薹"等词语,它们所指的东西都是蒜、韭菜、油菜等蔬菜顶端中央长出的、可以食用

的长茎,属于蔬菜类,按照规范写法,应该用"薹"字。

那么"苔"和"薹"为什么会混淆呢?大概是因为:一来是在简化字过程中,我们将"臺"字简化为"台",因此民间有人根据类推的方法,将"薹"字草字头下面的"臺"简化为"台",这样,"薹"字就变成了"苔"字;二来是在百姓日常生活中,"薹"字的书写过于烦琐,人们为图省事,多写作"苔",因此,"蒜薹""韭薹""菜薹"也就成了"蒜苔""韭苔""菜苔"。因为写的人多了,用的时间久了,就习非成是,纠正起来很不容易。

为了解决这个问题,李行健先生主编的《现代汉语规范词典(第4版)》,专门就这俩字分别做了分析辨别的提示:"苔"不是"薹"的简化字;"薹"不能简化成"苔"。因此,在写作、教学和出版等正式文字编辑中,我们应当严格执行国家规范标准,两个字不可混用。

"悲"字亦有不悲时

有一个成语叫"慷慨悲歌",司马迁用过多次,他使用时语序是颠倒的,叫"悲歌慷慨"。例如:《史记·货殖列传》:"中山地薄人众,犹有沙丘纣淫地余民,民俗懁急,仰机利而食。丈夫相聚游戏,悲歌慷慨。"最著名的就是在四面楚歌的垓下,"于是项王乃悲歌慷慨,自为诗曰:'力拔山兮气盖世!时不利兮骓不逝!骓不逝兮可奈何!虞兮虞兮奈若何!'"随后,项羽拔剑自刎,兵败鸿沟。这一过程诞生有名的成语有两个,四面楚歌和慷慨悲歌。四面楚歌说得是刘邦的战术;慷慨悲歌说得是项羽的性情,各有各的内涵。

"悲"字,始见于战国文字,形声,以"心"表示与心境相关;"非"声表示音读。本义指哀伤;痛心。"悲,痛也。(《说文解字》)""悲,伤也。(《广雅》)"王力先生《王力古汉语字典》"悲"字也只有一个原始义项,即"哀痛、伤心"。历览其他诸如《汉字源流字典》《经籍籑诂》等,也多为上述语义和语例。

从逻辑上说,"悲"字应该是形容内心心理活动的一种外在宣泄表现,其与"忧伤""哀痛"的内在心理活动是有一定的区别的,否则,"慷慨悲歌"既然"慷慨",又要"悲歌",就自相矛盾了。之前的辞书多语焉不详,在明代《字汇》和《正字通》里找到了一些解释,可以弥补一些词典的模棱和疏漏。

《正字通》"悲"字解释说:"有声无泪曰悲。"并引用了《庄子·徐无鬼》和《淮南子·原道》篇中的例句,其中《淮南子·原道》:"乐作而喜,曲终而悲,悲喜转而相生。"显然,"悲"这种心理状态与"喜"相对、与音乐有关。早于《正字通》的《字汇》也记载说:"有声无泪曰悲;无声有泪曰泣"可见,"悲"是要发出声音的心理状态——也就是我们常说的,心理活动转而表现出来的声音。

因此,"悲歌"一词是说用歌声抒发悲壮激愤的情绪,而不是哀伤地、痛怆地、苦楚地唱歌。《淮南子·说林训》里说:"善举事者若乘舟而悲歌,一人唱而千人和。"如若是孤独哀伤而歌,恐怕与千人共和的大合唱场景不搭。

这样,我们就可以通顺而准确地解释"悲歌慷慨"或者"慷慨悲歌",其实更多的是宣泄和抒发了项羽以及那些勇士们壮志未酬的遗憾和视死如归的悲壮心理,转而为歌,岂是那些自哀自怨、孤独伤心的懦夫所能够理解的。

"慷慨悲歌士,相传燕赵多。"黄遵宪先生《慷慨》诗一语中的,道出了"悲歌"的真谛。

(原载于《语言文字报》2022.3.23)

辨识"班"字不容易

诗仙李白有一句诗:"挥手自兹去,萧萧班马鸣。"很多人将其中的"班马"误解为"斑马"。古代字书《隶辨》中说:"以斑为班。"并列举了唐代以前的杨著、孔羡等碑文来印证两个字是可以互用的。可是大家知道,"斑马"是非洲大草原上的动物,即便是出生在中亚地区碎叶城的李白,也不会先知先觉,更不会时空穿越到非洲大草原上,仿佛亲眼所见似的,把这样离奇的词语使用在自己诗歌的字里行间。

其实是大家误解了,李白的"班马"不是带有横条纹的非洲"斑马",而是"离群落单的马"的意思。《集韵》:"班,别也"解释为:"夜遁马不相见,故作离别声也。""萧萧班马鸣"就是离群落单的马嘶叫呼唤同伴的声音。

那么,"班"字还有那些我们并不熟悉的意思呢?它们从古到今又发生了哪些词义的变化呢?

"班"字最早是一个镌刻在青铜器上的金文字,中间是刀,左右是两串玉,像是用刀把玉分割开,本义指分割瑞玉。瑞玉是古代玉质的信物,用刀中分为二,各执其一以为信。《说文解字》说:"班,分瑞玉也。"最早源出于《尚书》"乃日觐四岳群牧,班瑞于群后。"大意是说舜帝给在诸侯群牧觐见时,给大家分割瑞玉。后来引申出"分开""颁布""顺序,次序""斑驳杂乱"等不同含义,是一个引申含义很多很杂的词语。现代汉语中,"班"字更是可作动词、名词、形容词以及数量词使用,义项最多可达32个,所列词目可以达到几百个。例如:

【班长】:旧指衙役头目或妓院老板;今指军队或者学校编制单位班的领导人,引申为一定组织成员的领导人。

【班子】:旧指戏班。现指为完成一定任务而专门成立的组织或者某一领导机构。

【班次】：古代指官员按品级排列的位次。今多指执行工作任务时规定的时间、顺序或次数；也指有固定路线、定时往来的交通工具开行的次数。

【班底】：旧指戏班中演员所纳的份金；后也指戏班中名角之外的一般演员。今指一个组织中的基本成员。

【班级】：旧指官位的等级；引申指官位。今指学校中的班次与年级的合称。

……

从上述词例可以看出，"班"字的引申发展脉络只有"分割，分类"到"顺序，次序"这一条线索成为古今语言发展的顺畅通道。其他如"颁布"义，"周公……制礼乐，班（同颁）度量，而下大服。(《汉书》)"被"颁"字假借后，出离了原有的词义范畴，形成了新的词语；"斑驳，斑白"义，如"纷总总其离合兮，班陆离其上下。(《离骚》)"后来被"斑"字假借后所替代。

那么在现代汉语中，沿着这一条基本线索追溯下来，就可以在此基础上，分蘖出诸多的具有细微差异的含义。例如因职业、行为、编制等原因组合而成的人群或组织，包括戏班、班主、班子等词语；因为追求同一目标而聚集在一起的组织，包括班会、班级等；按照规定时间进行的工作，包括白班、当班、加班、接班等以及定时定点开行的交通工具，包括航班、班车等。所有这些内容，都是围绕着这一线索分支散叶的，这样，就能够掌握"班"字所组成的词语之间的必然联系和引申关系。

提一纲而全目张，触一类而旁类通。相信用这样简单有效的方法，可以使我们更加快速准确地掌握复杂多变的语言文字发展引申的内在规律。

此"斗"非彼"斗"也！

"阿斗"是昵称。"阿"表示亲昵的语气，是词语的前缀；"斗"表示语义，指北斗星。"阿斗"的名字也是作为皇帝的父亲刘备对儿子刘禅寄予厚望的祈盼——天上星辰，地上王侯。

"斗"（dǒu）字在语言发展演化过程中，可以分解出若干的含义。其中与"阿斗"有关的是：星名，二十八宿之一。泛指星；特指"北斗星"——古代用来指引方向的北方天空排列成勺形的七颗明亮的星。

据司马迁说，"北斗星"就是古代的"璇玑玉衡"，他在《史记·天官书》中说："北斗七星，所谓'璇玑玉衡以齐七政。（《尚书》）'"。在古代天象学上，北斗星为北方星空的斗星，以示与南斗区别。其映射到人间，在道家教义体系里，"北斗七星，主天子寿命，也主宰相爵禄之位。（《星经》）"最早记录"北斗"一词的当为《左传》中的"秋，七月，有星孛入于北斗。"即公元前613年出现的哈雷彗星侵入北斗星的事件。此后很长时间，"北斗星"都是专指天象学上的"北斗七星"而言。被当作神灵尊君使用的"北斗"来自汉代，包括《史记》《汉书》《淮南子》等著作中大量地使用"北斗"一词来表述对于天上星辰神君的描述。

中国古代，凡大人物都要给自己的生命涂抹一层神秘的色彩，这既是原始时代图腾崇拜的历史遗存，也是当时等级制度下作为统治者高人一等的现实需要。我们熟知的有"天命玄鸟，降而生商"以及姜嫄踩巨人足迹而生下后稷，后稷教人务农，成为中国的农耕始祖，也就是周王朝的祖先。这些故事告诉我们，往往附会神灵的语言文字都具有特殊的社会功用。

"斗"（dǒu）在这里即表示"北斗星"的意思，北斗高悬苍穹，为人们指引前进的方向，也是主导天子寿数、权位延绵的主要神君。刘备附会刘禅之母甘夫人因夜梦仰吞北斗而怀孕的故

事，给自己儿子起小名叫"阿斗"，既是一脉相承地仿照自己先祖刘邦夜梦怒斩大白蛇，愤而起事灭秦的故事，又是寄希望于自己的继承人，从出生时即可列入"天降大任"的大人物行列，能够赢在人生起跑线上，完成自己光复汉室的宏图大愿。这一点毋庸置疑，我们从刘禅的名字中也可以得到答案，《说文解字》："禅，祭天也。"《康熙字典》："古者天子巡守，至于四岳，则封泰山而祭天，禅小山而祭山川。"都是说"禅"是帝王才拥有与天界交流的通道；刘禅字公嗣，也就是公众推选的继承人的意思。可见，天授人道，刘禅的名字里占据了主体，所以小名称"阿斗"也就顺理成章了。

可惜的是，这个被寄予厚望的"阿斗"，性格"暗弱"，继位后庸碌无能、贪图享乐，虽有诸葛亮、姜维等人全力扶助，却不能振兴蜀汉。蜀亡后"阿斗"降魏，被迁洛阳，最终成了扶不起来的"阿斗"，成了奢靡享乐度日的"安乐公"。当被问起亡国之君的感受时，还恬不知耻地说："此间乐，不思蜀也。"所以，成语"乐不思蜀"起初也是亡国之君的懦弱无耻之语。

语言文字的流传，让我们知道"斗"字不仅是指引人生方向的"北斗"，也可能是局促一隅、悲悲戚戚的"阿斗"。

腊月说"腊"

一年中的腊月是人们最欢喜、最祈望的日子,算一算一年的收获,看一看儿女的成长,憧憬着新年的新气象……想想都能笑出眼角纹来。

"腊"字也是汉字中最复杂的文字之一。首先是读音,古代"腊"字读 xī;其次,也不是"腊月"的意思,是指干肉或者皮肤干裂的意思(《王力古汉语字典》)。

而真正的"腊"月(农历十二月)应该是"臘"月或者"蜡"月,是《说文解字》里说的岁终时,举国上下合祭众神的日子。《礼记》记载:"腊(臘)者,猎也,言田猎取禽兽,以祭祀其祖也"也是说的这个意思。

至于"腊(xī)"字代替了腊(臘)字的故事,台湾学者郑诗在《古今正俗字诂》里说,"腊(xī)"与"昔"相通,并与"夕"字同义,寓意鲜肉一夕之变后成为干肉的意思。而后人将"昔读如夕,腊读如纳,乃无人知昔腊为一字者。"其所说的就是后来由于使用简化字的要求,将"臘"简化为"腊",并与"腊(xī)"字合并为"腊",因此,"腊"变成了同形多音字,既读 xī 又读 là,既承担了"臘"的简化字身份和原有含义,又包含"腊(xī)"字的原来内容,使得"腊(xī)肉(干肉)"与"腊(là)肉(腊月腌制的肉)"都写作"腊肉",让人傻傻分不清楚。

"腊"字成为"臘"的简化字后,接管了繁体字"臘"的所有含义,包括:年终祭祀百神;十二月的代称;僧人受戒后的修行年度以及腊肉(腊月腌制的肉)等内容,直接导致后世最为流行的"腊八节"也鸠占鹊巢。

说到"腊八节",就要说一说古代岁末祭祀百神的日子的计算方式。它是从干支系统里计算出来的。在汉代,"冬至后三戌,腊(臘)祭百神。""腊(臘)"祭指冬至后的第三个戌日,距离

冬至至少超过二十四天,多数情况下,"腊(臘)"祭的日子在农历腊(臘)月的"小年"左右,而定在每年腊(臘)月初八则是因为佛教的缘故。由于两汉时期佛教传入并广泛传播,导致民间把祭神缅祖的日子变成了驱鬼辟邪、祈福迎祥的"腊八节",最早开始于南北朝的梁朝,据宗懔在《荆楚岁时记》里说:"十二月八日为腊日,谚语:'腊鼓鸣,春草生'"

据说,这一天是佛祖释迦牟尼成道之日。佛祖因为修道过程中苦饿交加,吃了牧羊女的羊奶粥而得以成道,所以,后世"腊八节"各地的大小佛教寺庙风靡施舍"腊八粥"的活动,广大受众和四乡八邻的民众往往趋之若鹜,传到了民间,也有了家家户户吃腊八粥的风俗。

也有一些地方还坚守着传统"腊(臘)"祭的日子,民俗中将腊月二十三称之为"小年"——是各界官民们祭祀灶王爷的活动,就是这种古俗的遗风。正如宋代诗人范成大《祭灶词》对当时民间祭灶作的极其生动的描写:"猪头烂熟双鱼鲜,豆沙甘松米饵圆。男儿酌献女儿避,酹酒烧钱灶君喜。"从这一天开始,所有的人都计算着每一天的日子,干着应时应景的活儿,盼望着新年新春的到来。

顺便说一句,我们熟悉的"坐蜡"的"蜡",其繁体字"蠟"本就是与"腊(臘)"相通。汉代蔡邕在《独断》里说:"四代腊之别名:夏曰嘉平,殷曰清祀,周曰大蜡,汉曰腊。"祭神叫作"蜡",祭祖叫作"腊",周代的"蜡"就是汉代的"腊",没有什么区别,所以,"坐蜡"就是"坐腊",原指佛教僧尼受戒后艰苦修行的流光岁月,今天被当作受苦受难的日子的意思来使用。

(原载于《语言文字报》2023.1.4)

拈酸说"醋"

"醋"这个字最早叫"酢",是动词酬酢——客人以酒回敬主人的意思。王力先生在《王力古汉语字典》里辨析到:醋、酢、醯、酸,均称调味的酸味液体。"'醋',原为酬酢的用字,读 zuò;'酢'本酸醋的用字,读 cù。"他是根据《说文解字》:"醋,客酌主人也。"以及清代段玉裁注解:"诸经多以酢为醋;唯礼经尚仍其旧,后人醋、酢互易。"所说而得出的结论。而"醋"作为一种酸味的液体调料(多以粮食、果蔬经发酵酿制而成),则是北魏贾思勰《齐民要术·作酢法》中明确提出:"酢,今醋也。"

"醋"是酸的,所以由"酸"引申出了许多富有想象力的词语,比如:吃醋,醋坛(罐)子,半瓶醋等等,其中有许多有趣的故事或说法。

饮醋所带来酸酸的味觉感受以及以此比喻男女情感上的嫉妒心理;也指现代生活中,有些人见别人受到表扬或奖励,心存嫉妒,眼红别人,通通戏称为"吃醋"。这个故事来自唐代,唐人的《朝野佥载》和《隋唐嘉话》记载了两则同样的故事,都是说唐太宗把美女赐给大臣,被大臣之妻所拒绝的事,其中,中书令房玄龄的故事流传最广。大意是说:房玄龄多次婉拒唐太宗赏赐给他的美女做妾,理由是家中有妒妇不允许,于是,唐太宗就赐给房玄龄妻子一杯毒酒,下旨说,"你要么喝了这杯毒酒,要么让房玄龄纳妾。"没想到,那女人毫不犹豫喝了皇上给的毒酒,死也不让自己的丈夫纳妾。据说唐太宗给她的苦酒就是"醋",要不然,"拉皮条"害死大臣原配妻子的黑历史,得让唐太宗这个一代明君遭受多么大的污名啊!

按照东汉学者刘熙所著《释名》中的解释:"苦酒即醯(醋)""苦酒,淳毒甚者,酢苦也。"也就是说,这里的"苦酒"就是醋的别名。有传说讲,汉代发明酿酒的鼻祖刘伶的老婆为了阻止刘

伶滥饮,往酒里勾兑辛辣乌梅之物,使之成为"苦酒",倒也不是信口开河、空穴来风哈!

还有一种说法是依据清代的《燕在阁知新录》里关于"世以妬(同妒)妇比狮子。《续文献通考》载:'狮子日食醋、酪各一瓶',吃醋之说本此。"这样的记载而来。

将"妒妇"比作狮子的故事,来自宋代大诗人苏东坡。苏东坡有一个朋友叫陈季常,他妻子柳氏是一个嫉妒心很强的女子,每当陈季常宴客并有歌女陪酒时,柳氏就用木棍敲打墙壁,指桑骂槐把客人赶走。苏东坡借用狮吼戏喻其悍妻的怒骂声,作了一首题为《寄吴德仁兼简陈季常》的长诗,其中有这么几句:"龙丘居士(陈季常)亦可怜,谈空说有夜不眠。忽闻河东狮子吼,拄杖落手心茫然。""河东狮吼"则暗喻陈妻柳氏,因其家族为河东郡(今山西省)的显贵世家。后来人们便把"河东狮吼"作为妒妻悍妇"吃醋"的表现特征。

当然,"吃醋"一词还有民间各式各样的说辞,包括泼醋、拈酸吃醋和争风吃醋等等,充分体现了语言在流转过程中的丰富性和差异性,可是不管怎么说,"吃醋"都离不开心理上"忌妒"的内容,因此,多表现为男女之间感情上的纠缠。

古时盛醋用罐子或坛子,可见盛醋很多,以此借指嫉妒心之重。人们又把喜欢流露出醋意的人称为醋缸、醋瓮、醋钵儿、醋罐子、醋坛子或醋瓶子。《红楼梦》里贾琏说:"等我性子上来,把这'醋罐子'打个稀烂,他才认的我呢!"就指王熙凤为"醋罐子"。

"半瓶醋"也说半瓶子醋,意思是瓶子里只装一半醋或者装了一半醋的瓶子,比喻对某种知识或技术一知半解的人(常用于讥讽或自谦)。因为醋是酸的,而"酸"又指寒酸、迂腐,常比喻文人或者读书人;又以"半瓶"隐喻喜好卖弄。古语:"实磨无声空磨响,一瓶不动半瓶摇。"所以,"半瓶醋"比喻穷酸文人时,多指其出言吐语喜欢引经据典,语带之乎者也。

之所以用"醋"字,就是因为穷酸文人依仗有一些文化或者语言的功夫,往往出言刻薄,用语艰涩,就像"醋"一样,似酒非酒,似药非药,既不能够畅饮抒怀,也不能够治病救人,但却如鲠在喉,难受异常。这样的语言或者别人听不顺耳,怒气横生;或者晦涩难懂,无法理解。再加上"半瓶",隐喻其喜欢卖弄,有事没事都要掉书袋,拽上几句酸文晦语,搞得别人似懂非懂,不厌其烦。

关于"醋"字以及由此引申出的词语,还有很多,但都和"忌妒;刻薄"有关,所以,即便像山西人那样喜欢醋的原始味道,也不要在内心深处生根发芽长出"醋"的特质为好。

(原载于《语言文字报》2022.5.18,标题有改动)

公说"公"的理

现在,女性常常称呼自己的爱人为"老公",有专家说,这个称谓在古代是称呼宦官太监的,不雅。一时间,波澜四起,众说纷纭,那么,到底这个词语的含义是怎样的呢?

"老公"一词,"老"是敬语字,也是词的前缀,无实义;重点在"公"上,综合各个字典的相关含义,"公"字最早指平等地分配财物,《说文解字》说:"公,平分也。"韩非子解释说:"背厶(私)谓之公,或说,分其厶以与人为公。"就是要平分私有财物的意思。用于称呼人,则是它的引申义,表示对无私奉公之人的尊敬。因为古代只有男人有财产,所以,该字的意思是"对男子(包括尊长和平辈)的敬称。"如:"凡尊老,周晋秦陇谓之公(《方言》)。""又尊称曰公。""又相呼曰公。"(《康熙字典》)

"老公"一词,最初只是对男性(尤其是男性尊长)的敬称,并无夫妻之间专属称谓的内容。如王充《论衡》:"有一老公过,请饮,因相曰后曰:'夫人,天下贵人也。'"《晏子春秋》里也有:"齐桓公出猎,逐鹿而走,入山谷之中,见一老公而问之曰。"可见,"老公"最早主要是对男性尊长的敬称,即便是霸主之一的齐桓公也不例外,后来的《三国志》"七十老公,反欲何求!"的话,也印证说明了此义。故此,老公在先古根本没有妻子对配偶尊称的说法,更不包含女性对所爱之人昵称的含义,这一含义一直保留在古汉语使用过程中的官话体系中,即便是到了明清民间俗语歧义的"老公"一词盛行之际,也没有改变过它原有的内容。

"老公"一词俗语含义的发生始自宋明时期,虽与专家所持"宦官太监"之说同时而语,却分属两个语言系统,既不是互相借用,也非引申转借。"老公"专指夫妻之间丈夫含义的语例,包括《三言二拍》《金瓶梅》等俗语小说中有很多,例如,《喻世明言》:"小娘子,你如今在这里,老公又不要你,终不为了,不若姑姑说合,你去嫁官人,不知你意如何?""却说魏生接书,拆开来看了,并无一句闲言闲语,只说道'你在京中娶了一个小老婆,我在家中也嫁了一个小老公,早晚同赴京师也。'""自从你嫁了老公,我家寒,攀陪你不着,到今不来往。"《金瓶梅》:"他老公便是县前卖熟食的。""王婆笑道:'我不风(疯),他家自有亲老公。'""老身自从三十六岁没了老公,丢下这个小厮,没得过日子。"等等,这里的"老公"一词来自古已有之的"公婆"概念。清代翟灏《通俗编·伦常》:"《明孝慈录》:舅姑即公婆。按:公婆之称,古有之也。"所以,此时众多的"老公"一词使用语境都表述出是指家里夫妻之间的称谓,具有"公婆"血缘关系的家庭角色属性。例如:元代杨显之《酷寒亭》里:"我老公不在家,我和你永远做夫妻,可不受用。"从语境上分析可以看出,"老公"是婚内丈夫的角色称谓,而露水夫妻并不称"老公";《警世通言》里:"那婆娘不达时务,指望煨热老公,重做夫妻,紧挨着酒壶,撒娇撒痴,甜言美语,要哄庄生上床同寝。"也可见有过明媒正娶的丈夫,即便已不再是夫妻了,也称"老公"。因此,此"老公"源于婚内丈夫角色的称谓无疑。

而关于宦官太监被称为"老公"的说法,源自"公公""老公公"或者"大公公"的语源。《金瓶梅》第71回中称呼太监时,使用"公公"一词,有29处,使用"老公公"一词有19处。"公公"本就是敬称,而冠之于"老",成为"老公公"则是阿谀奉承的媚称,语气较之"公公"更为深切。例如:西门庆与何太监初见时,展拜四拜,尊敬地称一声"请公公受礼"这显然只是客气话儿。而何太监不肯,说道:"使不的。"西门庆道:"学生与天泉同寅晚辈,老公公齿德俱尊,又系中贵,自然该受礼。"当何太监亲自把盏给西门庆斟酒时,西门庆慌道:"老公公请尊便。"可见生分而客气的尊敬用"公公",熟悉而阿谀的亲热用"老公公"。明代王世贞《觚不觚录》记载:"一大臣于正德中上书太监刘瑾云:'门下小厮某上恩主老公公。'"刘瑾是明代著名的大太监,此处大臣阿谀奉承的媚态被王世贞称之为"极卑谄可笑。"所以这里的"老公公"其实是一种极其谄媚的敬语。《觚不觚录》里还有一个语例可以说明这个情况,当时,"冯珰势张甚固,安武清以长乐尊父见之亦叩头,惟谨呼老公公,冯小屈膝答之曰,皇亲免礼而已。"冯珰也是一个当朝有名的太监,被刘瑾称呼为"老公公",可见太监之间也会使用这个阿谀逢迎的敬语词来巴结对方。这个词最后也缩略成了"老公",例如《红楼梦》里:"且说元妃疾愈之后,家中俱各喜欢。过了几日,有几个老公走来,带着东西银两,宣贵妃娘娘之命,因家中省问勤劳,俱有赏赐。"以及《官场现形记》里:"他就立刻进京,又走了老公的门路。"等,都是"老公公"的缩略,指宦官太监。

所以,"老公"一词,花开两支,各表其义。民间俗语称呼丈夫的"老公"是实义,从"公婆"一词演绎而来,表示世袭族系的血缘婚姻关系的内容,所以后世才会有"老婆"和"老公"的词语配伍搭档;而称呼宦官太监的"公公""老公公(大公公)"转化成的"老公",则是彻头彻尾的阿谀之词。两者同形同音不同义,在民间俗语使用语境中也有着截然不同的区别,故而,专家所说之义,仅仅可以作为网络上的笑料谈资,切不可认真到语言研究的领域里去说。

"乖"是怎么"变乖"的？

"乖"字在语言文字历史上的履历可以用一句成语来表达，叫作物极必反，从"背离、违背"的恶声戾气逐渐转成"伶俐、聪明、驯服"的好宝宝状态，由贬转褒，由坏到好，到底是"不乖"还是"很乖"呢？究竟是经历了什么，才使得这个字发生如此沧海桑田的巨大变化。

"乖"字象形，两个羊角把"北（背）"字从中间分隔开，表示背离的状态。最早的字义是"戾也（《说文解字》）"，《贾子道术》解释说"刚柔得适谓之和，反和为乖。"就是不和谐、背离的意思。《广雅》也说："背也。"之后，由此引申出为人的睽违不和或奸猾无赖、处事的谬误差错或忤逆不顺、情谊的疏远分离或隔绝等含义，在《玉篇》中被总结为"戾也，异也。睽也，背也。"从一开始出现起，这个字就确定是贬义字，没有任何褒赞或者表扬的色彩。例如：唐代韩愈说："行与义乖，言与法违。（《五箴》）"宋代《朱子语类》："夫子没而微言绝，异端起而大义乖。"明代所编《元史》："朝贺祝寿，是祖宗以来旧行典故，今不行，有乖于礼。"清代所编《明史》："不然，则恩纪不明，典礼有乖。"以及民初《清史稿》："咸、同间，外国使臣尝求入觐，时以礼制乖异，力拒之。"中的"乖"字，都使用的是原来的基础含义，即"背离、违背"义。

对于这个字的认识，其实有许多不同的看法，例如王力先生认为："乖"的"乖巧、机灵"含义是晚起义，也就是元明以后产生的新词义；而《汉语大词典》却引了唐代诗人李廓的《上令狐

舍人》诗中："宿客嫌吟苦,乖童恨睡迟。"的句子来说明唐代时"乖"已有"机灵,聪明"的含义。仔细琢磨李廓全诗的意趣,发现该处引用不当。这里的"乖童"应该是"顽童"的含义。"乖"表"顽皮、不老实"的意思,并没有跳出"背离"的原义,只是原义的引申而已。因此,王力先生所说,是具有大量的明清语料支持,经过认真研究得出的正确判断。

但是,我们从《王力古汉语字典》的相关释义中很难看出"乖"字晚起义的产生过程,只好把有关的语料加以深入分析,在研究大量语料的基础上,我们才可以看出,"乖"字在明清时期的语言使用中所出现的一字两义并存的具体情况。比如:原义中的"背离、违背"义多用于书面或者正式语境场合,而其"机灵、聪明、听话"义则在来自原基础义第一引申义中的"奸猾、灵活"义基础上的再一次引申而产生,并且大量地使用在白话口头语之中。

其实,在宋代文赋中,"乖"字已经开始出现了新含义的萌芽,那时候文人墨客喜欢使用一个叫"打乖"的词,就是机巧、耍滑头的意思。例如司马光写过"料非闲处打乖客,乃是清朝避世人。"的诗句,朱熹在《朱子语类》里说:"圣贤在当时,只要在下位,不当言责之地,亦是圣贤打乖处。"罗大经《鹤林玉露》:"(张子房)得老氏'不敢为天下先'之术,故不伤手,善于打乖。"等等;明代也出现了其义类似的"卖乖",其后例如"乖滑""乖巧"等词相继出现,展现了围绕"乖"字的词语创造的丰富多彩。

而白话口头语中"乖"字的使用也有其特点,就是两义共用、各表其义。"乖"的原始引申义多用于文言向白话过渡的语境中,而晚起义则大量出现在白话口头语的场合里。如《西游记》第23回开篇诗"乖猿牢锁绳休解,劣马勤兜鞭莫加。"以及第8回写了如来把孙悟空镇压在五指山后,回到灵山的一段话中"殄伏乖猴,是事莫识,名生死始,法相如是。"其中的"乖猴"之"乖"即用的是原始引申义,其中更多地附加上了"不驯服、顽皮"的意思;而书中的口语对话,如"原来那妖乖(注:聪明)了,再不肯上岸,只在河沿与八戒闹吵。""好乖(注:听话)儿女,也罢也罢,向前开路,我和你去来。""娘啊,你女儿这等乖(注:机灵)滑得紧,捞不着一个,奈何,奈何!"等等的"乖"字则都是使用了晚起含义。稍后的《金瓶梅》里也是出现了同样的情况。如"这妇人嘴儿乖(注:灵巧)""名唤琴童,年约十六岁,才留起头发,生的眉目清秀,乖(注:机灵)滑伶俐。""我的儿,谁养的你怎乖(注:听话、驯服)!""好个乖(注:聪明)孩子,眼里说话。""乖(注:乖巧)不过唱的,贼不过银匠,能不过架儿。"其中像"乖孩子""恁乖"等词语多次重复出现,都表示的是晚起义。这样的情况也出现在《三国演义》《封神演义》《红楼梦》以及《三言两拍》等白话小说中,且语境、用法基本类似。

  由此可见,这时的"乖"字所使用的语境场合以及所衍生出来的新含义,几乎覆盖了我们今天所说"乖"的"聪明伶俐、乖巧听话"的全部含义,成为由古汉语向现代汉语语词词义转化的桥梁纽带。

(原载于《语言文字报》2023年7月26日,《北京晚报》2023年8月7日,题目均有改动)

谁"罢"了谁的官？

"海瑞罢官"的故事广为流传，其中弘扬的正义与公理、刚正不阿与民本主义精神被后世称颂。那么，"罢官"一词究竟是什么意思呢？真如"海瑞罢官"里所说的那样不畏强暴、以死相谏的荡气回肠吗？还是"弃置罢官去,还家自休息"的主动归隐田园？抑或诗仙李白"仰天大笑出门去,我辈岂是蓬蒿人"的豪放自在呢？

首先,我们从字面上先说一说,"罢官"由"罢"和"官"组成。"罢"有"完了；停止"的意思。而"官"字,大家都明白,就是掌握公共权力的人。会意字,甲骨文字形,从"宀,(mián)",以宀覆众,则有治众的意思。本义是指官吏,官员。"官,吏事君也。(《说文解字》)"

说到"官"字,我们还需要明白两个问题。一个是中国古代的官职制度,另一个是选官制度。大体上说,中国古代官职制度是适应封建社会统治体系需要而设立的,尽管各朝各代均有差异,但大体上是等级制度的产物,因此,体现出严格的上下尊卑原则。而选官制度,不管是分封、军功、征辟、门阀还是以后的科举制度,都体现了为封建王朝服务的性质。因此,在这样的社会制度下,"罢官"只有两种情况,一种是上级罢免下级的官职(占据了"罢官"的绝大部分),如吕不韦在《吕氏春秋》里的记载:"可以罢官之无事者,去器之无用者。"是说罢免无所事事的官吏,去掉不堪大用的器皿；一种是官员主动性辞去官职(仅占极少数)。

"海瑞罢官"即是被封建官僚制度所罢免、甚至差一点儿被杀头的官吏。《明史》中记载的"海瑞罢官"故事,说他向嘉靖皇帝进谏,上书批评皇帝迷信道教不理朝政等,语气尖锐,言辞激烈,因而触怒皇帝,被撤职下狱。他也"自知触忤当死,

市一棺,诀妻子,待罪于朝,僮仆亦奔散无留者,是不遁也。"也就是自知难逃一死,所以买了一口棺材,与妻儿老小诀别并遣散了家僮奴仆。其实,皇帝虽然恼怒,但是也知道他是忠心可嘉,所以,又想杀他又想留他,思虑再三,自己给自己台阶下,说"此人可方比干,第朕非纣耳。"留下了海瑞的性命。所以,这里的"罢官"一词,主要是指上级罢免下级官职的意思。

"海瑞罢官"的故事之所以流传后世,妇孺皆知,得益于现代历史学家吴晗创作了《海瑞罢官》的历史剧,将海瑞塑造成不畏权贵、敢于斗争的英雄。

当然,古代社会里,也有官员主动辞官不做的行为,也被人们戏称为"罢官",这种情况一般来说基于两种情况。一是辞官归隐或致仕;二是因为待遇不公、权力受限或者个人意气、品德等原因而回家休息。陶渊明从二十九岁时于江州祭酒任上"罢官",在家闲居了五六年。其一生三次"罢官"归隐,都是自己辞官不干了,留下了《归去来辞》和"采菊东篱下,悠然见南山"的名篇名句;东晋谢安辞官后逸居东山,等待"东山再起"。都是中国封建历史上主动性"罢官"的案例,也演绎了不少有趣的"罢官"历史故事。

"罢官"一词,今已罕用,多被"免职""辞职"所替代,只是在熟悉的人们之间相互口头调谑时才会偶尔使用。

毛病是"病"要根治

我们在日常生活中可以用"毛病"一词指人、物品或者事物中存在的问题弊害或者缺点错误。但问题是,我们为什么称缺点等为"毛病"?它是怎么来的,同"毛"有什么关系吗?

其实,"毛病"一词最早是专业术语,是指古代社会养马过程中,对于马匹身上的鬃毛进行观察并以此判断马匹是否健壮的标准。马匹是农耕和征战所必须使用的主要牲畜,因此古代社会十分重视马匹的喂养和检查。唐代有一部专门相马、医马的专著,叫作《司牧安骥集》,其中就记载了十种关于马匹鬃毛病症的表现,总结下来就是"毛病"十首,这个时候才出现了"毛病"这个词。明代徐咸在《相马书》也说:"马旋毛者,善旋五,恶旋十四,所谓毛病,最为害者也。"列举出十四种马匹的"毛病"。

直到宋代,"毛病"一词都是作为专业术语在使用,专门指马匹的缺点和问题。就像大文豪苏东坡说的那样,凡是买卖有"毛病"的马匹,都归类于李义山所列的"怕人知"的羞耻行为,与走私、逃罪、买赃、藏匿奸细等是一样的罪过。

北宋诗人黄庭坚的《山谷老人刀笔》一书中有"乃是荆南人毛病"一语,开启了"毛病"一词从马匹到人和物的文字引申历史,此后,"毛病"一词才逐渐演化成为我们今天所说的意思。这个颇有野俗气息的词儿经过宋元明清民间曲剧白话小说的大肆使用和不断拓展,其含义有了本质的转变,原本的兽医专用术语含义逐渐消失,取而代之的是广泛使用在人以及所有事物中的含义。例如清代李渔在《奈何天·虑婚》里说的:"身上的五官四肢没有一件不带些毛病。"是指人身体上的"毛病";还有《喻世明言》里说:"这员外有件毛病,要去那虱子背上抽筋,鹭鸶腿上割股,古佛脸上剥金,黑豆皮上刮漆。"则是说性格或心理上的缺陷;清代刘鹗的《老残游记》:"本不知道里头有砒霜,因疑心月饼有毛病"说的是食品有问题……不一而足。

到今天,"毛病"一词被广泛使用,只要是指问题、缺点、瑕疵、弊端以及损伤、故障、失误等,甚至一些语境下的詈语,也都可以使用这个词语。

桃之夭夭：古人也玩谐音梗

几乎所有的词典说起"逃之夭夭"这个成语，都一致认为源自《诗经》里的"桃之夭夭"一词，将"桃"字改为谐音字"逃"，读音不变，其含义却是天壤之别。

这种谐音修辞格式在古代汉语的运用中极为普遍，多数是将某一词语中的关键字词用同音字词来替代，使得含义发生变化，雅言俗语都可以使用这样的方式来进行语言交流。一般来说，雅言中的谐音会比较隐晦，不明说而寓意在其中，例如唐诗中的"东边日出西边雨，道是无晴却有晴。""春蚕到死丝方尽，蜡炬成灰泪始干。"其中的"无晴（情）""有晴（情）""丝（思）方尽"等等，都是这种表达的典型案例；民间俗语中就更多、更直白一些，例如"年年有鱼（余）""金鱼（玉）满堂""小葱拌豆腐——一青（清）二白"等等，最有名的是饺子（交子）的来历，宋代发行的纸币叫"交子"，人们为了图吉利，把面食做成元宝的模样，命名为"饺（交）子"来作为新年里必须要吃的食物，寓意着吉祥多福和富贵多财。这种利用汉字同音或近音的条件来代替本字，"言在此而意在彼"，使语句表达出双层含义的形式也被称之为双关语，它是充分利用了汉语文字中多音字众多的有利条件，充分发挥了词语中所蕴含的丰富想象力而形成的。

谐音变化是利用谐音变词来改变熟语的表达内容，总的来说就是变难为易、变雅为俗、变褒为贬。比如"三个臭皮匠（裨将），赛过诸葛亮""量小非君子。无毒（度）不丈夫"等等。

"桃之夭夭"一词，源自《诗经·国风》，是"周南"里一首祝贺赞美年青姑娘出嫁的诗歌。《周礼》说："仲春，令会男女。"该诗以桃花起兴，用春光明媚时刻盛开的桃花来比喻美丽的姑娘出嫁，烘托了欢乐喜庆的热烈气氛，借此祝福新婚女子生活美满,家庭和睦,幸福顺遂。"桃之夭夭"在该诗中一共出现了三次,是该诗的起首词,也是诗歌赋比兴的关键词。

"桃之夭夭"一词被谐音并发生词义的巨变,发生在明清时期的俗语小说时代。最早出现在冯梦龙纂辑的《醒世恒言》一书里,这一时期还是"桃之夭夭""逃之夭夭"两词混用。例如,该书第3卷里:"两个商量出一条计策来,俟夜静更深,将店中资本席卷,双双的桃之夭夭,不知去向。"第29卷里:"那知卢才听见钮成死了,料道不肯干休,已先逃之夭夭。"第36卷里:"到后觉道声息不好,立脚不住,就悄地桃之夭夭。"在明代另外的戏曲著作中也有出现,《飞丸记》:"老爷分付(吩咐)杀他,我生怕他桃之夭夭。"由此,可以清晰地看出,"逃之夭夭"来自"桃之夭夭"的谐音,一"桃(逃)"之变,名动置换,美好瞬间变成逃匿,"夭夭"也不再是三月桃花灿如云霞的浪漫和吉祥美好,而是逃跑时的狼狈、仓皇和不管不顾。其整体含义也发生了巨大的变化,不再有"灼灼其华""有蕡其实""其叶蓁蓁"的美好具象,也不再寓意"宜其室家(家室、家人)"的美好祝愿了。

(原载于《北京晚报》2022.11.19,标题有改动。)

"白丁"之"白"非白色

唐代诗人刘禹锡在那篇著名的《陋室铭》中一句"谈笑有鸿儒,往来无白丁",使得"白丁"一词成为一个特别有人生悲怆感的词语,不管是直解为"住在白色屋子里的成年男子"还是释义为"用白茅草苫盖屋顶的平民百姓",都使人感觉到无处安身的挫折感、失败感和颓丧情绪。

其实,"白丁"之"白",虽然源自白色,此处却不是"白色"之"白",而是没有颜色的"白",正如《正字通》解释为"素也"。从白色引申到没有颜色,再到"白屋"一直引申到"白丁",从白颜色到家徒四壁,什么都没有的屋子,再借指居住在这种屋子里的人以及他的社会地位和身份,完成了"白"字从词义延展引申到语法引申的全过程。

"白屋"一词产生于战国,《尸子》一书中说到"人之言君天下者瑶台九累,而尧白屋。"古人认为"白屋"是指没有雕梁画栋的房子或住所,用今天的话说,就是没有装修的毛坯房。古代按照等级制度的规定,平民百姓的房屋不准涂饰彩绘、雕梁画栋,因此都露出了木材的本色,故称"白屋"。宋代程大昌认为:"古者宫室有度,官不及数,则居室皆露本材,不容僭施采画,是为白屋也已。"元代李翀也持此说,李翀甚至还说"白屋者,庶人屋也。"这一说法一直延续到清代,在清代蒙学课本里,依然还有"朱门乃富豪之第,白屋是布衣之家。"的说法。可见,按照封建等级制度的规定,平民百姓是没有资格入住雕梁画栋的高屋轩堂,只能住在简陋的毛坯房里。

"白屋"的"白"决定了"白丁"即是指没有功业、名声或官职的平民百姓。"白丁"一词源自南北朝时期的《北史》,说的是开皇初年,隋文帝在宴会上授予北周乐平公主的女婿李敏官职爵位的故事。隋文帝问乐平公主,"李敏现任什么官职

呀?"乐平公主回答说:"一白丁耳,又白民。"刚开始隋文帝只是授予李敏仪同(散官名)的小官,在公主的反复纠缠下,最后才不得已授予他柱国(中央最高武官或勋官)的高级官职。还有,晚唐诗人罗隐斥骂出身平民、屡试不中的农民起义军领袖黄巢时,就写道:"白丁攘臂犯长安,翠辇苍黄路屈盘。"所以,一直到清代,甚至《蒙学》课本里都写明了"布衣即白丁之谓。"可见,这"白丁"一词从一开始出现,就用"什么也没有"的含义标注了身份地位的低下之义。

这个词语的关键点还在"丁"字上,在《汉语大字典》中,关于"丁"字作为名词的解释释义共有9条,其中一半都是作为成年男子来使用的,因此,"丁"字指"能担任赋役的成年男子(区别于"男孩")"。唐代白居易《新丰折臂翁》里说:"无何天宝大征兵,户有三丁点一丁。"就是这个意思。

"白丁"一词后来在其泛指含义基础上,又发展引申演化为两个特指的内容。一是指不学无术或缺乏知识文化的文盲。如唐代寒山和尚的"泪老检黄籍,依前住白丁。"以及明王錂《春芜记》里:"每尝闻得那季小姐精于翰墨,这封书,恰像个白丁写的。"都是这个意思。二是指没有户籍,特指没有军籍或其他登记在册的临时征召的壮丁。如唐代韦应物《采玉行》:"官府征白丁,言采蓝溪玉。"这里的"白丁"是指官府临时征召的采玉工人。五代《南史》里记载:"及至建邺,诣领军将军刘遵考求补白丁队主。"中也是指没有军籍的壮年人。

我们今天说"白丁"一词,就是承袭了文盲的含义,往往是指对方没有文化,缺乏知识和教养的意思。

"永远"是多远?

"永远"一词是一个近义联合形成的复合词。一般来说，最初的"永"是距离和时间概念，表示长、恒久。"永，水长也。象水巠(经)理之长。(《说文解字》)"；"远"是空间概念，表示相隔距离大、空间大的意思，"远，辽也。(《说文解字》)""远，遐也。(《尔雅》)"。

其中的"永"子字源及其引申脉络各说不一。近代学者高鸿缙在其著作《中国字例》里说明"永"字来源于像"人在水中游"的字形，故而是"泳"的初字，而"长久"含义是借用后"久借不还"所造成的。他说"后人借用为长永，久而为借意所专，乃加水旁作"泳"以还其原。(高鸿缙《中国字例》)"而王力先生则从《说文解字》等古代字书中的记载出发，认为"永"乃是"水流长"的寓意，故而指距离、空间以及时间的长或久(《王力古汉语字典》)。不管是字源借用说，还是字书记载说，"永"字表示"长久"的含义是殊途同归的。

"永远"一词的初见也有不同的说法。《汉语大词典》认为《尚书·君奭》里的"我亦不敢宁于上帝命，弗永远念天威。"是该词最初的语例。但是我们查阅原文发现，这里的"永远"中的"永"和"远"各表一义，还不能够说是完全意义上的复合词"永远"的初源。再参阅包括《尚书》等古籍，"永"的用法都是单字使用，不见"永远"一词的出现，例如《尚书·君奭》里的"厥基永孚于休""今汝永念"以及《尧典》中的"日永星火。"《诗经》里的"维以不永怀。""且以永日。"《周礼》中的"求永贞。"等等，都是单用其字，并无复合词"永远"使用的痕迹。至于《汉书》中的"永远为郡吏，恐为音所危，病满三月免。"一语中的"永远"一词中的"永"字则是指人名"谷永"。

"永远"这个复合词最早出现应当在魏晋时期。《梁书》中

"谯、沛未复,茔陵永远,于居于处,寤寐忧怀,何心何颜,抚兹归运。"即是表示距离"祖宗茔陵还很遥远"的含义,晋代潘岳《寡妇赋》中:"亡魂逝而永远兮,时岁忽其遒尽。"已经有了时间上的"永恒,恒久"的意思了,而到了唐诗中"万种保持图永远,一般模样负神明。"基本与今天的含义就接近了。不过需要说明的是,唐诗中的"永远"一词还有一个借指人名合称的含义,是指晋代隐居于庐山的两个高僧惠永与惠远的合称。所以,我们在看唐诗中的"永远"一词时,一定要根据诗意加以分析,例如白居易《郡斋暇日忆庐山草堂》诗中:"有期追永远,无政继龚黄。"从诗律对应关系上就可以看出,这里的"永远"不是现代汉语中的词义。可见,直到唐代中期,"永远"一词的词义也还在不断地摇摆着,并没有完全稳定下来。

宋元时期,"永远"使用频繁,苏东坡就多次用该词表达时间上的"恒久"之义。如"今来不可更有移易地分及增添团结去处,永远只以今来所管五百八十八村为定。(《乞增修弓箭社条约状二首》)""令钱自然已下徒弟,永远住持,渐次修葺,兼得就便照管坟庙,不致荒废。(《乞桩官钱氏地利房钱修表忠观及坟庙状》)""愿乞敷奏,乞一敕额,庶几永远不致废坏。(《荐宗室令畤状》)"等等。至于宋词中的"执手相将,永远成鸳侣。(陶氏《苏幕遮·闺怨》)""永远林栖真有道,溺沮耕养亦忘情。(苏辙《又次韵游小云居》)"则更多一些。说明此时的"永远"一词在表示时间上的"长久"含义上已经固定下来,成为一个真正的近义联合结构的复合词。

"永远"一词广泛使用在白话俗语中是在明清时期,表示时间长久的含义成为这一时期"永远"一词的核心内容。例如《初刻拍案惊奇》:"奈何平人见个美貌女子,便待偷鸡吊狗,滚热了又妄想永远做夫妻。"《金瓶梅》:"我暗地里假名托姓,一顶轿子娶到你家去,咱两个永远团圆,做上个夫妻,有何不可?"《明珠缘》:"知府只得将原招改了,山鹤野人问了个岭南永远充军,吴瑰庵问了个江西永远充军,抚院方才准了。"《西游记》:"罗刹道:'要是断绝火根,只消连扇四十九扇,永远再不发了。'"《醒世恒言》:"我与二卿邂逅相逢,指望永远相好。"《玉梨魂》:"梨娘笑曰:'痴儿,我若永远不睡,汝亦永远不睡耶?'"等等。逐渐与现代汉语中的含义吻合并持之以恒地流传下来,一直使用到今天。

回马交兵说"回合"

"回合"一词由表述动作词义的动词引申发展成为表示数量的量词,在古汉语中被称之为动量词。想要搞明白其中的奥妙,还得先从组成"回合"的"回""合"两字的词义引申变化说起。

| 甲骨文 | 金文 | 战国文字 | 篆文 | 隶书 | 楷书 |

正像鲁迅先生笔下的孔乙己所说,"回"字有四种写法,其实它的异体字不止四种,说明"回"字在文字历史上字形变化多端。最早的甲骨文"回"字像深渊涌水回旋之形,直到魏晋南北朝以前都以动词的面目出现,"转也。(《说文解字》)""绕也。(《集韵》)"郭璞注《尔雅》"迴风为飘"中的"迴风"是"旋风也。"可见,"回"字自从出现伊始,就表示"回旋、旋转"的意思。到了魏晋时期,由于诗化语言对于文字字义变化的新需求,"回"字的动词含义逐渐虚化,由"回转、回旋"逐渐引申转移到"往返",再进一步发展到"往返一次"的量化,逐渐成为量词。例如"聊因一书札,以代九回肠。(南朝梁·徐悱《赠内诗》)"其中的"回"字还是动词义"回转";到了梁简文帝萧纲"灵桃恒可饵,几回三千年。(《升仙篇》)"以及《西曲歌》里的"试作两三回,蹋场方就好。"里的"回"字,就有了表示"次"含义的量词性质。这种动词在语法意义上的弱化直至虚化而转变为量词的过程是在词语使用过程中产生了,属于语法层面的词义变化带来的词性变化,并不是词语本身含义的直接引申。这种情况在魏晋南北朝时期的大量发生,表明这一时期的语言文字在使用层面上出现了新的需求,这样的情况也被古代文学在

此时的大发展所印证,所以,王力先生在文字词义发展史中的分期上将这一时期作为划分的界限,将此间至唐末出现的词语新义称为"后起义",包括由动词"回""次""度""趟""过"等演变的动量词都是这一时期出现的后起义词语。

"合"字也是同样的演变过程,只不过较之"回"字,"合"字还有字义的引申和新字的产生等复杂情况掺杂出现。首先,"合"字是一个象形字,按照徐中舒先生的说法,甲骨文"合"是"盒"的初字,表示盒盖子紧密地盖在盒子上面,引申出表示动作的"闭拢"意思。《山海经》里"西北海之外,大荒之隅,有山而不合。"的"不合"就是山没有环绕闭拢的含义,到了《周易》里的"此言以益下为心,而合于中。"所用的含义就引申成了"聚拢,围绕",至于《吕氏春秋》"极烛六合。"《国语》"天子及诸侯合民事于外朝,合神事于内朝;自卿以下,合官职于外朝,合家事于内朝;寝门之内,妇人治其业焉。"就是其引申的"会集、聚合"义。因此,"合"字的引申义多而复杂。其中,有一个特指古代战争中的"接战、交锋"的动词含义,《孙子》中就有"兵怒而相迎,久而不合,又不相去,必谨察之。"就是说两军打仗,到了阵前却不短兵相接地交战,也不退兵,就一定要小心观察。《史记》"淮阴先合,不利,却。"《北齐书》里"于是合战,大破之,获其仪同若干显宝等。"《陈书》"琳据东岸,官军据西岸,相持数日,乃合战,安都等败绩。"等等,都是这个含义的使用。由交战的动作转变为一次交战,继而改变词性,成为表示交战次数的量词,其实是"合"字由动词"闭拢"的基础义转指动词"交战"的专指义,最后改变为动量词的次数义的过程,这个过程不仅引申了该字的词义,还改变了它的词性。

需要说明的是,在宋代以前,"合"的"闭拢"义和"盒子"义均由"合"字所覆盖,因此,一盒东西的量词"合"与交战时兵器交错一个回合的量词"合"并不相同。宋代以前,"合"字的量词含义多指"盒",如《汉书》中"蘖曲盐豉千合(盒),鲐鮆千斤。"《敦煌变文》"某等弟兄八人别无报答,有一合(盒)龙膏,度与和尚。"等等;宋代人新造了"盒"字以后,使用"合"字指兵器相交次数的量词含义才开始多了起来。

"回合"一词虽然在魏晋时期已然出现,但其用于指交战双方交战数量的含义却是在宋元以后出现的,尤其大量出现在明代以后的白话语境中。李白诗文中:"空蒙三川夕,回合千里昏。""翠楹回合,蝉联汗漫。"的"回合"

还是动词的"缭绕；环绕"含义。直到宋代《资治通鉴》："是时陵军益急，匈奴骑多，战一日数十合，复伤杀虏二千余人。""一日战数十合，前后杀伤万计，魏人死者与城平。"这里所使用的"合"尽管已经量词化，但是，它是指对阵双方将士之间的集群冲杀次数，还不是说双方将领之间的单打独斗，所以才有死伤几千上万的结果；到了元代白话《七国春秋平话》里："约战四五十合，胜负未分。"以及罗贯中的《粉妆楼》："二人战了二、三个回合，米中砂抵敌不住，正要败走，宗信见了，拍马抢枪，更来助战。""又战了四、五个回合，沙龙大喝一声，一刀砍中宗信的左臂，滚鞍下马，被小番儿擒去了。"才真正表述为将领之间的单体交战次数。还有一个问题，最初用单字"合"，并没有与"回"字组成复合词，后来才逐渐固定为复合词"回合"。可见，最初量词化的是"合"字，而"回"字尚带有浓重的动词含义。"回合"一词出现、发展及至成熟固定下来的历程，为我们考查汉语复合词形成的结构、语义融合等内容提供了很典型的样本。

"回合"一词从指作战双方兵马冲锋陷阵的来回反复，逐渐过渡到指将领之间单枪匹马地厮杀，一次次地调转马头，返回战阵，兵器之间的一次又一次相交触碰，短兵相接或者兵刃相交被准确地表述计算为"回合"。虽然被量词化，但这里的"回"依稀还保留着"（马匹或人）调转返回"，"合"也保留着"（兵刃）交锋"的动词含义。例如：《封神演义》："二将拨马抢兵，杀有二十回合。""三马交还，战二十回合，余化依旧败走。""话说黄飞虎大战殷洪，二骑交锋，枪戟上下，来往相交，约有二十回合。""麟马交还，大战有三十回合，黄天化掩一枪便走。"以及《五美缘》："冯旭听了此言，举枪就刺，飞英举起绣鸾刀相迎，二人打马交头而过，各自举起兵器来战，战了五七个回合。"这样的语例在明清白话著作中比比皆是，数不胜数。据不完全统计，仅仅《封神演义》中使用"回合"一词表述此义的即有近 60 处，《西游记》里也有 20 余处。可见，"回合"作为回马交兵的量词使用的频率很高。

做人为何要挺起『脊梁』？

我们今天所说的"挺起脊梁"一词源自古人的"竖起脊梁"，最初是佛教用语，讲了一个激动人心的佛教励志故事。

这是普济撰述的《五灯会元》里讲的南宋时期道川禅师出家时的故事。道川禅师俗姓狄，未出家前，别人称他叫作狄三，在县衙里当捕快，一段时间里，颇有佛性的他经常去听东斋谦首座讲法授经，因为学法而耽误了上司交办的公务，结果被责以玩忽职守，将他好一顿鞭打。遭受此难的狄三于是便辞去公职，皈依谦首座剃发出家，专心修佛。谦首座给他赐法名为道川，并且教诲他说："汝旧呼狄三，今名道川，川即三耳。汝能竖起脊梁，了办个事（修佛解脱之事），其道如川之增；若放倒，则依旧狄三也。"就是告诫他，如果你不求佛法精进，不"竖起脊梁"挺立于世，依旧是原来的狄三。道川禅师将师父的教诲铭记于心，更加精勤用功，不知疲倦，后来终于成为得道高僧，传法大德。

"狄三"的"三"竖起来就是"川"的形状，这个故事里也多少有一些穿凿附会的成分，所以清代翟灏在《通俗编》里也依葫芦画瓢说："川即三耳；能竖起脊梁办个事，其道如川之增，若放倒，则依旧狄三也。"但是，故事的主旨却是告诉我们，任何人要成就一番事业，最重要的是要能够"竖起脊梁"，下定决心，振作精神，才能够做好一件事情。

"脊梁"学名脊柱，对于人体来说，因居于全身骨骼的主干，宛如房屋的梁柱一般，故俗称为"脊梁"，常用于比喻人的志气、力量、节操或品性；也用于比喻一个国家、团队以及事物的关键部位或可依靠的骨干力量。宋代《景德传灯录》里说德山禅师是："一条脊梁骨硬似铁，拗不折。"《五灯会元》宝华普鉴禅师说："不如屏净尘缘，竖起脊梁骨，著些精彩，究教七穿八穴，百

了千当,向水边林下长养圣胎,亦不枉受人天供养。"这里所说的"竖起脊梁骨"都是指要精进佛法,具足佛性,传法弘道的意思。而朱熹、二程所说:"重担子,须是硬著脊梁骨,方担荷得去!"则是说"士不可以不弘毅,任重而道远。"需要勇于担当,善于追寻,长于传道、受(授)业、解惑。还有《醒世姻缘》里:"只劝世人竖起脊梁,扶着正念,生时相敬如宾,死去佛前并命,西周生遂念佛回向演作无量功德。"也是说要堂堂正正做人,正心正念做事的意思。所以,不管是佛教、儒家还是世俗社会的"竖起脊梁骨"都代表一种积极进取的精神和不屈不挠的斗志。

"脊梁"一词有正面的表述,也有反面的应答,我们常说的"戳脊梁骨"或者"背后戳脊梁骨",就是指那些背离了做人的基本要求,冒天下之大不韪或者触犯众怒的人,所受到普罗大众的指责和唾弃。不过,这个短语只是当今现代汉语的用法,古人并不这样说。《朱子语类》里讲:"又举小南和尚偶靠倚而坐,其师见之,厉声叱之曰:'恁地无脊梁骨!'"《金瓶梅》里说:"烂折脊梁骨,倒好了他往下撞!"《初刻拍案惊奇》里则是:"遮莫做了没脊梁、惹羞耻的事,一床棉被可以遮盖了。"不见有"戳脊梁骨"或者"背后戳脊梁骨"的语言,基本都是当面斥责说"没脊梁骨"的话。所以,相比较而言,还是挺(竖)起"脊梁"更显得孔武有力、意气风发一些啊!

如何"提携"？

"提携"是一个联合式的复合词，两个近义动词合成一个带有延续性动作的动词，即扶持、提拔并保持这样的状态，用今天的俗语讲，就是扶上马还要送一程。

"提携"一词的"提""携"两个字，段玉裁在《说文解字注》里说："携则相并。提则有高下。"即是说《说文解字》里"提""携"两字的互注，是因为两个字是同一个意思，只是方向有区别，"提"字是从下往上；"携"字是并排扶持。"提携"一词最早所指的对象是儿童，后来才扩展到所有弱势的人或物品等。

"提携"最早来自《礼记》"长者与之提携，则两手奉长者之手。"的语录。从一出现，就含有具象的含义，是指大人的手拉着孩子两只手，将其拉起来的具体动作，引申为抚养照顾、牵扶、携带等。例如魏晋六朝时期《北史·来护儿传》中记载："来护儿，字崇善，未识而孤，养于世母吴氏。吴氏提携鞠养，甚有慈训。"还有《颜氏家训》里："前夫之孤，不敢与我子争家，提携鞠养，积习生爱，故宠之。"《旧唐书》里："兰英抚育提携，备尽筋力。"等等，都是养育、照顾的意思。

"提携"一词的提拔、关照、扶植的含义，最早来自裴松之在注《三国志·魏志》时，引注晋代荀绰《冀州记》说的话，"(牵秀)于太康中为卫瓘、崔洪、石崇等所提携，以新安令博士为司空从事中郎。"是说当时的一位名叫牵秀的官员，多次受到当朝大员卫瓘、崔洪、石崇等人的扶持和关照，仕途一路青云直上的内容。此后，该词多用于官员的提拔、门生的扶持或者亲信的栽培等场景语境中。后来在《北史》《旧唐书》中也多次使用该词，以至于明清时期，有人将官服束腰上的腰带钩扣也物化称之为"提携"。

唐代以后，"提携"一词又被佛教所借用，指佛教修道中的

相互照顾和映照。比如五代时期《敦煌变文》里的"提携总出娑婆界,救度皆抛苦恼原。""遣临方丈,有误提携;交问净名,虑辱指使。""接引众生宁厌倦,提携含类没劳波。"等等。此中既有教义与行教之间的相互映照,也有为了佛教的发扬光大而不辞辛苦地帮助信徒走出迷途的关照,还比如"四生赖汝提携,六道蒙君救度。"就是教徒答谢僧侣师傅的答谢语言。这时的词义偏重于抽象的关照、度化之义。

唐宋诗词中,大量地使用了"提携"一词,占据了该词语料的60%以上,但其基本含义也没有超出上述的内容。比如李白的"提携四黄口,饮乳未尝足。"是借指空门鸟雀要喂养自己的雏鸟;"提携馆娃宫,杳渺讵可攀?"是指西施被武王宠爱关照的意思;"拙妻好乘鸾,娇女爱飞鹤。提携访神仙,从此炼金药。"则是指带着妻儿老小;而赵嘏给其弟弟的"侯门无路提携尔"之语则指官场的提拔含义;宋代的《五灯会元》里的"有一人不舍生死,不证涅盘,师还提携也无?"是指僧侣对信徒居士的点化提示,而"达磨西归时,提携在身畔。"则是说追随和照顾。总之,该词的词义使用基本保持了相对固定的状态,不再衍生出新的语义来。

明清时代俗语流行,"提携"一词的词义在承继了上述诸含义的基础上,更偏重于"提拔;关照"的含义。诸如"如此孩子,正好提携。""得明公提携,万千之幸!""小婿得有今日,皆赖丈人提携"等在曲剧白话中的使用比比皆是,不胜枚举,也一直影响到今天的词义解释和使用。

梦回古代的"聪明"

我们恭维别人家的孩子常说的一句话"这孩子真聪明",其含义是指孩子脑子灵活转得快,思维敏捷,感受灵敏。殊不知其实历史上也有为"聪明"发愁忧虑的,例如宋代大文学家苏东坡,在《洗儿》诗中就说:"人皆养子望聪明,我被聪明误一生。"后人解释说:"苏东坡晓得一生吃亏在聪明二字,所以有感作这首诗,然与其聪明反被聪明误,不如做个愚蠢之人,一生无灾无难,安安稳稳。"所以,民间也常说:"聪明反被聪明误"的俗语。

那么,聪明到底好不好呢?"聪明"一词从古至今又有什么样的词义变化呢?

"聪明"一词的词义,先秦文献中多指"耳聪目明",即人的听觉视觉都灵敏。如:"听曰聪。(《尚书•洪范》)""耳彻为聪。(《庄子•外物》)"所以,《易经》里说:"巽而耳目聪明。"这里所谓的"聪明"都是指身体的听觉和视觉器官功能优良,运用自如。后来,《后汉书•班超传》中说班超"年最长,今且七十,衰老被病,头发无黑,两手不仁,耳目不聪明"也是说班超因为年老体衰而导致耳朵眼睛都不好使了。

因为"耳聪目明",可以看得远、听得真,明察事理,明辨是非,所以《说文解字》就说:"聪,察也。"唐代学者张守节在解释《史记•五帝本纪》"(黄帝)长而敦敏,成而聪明"这句话里的"聪明"一词时说:"聪明,闻见明辨也。""反听之谓聪,内视之谓明。(《史记•商君列传》)"因此,"明察事理、明辨是非"成了"聪明"的一个引申含义

同样,因为明察事理,就显得比别人有智慧,才智出众。古代人认为这是上天赋予此人的禀赋,因此,他们把那些少年老成、过目成诵、口若悬河、挥洒自如的小孩子或者儒生士子称之为"聪明",也就是说他们天资高、脑子快,异于常人,这也是我

们今天大多数人所认为的聪明。比如《后汉书·应奉传》里说应奉"少聪明，自为儿童及长，凡所经履，莫不暗记。"《梁书·沈约传》说文学家沈约"约左目重瞳子，腰有紫志，聪明过人。"《北周书》说："庾信幼而俊迈，聪明绝伦。"都是夸奖他们聪明的意思。

　　需要注意的是，"聪明"一词自古就是指人的整体生理功能和智力水平的综合能力高出他人，而今天一些人却片面地理解为仅仅是指人的学习能力超乎寻常。这样的理解使得他们从教育孩子开始，就跑偏在仅仅只关注孩子学习成绩的道路上，往往培养出的孩子，除了只会考试，很多是四体不勤、五谷不分的书呆子。所以，从了解"聪明"一词开始，我们需要改变自己的看法，做到真正的"聪明"。

（原载于《语言文字报》2023年6月28日，标题有改动）

小议「打尖」

"打尖"是近现代汉语中常见常用的一个词,我们在影视剧或戏剧中常听到客栈掌柜问旅客:"是打尖还是住店?"那么"打尖"最初到底是什么意思呢?有人说"尖"就是冒尖,用作名词是指身体产生的感觉,如累了要休息,饿了要吃饭,馋了要喝酒吃肉的感觉,都叫尖;有人说打尖,实际上是打发舌尖的缩略词。舌尖是人对味道最敏感的地方,赶路的时候饿了,好赖吃点东西,打发一下舌尖,而后继续上路……众说纷纭,似乎都有道理,又似乎都没有说明白。

《汉语大词典》里说,"打尖"是在旅途或劳动中休息进食,并举了清代福格《听雨丛谈》的解释:"今人行役于日中投店而饭,谓之打尖。"倒是很清楚,可是还是没有告诉读者,为什么用"打尖"来表示"旅途或劳动中休息进食"的含义,让读者无法建立起该词与释义之间的必然联系,也就知其然不知其所以然了。

"打尖"一词的"打"很好理解,是从"做(某事)"引申出"吃喝"的意思。《近代汉语词典》列举了唐代张𬸦《朝野佥载》的"今见陇西牛,卧地打草头"以及著名僧人寒山《个是谁家子》中"见佛不礼佛,逢僧不施僧。唯知打大㽁,除此百无能。"的"打"字用法,告诉大家这个意思。以后这种用法也还有很多,如元曲中的:"若是有酒,快拿出来,打三钟。"以及我们今天还在使用的打牙祭、打早酒、打平伙等等。

而"尖"字却是这个词语释义的关键,按照王力先生的说法,"尖"是一个后起字,也就是说,在魏晋以前,是没有"尖"这个字的。于是,有古人就揣测说,"打尖"的"尖",其实就是假借了中间的"间",指中午时分,打尖就是吃中午饭;还有人说,"尖"字在古代有细小的意思,所以"打尖"就是稍稍吃一点儿;

也有人说,你看近现代汉语中有"尖哨(侦察兵)""尖兵"等用法,此类词中的"尖"就是编制以外的、临时的含义,所以"打尖"就是临时吃饭、吃简单的饭的意思。

其实,我们只要认认真真地将古人对于该词的研究记录原原本本地发掘出来,就不难发现"打尖"一词的真正含义,也就不会以讹传讹或闭门造车地异想天开了。

福格在自己著作中说得很清楚,"谨按《翠华巡幸》,谓中顿曰'中火'。又见宋元人小说,谓途中之餐曰'打火'。自是因火字而误为尖也。"也就是说:"尖"是"火"的讹字,"打尖"就是"打火——吃饭的意思"。

"火"字的流变在字词历史上很清楚,"火"是指古代军中以十人为火,共灶饮食的兵制单位,《木兰辞》里有"出门看火伴,火伴皆惊忙。"说的就是这种兵制单位里的同伴。唐代杜佑《通典》里说:"五人为列,二列为火,五火为队。"就是指唐代部队里的建制规定,一"火"相当于今天的一个班。清代翟灏《通俗编》里说:"其所以名火,以共一灶为火食也。后世贾客挟伴,亦谓之火。俗因有火计之称。"说的也是这种情况。从最初表示共同烧火做饭、吃饭的兵制单位转而成为同一个锅里搅勺把子的伙伴(现代用"伙"字来表达)。"火"与"尖"字形极为相似,古人在抄写过程中出现错讹,因此"打火"变成了"打尖"。

"打尖"的讹传,在元明以后的俗语小说中多有案例,分析语例资料也可以清晰地看出从"中火""打火"混用发展到"打尖"的语言衍化、讹用轨迹。在元末明初之时,多出现"打火"混用"中火"的使用。如元末明初的《老乞大》:"客人们,你打火那不打火?"客人回答说:"我不打火喝风那!"于是店家算账说:"四个人,每人打火、房钱十个钱,该四十个钱。"这里的"打火"显然是吃饭的意思;《水浒传》里:"吃了饭食,还了打火钱,挑上担儿,出店门便走。"《二刻拍案惊奇》里:"我是亲眷人家,邀他进来,打个中火,没人说得。"《警世通言》里:"言众人中火已毕。"等等,通过分析语例,我们还可以看出,所谓的"打火(中火)"是俗语词,与现代汉语中的"搭火(伙)"一词十分近似。

而到了明末清初以后,则更多使用"打尖"一词,如《红楼梦》里:"那时秦钟正骑着马随他父亲的轿,忽见宝玉的小厮跑来请他去打尖。"《镜花缘》里:"即如路上每逢打尖住宿,那店小二闻是上等过客,必杀鸡宰鸭。"《老残游记》里:"接连又来了几辆小车,渐渐的打尖的客陆续都到店里,老董前后招呼,不暇来说闲话。"使用最多的是清代中后期文康所著的《儿女英雄传》,有近10处语例,如"走了半日,肚子里饿了,没处打尖,见这门庙门上挂着个饭幌子,就在这里歇下。""就筐子里这个人,也是这日午间来打尖的。""独自一人,没个男伴,没些行李,进了店,又不是打尖,又不是投宿,呆呆的单向了我这间屋子望着,是何原故?""说着便告诉店里,我们那里尖,那里住。"等等。早期的"打火"与后期的"打尖"语义相同,使用时间衔接紧密,可见,"打尖"就是"打火"的讹用。

需要注意的是,清代中后期,在往来旅途中似乎有一种专门用来提供旅客"打尖"的驿站或客栈,叫"尖站"。例如《儿女英雄传》:"他虽说走了几站,那华奶公都是跟着他,破正站走,赶尖站住,尖站没有个不冷清的。""到了尖站,安公子从这晚上起,就盼望赶露儿来,左盼右盼,总不见到。"说的就是安公子因父亲安老爷被革职查办,他的奶公华忠带他出逃,一路上不敢住"正站(官府正规驿站)",只敢住"尖站"的情况。还有清代西阳《女盗侠传》也说:"盖北道风俗,妓寮多逐尖站,客至,唱小曲数出,客给以津钱数百。"可见,这个时期已经出现了为"打尖"专设的临时驿站或客栈,也为"打尖"一词赋予了"临时,凑合一下"的含义。

今天的"打尖"一词已经成为简单吃饭和短暂休息的代名词。正如《红旗道班》里所写:"累了,来歇脚;饿了,来打尖。"但是纵观该词的演变过程,其实是宋元以后白话小说兴起的语言发展的社会需要,也显示了语言在发展过程中的不同变化状态。

"打点"从哪里来？

老北京从明朝时流传下来一句俗话,叫作"内九外七皇城四、九门八点一口钟。"九门即明代永乐年间所建北京城内城有包括正阳门、崇文门等九个城门,为了城内的安全,日出日落之际,城门都是要开启或关闭的。为了九门同步,就在每座城楼上设置了一种扁平状、云头形的铁质或铜制响器,叫作"云牌(云板)",到了开闭城门的时候,各城楼的守城官同时敲击云牌,称作"打点"。当年九门提督府设在崇文门,所以崇文门要统领其他八门,为了区分,将崇文门上的云牌换成了大钟。每天到了时间,崇文门敲钟,其他八门跟着打点,就是告诉人们,该关闭(晚上)或者开启(早晨)城门了。

据民间传说,当地人们为了走后门,就贿赂守城门的士兵,使其早一点或晚一点"打点",为自己进出提供方便。后来,人们便把这种贿赂他人为自己提供方便的行为称为"打点"。所以就有专家说,"打点"的词义就是这么来的,是地道的北京话。

不过,翻检语料我们发现,"打点"一词最早出现在宋元时期,有一本白话叫作《快嘴李翠莲记》里说:"你自先去安歇,明日早起,凡百事我自和嫂嫂收拾打点。"虽然含义不同,但词形完全一致,这要比明代十五世纪初北京建城还要早好几百年。而《拍案惊奇》中关于"打点"的使用多达60多处,其含义除了检算、查验之外,也与现代汉语中"以钱物买通关系"的含义近似。

"打点"一词中的重点在"点"字的含义上,一种说法是此"点"之义,从古代夜间用来计时的器具和时间单位引申而来。宋代程大昌《演繁露•更点》说:"点者,则以下漏滴水为名,每一更又分为五点也……五夜又分二十五点,每点又击点以

"打点"从哪里来？

记。"大意是说，一夜分为五更，每一更（两个小时）又分为五个点，那么每一个点（24分钟）要敲击巡更的棒子或者锣用来报时，这种被敲击的器具或者时点就叫作"打点"。由于古代实行宵禁制度，这种"打点"对于人们起居生活十分重要，《元史》规定："诸夜禁，一更三点，钟声绝，禁人行。五更三点，钟声动，听人行。"这样的情况下，忽略了"打点"时间，也就违反了国家规定，要受到相应的惩罚。

但是，这好像与"打点"词义中的用钱财物疏通关系，请求关照的含义相去甚远。通过梳理我们发现，在他们之间还有一个词义引申的桥梁存在，这就是由中晚唐时期朝堂上的"传点"制度延伸到官署和权贵之家（后延伸到寺院等）以敲击云板报事或召集人员的规矩，这里的"点"就是云板（云牌），主要功能就是点检、查验、报奏或者召集人员使用的。最初使用"传点"一词几乎都集中在中晚唐时期，例如写下《奉酬中书李相公早朝于中书候传点，偶书所怀》的武元衡（758－815）与《和武相早朝中书候传点书怀奉呈》的羊士谔是同时代人（762－819），写《阙下待传点呈诸同舍》的刘禹锡（772－842）以及"分行参瑞兽，传点乱宫鸦。（柳宗元，773－819）""金殿销香闭绮栊，玉壶传点咽铜龙。（李商隐，813－859）""殿前传点各依班，召对西来八诏蛮。（王建，877－943）"等等，都是几乎同时代的朝臣，他们都十分熟悉当朝的"传点"制度，才能够在诗词中表达地如此真切。

唐代中后期的"传点"制度，就是民间所谓的"点卯"——每天卯时（早晨5到7点），是朝臣到皇宫大殿上行使权力、参与讨论国家大事的上班"打卡"时间，因此，"点"的形式背后就代表着权力拥有者。唐代以后，这一形式逐渐泛化，走入军营、官衙、权贵人家以及寺院等地，他们在营帐处、衙门口、官宅院内以及寺院的大殿前设立"云板（牌）"，因此，"打点"也就自然成为不拥有权力的人用送人钱物的方式来疏通关系，请求权力拥有者的特殊关照或者代替其行使权力的意思了。

还有一种说法是指戏曲中的"打点"——即戏曲音律中掌控节奏的一种形如小铜鼓，中间隆起，两边有孔系绳，悬空敲击的乐器。明代王圻在《三才图会》说："点，即古之更点，今俗乐以之配于铜鼓，谓之点子。"用于合乐，击之以显节拍。故而王力先生将其称之为"节拍"。清代蒲松龄《增补幸云曲》说："我打的不是板，你弹的也没有点。"即是这个意思。因为"点"要控制和调和乐律,需要照顾下上左右前后高低不同、快慢不一的情况,故而也称这种情况叫"打点"。

"打点"一词虽然并不起始于四九城城门上的"云板(牌)",但它却很好地继承了中国古代的"传点"方式并通过民间故事的流传方式,形象地展现了该词的准确含义。

不过有一个词却是四九城的首创,崇文门敲钟,其他八个城门打点,合称起来,就是老北京口语里常说的"钟点"一词。

(原载于《北京晚报》2023.2.13)

来龙去脉话『龙脉』

我们今天使用"来龙去脉"这个成语,多数情况下已经湮灭了其原始的含义,只是强调其现在使用中的比喻义——那就是比喻人或物的来历或事情发展的前因后果。其实,只有了解了该成语最初的含义,才能够更加透彻地理解这个成语的真正内涵,也才能够了解其包含的文化含义。

需要注意的是,"来龙去脉"这个成语的词根就是"龙脉","来""去"仅仅表示走向和状态。"龙脉"有两种解释,一种是哲学意义上的解释——一个宏大而又复杂的问题;另外一种是风水堪舆学上的解释——我们过去称之为封建迷信,但却深受其影响。

我们今天仅仅探讨风水堪舆学上的含义——因为这与"来龙去脉"这个成语的源起息息相关。我们熟知中国历来崇拜"龙"图腾,所以古代许多事物都与"龙"密切相关。《阳二宅全书》说:"地脉之行止起伏曰龙。"基于"龙"崇拜的风水堪舆学在古代也大行其道,最为古人重视的都城、阳宅、阴宅的选择都需要堪舆师的介入。比如在著名的唐长安城(隋称大兴城)的建造上,当时的规划建造师宇文恺就是堪舆大师,他选择了在汉代长安城东南方向的七条龙脉上修建,使得唐长安城的规制和气势当时无出其右者的同时,又极为契合统治者的风水观念。同样,中国历史上第一座、也是唯一一座两个皇帝的合葬墓乾陵,其时的风水堪舆大师袁天罡、李淳风同时选穴于乾州梁山,使得乾陵成功避开了3次大劫难,成了迄今为止唯一没有被盗掘的唐代帝王陵墓。

古代风水堪舆以龙山为吉祥之地,《地理五诀》里说,一般指山的主峰为"龙",沿着主峰山顶蜿蜒而下的主山梁为"来龙",一直蜿蜒伸展到山谷里的水道,这样的风水系统称之为

"龙脉",也称"去脉"。脉的本义是血管,《素问》:"夫脉者,血之府包。"在人身上指血脉,"裹(朱骏声按:俗作脉)犹分也。裹行体中,谓血脉流转于体中也。"在地面上则指地下水的流动和走向。《吴越春秋》里说:"行到名山大泽,召其神而问之山川脉理。"可见古人早就习惯称山川之间的联系为"脉",所以我们今天称之为"山脉"。"来龙去脉"是指以龙头山峰为起点、从头到尾像龙体脉络一样连贯着的地形走势以及所蕴含的内在气运命数。

"来龙去脉"最初源自明代吾邱瑞的《运甓记》:"此间前冈有块好地,来龙去脉,靠岭朝山,处处合格。"是专业的风水堪舆用语。而到了清代刘熙载《艺概》:"律诗中二联必分宽紧远近,人皆知之,惟不省其来龙去脉,则宽紧远近为妄施矣!"已经摆脱了风水堪舆学的词语范畴,成为一个表述文学领域内,诗词遣词造句之间要血脉贯通、气韵相连的语词。后来,词义引申扩大到社会生活中,成为一个表述来历缘由或者成因的成语。

不过从明清的语料上看,"来龙去脉"还是多用于风水堪舆的内容,直到现代,这个含义才逐渐消失,被今天的含义所替代。

百年心事祈『圆梦』

严格意义上说,现代汉语中"圆梦"这个词是一个离合词,所谓离合词,就是他的组合结构中可以添加其他语法成分的词语。比如"圆奥运梦""圆你的住房梦""圆了老爸老妈的儿孙梦"等等。

"圆梦"一词最早出现在唐代,说的是唐明皇李隆基统治时期发生的故事。宰相李德裕在《次柳氏旧闻》记载:黄幡绰(李隆基的宠臣)在安史之乱中被安禄山俘虏,为了活命,他就为安禄山"圆梦",安禄山梦见衣袖越穿越长,黄幡绰就说这是"当垂衣治天下"的吉兆;安禄山梦见殿中槅子(类似书架的器具)倒下了,黄幡绰就说这是"革(槅)故从新,改换天下"的先兆。后来,唐王朝收复江山后,有大臣就把黄幡绰阿谀逢迎安禄山的事情抖搂出来,唐玄宗就问黄幡绰为什么要这样做。黄幡绰回答道,当时只有这样做才能够活命,又解释说,圆安禄山衣袖长的梦,"是出手不得也;又梦槅子倒者,是胡不得也。"可见,圆梦不仅是活命的手段,也是一个人品德高尚与否的镜鉴。

那时候的"圆梦"一词,是从更早的"占梦"转化而来且表达同样含义的词语。上古时代,占梦是王朝统治中的重要组成部分,皇帝或者大臣根据梦中所见的兆象来预测人事吉凶祸福并总结出一套独特的解梦规律和方法。《易经》"占事知来"就是说占梦的作用是"观天地之会,辨阴阳之气,以日月星辰占六梦之吉凶。"故而《汉书·艺文志》记载:"众占非一,而梦为大,故周有其官。"是说占梦是当时最重要的占卜方式,为此从周王朝开始就设立了专门占梦的官员。

专业化的占梦因为神谶哲学的兴旺发达以及皇权专制的强化而被尊崇到极致,也因为宋明以后社会风气的开化而逐渐式微,更为社会化、更宽泛的新词"圆梦"粉墨登场、大行其道做

好了铺垫。《水浒传》里,宋江就多次请军师吴用为他圆梦。比如117回里,宋江梦见万里松林、龙神庙宇的事,吴用认为是龙神保佑降服方腊的吉兆。又例如《三国演义》里说:"且说后主在成都,寝食不安,动止不宁;夜作一梦,梦见成都锦屏山崩倒;遂惊觉,坐而待旦,聚集文武,入朝圆梦。"等等,都显示此时"圆梦"一词开始逐渐替代了"占梦"。

"圆梦"一词的社会化表现在不光是皇帝独有专属,从所"圆"之梦的内容看,也开始由家国大事到任何日常事务的转化上。元明以后,所有的日常生活之"梦"都可以用来"圆",并因此诞生了一种社会性的职业——圆梦先生,使得"圆梦"成为日常生活所需的常见状态。例如《警世通言》:"至次早,宣个圆梦先生来,说其备细。""上皇闻之大喜,赏了圆梦先生。"等等;同时,作为动词的"圆梦"也频频使用在日常生活中。《醒世姻缘》就有:"故事上面说,有人梦见'炊臼',一个圆梦的道:'是无父也。'"的话语。可见,"圆梦"已经广泛地应用于社会生活的方方面面,但是,这个时期的"圆梦"并不包含任何褒贬含义,就是一种社会生活状态的如实表述。

今天,伴随着社会的发展,我们赋予"圆梦"一词更为宽泛、更加有正能量的含义。比如,我们今天要圆梦冬奥会,打造双奥之城的"圆梦",就摆脱了解梦的范畴,表达为实现心中梦想的新内容。

拨开迷雾辨"推荐"

"推荐"一词的组合时间其实不晚,大约在公元前后的东汉时期,见到最早的语例是班固所写《汉书·王莽传》:"故在位者更推荐之。"是说王莽"散舆马衣裘,振施宾客,家无所余。收赡名士,交结将相、卿、大夫甚众。"所以,当朝在位的大臣都竞相向皇帝"推荐"王莽。

"推荐"原本是一个近义联合结构的复合词。"推"的推举选择义来自原始基础的"排也。(《说文解字》)"早在《尚书》中"推贤让能,庶官乃和"时即被确定了。

该词关键是在"荐"字上。有两个问题一直纠缠不清。一个是"荐""薦"究竟是一个字还是两个字,是不是简单的简繁字关系;还有一个是"荐"字的引申脉络关系如何理清楚。

史上字书中的说法也各说各话,混乱不一。《玉篇》"荐:重也、数也、再也。""薦,进献也。"《龙龛手鉴》在重复了"荐"的释义后,却说"薦:席也、草也、进也。"而《集韵》《六书证伪》都说"荐"是"薦席也"。一边是进献的意思,一边是草席的含义,这个问题就连清代训诂大家段玉裁都搞颠倒了,他说:"是则子慎谓荐即薦之叚(假)借字也。庄子:麋鹿食薦。释文引三苍注曰:六畜所食曰薦。凡注家云薦进也者,皆荐之叚借字。荐者,藉也,故引申之义为进也,陈也。"把"薦"的"进献"义说成是从"荐"字假借而来的。

"荐"和"薦"在古代是两个相互有关联的字。"荐"在战国秦汉时期已经存在,表示重复的"再、又、重"等含义,"荐,再也。(《尔雅》)""荐,重也。(《小尔雅》)"如《左传》中:"晋荐饥。""以荐食上国。"都是表达这个意思;而"薦"字也几乎同时出现,是指一种野外生长的可以被"六畜所食"的细草,"薦,黍蓬。(《尔雅》)"所以许慎说:"薦"是"兽之所食草。"庄子《齐物论》里有

"民食刍豢,麋鹿食荐。"的说法,因为"荐"能够用来编制人们日常使用中跪坐的草垫草席,这种草席在诸侯宴会等重要场合也会使用。同时,"荐"字还有祭祀用的祭品献牲之义,因此,该字也就逐渐引申为动词的"推荐、进献"义,所以,我们说,最早"推荐"一词中的"荐",应该是"荐",指人物时就有"让出座席,请更有才华的人来坐"或者"进献给昊天上帝"的意思。

从语料上看,先秦著作中,凡是含有这个含义的"推荐",基本都使用"薦"字。王力先生也认为"'荐'与'薦'是两个不同的字,读音也有异。(《王力古汉语字典》)"两字最初在草席、草垫子含义上是同义词,在先秦典籍中,文学作品多用"荐"字表达此义,如诗经、楚辞等;而文论历史作品等书面语中多用"薦"字。但"薦"字的"推举"和"进献"义,在西汉以前的典籍里不能够用"荐"来表达,只能用"薦"字,例如:

《国语》:"辛未,朝于武宫,定百事,立百官,育门子,选贤良,兴旧族,出滞赏,毕故刑,赦囚系,宥闲罪,薦积德。"

《孟子》:"天子能薦人于天,不能使天与之天下。"

《礼记》:"君肉袒迎牲于门,夫人薦豆笾。"

《仪礼·乡射礼》:"主人阼阶上拜送爵,宾少退,薦脯醢。"郑玄注:"薦,进。"

《荀子》:"卜筮视日、齐戒、修涂、几筵、馈薦、告祝,如或飨之。"

这两个字的混用是在唐代以后,明代梅膺《字汇》:"薦,音荐,与荐同。"清初《正字通》:"薦,同荐。"可见,自唐以后两字一直混用。只是由于笔画难易、书写方便的关系,"荐"字被更多的人使用,尤其是明清俗语白话流行期间,简便易用的"荐"字占据了语用中的绝大多数,从而使得"薦"字逐渐被忽略了,成为冷僻字。

新中国成立后,我国先后颁布了两次简化字施行方案,"薦"字被当作"荐"的繁体字而不再使用,所以,我们今天很难再分清楚古代"荐"与"薦"两个字各自含义的不同及其假借关系的脉络,很多人认为它们只是一个字的繁简关系,这显然与语言文字历史的真实不符。

"瓦解"源流辨

关于"瓦解"一词的溯源,一直以来都有两种截然不同的说法,一种说法是指瓦器崩裂破碎成碎片的状态;一种是指瓦片在制造或使用过程中的"瓦合瓦解"——由整体分离解构开来的离散状态。不过在现代汉语中,该词所使用的比喻义——分崩离析的崩溃状态,其含义基本是一致的。

大多数现代汉语词典中,都使用了第一种说法作为词根源流和原始依据来解释这个词语。例如:

《汉语大词典》:"瓦片碎裂。"

《现代汉语词典》:像瓦器碎裂一样崩溃或分裂。

《现代汉语规范词典》:像瓦器碎裂那样分裂。

《辞源》:言解散如瓦自裂也。

台湾地区编《中文大辞典》:言解散之易如瓦之破碎。

也有一些辞书则持第二种说法。《辞海(修订本)》里说:瓦解是指"制瓦时先把陶土制成圆筒形,分解为四,即成瓦。"即古代一种制造瓦片的工艺;也有认为"瓦解"是"言若屋宇崩颓,众瓦解散也。"即房屋坍塌后,屋顶上整齐摆放的瓦片解构破坏后散落的状态。

这里的"瓦"显然是指屋瓦,这是它的本义,在古代与陶器有着一定的区别。《说文解字》:"陶丘有尧城,尧尝所居,故尧号陶唐氏。"文字记载"夏桀臣昆吾作陶。"可见至少在殷商之前,甚至是新石器时代,陶器已经出现并成熟。从考古发现,新石器时期的仰韶文化遗址中出土了大量的陶器。而房屋建筑所用的"瓦"则出自西周时期,指组合的建筑材料(瓦片、盖瓦、瓦当等)。从形制和用途上说,陶器多是生活用具;瓦则是建筑材料。从字形解析上说,"陶"是人从"阜(土山)"上取土制作

"器"的过程;而"瓦"是"土器已烧之总名。(《说文解字》)"是"陶"和"烧"的结果。只是由于原料质地、制作过程以及成品的一致性,后世将瓦与陶混淆起来,并以更为泛义的"陶"替代了"瓦",将所有这些过程以及产品统一称之为陶器。

几乎所有的古汉语字典中,"解"字的含义都很确定,即都是指分散、分离、分解、解构的意思,却始终看不到有破碎、分裂的含义存在。不管是《庄子》中的"庖丁解牛"还是《左传》里的"宰夫解鼋"都是肢解的意思。《康熙字典》引用《博雅》说:"散也。"也是指"离散其心"的意思。《王力古汉语字典》里备考说:"解"字指物体相连接的地方,特指关节骨体相连接的地方。这些案例其含义是一脉相承的,都是指整个物体各部分之间的连接结构,用作动词时,则指联合体中组成结构的相互离散或分离。

由此可知,有人说"瓦解"就是指瓦片或者瓦器破碎成碎片的说法是不准确的。我们从最初使用"瓦解"一词的语例中,也可以做一下分析。

"瓦解"一词最早的用例出自《史记》中的"臣闻天下之患在于土崩,不在于瓦解,古今一也。"这是司马迁引用当时朝臣上书皇帝的语言,其中,用了"土崩""瓦解"这两个词。"土崩"是指国家社稷遭到来自内部矛盾爆发而产生的根本性、毁灭性打击的情况,具体列举了秦末陈胜、吴广农民起义。"由民困而主不恤,下怨而上不知,俗已乱而政不修,此三者陈涉之所以为资也。是谓之土崩。故曰:天下之患在于土崩。"而"瓦解"则具体指战国时期的六国合纵对付强秦的同盟军分裂的情况,"故诸侯(吴、楚、齐、赵)无境外之助。此之谓瓦解。"在这些词语具体使用中,我们可以感受到,"土崩"来自内部的威胁,结果必然是统一体分崩离析,破碎成碎片;而"瓦解"则指几个独立体所组成联合体的分裂和离散,可见两个词语所表达的内容是有相当程度区别的。也就是说,最初的"土崩瓦解"这个成语由"土崩(崩溃)""瓦解(离散)"组成,只是后人不再区别两个词语之间的具体细微差别,综合描述成今天的含义。

从司马迁多次使用"瓦解"一词的情况分析,可以感受到"瓦解"是指结构松散的整体被外力分离、离散的内容。例如《史记》里:"故其见敌则逐利,如鸟之集;其困败,则瓦解云散矣。""由是观之,富无经业,则货无常主,能者辐凑,不肖者瓦解。"等等,这种情况在《汉书》《淮南子》等著作中也多次出现。

　　"瓦解"一词被误解,还来自当时还有一个更为古老的词语"瓦裂",两词同时共存,难免有混用之嫌,也会引起词义的混淆。"瓦裂"一词来自《尚书》:"纣之卒辐分,纣之车瓦裂。"指商纣王的战车像瓦片一样碎裂,后比喻分裂破碎或崩溃破败。如《新唐书》:"立身一败,万事瓦裂,身残家破,为世大僇。""瓦裂"与"瓦解"几乎同时出现,又使用在同一时期,可见两个词表达的是不同的内容,否则,古人也不会创造出两个完全等义的词语分别使用。但是,也是同样的原因,后人在使用中便忽略了两词之间的基本区别,混为一谈。

　　与"瓦解"一词组合的还有"瓦合"一词。古人以瓦覆盖屋顶,暗合阴阳乾坤原则,分上下阴阳,仰瓦置于两条木椽之间,直抵屋顶,形成瓦沟;盖瓦覆于两行瓦沟之间,形成瓦脊,两瓦一仰一俯,上下相扣,严丝合缝,此为"瓦合"。但因其间并没有任何黏合,因此,它们之间无法有机结合为一体,极易分离散开,故称"瓦解"。宋代称妓院为"瓦舍"。南宋人著《梦粱录》说:"瓦舍者,谓其(指嫖客)来时瓦合,去时瓦解之义,易聚易散也。"用这两个词语借指男女交合牵连在一起,也是说的其中阴阳交融和合之义。

学生因何称"桃李"?

我们经常称赞老师对于社会做出巨大贡献时,会不由自主地说一句话,叫作"桃李满天下"。这句源自唐代大诗人白居易《奉和令公〈绿野堂种花〉》诗中的话,是夸赞当朝中书令裴度教了许多好学生的,其中"令公桃李满天下,何用堂前更种花。"成为传世名句,自此,"桃李满天下"这句名言流传百世。

为什么用"桃李"来形容古代的学生呢?

"桃李"指代学生或者门生,是来自春秋时代的故事。据西汉今文诗学开创者韩婴所著《韩诗外传》里有一段记录:魏文侯时,学富五车的子质与赵简子之间发生了激烈的辩论,其主旨是关于培养门生的内容,面对子质痛悔自己培养了那么多的学生,到了自己倒霉的时候,却无人帮助的窘境。赵简子分析说:"夫春树桃李,夏得荫其下,秋得食其实;春树蒺藜,夏不得采其叶,秋得刺焉……由此观之,在所树也。"赵简子指出,真正的培养学生门徒就应该像种植"桃李"一样,而不是"蒺藜"。这件事被西汉著名经学家刘向大肆渲染,虽然所说的不是一个人,刘向将子质变成了阳虎,但是其内容更加贴切准确,将"桃李"这个用于指代的名词固定下来,并一直沿用到今天。

在历史上,还发生过许多这样的故事,所述说的基本都是这个意思。比如唐代名臣狄仁杰就是"桃李"满天下,据《资治通鉴》记载:狄仁杰当宰相时,先后荐举的张柬之、姚元崇、桓彦范、敬晖等数十人,都成为当时的名臣。于是,就有人恭维奉承狄仁杰说:"天下桃李,悉在公门矣!"意思是说,天下的好学生,可都在令公您的门下了。公而无私的狄仁杰却回答道:"荐贤为国,非为私也。"清代翟灏在《通俗编》里评价说:"世谓'桃李悉在公门'一说,遂谓门人为桃李。"

学生因何称"桃李"?

  至于"桃李"一词的形成,由于桃李在生长地域和习性、开花时节和状态、结果多少与品质等诸多方面的相似之处,人们很早就将两者并称形成了"桃李"一词。古人主要是取其"桃之夭夭""李花烂漫""华如桃李"之态来比喻青春年华;用"投我以桃,报之以李"之状来表达知恩图报之情;用"桃李不言,下自成蹊"之态来暗示其内在美给人带来的影响;用"桃生露井上,李树生桃傍。虫来啮桃根,李树代桃僵。树木身相代,兄弟还相忘。"的共生共在的家园情节来倡扬生死与共的无私情怀。因此,概括起来,表现最为突出的特点还是"今日吉辰,来拜了先生。学生自愧蒲柳之姿,敢烦桃李之教。(《牡丹亭》)"的师生之谊。这种情谊如同父子、感通灵魂,是一生一世的缘分情结,也是由学问、教学之间产生的无穷无尽的情感渊源,更是处处扶持、时时关照的师生情分的真实写照。李白在《赠崔侍御》诗里说:"扶摇应借力,桃李愿成荫。"就是用桃李比喻所栽培的后辈和所教的门生。明代画家盛茂烨所作《春夜宴桃李园图》,则描绘出好一幅桃李树下师生共同研读学问,一起琢磨功课的畅读好学场景,可见,古人已经将"桃李"与师生紧密地结合固定在一起了。

八珍：美食文字的古往今来

美食是每一个人的心头爱，不管你是否富有或者贫穷，做一个真正的饕餮是心心念念的事，所以，一定要认识"八珍"这个词。

提起"八珍"，一定与饮食有关，这个词与生俱来的就是"吃"的境界。你看满汉八珍的四种"八珍"就有山八珍、海八珍、禽八珍、草八珍等32道名菜。仅仅清代一朝，就有十多种八珍，内容包括：参（海参）、翅（鱼翅）、骨（鱼明骨，也称鱼脆）、肚（鱼肚）、窝（燕窝）、掌（熊掌）、筋（鹿筋）等等，就连癞蛤蟆都是八珍里的常客。

"八珍"一词的"八"，不用说是数量词，它作为数量词使用一般都会是确数，而不是概数。重点是"珍"怎么理解？

《说文解字》说："珍，宝也。""珍"是由"玉""人"和三撇组成，"玉"表示意思——向玉器一样稀少、宝贵；"人"则表示宝贵的主体是人；三撇表示熠熠发光的状态。"八珍"组合起来即指被人当作宝贝的八种好东西。

"八珍"一词最早出现在《周礼·天官》的记载中："食医，掌和王之六食、六饮、六膳、百馐、百酱、八珍之齐。""凡王之馈，食用六谷，饮用六清，羞用百二十品，珍用八物。"

那么，什么是"八珍之齐""珍用八物"呢？

东汉大儒郑玄专门做了注释，其具体内容是指：淳熬（肉酱油浇饭）、淳母（肉酱油浇黄米饭）、炮豚（煨烤炸炖乳猪）、炮牂（煨烤炸炖羔羊）、捣珍（烧牛、羊、鹿里脊）、渍珍（酒糖牛羊肉）、熬珍（类似五香牛肉干）和肝膋（网油烤狗肝）八种烹调方法所制做出的珍稀食品。唐初大儒孔颖达解释《礼记·儒行》里的"儒有席上之珍以待聘"中的"珍"的含义时说："珍谓美善之道"，这里的"善"是假借字，同"膳"，因此，"美善之道"即是

"做美食的方法或技法"的意思。同时,因为"八珍"原料中有重合使用的,如猪肉、牛肉等,也可以看出,"八珍"是烹饪方法。具体来说就是:

淳熬:"淳"沃也;"熬"煎也。是将肉酱煎熬到熟,浇在陆稻米饭上,再拌上炼好的动物油。类似我们今天台湾卤肉饭的做法。

淳母(mo):将陆稻米换成黍米,按照"淳熬"的方法制做出的美食。

炮豚:"炮"就是烧烤。炮豚是用枣填满乳猪腹腔,用芦苇把小猪缠裹起来,再涂一层带草的泥,放在猛火中烧。之后再剥去泥巴,揉搓掉烧制时猪体表面形成的皱皮,挂糊投入盛有动物油的小鼎,放入盛水的大锅中烧熬三天三夜后取出,用肉酱、醋等调和而食。

炮牂(zāng,母羊):烧烤小母羊。

捣珍:是用牛、羊、麋鹿、鹿、獐等动物的里脊肉,经反复捶打,除去肉中的筋腱,烹熟之后,取出揉成肉泥而食。

渍:将新鲜牛肉切成薄片,放在美酒里浸泡一整夜,然后调入肉酱、梅酱、醋等调料而食。

熬:将牛肉或者鹿肉、麋肉、獐肉制作成肉脯。

肝膋(liáo,脂肪):烤狗肝然后以米粉糊润泽,另取狼的臆间脂肪切碎,与稻米合制成稠粥,一起食用。

因此,周代的"八珍"与我们今天的"八珍"从概念到内容,都有着相当大的区别。

到了宋明之际,"八珍"词义扩大,才被人们赋予了更为广泛的含义,它既指烹饪这些稀世珍宝的烹饪方法,也指八种珍贵的食品原料。明代俞安期所辑《唐类函》指出:"按《礼》所谓八珍者……后世则侈云龙肝、凤髓、豹胎、鲤尾、鸮炙、猩唇、熊掌、酥酪蝉。"张九韶撰《群书指唾》也有同样记述,只是将豹胎改为兔胎。至于龙肝、凤髓,本属子虚乌有,但也有以白马之肝、雄雉之髓充数的。

以后时代,"八珍"的含义因时随地而易,呈现出眼花缭乱的内容。但该词的语义重心多转移到了八种珍贵食材上来了。如元代八珍,也指迤北八珍(又称蒙古八珍或北八珍)。是指醍醐(精制奶酪)、沆(有人认为是马奶酒,也有的人认为是獐)、野驼蹄、鹿唇、驼乳糜(驼奶粥)、天鹅炙(烤天鹅)、紫玉浆(可能是紫羊的奶汁)和玄玉浆(马奶汁)(见于元末陶宗仪《辍耕录》)。再如民国时期流行于北京的所谓上八珍,包括:猩唇(驼鹿头面的风干制品)、燕窝、驼峰、熊掌、猴头(菌)、豹胎、鹿筋、蛤士蟆。为当时权贵士人所心心念念、趋之若鹜。

所以,我们今天所说的"八珍",就是指八种珍贵稀有的食材,不再表示烹饪方法了。

古今品"八宝",滋味大不同

"八宝"一词出现,几乎所有人都会即刻想起"八宝粥"——八种粮食熬煮而成,软糯爽滑,回味悠长,令人赞不绝口;"八宝茶"——香甜可口,回味悠长……

如果在古代,这样理解"八宝"的含义,就谬之千里了。词典里这样解释说:"八宝"原为专指皇帝八种印玺的总称。唐代长孙无忌在注疏《唐律》时说:皇帝有传国神宝,有受命宝、皇帝三宝、天子三宝,叫"八宝",所以,古代的"八宝"曾经象征至高无上的皇权。

"八"作为数词,在古今都作为确数使用,我们知道,中国古代"言其多"的数词,往往奇数数词多虚指"多"的意思,并不是确数,如"三""九",例如:事不过三、九天揽月等。而偶数数词是作为确数——也就是有固定指向内容的、确定的数词使用。比如"四面八方""八卦""八面玲珑"等。而"八"作为偶数数词使用,就是说这个"八"一定是有具体内容的,不是仅仅指"多"而已。

在古代社会里,什么东西才可以称之为"宝"呢?

"宝"字的甲骨文字形,像房子里有贝和玉,表示家里藏有珍贵之物。金文里又加上一个声符"缶"(古音与"宝"同),因此,"宝,珍也。(《说文解字》)"所以,"宝"不是一般的东西,而是家庭里最珍贵的物品或事物。比如玉圭,"宝玉者,封圭也。(《穀梁传》)""以其宝(玉)来奔。(《国语》)""和氏璧天下人所共传宝也。(《史记》)";再比如农业生产"稼穑维宝。(《诗经》)"因此,不同人眼里,"宝"所代表的内容也不同。

"宝"字在文字发展中不断地引申和演化,基本包含了具象的"宝物"和抽象的"珍贵"两层意思。具象的"宝物"如玉以及玉制的信物、玺印等;抽象的"珍贵"则包括珍藏、珍宝似的、珍

爱的。

"八宝"作为专用词语专指皇帝八种传国印玺。源自《唐六典》以及《旧唐书》的记载:"符宝郎掌天子八宝及国之符节,辨其所用。有事则请于内,既事则奉而藏之。八宝:一曰神宝,所以承百王,镇万国;二曰受命宝,所以修封禅,礼神祇;三曰皇帝行宝,答疏于王公则用之;四曰皇帝之宝,劳来勋贤则用之;五曰皇帝信宝,征召臣下则用之;六曰天子行宝,答四夷书则用之;七曰天子之宝,慰抚蛮夷则用之;八曰天子信宝,发番国兵则用之。"可见,"八宝"涵盖了皇帝上至奉天承运,祭天封禅,下至征召臣下,慰抚蛮夷,所有的国家大事都需要用"八宝"来处置协调,所以,"八宝"就是国家和皇帝的印把子、命根子。

"八宝"一词到了宋朝,便从皇帝的大内府库跌落凡尘,开始在社会生活中被广泛使用。这一时期的词义不断地延展,从专指引申到了泛指,不过,此时的"八宝"词义还基本保有着上层社会领域里使用的范围,出现了诸如道教八宝、佛教八宝这样的词语,也出现了世家权贵生活中的"八宝妆""八宝杯""八宝车"等等。直到明清时期,"八宝"一词才成为覆盖所有社会生活的词语,例如内八宝、八宝髻、八宝文、八宝粥、八宝丹、八宝菜、《八宝垂训》等等,形形色色,雅俗不一。其使用上也各有特色,文雅庄重的如"尤氏看了一看,只见也有梅花式的,也有海棠式的,也有'笔锭如意'的,也有'八宝联春'的。(《红楼梦》)""符宝郎奉八宝与殿中监部从在黄钺内,教坊乐前引,鼓吹不振作。(《元史》)"豪华典雅的如"头上戴着金丝八宝攒珠髻,绾着朝阳五凤挂珠钗,项上戴着赤金盘螭璎珞圈,身上穿着缕金百蝶穿花大红云缎窄褃袄,外罩五彩刻丝石青银鼠褂,下着翡翠撒花洋绉裙。(《红楼梦》)""你道翠生生出落的裙衫茜,艳晶晶花簪八宝瑱。(明·汤显祖《牡丹亭》)"

可见,一个词语从原本具有的原始含义,一直引申到现代汉语的新含义;从专用于某一事物到泛指所有内容,都是不同社会阶段在语言文字上的真实反映。

"牛耳"与"马首"

"执牛耳"和"马首是瞻"是两个几乎同时出现在春秋战国时期的词语，所说的基本内容也是指主导者或者领导者的故事，所指代的语言含义也近乎相同，但是，为什么一个用"牛耳"，另一个用"马首"呢？

自周王朝统治衰微以来，各个诸侯国纷纷自立为王，先后出现了春秋五霸和战国七雄割据的混乱局面，其他的小王国更是不计其数。这些王国在发展壮大过程中，经常出现相互结盟的情况，诸侯订立盟约，举行盟会，需要有一些合乎礼仪的仪式，"执牛耳"就是此中最重要的礼仪之一。一般来说，结盟时割牛耳歃血的礼仪中，要由次盟国的代表拿着盛放牛耳朵的盘子，盛放被割下来的牛耳朵，而最大的主盟国国君莅临现场，第一个歃血（将牛血涂在嘴唇上），所以，"执牛耳"就是指那个次盟国——主持结盟仪式的国君。

汉代郑玄解释说："合诸侯者，必割牛耳，取其血，歃之以盟。珠盘以盛牛耳，尸盟者执之。"魏晋杜预说"执牛耳，尸盟者。"尸，是主持结盟礼仪的人，不是盟主的意思。主要从事割牛耳、执牛耳、接取牛血等实际操作工作。唐代孔颖达认为："盟，实大国为主，而此云小国主盟，知其主辨具也。所言主辨具者，如彼执牛耳之类，皆小国主备之法，当小国执牛耳。"就是说，会盟结盟，是大国主导，但是，却是小国办理具体礼仪事宜。因此，礼仪上规定的"执牛耳"在实际会盟中，往往因为实力的彼此悬殊而变了规矩、走了样子。

据《左传》记载，在公元前502年（鲁定公八年）的晋国和卫国的鄟泽之盟中，"卫人请执牛耳。成何曰：'卫，吾温、原也，焉得视诸侯？'"意思是卫国请代表晋国国君的晋国大夫抓住牛耳朵取血，晋国大夫成何傲慢地说：卫国是小国，就像我们晋国温

县、原县一样,怎么能等同诸侯国家?言下之意是:我尽管只是大夫(地位身份低于卫国国君),但是,你卫国只是一个像我们晋国的小地方一样的,你们的国君不可以享用诸侯的地位。所以,要求卫国国君"执牛耳"——居于次要的地位。同样,当歃血之时,卫国国君率先把牛耳之血蘸在了手上,却被晋国大夫按住他的手。卫国大臣王孙贾劝慰自己发怒的国君说,盟誓是用来申明礼义的,像我们卫君,哪里敢不遵照礼义却接受盟约呢!这次结盟,彰显了晋国作为大国的盛气凌人,同时,也明确了《周礼》规定的"执牛耳"结盟的礼仪环节中的身份尊卑、地位高下的角色关系。

春秋战国时期大大小小三十多次会盟中,这样的情节还有许多,其中最著名的就是公元前478年(鲁哀公十七年)鲁哀公和齐平公在蒙地的会盟。两国国君会见时,大国鲁国国君鲁哀公接受了齐平公的叩拜,却只是弯腰作揖还礼。鲁国大夫孟武伯问随从人员高柴:"诸侯盟,谁执牛耳?"高柴回答说,哀公七年那次会盟,是由时为大国的吴国大夫主持;后来发阳之盟,是由小国卫国大夫主持。孟武伯接着说,那么这次会盟就应由我"执牛耳"主持了,丝毫没有把作为国君的齐平公放在眼里。所以,"执牛耳"者就是指实际上居于领导地位的主导或操控者。

而"马首是瞻"则是一个古代军事用语,也源自《左传·襄公十四年》的记载。当时,秦国的逐渐强大引起了其他国家的担忧和关注,一些经常被秦国欺负的诸侯国在晋悼公的主导下,组成联军攻打秦国。联军逼近秦国都城的当口,作为联军统帅的晋国将军荀偃下令"鸡鸣而驾,塞井夷灶,唯余马首是瞻!"大意是,全军明天鸡一叫就准备出发,各军都要拆掉土灶,填平水井。列阵作战时,大家都要看着我的马头所指的方向行动,我指向哪里,大家就打向哪里。结果联军将领栾黡以"晋国之命,未是有也。余马首欲东。"的借口率先东撤,结果,联军军心溃散,大败而归。

一次失败的结盟导致了主次颠倒,礼崩乐坏;一次失败的战争导致强秦崛起,诸雄灰飞烟灭。不过,两次失败的结果却留下了两个语言文字上的故事,让"牛耳"和"马首"成为领袖的代名词,让"执牛耳"和"马首是瞻"成为领导力和控制力的真实写照。

一直到今天,我们依旧使用这两个词语来表达这种含义,略有不同的是,"执牛耳"一词旁溢出冠军、首领的含义,而"马首是瞻"则斜出了驯服、随从的意思,丰富了两词的表达内容。

"鼻祖"为何称"始祖"?

俗话说,"男看鼻子女看嘴,一生富贵少是非",鼻子作为人面部最中心的器官,一直是受到关注的,脊柱为身体之"梁",鼻为头部之"梁",而"鼻"和"祖"相结合组成的"鼻祖"一词所表达的词义是什么呢?

首先得从"鼻"字说起,"鼻"是后起字,他的本字原为"自",是一个象形字,甲骨文和金文中的"自"字都像人鼻子的模样,上古"自"就读作"鼻","自,读若鼻。(《说文解字》)"甲骨文就有卜辞"贞:有疾自,不佳有些,贞:有疾自佳有芒。(《乙》6585)"大意是卜问"鼻子"得病是不是有鬼神作祟致祸的原因。后来,为了区别"自"和"鼻",人们又在"自"的下面加了一个声符"畀(bì)",于是,"鼻"作为一个新字,和"自"各自有了截然不同的含义。

虽然"鼻"和"自"二字从此各自天涯,但"鼻"字却天然地携带了"自"字本意中的"开始;起始"之义。《方言十三》说:"鼻,始也。兽之初生谓之鼻,梁益之间谓鼻为初,或谓之祖。"也就是说"鼻"和"祖"同义,都是开始的那个人的意思。《汉制考·说文》里有"今以始生子为鼻子"的说法,意思是把第一个出生的儿子称为"鼻子",这里的"鼻"字使用的就是"初始"的意思。

甲骨文:自　𦣹

鼻:　甲骨文　　篆书　　隶书　　楷书

明代张自烈在《正字通》里说:"人之胚胎,鼻先受形,故谓始祖为鼻祖。"这里的"鼻祖"一词是指远祖、祖先的意思。扬雄说他自己的始祖属于周氏系谱,"或鼻祖于汾隅。"颜师古解释说:"故云始祖于汾隅也。(《汉书·扬雄传》)"既然来自晋国所处的"汾隅"地方,也就是周王朝的嫡系分封领地,所以,扬雄的家族是周王朝的后裔,因此"鼻祖"也即是"始祖"的意思。

  由于"鼻"字出现较晚,所以,唐宋以前,"鼻祖"一词所用甚少,宋代才开始大量出现应用于文章诗词的情况。苏轼为了纪念报答李姓将军的道士后人,写了《赠李道士》,其中"千年鼻祖守关门,一念还为李耳孙。"就是说把李耳当作天下道教的"鼻祖"的意思。这种说法还有刘克庄的"受持鼻祖五千言。"以及洪适的"骑箕瞻鼻祖,孕昴控胎仙。"都说的是道教鼻祖李耳的意思。以后的明清俗语小说里,也大多使用"鼻祖"一词来表述道教始祖。后来,清代蒙学课本里说:"始祖曰鼻祖,远孙曰耳孙。"因此,"鼻祖"即是"始祖"的意思应该来自道家的道统传承。

  现代汉语中,"鼻祖"一词被使用在更为广泛的词语语境和场合,引申扩展出各种各样不同的指向含义,比如:指事业、学术、门派、行业等等的最早创始者,但其"始祖——创始人"的核心内容始终没有改变。

"爱河"是褒还是贬？

为什么"爱河"是"空寂灭欲"的佛教用语？这个被现代社会使用频次很高的词语，是如何从万里迢迢的佛教发源地传入中国，成为中国佛教的词语？又是如何进入寻常百姓的生活的？

"爱河"是一个偏正词组，"爱"指对人或事物有深厚真挚的感情，有喜欢、恩爱、爱惜、怜惜等意思，作为形容词修饰名词"河"。

作为佛教词语中的贬义词，"爱"的河从一开始就背离了佛教原教旨。

大家知道，佛教创始人乔达摩·悉达多之所以创立佛教，主要原因之一就是要灭人欲。因此，佛教讲究"五蕴皆空"，讲究"无眼耳鼻舌身意，无色声香味触法"，讲究"空寂""灭欲"。那些人间欢爱、儿女情长都是阻碍修行佛法的大碍大恶，它使人沉溺其中，不能达到修行涅槃的圣洁至乐彼岸，是需要克服和消灭的对象。

森严的清规戒律是佛教社会区别于世俗社会最根本的标志之一。人性的贪痴爱欲，都是需要禁绝的内容，因此，包括"爱河"在内，就成为阻碍修行最大的孽障。我国近代著名高僧大德弘一法师（俗名李叔同）1918年在杭州虎跑寺剃度为僧时，年近不惑的他毅然舍弃世俗社会的繁华生活，舍身投入佛禅世界，即便是挚爱深情的爱人哭跪虎跑寺的寺门多日，也未能挽回他追求佛法，逃离"爱河"的禅心。同样，人间的爱欲情仇，也阻碍了他修行佛法，达到极乐彼岸的进程。他在临近圆寂之时，写下了"悲辛交集"的遗言，也不情愿地透漏出他对于佛法与世情、无欲无我与我欲我求之间的纠结矛盾心理。

"爱河"一词，是谁在翻译佛经时所创，已无迹可考，但从魏

晋以来就开始出现在汉文佛经中,但在古代佛教经典和社会生活中使用频次也不高,除了佛经使用外,唐诗和五代时期的《敦煌变文》中出现的较多,诸如"万境心随一念平,红芙蓉折爱河清。""演微言爱河息浪,谈般若烦恼山摧。""蒙光总得证菩提,齐出爱河生死苦。"含义也多与佛教教义有关。宋代张君房在《云笈七签》中所说:"欲得苦海倾,当使爱河竭"。到了明朝人陈汝元的戏曲《金莲记》的一副对联:"一个溺爱河而罔顾,只图暮乐朝欢;一个沈宦海而久迷,空自南奔北走。"出现时,已经从严格的佛教用语中脱离出来,成为社会生活用语,但描述中还是以佛教内容为主。

近代白话文兴起后,该词用法逐渐摆脱佛教含义,靠近社会生活,如民国初期的名剧《玉梨魂》就多次使用,其中一句"环缚于情网而不知脱,沉没于爱河而不知拔,是无异行于死枢之中而求生也。"颇为让人感慨。而在今天的《人民网》语料检索中即有一千多条记录,使用的相当频繁。

彼时为贪念,佛祖欲禁绝;今日表浪漫,长浴小"爱河"。那些沉浸或者向往沉浸在"爱河"的男女们,他们不会因为禁忌而成为佛法的禁脔,大胆地沉下去、游开去,不远处就有令人神往的"爱"在清澈明澄的河水里徜徉。

"八字"怎么就"没一撇"呢?

我们常说某件事还没有名堂或者还没有征兆苗头的意思时,常用"八字还没有一撇呢!"这句俗语,那么,为什么这么说呢?

这里的"八字"多用作指形状像"八"字的事物,《太平御览》说"八者,如八字也。"上述"八字还没有一撇呢",撇是"八"字的开始笔画,意思是还没有开始。《抱朴子》里曾说"世云尧眉八采,不然也,直两眉头甚竖,似八字耳。"就是说尧就是"八字眉",另外,还有诸如八字胡、八字脚、外八字、内八字等,都是使用"八"的字形笔画来表达含义的词语。

但是,"八字"一词另外的意思却与之大相径庭。

"八字"一词曾经是命相学的专业用词,是指以人出生的年、月、日、时各配以天干地支。年干和年支组成年柱,月干和月支组成月柱,日干和日支组成日柱,时干和时支组成时柱,一共四柱,四个干和四个支共八个字,加以附会,据以推算人的命运。

由于干支系统最早是用来纪年的程序,可以表达时间的含义,对应时间内容又使得干支系统可以代表人们的生辰时辰以及所对应的命理。同样,也因为其为观测天象星辰而得出的结论,故而对应五行(金木水火土)学的内容,并以此表达人们的性情、性格、价值取向以及运势相生相克之间繁杂的照应关系等。因此,古代命相学家就用"八字"来预测人的运命趋势。

"八字"一词作为命相学专业用词最多的表现就是预测运势、合配婚姻两个方面。明代冯梦龙在《醒世恒言》里说,张稍谎称单氏丈夫被老虎吃掉,解劝她说:"这是生成八字内注定虎伤,哭也没用。"《二刻拍案惊奇》:"谈星的假意推算了一回,指着鹤龄的八字对黄翁道:'此不是翁家之子,他生来不该在父母身边的,必得寄养出外,方可长成。'"就是用"八字"表示命运的意思。同样,旧俗婚前男女双方交换庚帖,以占卜八字是否相配,谓之"八字合婚"。所谓合婚,就是把男女双方生辰八字配在一起,对双方八字之间的五行是否和谐,双方所行的大运、流年有无严重的不好和冲克等问题详加研究,由此推导出婚后两人的婚姻生活吉凶顺逆。清代小说《儒林外史》:"这个倒不消虑,令表侄八字,鲁老先生在尊府席上已经问明在心里了,到家就是晚生查算,替他两人合婚。"《红楼梦》:"那边都定了,只等太太出了八字。"《赛花铃》:"那红老儿是说不得的,他不曾费得半个铜钱,我这里并没出个八字,又没有聘书与他,怎见得就是他的媳妇。"以及现代作家老舍在《四世同堂》里:"当初,我就不喜欢你们的婚姻,既没看看八字儿,批一批婚,又没请老人们相看相看。"都说的是婚姻配偶含义上的"八字"。

因此,今天我们所说的"八字",其含义中大部分是用其"八"字字形含义,偶尔也说命相学上的主运命、婚配的意思。

"保管"是从"人"到"财物"吗?

我们今天说到"保管"这个词的时候,一般来说,都使用它的两种引申义。作动词使用时,指保藏并管理物品;作名词使用时,指做保管工作的人。但该词在书面语和口语使用语境中的意义区别并不为人们所知晓明白。

《汉语大词典》释义"保"字为:甲骨文字形,象用手抱孩子形。金文写作从"人"从"子",可见和"人"有关系,本义是背上背着或者怀里抱着孩子,而不是和"物"有关系。后来为了结构的对称,小篆变成"保",使人不能因形见义了。

《说文解字》说:"养也。"受到了一些学者的批评,近现代文字学家唐兰在《殷墟文字记》中说:"负子于背谓之保,引申之,则负之者为保;更引申之,则有保养之义。"王力先生在《王力古汉语字典》中也说:"保者,抱也"引申为保养、保安的意思。因此,"保"无疑就是保证孩子能够健康成长的本意,至于保佑、保持、保值、保修等诸多的含义,都是后来引申的意思。

再来说一说"管"字。其本义是指一种类似于笛的管乐器,起初用玉制成,后改用竹,有六孔,长一尺,后泛指管乐器。王力先生认为,"管"的原义就是长圆而中空的竹管。至于"管"字为什么作为管理、担保的意思。则是从"管"字的另外一个含义——锁钥而来。因为古代锁钥的形状均为管的形状——故而也称"锁钥"为"管"(同"筦")。如《左转·僖公三十二年》记载:"众人使我掌其北门之管。"杜预注:"管,籥也。"就是"锁钥"的意思,还有清代方苞《狱中杂记》里说:"每薄暮下管键,矢溺皆闭其中,与饮食之气相薄。"

因此,我们可以看到,由"保(保养)"和"管(锁钥;约束人的行为)"组合起来的"保管"一词是一个近义联合的复合词,就是指保证、担保。《元典章·吏部三》里有一句话:"今后诸人,若要

因事或为商贾前去他所勾当,经由省司衙门陈告,取问邻佑是实,令人保管,引无违碍,方许出给差引。"意思是说:今后诸人,若要因事前往其他地方,经由省司衙门报告,向邻里调查清楚实情后,找到担保人保证,才可以发给通行证。可见,"保管"一词过去是指人的信用担保或保证。明清小说中,《粉妆楼》:"待我一言,保管你到手。"《儿女英雄传》"这件事交给姐姐,保管你称心如意!"都是这个含义的使用,直到如今,陕西地方还有"他有技术,让他去保管能解决问题。"的说法。

"保管"一词从人的信用担保引申到物品的管理,也是由"锁钥"——既是国家或城池的防守门户,也是私有财产的管护之义引申出保管、保存之义来的。不过,这样的含义更适用于正式书面的语言之中。如《清史稿》里:"招商局轮船商人筹照西国通例,暂售与美国旗昌洋商保管,旋事定,仍收回。"因此,该词的口语含义和书面语含义在现代汉语中区分的很明显。

(原载于《语言文字报》2023.2.22,有改动)

"碧玉"是不是"邻家女孩"?

关于"碧玉"一词,曾经传说过一场文字官司,有专家说:碧玉"指年轻的妇女",还言之凿凿地举出南朝宋的汝南王有妾名碧玉,北周庾信《结客少年场行》说:"定知刘碧玉,偷嫁汝南王。"南朝梁元帝的《采莲赋》也说:"碧玉小家女,来嫁汝南王。"等文辞例句来印证此说,后人还专门作《碧玉歌》来歌颂。因为此女名"碧玉",所以,改变了"碧玉"一词的含义。

这场轰轰烈烈的文坛奇事搅和的众多文人心神不宁,纷纷参与其中。其中最著名的是唐代张鷟在《朝野佥载》记载的一个故事,说武周(武则天统治时期)有一个补阙(官名)乔知之,家里养了一个婢女也叫碧玉,能歌善舞,容颜艳丽。乔老爷甚为宠爱,一直把她留在自己身边,不让她出嫁。后来,碧玉的艳名流传出去,被风流倜傥的魏王武承嗣知道了,于是,就借口需要教习家里人梳妆为名,向乔知之暂借碧玉。碧玉进了武家,便是"一入侯门深似海",武承嗣将她纳为小妾。消息传来,乔老爷哭天抹泪、要死要活的,但基于武家的势力,也不敢向武承嗣要回碧玉,只好写了一封思念的情书《绿珠怨》,偷偷摸摸地送给碧玉。向往纯真的爱情、不甘于被禁锢的碧玉读罢情诗,饮泪三日不食,投井而死。这样凄烈的爱情故事被古代文人广泛流传。唐代王维最是慷慨,他在《洛阳儿女行》中说:"自怜碧玉亲教舞,不惜珊瑚持与人";而清代赵翼最为多情,他在《垂杨》诗中哀思到:"红绡枉自思公子,碧玉仍怜嫁小家。"由此,"碧玉"一度成为邻家年轻漂亮女孩的代名词。

其实,"碧玉"最初就是"碧玉",其原始义就是一种含铁的矿石(石英石),因其颜色呈蓝绿色或绿色,可作装饰品,也称碧石,因为珍贵而被人们视作"玉"。《山海经》说:"又北三百里曰维龙之山,其上有碧玉。"因为其色如"碧(青绿色、蓝色等)"。所以在今天,查遍包括人民网搜索等语料,"碧玉"一词除了名词性的"玉石"义之外,也多被用作比喻澄明通透或青绿色的自然景观。

至于那个邻家小姐姐的年轻貌美,则早已随着文学家臆想的烟花和岁月的流逝而灰飞烟灭了,所以在现代汉语中的"碧玉"一词,再也没有邻家小姐姐的含义,这种在特殊语境中的特指临时含义很快就消失在我们的语文生活中。

"百姓"不平凡,平凡无"百姓"

我们经常说的"百姓"一词,现代汉语中泛指普通民众。唐代诗人刘禹锡在饱览了秦淮河两岸的旖旎风情后,吟出的《乌衣巷》诗句里:"旧时王谢(王导、谢安,东晋贵族)堂前燕,飞入寻常百姓家。"就是这个意思,可见,至少在中晚唐,"百姓"一词就是指普通民众的意思。

其实,"百姓"一词的起源,却不是这个意思,是指百官和贵族。"百"在古代当作数量词来讲时,既是确数(100的意思),也是概数(言其很多的意思),在"百姓"一词中,是概数。"姓"字是古代汉语中较为复杂的一个字。古时贵族以其所封之地(居住地)为姓。《春秋·隐公八年》有一段注解说:神农母居姜水,黄帝母居姬水,舜母居姚虚,因以为姓,故从女生;也就是说,"姓"是一个母系血缘家族或者氏族系统的地域标志,宋代史学家刘恕在《通鉴外纪》中说:"姓者,统其祖考之所自出;氏者,别其子孙之所自分。"

因此,"姓"既可以是贵族,包含姓族(大族,望族)、姓字(姓氏和名字)、姓系(姓氏家族的源流系统)、姓第(姓氏行第);也可以是官吏百工,因此,"百姓"一词也就被种姓大族和官吏所独占,所以,《国语·楚语天下》记载:"民之彻官百,王公之子弟之质,能言能听彻其官者,而物赐之姓,以监其官员,是为百姓。"一般贫民只能被称为"黎庶",是无法称之为"百姓"的。

范文澜、蔡美彪等在《中国通史》中这样解释说:"百姓是怎样一种人呢?盘庚说他们是共同掌管政治的旧人,是邦伯、师长、百执事(百官、百工)之人。"

春秋战国以后,伴随着作为分封制经济基础的井田制消亡以及上层建筑的礼崩乐坏,由于无法再分封诸侯或者一些地方新兴势力根本不需要中央政府的分封,贵族的"百姓"和原本是

奴隶的"黎民"混合而成了新的社会阶层,称之为"黎民百姓",因此"百姓"的词义也发生了本质的变化,从贵族官员逐步开始扩展到了普通平民。

  《论语·颜渊》中说:"百姓足,君孰与不足?百姓不足,君孰与足?"大概意思是:鲁国的有若劝说鲁哀公减赋,哀公说,现在的赋税收入我都不够用呢,怎么还要减少。有若解释说:"如果百姓的用度够,您怎么会不够呢?如果百姓的用度不够,您怎么又会够呢?"显然,这里的"百姓"已经开始包含可以为国君提供土地赋税的自耕农民,而不完全是井田制下向国君岁贡的诸侯大夫等"百姓"了。

  至于民间为什么叫"老百姓",大概是因为"黎民百姓"的"黎"字,在古代方言中有年纪大的意思,《方言十二》说"黎,老也。"所以口语才说"老百姓"。但书面语中,还是用"百姓"一词。

"版图"怎成"疆域"代名词?

我们今天所说的"版图"一词,是指包括一个国家的陆地、河流、湖泊、内海、领海以及它们的底床、底土和上空(领空),是主权国管辖的国家全部疆域,是一个地域、水域和空间的全方位概念。但是,古代的"版图"与今天的含义有所不同,它包括"版"和"图"两部分。

《说文解字》说:"版,判(判木)也。"那么什么才是"判(判木)"呢?许慎接着说:"判木也。从半木。"就是从中间劈开的木头片,也就是我们今天所说的木板,所以"版"字的原义被解释为:"筑墙的木夹板"。

古代人们修筑房屋,多以土夯为主(今北方一些边远贫困地区依然使用此法修建房屋)。就是用木夹板建构,以土填其中,用木杵一层一层地夯实,故而"版"字即表示用来夹土的木夹板。《孟子》记载的:"傅说举于版筑之间。"即是说辅佐殷商高宗武丁安邦治国,形成了历史上有名的"武丁中兴"的名相傅说原来是一个夯墙造屋的奴隶。后人改进后,改"版"为"范",预先夯筑"胡基(一种土砖)",用来当作建筑材料盖房子,因此,"版"就成了房屋的代名词,有房即有家,一"版"可以等同于一户人家。

"图"即是"用图框圈画边远的界限"的意思,金文"图"的字形是把边鄙的地方包裹在"囗(国)"中间。因此,"版"和"图"组合起来,就是用"版"来记录房屋(也借指一家一户的人口),用"图"圈画每家每户的界限。

"版图"一词的使用,有大有小,大到国家领土的多少,小到街坊邻里的界限,都有使用的语例,但最早使用最多的还是与王室或者统治阶层有关。用来指宫中登录小吏及其子弟姓名籍贯的名册(称"版")与标明宫室房屋方位(四邻尺寸)的图册

（称"图"）的合称。《周礼》记载："掌书版图之法，以治王内之政令。"即是要明明白白地记录王室官吏和宫殿房屋财产，来管理王室统辖范围内事务的意思。

后来，"版图"一词使用范围逐渐扩大，含义也从房屋和地界转换为土地和户籍。《周礼》："听闾里以版图。"汉代郑玄以及唐代贾公彦相继解释说："版，户籍；图，地图也。""闾里之中有争讼，则以户籍之版、土地之图听决之。"而《史记·刺客列传》里记载："秦王发图，图穷则匕首见。"这里刺客荆轲所献"燕督亢之地图"即为燕国督亢地区的"版图"。这里既包括土地、房屋等生产资料，也包括附着在其上的家庭人口等。因此，"版图"既是国家财富和疆域的象征，也是解决民间争讼的法定依据。

对于"家国天下"的中国传统来说，"版图"成为国家疆域的代名词，也就是顺理成章的事情了。故而清代诗人方文在《负版行》诗中写道："借问此是何版图，答云出自玄武湖。天下户口田亩籍，十年一造贡皇都。"

"大驾"是什么"驾"？

在社会生活中，我们一般尊称别人的到来为"大驾光临"，其中的"大驾"一词作为敬辞，表示对对方的尊敬。但是，在古代，这个词却不是谁都可以随便使用的，搞不好，是要被杀头的。

古代"驾"是一个专用名词，指的就是皇帝出行时的仪仗队伍。古代皇帝的仪仗队最早由仪卫扈从演变而来，有着"明制度，示等级"的功能和作用，史书上统称为"卤簿"。汉代蔡邕《独断》里说："天子出，车驾次第谓之卤簿。"东汉应劭的《汉官仪》里解释得更为明确："天子出，车驾次第谓之卤，兵卫以甲盾居外为前导，皆谓之簿，故曰卤簿。"也就是说，皇帝的专用车驾，不仅包括马车、乐器、旗、扇、伞、盖、拂尘、服饰以及动物等仪仗用品，还包括负责保卫皇帝的安全或担当装饰皇帝权威的士兵、大臣等随从，这些统称为"卤簿"。据古人讲"卤以甲为之，所以扞敌。"宋人叶梦得《石林燕语》说："唐人谓卤，橹也，甲楯之别名。凡兵卫以甲楯居外为前导，捍蔽其先后，皆著之簿籍，故曰'卤簿'。"用今天的话说，就是以甲兵为护卫的车驾随从仪仗队。

按照唐代封演《封氏闻见记》的记载："舆驾行幸，羽仪导从谓之卤簿，自秦汉以来始有其名。"也就是说，"大驾"一词源自秦汉时期。古代皇帝的卤簿仪制分为四个等级，即大驾、法驾、銮驾和骑驾。"大驾"是其中等级最高的卤簿规制，据蔡邕介绍"大驾则公卿奉引，大将军参乘，太仆御，属车八十一乘，备千乘万骑。"从《史记》开始，一直到清代史书《清史稿》里，关于"卤簿"的记载比比皆是，数不胜数，都是专指皇帝本人或者皇帝的车驾的意思，"大驾"一词的语料，较之"卤簿"一点儿也不少，可见，这两个词语的使用，从数量上说，几乎是并驾齐驱、难分伯仲;从使用特点上说,"卤簿"较为正式,而"大驾"则更为文学化和口语化。如唐诗中李白的"大驾还长安,两日忽再中。"元稹的"平明大驾发行宫,万人歌舞涂路中。"等以及《西游记》里"一见大驾,不敢近前,随后跟至朝门之外。"《醒世恒言》里的"且言辽东小国,不足以烦大驾,愿遣将征之。"等等

  唐代"大驾"的规模已然盛大无比,仅仅是护卫人数都在几千人。据统计,宋代一幅描绘大驾的画作,就有官兵5000多人、车辇六十多乘、马2800匹、乐器1700多件等等。可见,"大驾"所包含的纷繁复杂的器物以及人数,远远不是普通人所能够想象的。

  从明清时期开始,"大驾"这个词语被人们赋予了新的内容和含义。作为表达尊敬之义的敬辞来使用时,单纯指人,同时,使用对象也拓展指受人尊敬的神仙或者长辈师尊等,并由此一路引申扩展开来,只要是需要尊敬之人都可以泛称之为"大驾"。例如《封神演义》中燃灯和子牙"听见半空中仙乐,一派嘹亮之音,燃灯秉香,轫道伏地曰:'弟子不知大驾来临,有失远迎,望乞恕罪。'""不知老师大驾下临,弟子有失远接,望乞恕罪。"是指神仙长老;《红楼梦》里"还求妹妹体谅我的苦心,起动大驾,挪到家中。"表达的是王熙凤苦口婆心劝说尤二姐住进大观园的居心叵测;《五美缘》里钱林口称:"又劳老伯大驾,既是舍亲婚娶,小侄所备不堪妆奁,还望老伯包涵。"则是指对于长辈的尊敬之称。

  词义的引申扩展,使得"大驾"一词由专指专用的词语逐渐成为社会生活中常用的尊称敬辞。

"丹方"还是"单方"?

在一些词典中,我们经常可以看到一些对于个别容易混淆的词语的提示,从这些释义的对比可以看出,不同侧重的词典对于词义、词形等相近的词语有着不同的释义,也出现了顾此失彼而导致的谬误,给读者带来了认识上的混乱。"丹方""单方"这两个词语就出现了这样的问题。

1.《汉语大词典》:

【丹方】❶炼丹的方术。❷相传的验方。

【单方】❶流传于民间的药方。通常专治某种疾病,用药简单。❷泛指药方。❸喻解决某种问题的有效办法。

2.《国语辞典》:

【丹方】❶道家炼丹的法术。❷专治某种疾病,用药一、二味的简单药方。亦作"单方";

【单方】❶简单的药方。其用药不过一、二味,适应不过一、二症,药力专一而收效迅速。也作"丹方"。❷比喻解决问题的方法。

可以看出,两部词典在"丹方"还是"单方"的问题上有着明显的分歧。《汉语大词典》将"丹方"与"单方"作了根本性的区别。指出"丹方"是古代医家所使用过的、经过验证的药方(也称验方);而单方则是民间流传的,可以使用简单的一、二味药物来治疗疾病的药方。《国语辞典》则认为"丹方"和"单方"互为同义,可以互用。这样就给读者带来了理解上的困惑和错乱。

同样,在《现代汉语词典(第6版)》中,将【丹方】释义为"见单方^2",而"见单方^2"的释义为:"民间流传的药方,也作丹方。"显然是没有区分两者之间的不同,将两者混为一谈。

《现代汉语规范词典(第3版)》则将【丹方】表述为:❶见

"单方¹"○❷道士炼丹的方术;"单方¹"为"流传于民间的专治某种疾病的较为简单的药方"这里需要强调的是,该词典将释义❶与释义❷用"○"形符号分割开来,表示两者之间没有引申脉络或者关联关系。

我们说,"丹方""单方"是两个有着明显区别的词语。其来源、构成结构和使用用途都有各自不同的范围和方式,不是同一含义的不同称呼,因此,不能够成为同义异形词语来相互替代。

首先,从来源上说,"丹方"一词来自道教,是道士们记录和总结归纳的炼丹(包括外丹和内丹)的方术或者法术,其中也包括炼丹时需服用的丹饵药丸的制作方法。该词源出于晋代葛洪《抱朴子》里:"又诸小饵丹方甚多,然作之有深浅,故力势不同。";而"单方"则是来自民间的、已经被证实有效的、含药品种和数量都较少的验方。有些地方也说"偏方"或"土方子",是民众长期生活中总结出来的药方。"单方"一词来源于《隋书·经籍志》"王世荣《单方》一卷。"的书名。王世荣名叫王显,字世荣,是魏晋时期著名的医药学家。

其次,"丹方"的"丹"指道教修炼;"方"指法所构成的理论或者方术,其中也含有炼制丹药的方子,是一种表示理论性、体系性的综合词语。而"单方"则指药物品种数量少,能治病的简单药方。

第三,其用途也不同。"丹方"用于修炼道行德品,增强功力道德,所以力求完备和尽善尽美;而"单方"用于治病救人,求的是准确有效和快捷。

因此,从语源上看,两者的区别还是很大的。

那么,这两个差异性很大的词,为什么到了后来混淆得让专家们都头疼呢?原因大概是由于古代道教和中医药同出于原始神巫之术,属于同源而分蘗的情况,直到今天,许多道士也还是中医药方面的专家。因此,在炼丹和治病之间的往复游离使得在使用"丹方"还是"单方"的问题上,自古就没有区分明晰。同时,道教炼丹的道士在长期的行医治病过程中,不断地汲取民间"偏方"的治病方式,民间草医也会借鉴道家的丹术标榜自己医术的高明,树立自己土方子的权威性和独一性。因此,"丹方"或者"单方"在使用中的混淆也在所难免。

"丹方"和"单方"并不是异形词的关系,所以,在国家颁布和推荐的《第一批异形词整理表》中并没有对此进行规范。从今天的词典释义上看,《汉语大词典》表述的较为清楚,而《现代汉语规范词典》则用明显区别的符号方式表述了两者并不存在的引申关系,这样的释义方能够让读者看得明明白白。

"伙伴"是"火伴"吗？

有人说"伙伴"一词最早叫"火伴"，这种说法对不对呢？

不完全对，在古代，"伙伴"和"火伴"是两个含义不同的词语。《木兰辞》里的"出门看火伴，火伴皆惊忙。"的"火伴"是指北魏时，军中以十人为火，共灶炊食，故称同火者为"火伴"，也就是我们今天说的一个锅里搅勺把子的战友。唐代杜佑《通典》里说："五人为列，二列为火，五火为队"就是指唐代部队里的建制规定，一"火"相当于今天的一个班的战友。作为战友或者同伴的意思，"火伴"一直在元代以前都是这么使用的。后来，人们由于经商出行的需要，在路上要结伴而行，该词义引申扩展了，也泛指同伴、同伙等。例如唐代元稹的"火伴相勒缚，卖假莫卖诚。""出门求火伴，入门辞父兄。"等等。清代翟灏《通俗编》里说："其所以名火，以共一灶为火食也。后世贾客挟伴，亦谓之火。俗因有火计之称。"说的就是这种情况。

而"伙伴"一词最早是"夥伴"，指共同参加某种组织或从事某种活动的人，大约出现在元明白话里。例如《警世通言》："何立带了夥伴并一班眼捷手快的公人，直到官巷口李家生药店捉正贼许宣。""夥"字在古代汉语中既表示"多"的意思，也表示同伴的意思。王力先生的《王力古汉语字典》里，参照《康熙字典》的记录。总结解释为是齐楚地方的方言，表示事物茂盛而繁多。该词典未收"伙"字，也就是说，古代汉语中没有"伙"字，此字是"夥"字的简化字。

因此，"伙伴"一词最初被写作"火伴（早期）"或"夥伴（后期）"，至于"夥伴"为什么要写成"伙伴"，大概是因为"夥"字笔画过于复杂难写，同时又有"䚒"这样左右不分的异体字，为了简单好写好认，才出现了简化的"伙"字，其时间最早也不会超过明末清初。

说词解字

为什么会出现"伙"字来代替"夥"字的情况呢？

显然是为了简单方便，这是汉语词语使用中的通用性需求所致，也是语言社会传播简洁性要求的必然。那么，为什么选择"伙"呢？一来有前代的"火伴"作为理据基础，表明"伙伴"是集合在同一个状态或者集团里的、具有同等需要或者完成同一任务的同伴；二来"伙伴"是人的集合团队，所以用"人"字旁，加上原有的"火"构成新的简化字；三是"伙"作为"夥"的简化字出现，依然代表了"夥"作为"伙伴"的原义，并不脱离语言发展的规律。因此，"伙伴"作为最后的选择，替代了"火伴""夥伴"，成为表述这个含义的最后固定词语。

"结发""束发"两相疑

查阅字典,发现两个问题。一个是"结发"和"束发"到底是不是一回事;第二个问题是"结发"和"结婚"是什么关系?是先"结发"再"结婚"?还是先"结婚"再"结发"呢?

先看第一个问题:

《汉语大词典》:结发:束发。古代男子自成童开始束发,因以指初成年。

《现代汉语词典》:结发是束发的意思,指初成年。

《现代汉语规范词典》:结发:束发,古代男童长到成年时开始束发。

好像都是说"结发"就是"束发"的意思。我们还是先搞清楚"结发"和"束发"在古代有什么异同?这样才能够区别两者是否可以混用。

首先,按照《王力古汉语字典》的解释,"结"字表示将头发自身盘或绾在一起,而不是用外物来绑扎或者连接头发;"束"字则表示是用外物来绑扎或者连接头发。可见两个字所组成的词语,其所包含的意思是有根本性的区别。

其次,按照《礼记》的规定,"束发"是"童子之节也,缁布衣,锦缘,锦绅并纽,锦束发。"孔颖达解释说:"锦束发者,以锦为緫而束发也。"就是用锦丝把头发绑扎起来的意思。这里的"童子"显然是指未成年的男孩子,郑玄注解《礼记》说:"童子,未冠之称。"可见,"束发"是指 20 岁以下的男孩子童年所使用的发式。汉代贾谊《新书》里说:"古者年九岁入就小学,蹍小节焉,业小道焉;束发就大学,蹍大节焉,业大道焉。"也是说"束发"时,当在 9 岁以后,20 岁之前的年龄所使用的发式。

而"结发"则是一种从男女成年的那一刻起所应有的发式,

说词解字

具体包括两个方面。一是男子 20 岁,女子 15 岁后成年,能够参与社会活动了。男子为了可以戴冠系弁,女子可以及笄簪钗,因此需要将原有的束发盘结成为发髻,谓之"结发";二是此发式标志着男女成年,他们之间可以婚配了。因此,"束发"和"结发"在古代,其含义有着本质的区别,不可混用。

古人在使用这两个词语时极为小心,很怕因为不慎混用而产生混乱的情况。明代归有光在《项脊轩志》中说:"余自束发读书轩中"。就是说自己在 8 岁的时候就已经能够很勤勉在轩中读书了;而《史记·李将军列传》中:"广结发与匈奴大小七十余战。"则是说成年(20 岁)以后的李广与匈奴打了七十多仗。

"结发"还有一个特指的含义是婚姻方面的,也就是我们经常说的"结发为夫妻,恩爱两不疑",专指《仪礼·士昏礼》里所说的"主人(婿)入室,亲脱妇之缨。"的情况。"结发"本指女子许嫁时的系缨束发,后代指成婚当晚的夫脱妇缨。"缨"就是新媳妇许嫁以后用它来束发的五彩丝绳,是确定夫妻关系的信物。后来发展演变成为夫妻成婚时,各取头上一缕头发,合而作结,表示男女双方结为夫妻、永结同心的意思。因此,结发后来也代指初婚原配的夫妻或者妻子。

古人作为婚姻最美好的祈愿,"结发与君知,相要以终老。"寄托了太多的美好祝愿,因此,"结发"仅指初婚原配的婚姻或者夫妻,其他的,即便是琴瑟和谐,美好的不要不要的,也不算。

"六甲"到底指什么？

大家都知道古代妇女怀孕叫作"身怀六甲"，这个成语出现得很晚，基本上是明清时期的白话小说中经常使用的成语，至今依然沿用。《国语词典》这么解释说："古称女子怀孕""传说中甲子、甲寅、甲辰、甲午、甲申、甲戌六个甲日，是上天创造万物的日子，也是妇女最易受孕的日子，故称。"而《汉语大词典》《现代汉语词典》《现代汉语规范词典》均直接解释为"妇女怀孕"。

那么，"身怀六甲"的"六甲"到底是什么呢？是不是上述的六个容易受孕的日子呢？

首先，我们来看看古代计算时日的干支系统中的"六甲"，即甲子、甲戌、甲辰、甲午、甲申和甲寅，这是组成干支纪年（含月、日）的开始。《汉语大词典》解释说，古代"用天干地支相配计算时日，其中有甲子、甲戌、甲申、甲午、甲辰、甲寅，故称。"但没有找到其与"妇女怀孕"的关联记载。《汉书·食货志上》说是小学生入学之初学习的课目，作用是帮助他们懂得"室家长幼之节。"其他记载不是说"六甲"是干支之数，就是说天地运转开始结束的意思。都与"妇女怀孕"风马牛不相及。

据明代王圻《续文献通考》记载："丁卯等六丁，阴神玉女也。甲子等六甲，阳神玉男也。"在中国道教真武大帝所管辖的天神系统里，"六甲（男神）六丁（女神）"与其他护法天神一起，被民间的道士召唤延请，"行风雷，制鬼神"来禳灾祛病，保佑人们的正常社会生活。

中医学历史上最大的方剂书籍《普济方》里有这样一段话："夫九气既添。又有六甲之神，相为保卫而全成之。夫所谓六甲神者。甲子水神，为之调畅血脉，润泽三焦；甲戌土神，为之调理肌肉，使不偏枯；甲申金神，为之紧固爪齿，养育真牙；甲午火神，为之和悦五脏，混合百神；甲辰风神，为之保固胎息，呼吸阴阳；甲寅木神，为之濯炼筋骨，通贯百骸。信知妇人妊娠。谓之六甲者。岂有他哉。"大概意思说：妇女怀孕是阴阳相合、九气融通而成。十月怀胎离不开"六甲"的功劳，婴儿的"血脉、肌肉、爪齿、五脏、呼吸、筋骨"都得到了"六甲"神所保护和滋养孕育而成的。因此，"六甲"和怀胎分娩是息息相关，密不可分的。

可见，"身怀六甲"指妇女最容易受孕的日子显然是望文生义。它是指妇女怀孕到分娩的过程，在这个过程中婴儿需要从胚胎发育成人形人体，在迷信的古代就需要有滋养和护佑的"神"——这就是"六甲"神。

因为"六甲"神均为男性化身，所以，"身怀六甲"准确的说法是：旧称女子怀男婴并受到六甲神的护佑得以顺产。道教及中医学中称六甲为六甲神，是真武大帝所属专门护佑男子的护法神将（护佑女子的叫六丁），六甲神为男性，主阳主男，禳灾祛病，护佑安顺。

至于道教法统和民间传说将"六甲神"具象为六个现世神仙都是谁，那只是神仙偶像崇拜的具象惯例，并不妨碍我们对于"六甲"的客观认识。

「三伏」与「三秋」

"三伏"与"三秋"都是表示季节的词语,但在不同的时期和语境下,所指的内容也有不同。

"三伏"有两说,一说是指每一年夏天里最热的三个伏天期,一般是夏至后第三个庚日起为初伏,总共十天;然后第四庚日起进入中伏,十天;再后是立秋后第一庚日起进入末伏,十天。另一种说法是特指末伏的十天。我们经常说的"三伏天""夏练三伏"都是指前者总称;而后者的特指也有谚语"头伏饺子二伏面,三伏烙饼摊鸡蛋"以及"头伏芝麻二伏豆,晚粟种到立秋后"等等。

不管是指伏天期,还是特指第三个伏天期,都是每年烈日炎炎,天气最热的时间段,所以称之为"伏"。"伏"字的由来,是因为在古代五行中夏季属火,庚(秋)属金,"秋,曰庚、辛。(《淮南子》)""又以配五行庚辛申酉,金也。(《史记》)"伴随四季的更迭交替,"金"所象征的庚(秋)将要替代"火"热的夏季,但是五行中"火"又克"金",于是,庚(秋)就要在这些日子里隐匿潜藏,来避开"火"热的炙烤。所以,《玉篇》里说:"伏,匿也。"《广韵》里说:"匿藏也,伺也,隐也,歷也。"还引出《释名》:"伏者何,金气伏藏之日,金畏火,故三伏皆庚日。"按照《正字通》的解释,"四气代谢皆以相生,至立秋以金代火,故庚日必伏。"从以上各朝的字书解释中可以看出,"三伏"一词主要是指三个伏天的周期,最初几乎无特指的意思,想来特指末伏的含义是后世人们引申而来的。

同样,《正字通》里明确说:"六月三伏之节始自秦德公三年,周时无伏。"也就是说"三伏"节气最早在公元前675年已经出现了。所以唐代《初学记》或者《阴阳书》里"从夏至后第三庚为初伏,第四庚为中伏,立秋后初庚为后伏,谓之三伏。"的记载,只是后人对这个词语的进一步具体解释。

"三伏"是极端的热天气,于是躲避酷热就成了当务之急。所以,唐代诗人韦应物说:"适从郡邑喧,又兹三伏热。"宋代梅尧臣也说:"日色若炎火,正当三伏时。"很多人都会"三伏闭门披一衲,兼无松竹荫房廊。"或者急切盼望"四时无夏气,三伏有秋风。"同时,"三伏"也成为一些白话小说里极端场景或者情节的背景反衬。例如关汉卿《窦娥冤》里:"如今是三伏天道,若窦娥委实冤枉,身死之后,天降三尺瑞雪。"

与"三伏"节气几乎同时产生的是"三秋"。我们常说的成语"一日不见如隔三秋"来自《诗经》的"采葛"篇中"一日不见,如三秋兮。"唐代孔颖达告诉我们"年有四时,时皆三月,三秋谓九月也。"可是清代大儒俞樾却觉得时间有点儿短暂,他说:"三秋"是指三个秋天——借指三年。他在《古书疑义举例》里说:"三秋即三岁也。岁有四时而独言秋,是举小名以代大名也。"我们今天往往更愿意使用俞樾的解释,这样形容恋人之间望眼欲穿的似水柔情,看起来更令人感动和满足。

后来,时不我待的陶渊明在使用"三秋"时,依照《逸周书》关于四时的记载:"一春违其农,二夏食其谷,三秋取其刈,四冬冻其葆。"将"三秋"的时间又缩短至一个季节,他说:"集愿在莞而为席,安弱体于三秋。"这里的"三秋"是指秋天的三个月时间——也就是古人所说的初秋、中秋和孟秋。唐代李善在解读《昭明文选》里的"三秋"时说:"秋有三月,故曰三秋。"《敦煌变文》里也多次说:"眉分皎洁三秋月,脸写芬芳九夏莲。""一夏安居奈苑中,三秋远诣英聪哲。"都是指秋季的三个月时间。

当然,也有人说"三秋"就是秋季的第三个月份。例如北周庾信《至仁山铭》:"三秋云薄,九日寒新。"唐代王勃《滕王阁序》:"时维九月,序属三秋"以及王维"四海方无事,三秋大有年。"等等,这里的"三秋"自然是指秋季九月了。

当然,这些解释都是在原有的释义基础上引申发展而来的,要依据不同的语境场景来区分使用。只要是可以准确明白地表情达意,可以让受众得到精准的意思理解,时间的长短并不是原则问题。

至于还有人说"三秋"是秋收、秋耕、秋种的统称,那或许只是今人的附会,不过,没准哪一天契合了语言发展的需要和规律,成为"三秋"的新内涵意义之一,也不是没有可能。

二十四节气说『白露』

"白露"一词,最早出现在《诗经·蒹葭》里:"蒹葭(芦苇)苍苍,白露为霜。"《蒹葭》属于《秦风》,大都是东周时代陕西大部及甘肃东部这个区域的民歌,这个地方"迫近戎狄",这样的环境迫使秦人"修习战备,高尚气力。(《汉书·地理志》)"这时的"白露"一词还不是指节气的专名,而是"白色的露水"的意思,诗中"白露为霜"给读者传达出节序已是秋天了,而天才破晓,因为芦苇叶片上还存留着夜间露水凝成的白色的霜。

因此,最早的"白露"指秋天发白的露水,就像《礼记》里说的"凉风至,白露降,寒蝉鸣"。大概在汉代以前,"白露"一词的使用多是指自然现象。不管是《诗经》里的"白露未晞""白露未已",还是《吕氏春秋》里的"白露蚤降""白露降三旬",抑或是《楚辞》里的"秋既先戒以白露兮,冬又申之以严霜。"以及各种《月令》里的记载,都是表达这个含义。汉代以后,"白露"成为农历二十四节气之一,专表农时节气的含义。《旧唐书》的"近冬至以去寒露雨水、近夏至以去清明白露气数倍之,又三除去交时数增之。""自入朒(nǜ,农历朔月在东方出现)春分已后,日损六分,毕于白露。"等记载。此后,"白露"才由露水颜色演变成为农时节气,两个含义的"白露"一直沿用至今。

农历的二十四节气,其中隐含着传统农业以及历代农人的经验和智慧。"白露"之"露"大家都理解,但"露"水一年四季都有,为什么却将秋天的"露"定为"白色"的呢?而且形成了一个固定的节气呢?

一是自然现象所承载的内在信息与农时耕作之间的相互关系。唐代孔颖达认为,把这个节气称作白露,是因为此时"阴气渐重,露浓色白。"元人著《月令七十二候集解》中说:"阴气渐重,露凝而白也。""白露"是一年中昼夜温差加大的一个节气,

说词解字

天气逐渐转凉,昼夜温差越来越大,清晨时分,发现地面和叶子上有许多露珠呈现出白茫茫一片,这是因夜晚水汽凝结后,受冷空气影响,结霜而成。所以,白露以后的时间,天象有"三候",一候鸿雁来。二候玄鸟归。三候群鸟养羞(馐),《礼记》说"羞者,所美之食。""养羞者,藏之以备冬月之养也。"《千字文》里有"秋收冬藏"就是说的这个时段。

这样的自然现象与古代农耕活动密切相关,"白露"也就成为收获和播种的农忙时节。对于农作物来说,要抢墒防寒,尽快抢收秋粮、播种越冬作物;对于农民个人来说,则是"白露勿露身。"就不能打赤膊,露肚皮,用凉水来洗澡了。总之,"白露"是一个寒冷渐来的信号。

二是古人以四时配五行,白露为八月节(属于秋天),"秋属金,金色白",所以,用"白"字形容秋露。《礼记》里说:"(孟秋之月)天子居总章左个,乘戎路,驾白辂,载白旗。"《淮南子·时则训》也说:"(孟秋之月)天子衣白衣,乘白辂,服白玉,建白旗。"可见秋天,即使是贵为天子的皇帝都要崇尚白色,所以将农时节气定为"白"露也是政令所施,法理使然。

当然,时秩白露,鸿雁南飞,群鸟养馐,地冷天寒,其冷落清秋的肃杀之气所赋予的人文感受被描述成离愁别绪,也就成了很自然的事了。唐代诗人们更愿意使用"白露"一词的基础含义来表达自己的诗情。杜甫吟到"露从今夜白,月是故乡明。"李白说"白露见日灭,红颜随霜凋。""坐愁群芳歇,白露凋华滋。"白居易也说"凝情不语空所思,风吹白露衣裳冷。"等等,唐诗中所用"白露"一词,几乎都是凄冷萧索的情景。

今天的"白露"一词依然具有双重含义,不过是农时节气的含义更为常用一些。

"杀青"为何表"完成"？

现在我们解释"杀青"一词，都说是"圆满完成"的意思，词义源自古代使用竹简刻划书写的时代。

在纸张还没有发明之前，人们书写文字多用竹简（简）或木简（牍），用刀在简（牍）上刻字。因为新鲜竹子的表面有一层竹青，含有油水成分，很容易被虫蛀或者腐烂变质，所以古人就把竹简放到火上炙烤，经过炙烤干燥的简（牍）既防蛀防腐又容易刻字。久而久之，这种炙烤竹木的程序就成为古人写书记录的代名词，人们给它起了一个名字叫"杀青"，因其炙烤过程中会冒水出汗，所以也叫"汗青"或"汗简"。

据说，"杀青"一词最早见于汉代刘向的《战国策》的记载："其事继《春秋》以后，讫楚、汉之起二百四十五年间之事，皆定以杀青，书可缮写。"在解释"杀青"词义时，刘向自己说："杀青者，直治竹作简书之耳。新竹有汗，善朽蠹；凡作简者，皆于火上炙干之。陈、楚间谓之汗。汗者，亦去其汁也。"后来这段话还被东汉应劭《风俗通》所引用。唐代李贤太子在注解《后汉书·吴佑传》时也说："杀青者，以火炙简令汗，取其青易书，复不蠹，谓之杀青，亦谓汗简。"说得通俗一点，就是古代人们为了写字著书的竹简便于书写和保存，将其烤干的过程。

既然"杀青"是制作竹简木牍的程序，而且是书写文字之前的程序，那么"杀青"的"完成"义从何而来？难不成古人连开始和完成都分辨不清楚吗！况且，在刘向的《战国策》里，"杀青"之后，还有"书可缮写"的句子，显然，这个"杀青"是指书写准备和初稿甫成，而不是整个著作的最后完成。

这样，这个竹简定稿完成在古代就分为"汗"和"杀"两部分，"汗"指炙烤竹片，主要是为了防虫蠹书和防腐；"杀"则是指将"汗"后的干竹片需要写字的一面，用刀或者利器刮削干净炙

烤的熏黑并切割整齐，以便于书写文字。一般来说，古代"杀青"只是炙烤竹简需要书写的那一面（正面）。这样，既可以从古代语例上理解"杀青"的基本含义以及与写作文字之间的相互关系，又可以了解古人为什么把"汗青""汉简"称之为"杀青"了。

"杀"，繁体字为"殺"，《说文解字》指"戮也。"是指用兵器或利器杀戮、割削的意思。在《康熙字典》里30个释义义项中，"以火炙简令汗，取其青，易书，复不蠹"这种释义也来自刘向。如果我们按照"杀青"的新说法，则用刀刮削炙烤过的干竹简，使之便于书写，既符合"杀"的原始本义，也为"杀青"引申成为"完成"义找到了理据。

同样，在考古发现中，迄今出土的竹简年代最早的都为战国竹简，之前时代未见踪迹，由此基本可以理解，"杀青"工艺迄自战国。这些出土竹简绝大多数背面不平且颜色青绿，正面（书写文字）平整而且色彩藤黄，有明显炙烤烧灼的痕迹。例如长沙马王堆一、二、三号汉墓出土的汉简，背面竹皮青绿或者灰绿，保持了竹子本身的颜色，正面浅黄，有炙烤和刮削痕迹，也充分印证了"杀青"不仅是炙烤，而且需要用刀具修整切削，才能够完成竹简的文字书写过程。

至于明代姚福在笔记《青溪暇笔》里记载的："古者著书以竹，初稿书于汗青。汗青者，竹皮滑如汗，以其易于改抹，既正则杀青于竹素。杀，削也，言去其皮而书竹白，不可改易也。"说是为了书写修改方便而在竹简上"先写后削"的过程。因其并没有像刘向作为汉朝人亲历过竹简"杀青"的过程，基本是出于自己的想象罢了。

关于"杀青"是古代表达"完成"义的语例很多。例如魏晋《文心雕龙》里说："杀青所编，百有八十余家矣。"陆游《读书》诗："三苍奇字已杀青，九译旁行方著录。"等等，所以，后世泛称缮成定本或校刻付梓均为"杀青"。

现代人推而广之，将所有的有关文化、文字或者艺术创作的完成，比如电影电视剧拍摄完毕，也称之为"杀青"，则是现代汉语使用过程中的词义扩大使用，仅仅是为了表达其圆满完成之义而已。

"烧包"何来？

"烧包"这个词我们在日常生活中经常会听到，那种带有戏谑调侃以及讽刺指责的复杂语气，使得我们从一开始就认定，这个词语是一个民间口头的俗语。该词一直流行在北京、山东、东北等大部分北方地区，在语言体系中属于方言，很多词典将其列为北方方言，如《现代汉语词典》。

今天的北京人说"烧包"也经常省略为"烧"或者"烧得慌"，指那些因有钱有势而忘乎所以、挥霍浪费或趾高气扬的行为状态或人，是一个标准的讽刺他人的贬义词。

据记载，"烧包"一词来自古代对于先祖的祭祀礼仪，"烧包"就是指祭祖时焚化包封好的纸钱。清代袁枚在《新齐谐》里记载："粤人于七月半，多以纸钱封而焚之，名曰烧包，各以祀其先祖。"也就是说，在每一年的中元节（农历七月半鬼节）期间，广东人为了祭祀自己死去的祖先，会焚烧封包好的纸钱来进行祭奠活动，这种纸钱包称之为"烧包"。这样的遗风在今天的各地还都存在，在每一年的清明、寒食等特殊日子里，后人用石灰在地上画一个圈儿，在圈里烧一堆纸钱，据说把纸钱烧在圈儿里孤魂野鬼就不敢来抢，这样，死去的祖先就可以完整地享用这些钱财。

袁枚的这种说法，其中有一些问题难以自圆其说。一是广东人的风俗里的"烧包"，与后来被认定为北方方言的"烧包"一词，究竟是不是一回事。其中北方方言的"烧包"一词所包含的自我炫耀、挥霍以及忘乎所以的含义与祭祀祖先的"烧包"似乎风马牛不相及。二是这种祭祀祖先的风俗全国各地都有，基本仪式也大致相同，不独粤人专有，其他地方也有称作"烧纸"或者"烧钱"的。第三，从构词上讲，该词是一个动宾结构，所烧的是纸钱，也就是说"烧包"的"包"是指"纸钱"这种物品。可是在

使用中,我们多将"烧包"指人或者行为,既可以是名词,也可以是动词。例如"你个烧包"或者"你烧包啥!"显然,在汉语构词上也有不解之处。最后,"烧包"一词是北方大部分地区流行的方言,如果是借用粤语词语,如何能够影响到这么广大的地区。

因此,我们还需要从来源和词义构成上寻找真正的答案。

首先从个性上说,"烧包"一词来自北京、山东、东北以及北方大部分地区。从其来源上说,就不可能具有同一性,各地最初对于该词的说法可能出现形形色色、五花八门的情况。比如有专家认为:山东的"烧包"来自"烧包子"的缩略,指酿酒的工匠;江苏的则指地痞无赖"烧包坠子";河南南阳指"烧毛";甘肃则指"烧料子——行为张狂"(以上见杨琳《"烧包"考源》)总之,这个方言来自不同地域,最初的含义与表述都会不同。

其次,万源归宗,"烧包"一词虽有不同的表述,但核心含义却应该是相互贴近、基本一致的。第一是带有詈语性质的贬义词语;第二是傻而铺张、狂而挥霍的行为动作;三是自以为是、忘乎所以的心理状态。

所以,有专家说,"烧包"的"烧"来自"骚包"的"骚"字,此说不无道理。首先,"骚""烧"同音,古音多读 sāo;同时,由"骚"字所引申的"风骚;行为轻佻不稳重;炫耀显摆;忘乎所以,不知深浅"等行为,理所当然地成为解释"烧包"的具体内容,顺应了该词形音义三者相结合的基本构词原则。再结合北方各地关于"烧包"的方言土语,就构成了如今"烧包"的来源和词义内容。

当然,人们在使用该词时,为了避开"骚包"所包含的淫荡、淫秽之气,所以使用了"烧包"一词,也是情理之中的事情。

"私房"究竟指什么？

在社会生活中，我们经常使用"私房"这个词，比如私房钱、私房话、私房菜等等，其中的含义较为广泛，包括个人私有的、不愿公开的、个人或小集体特有的等含义。而最初的"私房"是指什么？反倒不被人了解了。

其实，古代的"私房"最初是指一个大家族中，在居住房屋设计和修建过程中，既要考虑到全家族公共活动的区域，也要保证嫡庶各支相对私有的活动空间，所以，公共事务区域之外的私有居住空间被称为"私房"。这种"私房"在没有分家之前并不是居住者私有的财产，而是具有隐私性质的公共财产，类似于我们今天说的公房私用。因此，"私房"这个词不可避免地沾染上了在公共活动中具有私人、私密、私用的特点，从这个特点引申了今天众多的意思来。

这个词最早出现在《北史》中：说的是韦孝宽一家亲睦和悦"一钱尺帛，不入私房。""所得俸禄，不入私房。"的故事，其中的"私房"都是指大家族中的自己小家。宋代大儒朱熹的《朱子语类》也有一段较为具体的记载："每私房有人客来，则自办饮食，引上大厅，请尊长伴五盏后，却回私房，别置酒。"大意是说，大家族中的私房有客人来，要先在公共大厅里摆酒宴客，由尊长陪客后，才可以回到自己的房间再次宴请客人。在封建社会的家族生活中，这是规矩，即大家族公共利益中的个人私有利益的从属关系原则是先公后私。

到了元明时期，由于大家族的封建家庭体制受到冲击，加之私有化家庭越来越多，"私房"一词逐渐转化为私有财产，包括不动产或者钱财积蓄，也包括非物质的私有情感等。例如《警世通言》里"今日这件私房关目，也去与他商议。"《二刻拍案惊奇》里"上官氏也是富贵出身，只会吃到口茶饭，不晓得甚么

经求,也不曾做下一些私房,公子有时,他也有得用;公子没时,他也没了。"这里的"私房"就是指私有资产或货币银两。而《二刻拍案惊奇》里"金生与翠翠虽然夫妻相见,说不得一句私房话,只好问问父母安否。"则是说夫妻互诉衷肠的体己话。

而到了清代,又出现了诸如"私房话""私房菜"等新内容,扩展了"私房"的词义,使其更加具有隐秘、特有、不可公开的内容。

(原载于《语言文字报》2022.11.16,有改动)

"天物"能说人吗？

"暴殄天物"语出《尚书》："今商王受（纣）无道，暴殄天物，害虐烝（zhēng，众多）民。"是说商纣王不遵循礼法道义，滥杀老天爷赋予的自然万物，残害众多的黎民。后人将"暴殄天物"解释为：比喻残害各种自然生物的意思；又指不知爱惜物品，随意毁坏、糟蹋东西。

过去，面对"暴殄天物"这个成语，人们关心的难点是"殄"字怎么读？怎么理解？

"殄"字，读 tiǎn，形声。原义是断绝，竭尽。"殄，尽也。（《说文解字》）"王力先生依照《说文解字》的解释，在《王力古汉语字典》里释义为："尽（灭绝，消灭）或者疲敝"。《汉字源流字典》也是这么解释的。

其实，我们更应该关心的是"天物"一词是说什么？

唐朝经学家、孔子的第三十一世孙孔颖达注疏："天物之言，除人外，普谓天下百物鸟兽草木。"也就是说，"殄"的对象是指除了人之外的所有天生万物。那么，为什么古代在使用"暴殄天物"时，要把"人"排除之外呢？

原来，在中国古代，儒家将自然世界分为两个中心，即"天"道和"人"伦。两者既有关联，可以相互转换；又有本质区别，天有天道，人有人伦。这样才能够做到天道轮回，人伦有序。

因此，"天物"即为自然界所生成养育的万事万物，包括所有的山川土地的出产物、动植物等。《国语词典》解释为："泛指天生的物资。"《汉语大词典》解释为："谓鸟兽草木等大自然的物产。"

现代汉语中，又为"天物"增添了"人为制造或养成的物资"的意思，所以，"暴殄天物"的另外一层意思也泛指不知爱惜物品，随意毁坏、糟蹋东西。

那么,在下列用例中,您能够找出使用错误的例句吗?

1."放着这样的美女你不娶,简直是暴殄天物。"

2."契丹凶狡,敢窃边陲,毒虐生灵,暴殄天物。"(唐·陈子昂《为副大总管屯营大将军苏宏晖谢表》)

3."暴殄天物,是说他作践东西,抛撒米面。"(《醒世姻缘》)

4."若不派出两个一定的人来,既许多值钱之物,一味任人作践,也似乎暴殄天物。"(清·曹雪芹《红楼梦》)

5."说了那么多并不是让你远离荔枝,放着美味不吃,也是暴殄天物。"(科技日报:日啖荔枝三百颗?千万别,你可能会休克)

6."人民来论:善用桥下空间,别再暴殄天物"(2021年09月29日,来源:人民网)

梆子：从深夜敲到舞台

"梆"字，最早是一个形声字，像一个人的耳朵附着在两个树木的旁边。耳朵是用来听声音的，所以，"梆"字就是敲击两块木头，使其发出声音，让周围的人都听到的意思。加"子"词缀，多表示名词属性，因而，"梆子"本义是指用来敲击的木质响器。《汉语大词典》里这样解释说："梆子，用竹筒或挖空木头做成的发声器。用于巡更或聚众。"

"梆"字在《说文解字》里没有记载，最早有一个"柝(tuò)"字与后来的"梆子"意思相同。"柝"(tuò)字是一个形声字，表示可以通过击打发出"橐橐"之声的木头。本义：巡夜打更用的梆子。"夕击柝而比之。(《周礼》)""鲁击柝闻于邾。(《左传》)"可见，"柝"字是正式书面语言中的"梆子"的意思，而"梆子"即是后来的民间俗语词语。

在中国早期韵书《广韵》中说："梆，木名。"也就是一种木头的意思。《正字通》里说："梆，斫三尺许，背上穿直孔，今衙门设之，为号召之节；或以竹截为筒，两头留竹节，旁凿小空，击之有声，亦曰梆。""衙门设之"表明是公务所用的器物；"为号召之节"说明了它的用途；而"击之有声，亦曰梆。"就是人们用敲梆子发出的声音为之命名。

《正字通》是一部明代崇祯末年国子监生张自烈撰写的词典，保存了大量俗字异体。因此，我们可以知道，"梆子"一词出现的较晚，大概产生于元明之时，而且"梆子"一词是我们通常所说的民间俗语，不是书面语使用的语词。因此最初使用多出现在通俗白话小说或者山野笔记中，例如《封神演义》："你可黄昏时候，传长箭手三千，至二更时分，领至大营，听梆子响，一齐发箭，射死反贼。"《水浒传》："听得梆子响，都拖枪拽棒，聚起三四百人，一齐都到史家庄上。"等等。

说词解字

"梆子"的第二个特点是指一种特殊用途的敲击响器,最早是"衙门设之,为号召之节"也就是被官府衙门用来召集人众的敲击响器,后来扩展到了民间,最大用途就是被巡更的人使用。

古代巡更制度,是结合了安保和报时两方面的需要而形成的,因此,在更夫巡更时,一是要提醒人们提高安全防卫的意识,例如:呼叫"天干物燥,小心火烛"等;二是要报时——也就是按照戌时一更开始、亥时二更、子时三更、丑时四更、寅时五更,这样大声地报告时辰。在夜深人静之时,就需要更夫用敲响器(梆子、铜锣等)的方式来提醒人们注意,所以,这种方式也被民间广泛称为"敲梆子"。

后来这种响器被民间那些富有想象力、创造力的艺人所使用,成为一种乐器,并且逐渐进入主流,引申出"梆子戏""梆子腔",则是劳动人民耕余饭后的文艺创新。因此,今天我们对"梆子"的理解已经超越了"打更或聚众"的范畴,成为一种或者若干种地方戏曲的代名词(山东梆子、河北梆子等)。走出衙门,走向民间,走上了舞台。

便利店前说"便利"

我们今天看到的便利店的"便利"一词,一般都会理解为提供给顾客的"方便;不费力"的意思,其实,这个含义的"便利"一词是从国外传入我国的,是指一种便利的经营模式或生活方式。而我国古代的"便利"一词,在社会生活和商品交易领域的含义与之有所不同。

古代"便利"一词有诸多含义,包括敏捷、灵活、方便、快捷等等。例如杨倞注解《荀子》中的"便利"一词,就说"亦谓言辞敏捷也。"就是脑子反应快、说话利索的意思。而"便利"一词与商品交易有关的意思是指商业交易中买贱卖贵的交易过程的顺利、方便和利润最大化。其与现代汉语"便利"的含义最大的实质性区别是:它所说的是指商人在交易过程中的状态,而不是顾客的方便程度或交易模式。东汉王充在《论衡·是应篇》里说:"商人必求便利以为业,买物安肯不求贱,卖物安肯不求贵。"表达的就是这个意思。

与"便利"相近的有"便易""便宜"等词语。按照清代翟灏的说法,"便利"后来引申成"便易",在唐宋以后,就演变为"便宜"。词义也发生了变化,由商人交易的便捷、利益最大化("便利")继而转为交易方便快捷("便易")最终成为以低廉价格吸引顾客("便宜")。这样的商业行为在今天依然有所遗留,例如北京至今还有"便宜坊"饭店,其含义就是以优质低价来吸引顾客的意思,和今天遍地开花的"便利店"没有直接的关系。

"便利"和"便易""便宜"在古代即是同源词,《广韵》说:"(利)吉也,宜也。"只是后来"便宜"一词使用的更宽泛、更常用——从而以10倍于"便利"、50倍于"便易"的词频量高居使用量的首位。而且,"便宜"自元明以后,即开始脱离原有的非

说词解字

商业场合的"方便快捷"义,更多的是指商业或者社会日常生活中的"方便快捷"义;并开始诞生出一个新的"原本不应该得到的;额外的利益"的含义——即我们经常说的"占便宜"。所以,后人在日常生活中为了把"便宜"与"便利""便易"相区别,就将其读作"pián yi"。

(原载于《语言文字报》2023.3.15,标题有改动)

此"八卦"非彼"八卦"？

"八卦"指《周易》中的八种具有象征意义的符号,每个符号用三个分别代表阳的"—(阳爻)"和代表阴的"——(阴爻)"组成。为乾(☰)、坤(☷)、震(☳)、巽(☴)、坎(☵)、离(☲)、艮(☶)、兑(☱)。主要象征天、地、雷、风、水、火、山、泽八种自然现象。八卦是华夏先民对自然界和人类社会一切现象的朴素认识,后在中国和日本被用作占卜的符号,逐渐染上了神秘的色彩。

"八卦"作为象征自然起源的具象方式应用于社会生活中的便是占卜算卦。在占卜算卦中,算卦先生为了博取客人的信任,往往察言观色,用言语不断探寻客人的家私隐秘,来验证自己对于卦象解释的正确性。因此,也有将这种打探他人隐私,道听途说的行为,称为"八卦"。如《重编国语辞典》"八卦"指:闲言闲语,道人长短之意(本为香港地区的流行用语,后台湾地区亦沿用之)。

至于如今社会上流行的"八卦"(包括娱乐、名人等),则是借用了上述"八卦"之名,另辟了其他的意思。

据说:今天的"八卦"来自香港出版业,借用了粤语"八卦"一词,指一种不无烦琐主义的生活态度,凡事都要卜卦,故"八卦"在粤语中的全称是"诸事八卦"。后由杂志使用,喻指世界上纷纷扰扰的小道消息,其中大多是源自男(阳)女(阴)间的恩怨情仇,好比阴阳衍生出八卦一般,故名八卦杂志。上世纪70年代,香港八卦杂志争相刊登美女裸照,因受制于法律和社会道德的约束,不得不在裸照"三点"位置贴上一个"八卦"图案——相当于后来的"马赛克"。"八卦"遂由此而得名并风行。

也有人说,台湾演艺圈以"八卦"表示外国的gossip(流言

155

蜚语;爱说长道短的人;闲话)一词的音译,因此,"八卦"一词应该是由台湾艺人开始使用,最早叫"八婆",后来演变为"八卦"。

不管怎么说,"八卦"一词在现代汉语中包含了两层意思。在传统文化范畴和世俗生活中,表达着截然不同的内容。或形而上,高雅而深奥;或形而下,诙谐而下作。在不同的语境下,各说各话。唯一需要注意的是,要让广大受众明明白白就好。

(原载于《语言文字报》2022.11.30,标题有改动)

芳龄几何说『破瓜』？

所有看到"破瓜"这个词的现代人都会面红耳赤地认为,这个词是不登大雅之堂的房中熟语或者青楼污语,是所谓的处女"如瓜破则见红潮者"的写实称谓。其实,这是错误的理解,不过,这个错误是古人犯下的,今人只是以讹传讹罢了。在这一点上,日本人比我们更清醒一些,在日语里的"破瓜"一词的解释里,这一义项被表述为:"误用的破身女性"明确指出是错误使用后造成的讹传。

那么,"破瓜"一词到底是说什么的呢?

古人惯有拆字相加、相乘来指代年龄的习惯,比如拆"米"字祝贺八十八岁寿诞;拆"茶"字祝贺一百零八岁寿诞等。"破瓜"一词就是一个拆字词语,也就是说,是"瓜"字的拆分所代表的意思。一般来说,古文中,尤其是隶书或者魏书中的"瓜"字可以拆分成两个"八"字,因此,"破瓜"即是两个"八"字破拆开来相加、相乘的数字所表示的年龄。

一是两个"八"字相加,即为十六,用来形容女子时,本意就是指十六岁,代表女孩子刚刚成年的芳龄。最初起源于魏晋孙绰《情人碧玉歌》:"碧玉破瓜时,相为情颠倒。感郎不羞报,回身就郎抱。"在解释"碧玉破瓜时。"这句诗时,清代袁枚在《随园诗话》说"或解以为月事初来,如瓜破则见红潮者,非也。盖将瓜纵横破之,成二'八'字,作十六岁解也。"并以唐代两位诗人段成式《戏高侍御》"犹怜最小分瓜日,奈许迎春得藕时。"以及李群玉《醉后赠冯姬》:"桂形浅拂梁家黛,瓜字初分碧玉年。"作为例证来说明"破瓜"指的是年龄,不是女孩子的处女膜破损或者月经初潮。同时代的翟灏在《通俗编·妇女》也说:"宋谢幼盘诗:'破瓜年纪小腰身。'按俗以女子破身为破瓜,非也。瓜字破为二八字,言其二八十六岁耳。"说的更是十分明白,因此,"破

身为破瓜"是古人的讹传。

二是两个"八"字相乘,则为六十四岁,代表老翁的暮年岁数。清代翟灏在《通俗编》说"若吕岩(吕洞宾)赠张泊诗'功成当在破瓜年',则八八六十四岁。"是说八仙之一的吕洞宾前往拜访唐玄宗时期的名臣张泊,留下了这句话。大意是说,张泊可以活到六十四岁的意思,果然,他在这一年去世。所以,"破瓜"一词本无女子初次与人同房破身的含义。

那么,什么时候开始,"破瓜"一词才被讹传为女孩子人生中初次的性行为呢?

大约自明末开始,民间俗语中"破瓜"一词就常常被用来指女子初次"破身"性交,后来被大量使用在通俗小说里。首用该词的是明末冯梦龙的《警世通言》:"那杜十娘自十三岁破瓜,今一十九岁,七年之内,不知历过了多少公子王孙,一个个情迷意荡,破家荡产而不惜。""原来妓家有这个规矩:初次破瓜的,叫作梳栊孤老(嫖客)。"大约是因为处女初交见红与破瓜之态相似,所以借用原来的"破瓜"一词,来描述这种状态。当然,这样的"污言秽语"出于青楼妓院这样的场所,也代表当时社会寻欢取乐于妓女、却鄙视糟践她们的畸形心理状态。所以,清代李渔说:"岂有做妓女的人,十六七岁还不破瓜的道理。"

此后,这句俗语伴随着青楼妓院的泛滥而广泛传播,反倒是其本来的原始含义却被逐渐地湮没了。

纷繁杂乱说"小姐"

现在的"小姐"这个词,是一个极具贬义的词语,称呼被我们在日常生活中所摈弃的、从事某种见不得人营生的女人。那么这样一个平平常常的称呼,怎么就变得贬义十足?是什么时候变得呢?

先说一说"姐"字,据段玉裁注解《说文解字》里讲,"姐"字是一个方言字,是古代蜀人所造——用来称呼母亲的,也就是说,"姐"字诞生于蜀地方言,却没有表示卑贱蔑视的含义。南宋吴曾《能改斋漫录》里说:"近世多以女兄为姐,盖尊之也。"至少在南宋时期,"姐"字也可以称呼比自己年长的同辈女性。这种称呼上的变化应该来自"姐"与"姊"的关联。查阅明代焦竑《俗书刊误》说:"姐音紫,即今姊字耳。"还有《字汇》《正字通》也有类似的说法。

据翟灏《通俗编》说,"姐"字与"卑贱低下"挂钩来源于"媎"字,他说:"尝考《说文解字》正本,乃知选注所引,少欠分晰,盖其训娇者,乃属媎字。"又说"其以为贱名者,乃媎字之省也。"段玉裁《说文解字注》:"(媎)骄也。骄俗本作娇……姐亦媎字。"可见,"姐"字具有卑贱低下之义,是"媎"字的原因。

而"小姐"一词,从开始出现一直到整个宋代都没有什么好名声。清代赵翼在《陔余丛考》中认为:"今(清代)南方搢绅家女多称小姐。在宋时则闺阁女称小娘子,而小姐乃贱者之称耳。"翟灏也在《通俗编》里说:"小姐"一词,起源于宫婢姬妾之名,指宋代钱惟演《玉堂逢辰录》里记录的茶酒宫人韩小姐与人偷情后,密谋放火私奔。说"小姐"是宫婢韩小姐的名字。不管是称呼还是人名,两位学者都引用了大量的语料来证实,"小姐"一词是指身份低微的奴婢或者妓女。这样的例子还有很多,如苏东坡《成伯席上赠妓人杨姐》里的妓女杨姐,《陶朱新

录》"陈彦修有侍姬曰小姐。"以及《夷坚志》里记录的"建康娼女杨小姐"等等,可见那个时代,"小姐"就不是什么好称呼,多来自青楼瓦肆,包含着人们对于其身份的蔑视和贬低。从语料上看,"小姐"这个称呼应该来自南方吴语地区,据《履园丛话》记载:"吴门称妓女曰小姐。"

至于"小姐"一词怎么开始尊称富绅贵胄之女的说法。应源自元明时代的曲剧白话小说。《初刻拍案惊奇》:"那小姐年方十六,生得肌如白雪,脸似樱桃,鬓若堆鸦,眉横丹凤。"《西厢记》里:"只生得个小姐,小字莺莺。"《红楼梦》:"二小姐乃是赦老爷姨娘所出,名迎春。三小姐政老爷庶出,名探春。四小姐乃宁府珍爷的胞妹,名惜春。"这样的例子多如牛毛,可见在这个时期,"小姐"一词已经摆脱了明显的贬义色彩。据从曲剧白话小说中所搜得的三千余条语料中,近八成所言指的都是富绅贵胄之女。

晚清民国时期,社会上称未婚的年轻女子为"小姐"(也有称已婚的名媛浪女的),这似乎与西风东渐的洋化风尚有关。时至今日,小姐一词又由那时候的尊称演变为从事特殊服务行业女子的称谓词,既说明时代变化推动语言发展变化的状况,也算是回归了"小姐"这个称谓的本源所在。

各说各话说"涂鸦"

在我国,"涂鸦"的含义不是画乌鸦,而是用墨汁来涂涂画画,因其颜色乌黑,恰似老乌鸦的体色羽毛而得名。该词源自唐代卢仝《示添丁》诗:"忽来案上翻墨汁,涂抹诗书如老鸦。父怜母惜掴不得,却生痴笑令人嗟。"是说自己过于溺爱、名叫添丁的儿子不懂事,在父亲的案头调皮玩耍,打翻了墨砚,搞得到处都是墨汁,像乌鸦羽毛的黑色一样。

"涂鸦"作为一个古文中较为偏僻的词语,被卢仝使用之后,就被束之高阁,鲜见用例。后来在明清小说中偶有使用,多用作比喻写字或者画画。例如明代管时敏为了向名画家求教而说的"我嗟涂鸦手如棘,屡欲从君问奇画。"以及清代蒲松龄《聊斋志异》里:"小子初学涂鸦,勿以友故,行辈视之也。"都是说画画的事情。

而在西方,人们最早用"graffiti"来表示"涂鸦"这样的行为艺术,它不是名叫"添丁"的那个调皮小儿的胡翻乱画,而是最早涂抹在墙体上的标志性图案,包括自己家的门牌或号码,自己喜欢的各种绰号等等。这种行为艺术起源于一百多年前的美国费城和宾夕法尼亚,后来被美国黑人当作一种艺术形式发扬光大。到了现代,西方的"涂鸦"已经是一个非常专业的艺术名词,是指一种视觉设计艺术,所有的介质也不仅仅局限于墙体,尤其是互联网技术的发展,为其增添了更加广阔的表现背景和空间。

现代汉语语境中,"涂鸦"一词表达了两种截然不同的含义,从中国古代传统的"涂鸦"引申而来的,显示出自我谦虚的书画或者文字作品含义,既模糊又有温度,可以让人感到舒服和易于接受;来自西方的专业术语"涂鸦",则是张扬夸张到了

说词解字

极致之后的感染力和影响力,惊天动地,振聋发聩。两种含义各说各话却又相互融合,需要注意的是现代汉语的"涂鸦"一词使用中,谦称的意思越来越淡,在大多社会生活场景中是指专业行为艺术的内容,所以在理解和使用过程中,要仔细分清楚才好。

古今"罢休"义不同

"罢休"一词可以扩展成"善罢甘休"之义,但是原义是"休息",用如今的网络语解释就是"洗洗睡了"。

二千年前,司马迁在《史记·孙子吴起列传》说:著名的军事学家孙武被吴王阖闾招致幕下,让他训练军队。为了测试孙武是否有带兵打仗的真本事,阖闾竟然让孙武先来训练训练自己后宫里的嫔妃们。

这下热闹了,那些花枝招展、卖弄风姿的小姐姐们,怎么会听一介武夫的指挥呢!

孙武把180名宫女分成两队,由吴王特别宠爱的两个妃子担任队长,并命令所有人都拿着戟。孙武宣布:"向前,就是看前心所对的方向;向左,看左手方向;向右,看右手方向;向后,转朝背后的方向。"宫女们回答:"是。"孙武命人击鼓发令向左,然而宫女们听见鼓声,觉得好玩极了,个个笑得前仰后合,乱成一团。孙武再次宣布说:"是我规定不明确,你们军令军法不熟悉,错在将帅。"再次击鼓发令,宫女们仍嬉闹玩笑不止。

这一次,孙武严肃地训诫说:"规定不明确,军令军法不熟悉,是将帅之错;既然已反复地说明了,三令五申仍不执行命令,那就是士官的错了。"接着下令将两位队长斩首。吴王见孙武要杀掉自己的爱妃,慌忙派人来传命说:"我已经知道将军善于用兵了。我没有这两个爱妃,连饭也吃不下,请将军不要杀她们。"孙武断然回绝道"臣既然已受命为将,将在军中,君命有所不受。"下令开刀问斩。转眼间香消玉殒,花残月落。接着孙武重新击鼓发令,这下宫女们乖乖听令,动作很整齐,全都合乎规定和要求。

可是,当孙武很快把兵练好,请吴王下来验看时。你猜伤心欲绝的吴王怎么说。对了,他说的就是那句"将军罢休就舍,

寡人不愿下观",翻译过来就是将军您"洗洗睡了",言下之意是:我最宠爱的妃子都被你杀了,我还看什么劲哪!

后来"罢休"的含义有所扩展和转变。苏东坡"我醉欲眠君罢休,已教从事到青州。"以及《水浒传》里那句:"我猜着你两口多时不见,一定要早睡,收拾了罢休。"还是休息的意思。但苏东坡的《和蔡准郎中见邀游西湖》:"君不见壮士憔悴时,饥谋食,渴谋饮,功名有时无罢休。"《封神演义》:"世间又有此异人,明日定要与他定个雌雄,方肯罢休。"已然有一些"善罢甘休"的意思了。到了《金瓶梅》里"早叫你早来,晚叫你晚来,我便罢休。""说出来,我便罢休。"则完全成为这个含义。因此,词义的转变在社会发展中得到了验证。

至于"罢休"的"休"字,最初是指人依傍在大树下休息,"休,息止也。(《说文解字》)"而"罢"的本义是;免去;解除的意思。但和"休"结合时,即引申为停止、放弃之义。因此,后世就把"罢休"一词理解为:"停止,不再进行;不再计较、争执"的意思。所以,我们使用的"善罢罢休"可能就是"罢休"最好的注解了。

(原载于《语言文字报》2022.5.11)

古今"保母（姆）"差异大

"保姆"一词古代称为"保母"，和今天的"保姆"大不一样。

"保母"一词中，"保"字古今同义，表示"养育、抚养；呵护"之义，韦昭注《国语》时说："保，养也"。关键是"母"和"姆"的区别。"母"字是象形字，甲骨文象形"一个女人袒露着丰腴的乳房"，表示"母"是与抚养者有血缘或者亲情关系的女人；"姆"是一个会意字，意思是教育未出嫁女子的少女，现代汉语的含义则是受雇为人照看儿童或从事家庭服务工作的女人。

首先，最早的"保母"是专指身份的名词。据《礼记·内则》记载："异为孺子室于宫中，择于诸母与可者，必求其宽裕、慈惠、温良、恭敬、慎而寡言者，使为子师，其次为慈母，其次为保母，皆居子室。"也就是说，这一时期的"保母"，首先是专指宫廷或贵族之家和子女共同居住并负责照顾其起居生活的女妾——也就是被皇帝或者贵族纳入后宫或者家族府院的内妾。"保母"不是外人，是自家人。因此，决定了"保母"一词的基本属性包括：

1、是终生侍奉皇帝或贵族的内妾，也是保育抚养孩子的母亲，是终身具有人身依附或法定亲缘关系的女人。《左传》里有即便是房间失火，"保母不在，宵不下堂。"的记录。可见主人对于"保母"的依赖。

2、是具有亲属关系的自家人，不是外人。《礼记》里说："其次为慈母，其次为保母，皆居子室，他人无事不往。"这种同吃同睡的家人关系十分明显。

3、没有契约关系，不发薪资。

其次，内廷或者内府抚养子嗣的分工十分精细专业，有子师、慈母，还有"保母"，各自负责孩子成长的不同需要。教子女以善行的称子师；熟悉子女习惯爱好的称慈母；照顾子女起居

的称保母……因此,"保母"不管孩子的兴趣爱好和习文修武,只是专门负责孩子的起居饮食等日常生活。

  关于"保母"所负责孩子成长过程中的具体内容,在汉代枚乘所写《七发》里有明确的记述:"饮食则温淳甘膬(cuì,古同"脆"),腥醲(nóng,古同"浓")肥厚;衣裳则杂遝曼暖,燂烁热暑。"都是"保母"的职责范围。宋代诗人姚勉《梦保母如儿时》也有描述:"忆昔儿时衣百花,阿母扶我上戏车。两岁读书未离乳,书罢寻乳犹归家。"则是说"保母"其实还有"奶妈"的工作内容。

  作为家人,"保母"跟主人往往具备人身依附关系,一般都会跟随皇帝或者贵族一生,这种情况一直到近代社会尚有影响遗存,不似今天商业化社会的契约雇佣关系。因此,"保母"和她所抚养的孩子关系极其亲密,有的甚至超出了与生身母亲之间的关系,之所以称为"保母",只是为了区别于亲生母亲而已。晋代王献之《保母传志》:"王献之保母,姓李,名如意,广汉人也。"一直在王家待到七十岁才"无疾而终",为了表达他对"李保母"的感恩,王献之专门书写了《保母帖》并刻碑缅怀纪念,以示与保母的亲密关系。

  而我们今天所称的"保姆"是商业社会中雇佣关系的一种,是雇主雇佣"保姆"协助进行家庭生活、负担养育孩子或其他人的家庭工作的一部分,并给予社会平均劳动报酬的契约合作关系。契约双方按照约定各自完成自己所需要完成的工作内容,这种关系既无人身依附关系,也没有建立必然的亲缘关系的需要。

  这就是古代"保母"和今天"保姆"的根本区别。

古来"鏖战"苦，"鏖""熬"各不同

大家知道，近现代战争从规模和形式上分很多种，比如攻坚战、遭遇战、闪击战、游击战等等。在古代战争中，有一种战争形式最为将军们所苦恼——那就是"鏖战"。

冷兵器时代，短兵相接的战斗是常态，这样的战争方式对于参战双方的勇气、胆量、体力等都是严格的考验，尤其是实力相当的两支部队开战，往往就会陷入鏖战之中。所谓鏖战，就是长时间作战的煎熬、空前惨烈的战况、随时激烈的争斗集于一身的苦战。

宋代以前，"鏖战"一词尚未出现，都是以"鏖"字来表示"鏖战"的含义。很多古汉语字典这样解释"鏖"字，原指温器；假借为熬。指苦战，激烈战斗。

"鏖"字基础含义是温器。那么什么是温器？"鏖"字的温器基础义又怎么引申出"激战；苦战"含义来的呢？

我们在王力先生的《王力古汉语字典》中找到了答案。王力先生说：段玉裁在注释"温器"时说：其是"以微火温肉"所用的铜制炊器。"微火"意为长时间焖煮，温肉即为杀戮。王力先生认为，"鏖"字用作动词时，就是激烈战斗的意思，因此，时间长、经历苦而数量多的杀戮，即为"鏖"。《康熙字典》《集韵》都解释为：尽死杀人曰鏖。《汉书·霍去病传》注里说："谓苦击而多杀也。"这就为该词词义的延展并产生新的词义提供了基础来源。

"鏖"战最初的战例来自《汉书》里记载的卫青、霍去病抗击匈奴的故事。元狩二年（公元前121年）霍去病率领汉军出陇西，转战六天，越过焉支山（位于今河西走廊山丹县）向西北方向行进了一千多里，"合短兵，鏖皋兰下，杀折兰王，斩卢侯王，锐悍者诛，全甲获丑，执浑邪王子及相国、都尉，捷首虏八千九百六十级，收休屠祭天金人。"大意是说，霍去病率领汉军在皋兰山下与匈奴短兵相接，"鏖"战多日，消灭、俘获匈奴各部族首领以及匈

奴兵近万人,大获全胜,收复了河西四郡的土地以及象征匈奴民族的"祭天金人",开启了汉王朝反击匈奴的序幕。这里的"鏖"字,即表示当时面对势力强大、兵强马壮的匈奴,"和短兵"的战斗激烈状态,也表示反击匈奴作战的艰难程度。

也有古人将"鏖"假借为"熬",表示煎熬、艰苦、激烈等意思。查阅《王力古汉语字典》《汉语大词典》,认为"熬"字的"煎熬"义属于晚起义,其原义是"熬,干煎也。(《说文解字》)""熬,火干也。以火而干五谷之类。(《方言七》)"所以,假借一事无从谈起,其他相关资料也未见有此说。所谓假借,大概是因为"鏖""熬"两字读音相同,加之"鏖"原为炖煮肉食的器物,而"熬"为煮熟食物的方式,故以此为依据来断定二字可以假借,实为以讹传讹。除了吴承恩在《西游记》里描写猪八戒的好色神态时,使用了"熬战之法"一词,其他再无语例可以说明"鏖""熬"互借的情况。

"鏖"字在宋代附加了"战"字,组成"鏖战"一词,成为了复合词,专指对阵双方激烈、艰苦而长期的战斗场面。如《新唐书》(北宋时期宋祁、欧阳修、范镇、吕夏卿等合撰)里记载的"鏖战不利,死者五千人。""定方因其乱击之,鏖战三十里,斩首数万级,贼大奔。""日暮,军四合,鏖战龙尾坡,杀贼二万级,积尸数十里。"等等,都是说战斗的残酷激烈和困苦程度。在宋元诗文策论中,也偶尔可见"鏖战"的踪影,其含义已经使用到了练兵、文论以及其他领域,扩大了该词的词义。例如《朱子语类》里:"看文字,须是如猛将用兵,直是鏖战一阵。"词人葛郯《满庭霜》里:"功名小,从教群蚁,鏖战大槐宫。"等等,显示此时"鏖战"一词衍生出了新的语用场景。

明清白话小说流行期,"鏖战"一词的语用范围和含义都有了新的发展。该词除了主要表达战斗的残酷性内容,还囊括了许多对立双方之间的缠斗过程,如与山贼、妖精等的打斗甚至男女之间的房中秘戏,都成为该词使用的语境场景。《西游记》里"他两个斗在一处,胜败未分,早有佑圣真君又差将佐发文到雷府,调三十六员雷将齐来,把大圣围在垓心,各骋凶恶鏖战。"《金瓶梅》"几番鏖战贪淫妇,不是今番这一遭。"等等。

这样的语用对象的扩展,伴随着社会的发展,直到今天都没有停止过。老舍先生在《正红旗下》里"便与二哥等组织牌局,到她的屋中鏖战。"指的是打麻将的各方"鏖战""经过三局鏖战,甲队终于战胜了乙队"则说的是竞技运动的"鏖战",另外,诸如商场、市场、考场等等场合的激烈残酷对抗,也都成为该词使用的范围。

含糊其词说"含胡"

"含糊"最初是与"含胡"异形同义的一个词语,两个词都出现在中唐时期。那时,有喜欢用"含糊"的,例如《旧唐书·陆贽传》:"既相执证,理合辨明,朝廷每为含糊,未尝穷究曲直。"《新唐书》:"始洎至牙,虏欲会盟长武,洎含糊应之。"也有喜欢用"含胡"的,例如《新唐书·颜杲卿》:"贼钩断其舌,曰:'复能骂否?'杲卿含胡而绝。"如果说有细微的差别的话,那就是,表示直接说话口吃模糊、语言不清时,"含胡"用得较多;表示态度不明朗或决定不明确时,则使用"含糊"一词较多。这种情况在一个词语刚刚出现、尚未完全固定下来的时候,是一种普遍的现象。不过,在现代汉语中,国家颁布的《第一批异形词整理表》已经将这个词语规范固定下来,不再使用"含胡",一律规范使用"含糊"一词。

"含糊"一词最初的意思是形容说话的声音不清晰、言语表达意思不明白或态度不明确。例如"朝廷每为含糊"就是指态度不明确;"杲卿含胡而绝。"则是指颜杲卿忠贞为国,死守常山,被安禄山、史思明所俘后,痛骂贼人,即使被敌人割了舌头,依然大骂不止,只是因为发声器官被损害后,骂声不清晰的意思。

"含糊"从构词上说,就是嘴里含着黏糊之物,导致的结果就是说不清楚话,所以表达不清楚自己的本意,因此引申出当事人的意见、态度不明确。如果用于对事情来说,则可以引申为敷衍了事、马虎推诿的工作态度和行为方式。例如《醒世恒言》里刘大娘子在公堂上哭诉:"杀了我丈夫刘贵,问官不肯推详,含糊了事,却将二姐与那崔宁朦胧偿命。"

"含糊"一词在古代雅俗皆可、文白两用。为了加强语气,"含糊"往往与"其辞""其词"等连用,补充和强化了"含糊"的语

义。组成了"含糊其辞""含糊其词"。当时两个词语的使用有一定的区别,"含糊其辞"多用于正式文本或者场合,例如宋代袁燮《絜斋集》里:"是非予夺,多含糊其辞;公则不然,可则曰可,否则曰否。"而"含糊其词"则多用于民间俗语场景,例如明代冯梦龙《东周列国志》:"二人先受岸贾之瞩,含糊其词,不肯替赵氏分辨。"此外,两词在词义上也有细微的差别。"含糊其辞"多指因为顾忌或顾虑而不敢说清楚;而"含糊其词"则多表示主观故意或有意不说清楚。

古代汉语词语中没有"不含糊"的短语用例,只有语法结构为否定式的用法,例如"不可含糊""不得含糊""不要含糊"等。《朱子语类》:"然亦不可含糊,亦要理会得个名义著(着)落。"《五缘美》里:"我儿,你见知县须要诉出真情,不要含糊,丈夫的冤仇要在你口中伸。"《水浒传》里石秀道:"哥哥,含糊不得,须要问嫂嫂一个明白备细缘由。"等等。但是"含糊"一词的"怯懦、退却、示弱"的含义,在明清小说中已经开始出现。例如《西游记》:"不曾与他见个胜负,只这般含糊,我怎敢前进!"《醒世恒言》:"若一句含糊,打下你这下半截来!"等等。

只是在现代汉语中,"含糊"才与"不"相结合,形成"不含糊"的否定词组,其词义也发生了些许的变化,是形容人的态度或者行为极其明确清楚或者干脆强硬的强化性语气,往往用于较为对立的场合。就像老舍《茶馆》里常四爷说的那样:"我卖菜呢!自食其力,不含糊!"可见,自古词语的引申发展都是有据可查、有迹可循的。

汉唐婚嫁无"财（彩）礼"

我们今天娶媳妇说的"彩礼"一词是明清以后才出现的词语，它来源于宋明时代的"财礼"——专指娶媳妇的聘金财物。在唐代以前，并没有"财（彩）礼"之词，究其实，则是使用"纳征"一词，这种情况从西周一直延续到汉唐时期。

《礼记》上记载说结婚可以分为六个步骤，即："昏（婚）有六礼，纳采、问名、纳吉、纳征、请期、亲迎。"其中"纳征"就是今天说的"彩礼"。唐代大儒孔颖达解释说："纳征者，纳聘财也。征，成也。先纳聘财而后婚成。"就是商议婚事时，必须要用财物来议定和证明婚事。

起初"纳征"不用金银等货币，都是用贵重的物品来表示。如周朝聘礼"凡嫁女娶妻，入币（彩色的丝）纯帛，无过五两，士大夫以玄束帛，天子加以毂圭，诸侯加以大璋。"帛是古代的丝织品，圭、璋则是玉器。也就是说，那时候"纳征"都是送贵重礼物。到了汉代"纳征"才有了送货币的示例。除了这些，到了魏晋南北朝时期，还要给娘家送马和羊等牲畜以示隆重的情况。

孔子说："六礼备，谓之聘，六礼不备谓之奔，聘者为妻，奔者为妾。"唐代的"纳征"也要出聘礼，数量和价值的多少依官职、家世身份的不同而定。据《新唐书》记载，当时李世民为了消除西北少数民族威胁，还使用了"纳征"聘礼的阴谋来消灭了薛延陀国。事情是这样的，薛延陀国向唐太宗李世民请求"和亲"，在房玄龄的建议下，李世民同意"和亲"，并要求薛延陀国可汗将聘礼——十万头牛羊牲畜送到相距万里之外的灵州，薛延陀国可汗东拼西凑将聘礼送到灵州后，牲畜已然死伤大半。于是，李世民借口聘礼数量不够，解除了"和亲"婚约，并趁薛延陀国元气大伤之际，出兵消灭了薛延陀国。

到了宋代，为了避讳把"纳征"一词改为"纳财"，此时民间

说词解字

谈婚论嫁之时,把"纳财"统称为"下财礼"。《东京梦华录》的结婚程序中就有"次下财礼,次报成结日子,次过大礼。"的说法。在《梦粱录》中详细描述了"下财礼"的内容:"且论聘礼,富家当备三金送之,则金钏、金镯、金帔坠是也。更言士宦,亦送销金大袖黄罗,销金裙缎,红长裙缎,珠翠特髻,珠翠团冠,四时冠花,珠翠排环等首饰,及上细杂色彩缎匹帛,加以花茶果物团圆饼羊酒等物,又送官会银铤,谓之下财礼。"其中的"官会银铤"即是相当数量的银钱。因此,在宋以后各代,关于"财礼"的语料比比皆是,数不胜数。稍微搜索一下,即得百余条。

"许嫁右骁雄军健李玄度,未受财礼。"(宋·孙光宪《北梦琐言》)

"只要对头老实忠厚,一分财礼也不要。"(《喻世明言》)

"玉簪儿道:'你细细儿听奴分诉,当初你将八两银子财礼钱,娶我当家理纪,管着些油盐酱醋。'"(《金瓶梅》)

将"财礼"改成"彩礼"是明清以后的事儿了,大概是因为最早的"纳征"内容以丝帛为主,古代称丝帛为"彩",所以,后世将建立婚姻关系时,男方付给女方家的聘金财物称之为"彩礼"。不同的地区也有"财礼""聘礼""聘金""聘财"等称呼。

解说『烦恼』

古人常说:是非只为多开口,烦恼皆因强出头。"烦恼"这个词来自佛教经典,是梵语 Klesa 的意译,按照《大智度论》的说法,是"心"受到杂染所引起的影响身心的心理疾病。《大智度论》卷七说"烦恼者,能令心烦,能作恼故,名为烦恼。"唐代高僧窥基解释说:"烦是扰义,恼是乱义;扰乱有情(众生),故名烦恼。(《成唯识论述记》)"基本解释是"烦"是外因或者外部滋扰,"恼"是内心混乱,由"烦"所导致自己的内心混乱,因而产生情绪上的不愉快或者行为上的不正常,叫作"烦恼"。用老百姓的话说,就是人的贪欲、嗔怪以及痴心所造成的心理疾病。

"烦恼"一词最初源自五世纪翻译的佛教著作《百喻经》中的一个故事:大意是说五个人共同出钱买了一个婢女,约定好共同使用。一天,其中一人叫婢女给他洗衣服,另外一个人也叫她洗衣服,那婢女就按照先后顺序去洗衣服,后者就大怒道:"我和他一起买的你,为何你偏偏要先给他洗?"于是就抽了她十鞭子,其他四人见状,也都用鞭子抽打了婢女十鞭子,他们认为这样才对得起自己花同样的钱。佛祖最后总结说:"五阴亦尔,烦恼因缘合成此身。而此五阴,恒以生老病死无量苦恼搒笞众生。"大意是:色身、感受、思想、行为和意识这五蕴,由于种种因缘和合而形成了身体,而这五蕴会一直用生老病死忧悲苦恼所带来的种种痛苦,没完没了的折磨众生。所以,此处的"烦恼"表示的是:五蕴(色、受、想、行、识)给人带来的各种难于满足的欲望和索求。

据说,佛教所谓的"烦恼"分了许多种,有根源性的,也有伴生性的。数量也极多,世上烦恼千千万,如恒河沙一般,正如五代时期《敦煌变文》里讲:"一切烦恼,喻如尘埃。"所以要像《传心法》里说的那样:佛要用"八万四千法门,对八万四千烦恼。"

说词解字

人世间的"烦恼"到底是由何而产生的,唐代诗人们最有体会。孟郊认为是"天疾难自医,诗癖将何攻。"而导致的"自悲咄咄感,变作烦恼翁。"而王建却觉得是"一向风尘取烦恼,不知衰病日难除。"是体弱多病的原因;即便是得道高僧寒山,也在自己的诗里用了七处"烦恼"来表达自己对于人生的理解,他用"烦恼从何生,愁哉缘苦起。""总为求衣食,令心生烦恼。"来说明"烦恼"的由来,认为人世间"神仙不可得,烦恼计无穷。"希望能够"常持智慧剑,拟破烦恼贼。"所以,唐人在对"烦恼"人生的认识上极为丰富和深刻,正如诗人丰干所说:"世途岐路心,众生多烦恼"啊!

一切"烦恼"来自个人欲望的索求无度,"但无一切希求,烦恼自然消落。(《大乘赞》)"这里既有物欲的内容,也有心理的部分。索求无法满足,便产生忧愁苦闷,心烦意乱,继而出现扰乱身心,滋事生非的种种心理和行为状态,就像白乐天告诫大家的那样"世界多烦恼,形神久损伤。"

因此,古人用佛教教诲的方式来帮助人们戒除"烦恼",寻找安宁快乐——这就是戒除贪嗔痴心,生清净心,得平常心,方能够清除"烦恼"。佛教经典上说"心不波荡如大海水,于罪不罪,其心如地,除诸烦恼如清净水。"之后,则可以"笑指白莲心自得,世间烦恼是浮云。(唐代赵嘏诗)"《坛经》里讲:"邪来因烦恼,正来烦恼除。"就是这个道理。只要自己心中存正气,祛邪风,心境宽阔,情操高洁,淡泊宁静,就不会有歪风邪气侵扰,也就不会事事处处"烦恼"不已。

人在世上走,烦恼天天有。闻一多先生说:"昨日的烦恼去了,今日底还没来呢。(《红烛》)"解除烦恼,既不能像孟浩然那样"愿言解缨绂,从此去烦恼。"也不能像欧阳修那样"酒入横波,困不禁烦恼。"需要的是自己努力完成人生心理上的成熟和稳定,保持静笃淡泊、无欲无求的乐观人生态度。

明明白白说"糊涂"

毛泽东主席曾经给老战友叶剑英元帅口述过一句出自明代思想家李贽的自题对联相赠"诸葛一生唯谨慎,吕端大事不糊涂。"用来表达对其在长期革命生涯中,关键时刻所做出贡献的褒赞。民间有时候将这副对联讹传成"诸葛一生惟谨慎,每遇大事不糊涂。"是错误的。

"糊涂"一词,按照《王力古汉语字典》的解释,是叠韵联绵字,也就是说它是一个联绵词,用两个同韵汉字表达的是一个音节。与"糊涂"一词同样含义且同时使用的还有一个词,叫作"鹘突(鹘鸧)",清代翟灏在《通俗编》里说:"鹘突"是"糊涂"的音转,其实表达的是同一含义。台湾的《国语词典》里说,它除了作"糊涂"讲之外,还是我们今天经常食用的"馄饨"的前身。

从语源语料上看,这两个词几乎都产生于唐宋时期,也都大量使用在这个时期以后的诗文曲赋中,如果说区别,大概是"鹘突(鹘鸧)"多用于典章制度的官文行书或者文人墨客的吟诵唱谈之中,而"糊涂"则多出现在市井文化的范畴之内。

"糊涂"源自宋太宗任命吕端担任宰相时的一段故事。据《宋史·吕端传》记载,当宋太宗想任命吕端为宰相时,有大臣出来反对,说吕端这个人,为人做事太糊涂,怎么可以承担国家大事呢。宋太宗怼到:"端小事糊涂,大事不糊涂。"可见宋太宗还是了解吕端的。

那么,吕端究竟是那些"小事糊涂,大事不糊涂。"的呢?

我们看一看他在那些事情上"糊涂"。首先是吕端这个人做官一生,经历了北宋太祖、太宗、真宗三朝却不事产业,为官非常清廉,做官不贪,也算是"糊涂"到家了。据说,吕端死后,两个儿子因为贫穷而结不了婚,只好抵押了自己的房产。后来还是皇帝出面,国家出钱为其还清了旧账,赎回了家产。其次,

他的"糊涂"还在于不计较个人身份、颜面以及权利的得失，一心为国家发展。比如在宰相位置上，他就多次地放权、让位。他尽管比当时的参知政事寇准级别高、权力大，但是有什么国家大事，他总是与寇准商量，还专请皇帝下旨由他和寇准轮流掌印，领班奏事，并一同到政事堂中议事，性情火爆刚烈的寇准为此十分感激。后来，吕端又上奏皇帝，把相位让给了寇准，自己去担任参知政事，显示了他高风亮节的品质和德操。第三是宽宏大量，不计较个人得失。据说吕端在朝中处事，即便是有人误解或者故意诋毁他的名声，老先生也不会计较报复，还告诉自己身边的人，不要提那些诋毁他名声的人名，免得干扰他在执政过程中有所偏倚。由此可见，朝中重臣该有的傲慢威势、目中无人、贪赃枉法、睚眦必报等常见的官僚问题，在吕端身上一点也找不到。

但是，吕端也不是模棱两可、首鼠两端的庸官，每每遇到事关国家的大事，他总是表明态度、精确执政，为国家发展保驾护航。公元997年，在宋太宗病危的敏感时期，吕端每天都陪着太子（宋真宗）到太宗的床前探望。当时得宠的宦官王继恩串通皇后，企图制造一场宫廷变故，拥立楚王为新的皇帝。当宋太宗驾崩之后，宦官王继恩即刻奉皇后之命前去威逼利诱，试图说服吕端，但是，吕端不仅将其看押在自己的宅院内，还亲自面见皇后，据理力争说服皇后，按照宋太宗的遗旨，立了宋真宗为皇帝。在国家大事上，吕端从来就不"糊涂"，而且细致精确、事必躬亲。在宋真宗登基大典上，吕端还专门撩起遮蔽的帘子确认新君身份后，方才下跪磕头拜见，并协助新皇帝，将那些犯上作乱的人斩草除根，彻底平息了这场争端，确保了政权的稳固。

因此，"糊涂"一词，正如郑板桥所书"难得糊涂"一样，是指有区别、有侧重的双性词。《朱子语类》说："以愦愦不晓事曰鹘突。其说书曰，百姓昭明，乃三纲五常皆分晓，不鹘突也。"那些头脑不清，不明事理的；那些含糊其词，模棱两可的；那些没有原则、不讲道理的。我们通通可以称之为"糊涂"。而家长里短、生活琐事，还是"糊涂"一点的比较好。

模棱两可说『模棱』

　　模棱两可,指遇事不置可否,态度含糊。也就是今天人们常说的"遇事不拿主意。"说起来,这里还有一个有趣的故事。

　　据说"稻米流脂粟米白,公私仓廪俱丰实"的大唐盛世。朝中有一位宰相、也是著名诗人苏味道,据宋代的苏洵自己说,此人便是三苏的嫡系祖先。《旧唐书·苏味道传》记载说,他在武则天统治时期仕途顺利,官运亨通,仅做宰相前后长达数年之久。于是就有后学前去请教做官的秘诀,他得意洋洋地说:"处事不欲决断明白,若有错误,必贻咎谴,但摸稜(模棱)以持两端可矣。"大意是处理政务国事或者人情世故时,最好不要清楚明白的表达自己的意见和主张,万一出了错,才不会因为判断错误而受到责备,这就像摸着棱角的两端,不置可否才好。因此,处事圆滑的他居官多年,一直顺遂如意。于是,后人给他起了一个外号叫"苏摸棱",从而诞生了"摸棱(模棱)"和"摸棱两端"。

　　"稜"即"棱",俗作"秾"或"楞",指四方四角的木头。"摸棱"是一个动宾结构的词语,指摸着(物体)两面相交所形成的一个顶角。这样的好处是左右逢源,既可以摸向一面,也可以摸向另一面;坏处是立场不定,既不站定一面,也不站定另一面,苏味道因为遇事态度暧昧,立场摇摆而被当时人称为"摸棱手"。

　　"摸棱(模棱)"说的既是性格本分,也是为人处世的习惯方式,如《明史》里说"尚书杨巍素性模棱。"是说当时的吏部尚书杨巍就是"模棱"两可,遇事不断的性格;而"翟銮附势持禄,惟事模棱。"则是说内阁首辅翟銮趋炎附势,处事多"模棱"。《清史稿》中的"自朕亲政之初,遇事模棱,缄口不言。"表达的是咸丰皇帝继位之初,由于深受父亲道光皇帝时期诸多大臣,例如

说词解字

穆彰阿等人的挟持,遇见决策国事之时,多"模棱"而不发表自己的意见。可见,"模棱"一词处于不同的语境中,所表达的语义也多有区别。

另一方面,该词不仅多用于正式官文的书面语言中,民间俗语中也常有使用,如《水浒传》"不拘贵贱齐云社,一味模棱天下圆。"《聊斋志异》里"二人初闻甚骇,既以模棱语,置不为意。"是一个通用的中性词语。

苏味道创造出的"摸稜两端"被后人改造为"模棱两可",其源出于《明史·余珊传》:"坚白异同,模棱两可,是盖大奸似忠,大诈似信。"与"不置可否""首鼠两端"等成语等义使用,一直到今天。例如《明史》里"今言者不论是非,被言者不论邪正,模棱两可,曲事调停,而曰务存大体。"民初的《玉梨魂》里"承诺与否,主权在我,拒绝之可矣,何为而模棱两可,优柔寡断,既不能抛却梨娘,复不能放过筠倩。"等等,都充分说明这个成语的使用情况。

众说纷纭辨"东西"

记得有一副数字谐音对联说的是"东西"这个词,上联是二三四五,下联是六七八九,横批是南北。据说被郑板桥看到了,连忙拿着米面油前去慰问,不解其故的旁人问他为什么?他告诉说,这是读书人所写的对联,寓意"缺一(衣)少十(食)没东西"。

"东西"读 dōngxī 时,是表示方位的词,指东向或者西向的方位;当读 dōngxi 时,则可以指代世间万事万物,包括有形和无形的、好的和坏的等等。据记载,两汉时期即有"买东、买西"之说,《木兰诗》里:"东市买骏马,西市买鞍鞯,南市买辔头,北市买长鞭。"说得很清楚,但那些"东、西"依然指方位,所以,"东西"一词的由来演变和引申脉络,众说纷纭,莫衷一是。

其实,最能说明该词词义的有两条线索。一条是主要线索,从方位说(东、西)引申到五行说(金木水火土)再引申到市场说(东京西京和东西市、行、作)再引申到指货物产业(国内和国外)的说法;另外一条是由方位词引申到西座为宾客、东座为主人,泛指酒席四座的人,最后引申特指酒杯("玉东西"之称)。几乎所有的记载和研究都是在围绕着这两条线索展开的。

最主要、也是最流行的"东西"说,就是从宋代发端,元明清以来用"东西"指称天下万物的说法,连崇祯皇帝都曾查询过它的来历。当时的蒙学课本《兔园册》记载:"明思陵(崇祯皇帝)谓词臣曰:今市肆交易,止言买东西,而不及南北,何也?"当时一位大臣周延儒回答道:"南方火,北方水,昏暮叩人之门户求水火,无弗与者,此不待交易,故惟言东西。"大概意思是说,东西南北四个方向,南和北在五行中属于火和水位,不能买卖;只有东和西属于木金之位,才可以买卖,故称买东西。历史上从都城城市规划来看,成熟的市场买卖大多集中于东(东市)、西

（西市），可见，东和西是适于买卖货物的地方。

清代翟灏的《通俗编》里说，史纪春夏秋冬四时可以缩略为春秋，所以，物产于东南西北也可以缩略为东西。所以"东西"就是天下四方（东南西北）的物产。

作为俗语的"东西"一词，在宋元以后的白话小说里高频使用，据专家统计，著名的三言二拍里，每一部书里使用"东西"一词都达到上百处；而《红楼梦》里的使用量更高达五百多例，语义涵盖了许多内容。包括：

人："那知道司棋这东西糊涂，便一头撞在墙上，把脑袋撞破，鲜血流出，竟碰死了。""我把你这个混账东西！"

物品："贾政道：'那两件东西，你收拾好了么？'""你来搜检东西我不恼，你不该拿我取笑儿！"

食品："你们不用白忙，我自然知道，不敢乱给他东西吃的。"

玉："袭人说道：'进来的，谁不知道这玉是性命似的东西呢？'"

钱财："傻大舅叹道：'就为钱这件东西！'"

泛指万物："不但草木，凡天下有情有理的东西，也和人一样，得了知己，便极有灵验的。"

典当物："若说没钱使唤，我还有些东西，旧年幸亏没有抄在里头去，二爷要，就拿去当着使唤罢。"

赏赐物："上头元妃赐的东西，已经注明。"

神丹妙药："神仙采药烧药，再者高人逸士采药治药，最妙的一件东西。"

……

可见，明清以后，"东西"这种指称代词，可以替代万事万物。在网络日新月异发展的今天，也有一些人矫情地称之为"东东"，不知道以后的词典里，会怎么解释这个词儿。

探究"黄泉"

"黄泉"是一个人人都特别忌讳,也是每一个人都无法回避的词语。俗语中常说的"黄泉路上无老少",其真正含义是佛教禅宗的一句偈语,表示无差别心的般若境界,出自《五灯会元》里范仲淹邀请禅师大德与名僧之间的谈话机锋间,原话是:(僧)问:"青青翠竹,尽是真如,郁郁黄花,无非般若。如何是般若?"师曰:"黄泉无老少。"可是到了我们俗人的眼里,这句充满哲理的教义微言便成了"先死后死都是死"的怨言了。

"黄泉"一词用在谁身上都不好,那么这个词是怎么出现在汉语中的,又是经历了什么样的使用过程才有了今天的含义呢?

"黄泉"是一个偏正复合词,"黄"修饰"泉",说明"泉"的颜色和文化含义。《说文解字》说:"(黄),地之色也。"《玉篇》讲:"中央色也。"一个说的是本色;一个说的是在五行中的地位。由天玄地黄的"黄色"逐步深入到"土黄(厚土)"再到"深厚的;(地下)深不可测的",最后到了埋葬死人的阴曹地府,这个黄的"泉"逐渐就有了生死的文化含义了。

最初实现这个词义转变的是春秋时期的郑庄公,他因母亲姜氏支持弟弟共叔段谋反篡权,一怒之下将其母亲安置到颖城,发了毒誓说:"不及黄泉,无相见也!"这个含义与三、四百年后的《列子》《孟子》《庄子》所说的:"夫至人者,上窥青天,下潜黄泉,挥斥八极。""夫蚓,上食槁壤,下饮黄泉。""下潜黄泉,挥斥八极,神气不变。"中的"黄泉"义之间距离相当的远。但是,这种具有生死含义的词语内容并没有稳定成为这个词语固定的意义,只是临时的借指含义。所以,就在郑庄公事后念及亲情而非常后悔、百般无奈的情况下,他的大臣颖考叔机智地提出"掘地及泉,遂(隧)而相见"的解决办法。在掘地三尺的地道里,庄公与母亲姜氏母子相见、抱头痛哭之后的"其乐融融"感人场面,几乎可以忽略了"黄泉"刚刚产生的借指含义。东汉人服虔在注《左传》中关于郑庄公"掘地见母"时特别说:"天玄地黄,泉在地中,故言黄泉。"以此来为这个感人的故事添加注脚。但不管怎么说,"掘地见母"的亲缘故事为这个词语演绎后世的人文内容奠定了基础。

公元前后的王充是一个坚定的无神论者,他在自己的著作《论衡·薄葬》中说:"亲之生也,坐之高堂之上;其死也,葬之黄泉之下。黄泉之下,非人所居,然而葬之不疑者,以死绝异处,不可同也。"就是说,因为人死之后,与活着的亲人"死绝异处,不可同也",所以要"葬之黄泉之下",这个时候的"黄泉"已经不单纯指"地下"的意思,还包含有死亡之后的阴宅居所的含义。

"黄泉"之所以出现我们今天说的人文含义,其实有道教的功劳。相传黄帝为道教之祖,故"黄"亦借指道教。成书于东汉中晚期的《太平经》以阴阳五行学说为基础,重新构筑了早期道教的"天人合一"思想,说出了"延命之期,上及为善,竟其天年;恶下入黄泉,思之思之勿妄传。"的语句,带给当时的影响就是汉乐府里《焦仲卿妻》:"结发同枕席,黄泉共为友。"《驱车上东门》里:"下有陈死人,杳杳即长暮。潜寐黄泉下,千载永不寤。"等语言文字的铺陈,这时的"黄泉"已经具备了人文含义中的死亡之所的意思了。直到唐代,《太平经》的这句谶语都被视作道教经典中的警句良言,带给世上百姓至关重要的人生启迪。所以,白居易在著名的《长恨歌》里才会有:"排空驭气奔如电,升天入地求之遍。上穷碧落下黄泉,两处茫茫皆不见。"而"此恨绵绵无绝期"的感慨和遗悔,而同时代的王建说得更为清楚,"远人无坟水头祭,还引妇姑望乡拜。三日无火烧纸钱,纸钱那得到黄泉。(《寒食行》)"

那么为什么"黄泉"产生于道教呢？在道教和社会语言体系下,其词义的流转又是什么样的呢？

唐宋是道教昌盛的时代,在道教教义里的人文体系出现了天上、人间、地狱的三体架构,所以,人的死魂灵必须得到安息,而在人往生之后的地狱中,道教经典划分为九泉十八层,"九泉"——九种位于地狱中的牢狱,就起始于魏晋、风靡于唐宋的道教文化。

"九泉者,北都罗酆幽泉,恶狱也。"凡狱有九,一曰酆泉,号令之狱;二曰重泉,斩馘之狱;三曰黄泉,追鬼之狱;四曰寒泉,毒害之狱;五曰阴泉,寒夜之狱;六曰幽泉,煞伐之狱;七曰下泉,长夜之狱;八曰苦泉,屠戮之狱;九曰溟泉,考焚之狱(《无上玄元三天玉堂大法》)。

"黄泉"处于"九泉"之中的第三层,是追鬼之狱,日本人在《古事记》称之为"主摄山魁精魅。"也就是草木、野兽会成为精怪,黄泉则是这类鬼怪的牢狱,后来,也成为了民间所称普通人死后的归宿。《古事记》这本书是八世纪时日本天皇审定的著作,可见道教语言的渗透不仅仅浸染了国内的社会生活,即便是邻邦日本也受到了相当大的影响。

"黄泉"一词被专指死人魂灵所居以及表述为与之有关的物品、事项等含义,是在元明以后俗话小说中得到了发扬光大,达到了使用频次和范围的登峰造极,并且之后完全覆盖了之前的诸多含义,成为专用的名词。例如《牡丹亭》:"〔净〕小姐,比你黄泉之下,景致争多。"《二刻拍案惊奇》:"切记我言,可将我尸骨埋在哥哥旁边,庶几黄泉之下,兄妹也得相依,免做了他乡孤鬼。"《大唐狄公案•铁钉案》:"她要跪在她丈夫的面前请求宽恕,这样她在黄泉之下乃可瞑目。""不然,我更死无葬身之地了,他日黄泉之下我有何面目再见夫君。"《金台全传》:"刘小妹在黄泉之下也得瞑目了。"《琵琶记》:"公公,婆婆,我生前不能够相奉侍,何如事你向黄泉路?"《牡丹亭》:"〔泣介〕竹影寺风声怎的遮,黄泉路夫妻怎当赊?"《红楼梦》:"贾元春才选凤藻宫,秦鲸卿夭逝黄泉路。"等等,可见,我们今天所使用的"黄泉"一词的基本含义既无黄色的地下泉水之义,也没有了五行中的土色为黄,"中央色也"的含义,就是专指死人魂灵所居之地。

也说"傀儡"

按照王力先生的说法,"傀儡"一词是叠韵联绵字,是指古代丧礼上用来表达哀思情绪的戏剧的一种,也叫"傀儡戏"。

"傀儡"这个物件据说是古代能工巧匠的杰作,传说在穆天子(周穆王)时代已经有了。《列子·汤问》里记载了大国工匠偃师向周穆王奉献"能倡者"的故事,大概意思是这个被偃师制造的假人能歌善舞,"领其颅,则歌合律;捧其手,则舞应节。千变万化,惟意所适。"而且会展现自己的各种情绪和表情,以至于周穆王身边的宠姬侍妾都被迷惑得五迷三道的。此举惹得周穆王大怒,以为偃师搞了一个真人乔装打扮来戏弄他,准备杀了他。心惊胆战的偃师把假人拆开了让周穆王检查,才发现"内则肝胆、心肺、脾肾、肠胃,外则筋骨、支节、皮毛、齿发,皆假物也。"于是,周穆王赞叹说:人造的东西竟然和天地造化一样一样的精巧啊!

除了我们知道的公输班造云梯、墨翟造飞鸢,恐怕这个记载是古代历史上最接近于现代机器人的创造了。"傀儡"从一出现开始,就是为表演而服务的,所以偃师将其命名为"倡"。所谓的"倡"即是古代表演歌舞杂戏用以取悦权贵的艺人。后世有人注解《列子·汤问》时说"倡,俳优也。"而《说文解字》《声类》《字林》等古代字典也都解释为"倡:乐也,俳也,优乐也。"所以,有人推断说,"傀儡"就是在上古时期用于丧乐及嘉会的人造音乐歌舞者。正如被孔老夫子批判的用"俑"来替代人殉的情况一样,人们用"傀儡"来代替上古时代的"巫祝"来表达驱鬼降妖保平安以及引发社团狂欢的情绪。

"傀儡"这个词最先出现在唐代的典籍中,《贞观政要》记载:"贞观七年,工部尚书段纶奏进巧人杨思齐至。太宗令试,纶遣造傀儡戏具。"勤于政务的唐太宗观看以后,下诏禁止在朝廷中观看这种傀儡戏耍，为此还撤了督造大臣段纶的职，严厉告诫大家要将这种奇工机巧用在国家建设上，别整天琢磨着享受娱乐。

不过，这个时期傀儡表演还是随着社会发展进入峰巅的状态，出现了具有故事内容和情节的表演方式——傀儡戏。面对这样的情况，唐代的另一位皇帝唐玄宗与自己祖辈的态度大相径庭，他不但积极鼓励发展"傀儡戏"，而且还亲力亲为地为这种表演形式站台打气，亲自写下了著名的《傀儡吟》："刻木牵丝作老翁，鸡皮鹤发与真同。须臾弄罢寂无事，还似人生一梦中。"有了皇帝的鼓励和加持，"傀儡戏"发展迅猛。到了宋代，除宫中伎乐外，民间傀儡戏活动更为兴盛，发展出包括杖头傀儡、悬线傀儡、药发傀儡、水傀儡、肉傀儡等多种形式和内容的表演体系。《东京梦华录》《武林旧事》《梦粱录》等书，均多次记载了两宋时期国都汴京、杭州的各种傀儡戏活动。

其实，所谓"傀儡"，按照王力先生的判断，是一个叠韵联绵字，也就是说，他是一个字的同韵双读，这个字应该就是"鬼"。"鬼"字缓读即是"傀儡"，"傀儡"读得迅急就是"鬼"。所以，"傀儡"和"鬼"有着极为密切的关联，脱不开干系。

考察"傀儡"字源，二字与驱邪除煞密切相关。傀儡古代又名"郭郎（郭秃、鬼公、鬼头等）"，是傀儡戏中奇丑无比、貌似鬼形的引场者，北齐颜之推《颜氏家训》记载说："前代人有姓郭而病秃者，滑稽戏调，故后人为其像，呼为'郭秃'。"所以，"傀儡"往往是以最丑的形象来压制驱赶妖魔鬼怪，类似今天傩戏、藏戏中的某些驱魔护法或者闽南布袋傀儡戏中的铁头和尚一类的形象。

"鲍老当筵笑郭郎，笑他舞袖太郎当。若教鲍老当筵舞，转更郎当舞袖长。"隐藏在长袖善舞里的"傀儡"，在今天的许多地方还有遗存，依然发挥着其应有的生活作用。不过我们今天不再称之为"傀儡戏"而称为"木偶戏"。同时，把"傀儡"一词从原有的此义里引申开来，依据其形象，凝聚其实质，比喻形成了新的、更为准确的含义，那就是：比喻不能自立自主、受他人操纵的人或组织。

大家想一想那些被他人提线控制的木偶，是不是很形象呢。

"卑鄙"是"身份证"还是"品德操行评语"？

诸葛亮在《前出世表》这篇旷世奇文里说："（先）帝（刘备）不以臣卑鄙，猥自枉屈，三顾臣于草庐之中。"如果用今天的解释来说，诸葛亮既然是一个"卑鄙"小人，怎么可以让心怀光复汉室的先帝刘备三顾茅庐，青睐有加。所以，"卑鄙"一词最早一定有其他的意思，不是今天理解的"低下粗俗；也指（品质、言行）下流、恶劣"的意思。

"卑"字古代有两个意思，一个是低下的意思，主要指地势。《诗经·正月》里有"谓山盖卑，为冈为陵。"引申指地位或者身份的低微；另一个是从甲骨文和金文字形沿袭而来，指贵族身边的手持扇子的侍者。《说文解字》："卑，贱也。执事也。"因为是伺候主人的下人，所以也喻指身份低微。古代有许多这样的词语，如卑弁（下级武职对上级的自称）、卑寒（谓位卑家贫）、卑人（地位低下的人）等，现代汉语中也有"卑职""卑下"等词。

而"鄙"字最原始的意思是"边邑（村落和收藏粮食的仓廪）"，周王朝地方组织单位——五百家为一鄙。《周礼·遂人》："五家为邻，五邻为里，四里为酂，五酂为鄙，五鄙为县，五县为遂。"类似今天的乡镇。《周礼·太宰》的注解说："都之所居曰鄙。都鄙距国五百里，为王子弟公卿大夫采地。"周时，各国把国都叫"国"，把有宗庙或先君神主的都城叫"鄙"，没有的叫"邑"。也就是说，"鄙"是"都"的中心地带，是有宗庙或先君神主的城镇中心。

最早"卑""鄙"都带有浓郁的身份或者地域特点，"卑"指地位低下，"鄙"指山高水远。合成"卑鄙"一词后，就是指出身低微、身份地位低下、见识浅薄的意思。最早出现在汉代《杂事密辛》："臣陋族卑鄙，忧惧不胜！"与"陋族"合用，可见是指

"卑鄙"是"身份证"还是"品德操行评语"？

身份和地位的意思。《北史·于翼传》记载："乃至萧㧑、王褒等与卑鄙之徒同为学士。"萧㧑、王褒都是当时名倾一时的名士，且萧㧑是皇族出身，所以与他们"同为学士"的所谓"卑鄙之徒"，是指那些人的出身地位不高贵，而不是学识品行低下恶劣。晋代葛洪《抱朴子·博喻》："是以六艺备则卑鄙化为君子，众誉集则孤陋邈乎贵游。"以及唐代韩愈《送许郢州序》："于公身居方伯之尊，蓄不世之材，而能与卑鄙庸陋相应答如影响。"句子里的"卑鄙"一词也都是指身份和地位而言的。

"卑鄙"一词演化成为指人的品质、言行低级、恶劣；行为粗俗不堪，则是到了明清时期。《清史稿》里有一个故事，是说湖南华容知县徐台英审理案子，发现讼状呈词文辞美妙，像是文人写的，一查才知道，原来当地有一个品行德操低下的文人专揽诉讼，于是，便将他拘捕过堂，告诫他"诗本性情，汝性情卑鄙，宜其劣。念初犯，姑宥，其改行！"从"性情卑鄙"的描述可见是指品行节操不好的意思。此义以后便使用颇多，从可以查询的语料上看，绝大多数是笔记、白话或者野史小说里的用词——也就是民间使用的频率较高。例如：

> 是后开鸾必至，所言皆卑鄙琐陋，呶呶不休，皆厌恶之。——清·吴炽昌《客窗闲话·鸾仙》

> 余自绩溪之游，见热闹场中卑鄙之状不堪入目，因易儒为贾。——清·沈复《浮生六记》

> 父亲私吞11岁早衰症女儿捐款被指冷血且卑鄙无耻。——香港《文汇报》2014年07月03日。

所以，"卑鄙"一词，从无法选择的先天出身低下引申演化为今天指语言粗俗、品行阴险、操守低下恶劣，经历了时代的变迁。

"扯淡"不是"扯蛋"

鲁迅先生在给自己学生、日本学者增田涉的书信中说："所谓'扯淡'一词，实较难译。也就是没有可说而又强要说，既无帮闲的才能，又要做帮闲的事之类。"简而言之，就是扯闲篇，说些淡而无味、无关紧要的话。

许多人以为"扯淡"一词出自"扯蛋"，原本是市井民间俚语，后被文人借用，却又嫌"蛋"字不雅，便把"蛋"字改成了"淡"字，流传至今。

那么是不是这样呢？"扯淡"就是"扯蛋"吗？回答很确定，不是的。

"扯淡"一词出自明代，明代沈德符《万历野获编》记载："今上初年，高新郑被逐家居，患家末疾，忿郁无聊，每书壁及几牌云'精扯淡'三字，日以百数，则华亭、内江、江陵诸郤在胸中，已渐消化矣。"其文中的"精扯淡"就是"净扯淡"的意思，即用"扯淡"一词表达无聊至极而产生的百无聊赖的情绪。同时代的田汝成说得更清楚，他在《西湖游览志馀》解释道："（杭人）又有讳本语而巧为俏语者，如诉人嘲我曰淄牙，胡说曰扯淡……按淄牙当作缁牙，扯淡当作哆诞。"即是说"扯淡"为民间方言，也可说成"哆诞"。

"哆（duō）"这里指絮絮叨叨、喋喋不休，说话没完没了的状态；"诞"者，"词诞也。（《说文解字》）"也就是说话荒诞无稽的意思。因此引申出"胡说；闲扯；没意思，不相干"等含义。后来，固定为"扯淡"一词以后，《醒世恒言》《金瓶梅》等白话小说里使用的更多。例如"柳氏道：'既然女婿不要媳妇时，女孩儿守他也是扯淡。'（《醒世恒言》）""平白扯淡，摇铃打鼓的，看守甚么？《金瓶梅》""无事消闲扯淡，就中滋味酸甜。（清·孔尚任《桃花扇》）"等等。而"扯蛋"一词，则自古就没有语用

"扯淡"不是"扯蛋"

的案例,不知互联网上的那些说法是怎样臆测而得出上述结论的。

"扯淡"之"扯",由"牵引,牵拉"引申出"闲谈,闲聊"与"胡说,瞎说"的两层意思;"淡,薄味也。(《说文解字》)"由味道的淡薄引申出"无聊;没意思。"的含义,在张相的《诗词曲语辞汇释》里说得极为清楚,"淡,无聊之义;没意思之义。"也有人认为,"淡"应为"诞",比如清代的翟灏,他觉得"诞"字直出了"荒诞,无聊"之义,不用拐弯抹角,模棱两可。

不管怎么说,"扯淡"都不能说成"扯蛋",字不同,含义更是风马牛不相及。民间文学作品中的"扯蛋",只是借用了同音词,以附会和恶搞的方式创作出一种发人深思的场景来。

"后门"是方便之门吗?

关于走"后门"的语言故事,历史上说法颇多,有名的有三个:

1、官员家眷说。封建社会的官衙多数是前衙后宅的形式,后院通常都安置官员的妻儿老小,平素公务往来走得全是前门,只有私交甚好的朋友或者自家晚辈才走后门入内。因此,托关系办私事,送礼行贿走后门因此诞生。

2、元祐党人说。宋徽宗任命蔡京为相,开始严酷迫害以司马光为首,包括苏轼、苏辙、黄庭坚等人在内的元祐党人。凡是元祐党人的子孙,一律不许留在京师、参加科考、一律"永不录用"甚至不许出现和提到"元祐"字眼。宋人洪迈《夷坚志》记载了一则《优伶箴戏》的滑稽戏故事,内容是一个宰相看到"元祐"字眼的戒牒、度牒,一律销毁作废,和尚道士一律还俗,就连"元祐"年间荐举的士人,也不予录用。不过,当发放的俸禄是"元祐"年间所铸铜钱(元祐通宝:哲宗赵煦元祐年间铸行,篆书、行书对钱形制,司马光、苏轼手书)时,宰相却悄悄对下人说"从后门运回家去。"故事形象而辛辣地讽刺了以权谋私的"走后门"行径。

3、包拯方便百姓说。据说包公上任开封府尹后,很久没有百姓来告状,后来,他发现原因是官府前边的大门守卫森严,守门官吏还要索要贿赂才让人进门。后来,包公处罚了守门官吏,并决定打开后门,让百姓随意出入官衙告状。

至于宋代罗大经在《鹤林玉露》记载的当朝大臣赵鼎请求宋高宗御驾亲征而给自己留"后门"的事,虽然作为各个词典的书证,但是,此"后门"是指后路、退路,与我们所说的假公徇私的"后门"意思并不相同。

综上所述,不管是"走后门"还是"开后门",其中的"后门"

"后门"是方便之门吗?

一词,最初的具象都是指深宅大院的后门,这种从实指发展到虚指的词语引申过程是古代语词发展的规律之一。因此,从亲戚朋友真真切切地进出后门,到比喻通过托熟人亲戚、阿谀巴结拉关系、送礼行贿套交情等不正当手段,来达到某种功利目的,私下获取某种不正当利益,这就是"走后门"的真实意思。

不过,现代汉语中,很多人把"后门"和"方便之门"等义使用,需要注意的是"方便之门"最初是佛教用语,指引人便捷入教的门径或法门,后指给人方便的门路,是中性词;而"后门"一直以来就是含有贬义的词语。

"马虎"出人命，不是小事情

"马虎"一词是指办事粗心大意，草草了事，对工作漫不经心、不认真或者疏忽大意、轻率不在意的行为。关于这个词的来历，据说有一段血淋淋的悲惨故事。

传说宋朝有个画家，他画什么都是随心所欲不认真，经常把马画成老虎的样子。一次，他的两个儿子看了爸爸的画，大儿子说是老虎，小儿子说是马，结果，大儿子在野外将马认作老虎，一箭将人家的马射死了，人家找上门，老爸没有办法，只好给人家赔钱。回家训斥大儿子时，大儿子不服气地说："我是照着你的画上辨认的。"而小儿子上山去砍柴，看见一只斑斓猛虎，依照看爸爸画的经验，他觉得这个身形庞大的骏马好威风啊，于是想骑上老虎去向小伙伴炫酷，结果被老虎吃掉了。画家闻听信息后，悲痛欲绝，是自己敷衍了事不认真的态度害了自己和两个儿子，鲜血淋漓的教训换来了"马虎"这个词。

"马虎"一词传说出自宋代，却找不到宋代使用的语例，可见这个故事多少有一点儿穿凿附会，但是它所蕴含的道理，却被后人延续下来。清代吴敬梓在他写的《儒林外史》里说："我们乡绅人家，这些大礼，都是马虎不得的！"应该是较早使用"马虎"一词的语例。

依照《王力古汉语字典》的说法，"马虎"一词中的"马""胡"在古代汉语中都有"大"的意思，郭璞在注解《尔雅·释虫》时说："马蜩。（蜩中最大者为马蜩。）""一名马蝉，蝉中最大者也。""胡"字在《广雅》里说："胡，大也。"因此，"马虎"应该是一个同义联合结构的词，表示"大大咧咧；疏忽；漫不经心"的意思。

蒲松龄也讲过一个关于"马虎"的故事，《聊斋志异·牛犊》

"马虎"出人命，不是小事情

里说，一个农民被算卦的人说三日内必有灾祸，不是舍财，便是刑罚。他不信，觉得自己田税也交过了，就是放个牛而已，有什么灾祸呢！第二天，他去田野里放牛，刚好遇到驿站的马匹路过，牛以为那匹马是老虎，于是牛性大发，狂奔上去顶死了驿马。最后，驿站报告了官府，放牛的农民折了财，还受到了惩罚。

因此，有人开玩笑说，不管是人，还是牛马等牲畜，谁"马虎"，谁就会闯祸惹事，谁也就会倒霉遭殃。

现代汉语大量使用"马虎"一词，如叶圣陶《生在难中》："顾局长的脾气就是一点不肯马虎。"杨朔《青春》："没有联络员，耳目眼睛都没有了，你别马虎大意。"等等，都使用的是其"不小心，不认真"的意思。

后人将"马虎"结合满语音译拓展成为"马马虎虎"，就在原义上增加了"勉强可以"的新意思，所以使用起来要多加注意，与"马虎"一词有一定的区别。

"染指"一词勿乱用

"不能让烟草染指慈善"(《新民晚报》2015年11月09日)

"丁俊晖期望中国赛再度夺冠,05年后从未染指冠军"(《广州日报》2013年03月25日)

"染指"一词,原本是指把手指头放进煮肉的鼎里沾上汤汁再吸吮舔舐,后用来比喻参与或插手某些本来与己无关的事情以谋求利益。这是个贬义词,不能用在积极正面的语境中,上述两例用法就不恰当,"烟草染指慈善"是语法错误;"染指冠军"是语用错误。

据《左传》记载,有一次楚国国君给郑国国君送来一只大甲鱼,郑国国君郑灵公安排厨师做了一鼎甲鱼羹汤,邀请诸位大臣来品尝美味。公子宋和公子家受邀赴宴,路上公子宋对公子家说:"你看我的手指头在抖动,这是将有美味要享用的好兆头,屡试不爽。"待进到宫殿,果然香气扑鼻,两人相视一笑。郑灵公好奇地问他俩笑什么,公子家就把公子宋手指动好兆头的话说了。郑灵公想给公子宋一个难堪,让他的好兆头失灵,故意把甲鱼汤分赐给在场其他宾客,就是不给公子宋。公子宋很生气,自己走到汤鼎跟前,用手指在鼎里沾了一下,然后放进嘴里吮吸,没想到这个动作惹恼了郑灵公,不仅给自己招来杀身之祸,也使郑国陷入一场动乱。这个典故,后来变成成语"染指于鼎",流传至今。

"染"字的本义是"使布帛等物着色。"与"指"相合本来就别扭,其含义显然使用的是引申过的"沾着、沾染"义,其应该来自《唐韵》《集韵》《韵会》《正韵》等韵书的"污也,渍也。"

这个词出现以后就被大量使用在各种文献中,从汉代的《史记》一直到今天,其含义一直也没有发生变化,但"染指"的对象却从有形之物发展到意识形态的无形。如唐代刘禹锡的

"染指铅粉腻,满喉甘露香。"宋代苏东坡的"丹青偶为戏,染指初尝鼋。"说的是果蔬和鱼鳖,到了《五灯会元》中:"首依水南遂禅师,染指法味。"《人间词话》:"盖文体通行既久,染指遂多,自成习套。"已经不再局限于有形之物,而成为宗教法理和诗文赋体等内容,所以,清人《姜斋诗话》里说:"如郭景纯、阮嗣宗、谢客、陶公,乃至左太冲、张景阳,皆不屑染指建安之羹鼎,视子建蔑如矣。"可见从形象到抽象,是该词词义的扩大引申。

现在,人们用"染指"一词,一般都是称述人或者某些主体插手某些事物或者觊觎某种利益的行为。

暗算：谍中谍、计中计？

近日，一部热播电视剧叫《暗算》，说得是战争时期多方势力之间的间谍特务相互明争暗斗的故事。背地里使刀，桌子底下绊腿，山也多水也多，分不清东西，人也多嘴也多，说不清道理。不过，它至少告诉人们"暗算"一词的意思，就是暗地里算计、陷害和打击对手的含义。

对吗？对，也不全对。

说它不全对，是因为"暗算"一词最早的意思不是这样的，它其实是私下里默默地计算数目或者估计时间的意思，类似我们今天的"心算"。例如唐代陆畅《望毛女峰》："今朝暗算当时事，已是人间七万年。"杜荀鹤《旅寓》："暗算乡程隔数州，欲归无计泪空流。"都是这个意思，只是到了元明以后的白话小说里才出现"暗中图谋伤害或陷害"的含义。

从"暗自"到"暗地里"，从"计算"到"算计"，正是从"私下计数"到"暗中图谋伤害或陷害（他人）"的引申演化，表现出的就是汉语词语内在含义的不断扩展和转化的过程，忽略了这个演化历史，就难以理解汉语语言文字的博大精深和无穷妙趣。

"暗"，形声，从日，音声，本义为昏暗。"暗，日无光也。（《说文解字》）"当"暗"有"暗地里；隐秘"的含义。例如唐代白居易《琵琶行》："寻声暗问弹者谁，琵琶声停欲语迟。"当副词使用的时候，既为"默默地；暗自"，也为"秘密地；暗中"之义。例如《后汉书·宦者传》："曹节王甫，暗杀太后。"故而这个字既可以当"暗自"，也可以当"暗地里"解释。

"算"，会意，从竹，从具。"竹"跟算筹有关，本义为计算。"算，数也。（《说文解字》）""算"既有"计算；计数"的意思；例如南朝梁刘勰《文心雕龙》："承流而枝附者，不可胜算。"也有

"谋划;暗算,谋害"的意思。例如元代无名氏《朱砂担》:"我孩儿因做买卖去,利增百倍;有铁幡竿白正图了他财,又算他性命。"

一般来说,作为副词的"默默地;暗自"与作为动词的"计算;计数"结合时,表示主观性的计算含义,是中性词;而同样作为副词的"秘密地;暗中"结合动词"谋划;暗算,谋害"时,则表示贬义的意思。前者多用于汉唐时期的文献中,后者则多出现在元明以后的白话俗语语境之中。

"暗算"一词发展到今天,其"私下计算"之义已然淡化并逐渐消失;"暗中图谋伤害或陷害(他人)"之义更为常用。依据"人民网"语料统计,3660条语料中已无前者的踪迹。

最后,讲一个"宁肯我负天下人,绝不天下人负我"的曹操的"暗算"故事。

为防止别人暗算,曹操对照料、服侍自己饮食起居的侍从们说:"我有个毛病,或者说特异功能,当我在睡梦中时,只要人稍一接近我,我就会跟梦游症似的,马上跳起身来杀死这个人,所以今后当我睡着,尤其是熟睡之际,千万不要靠近我,以免误杀。"但他却故意在寒夜里踢开被褥,袒胸露怀地睡在榻上。这时,一个平日深受曹操喜爱、照料曹操也十分精细入微的贴心小男童,见主人在寒夜受冻,出于对曹操的爱戴,便小心翼翼、轻手轻脚地走到曹操卧床前,刚要伸手捡起地上的被子给主人盖好,曹操突然翻身跳起,抽出床头宝剑,狠命一挥,男童即刻身亡。曹操杀人之后,一言不发,重新躺倒,呼呼大睡起来。

所以,好心给别人盖被子时,一定要小心,防备遭到"暗算"。你明白了吗?

巴结：越黏糊越有效

"巴结"一词原来的含义和今天的"竭力攀附，奉承讨好"之义相距迥远。"巴"原指四川一种能够吞噬大象的大蛇，是一个象形字。汉简和小篆的字形均象蛇的形状。

巴，巴虫也，或曰食象蛇。——《说文解字》

巴蛇食象，三岁而出其骨。——《山海经·海内南经》。

朱卷之国，有黑蛇青象，食象。——《山海经·海内经》。注："即巴蛇也。"

因"巴蛇"属于爬虫类，其爬行的动作贴近地面，加之身上有厚厚的黏液，因此有了"黏结；紧贴"之义。"巴"与"结"联合作为动词使用时，解释为"紧紧贴在"或"黏结在……上"的意思。

"结"字可作动词、形容词或名词使用，其语素含义多达十几种。这里的"结"作为名词使用，是"结团或疤——即附着在大蛇身上的生理结节"的意思，这样的生理结节具备以下三个原生特征。一是必须紧紧依托主体；二是附着异常紧密，很难分开；三是并不是主体的原生组成部分。这就为"巴结"一词随着语言发展而引申衍生出新的词义变化奠定了基础。

"巴结"一词宋元以前基本无用例，我们今天看到的都是明清以后的语料，大致可以归纳出

1、盼望。

内中一个程生，叫作程法汤，从幼无了父母，入赘在一个寡妇丈母家内，巴结叫他读书。——《醒世姻缘》

2、应付。

韩七三个人，凭着这张弹弓，巴结了些些小事，不足挂齿。——《儿女英雄传》

俞禄笑回道:"若说一二百,奴才还可巴结,这五六百,奴才一时那里办得来?"——《红楼梦》

3、追求,进取。

却又把皇上家的有用钱粮,作了他致送当道的进身献纳,不上几年,就巴结到河工道员。——《儿女英雄传》

一个人知书达礼,就该往上巴结才是。——《红楼梦》

但愿他从此一心巴结正路,把从前那些邪魔永不沾染,就是好了。——《红楼梦》

4、结交,奉承,讨好。

讲得是走动声气,好弄银钱,巴结上司,好谋升转。——《儿女英雄传》

二婚头鼻子里嗤的一笑,道:"你们只晓得巴结上司非钱不行!"——《官场现形记》

又过了两天,戴升想巴结主人,便出主意要为太太做生日,由家人大众出份子,叫一本戏,备两抬酒,替老爷、太太热闹两天。——《官场现形记》

可以看出,语言的使用中,该词逐渐倾向于"结交,奉承,讨好"的演化过程。因此,在现代汉语中"巴结"一词的基本意思已经固定为"奉承;讨好"之义。《现代汉语规范词典》中,依照"巴结"原有的原始含义,将其现代词义归纳为:"竭力攀附奉承。"准确把握了该词原始含义引申走向现代含义的中心内核和基本要素。

把柄：从抓手到物证的演化

"把柄"一词，形式在"把"，实质在"柄"，共同组成了一个可供掌控的物件，从有形的手拿把攥物件到可以威胁他人或者证明事实的物证，也是走了很长的词语引申发展之路。

按照先来后到的原则，我们先来说说"把"和"柄"。"把"动词读 bǎ（有时也可作名词使用）；名词读 bà（有的地方方言带"儿"话）。一般使用的都是动词含义，表示握、持、执的意思。

"柄"字原义是指草木或器物尾端木质的把儿，其作用是用来手握用力的部位。《说文解字》"柄，柯（斧柄）也。"《汉书·梅福传》里，大臣梅福就给皇帝讲了一个关于"柄"的故事。他说秦王朝的灭亡就是一个"倒持泰阿，授楚其柄"的过程，泰阿是古代的名剑，据说是欧冶子所铸，锋利无比。想一想看，把锋利的宝剑倒持着交给仇敌，那不是找死呢嘛！

由于其使用广泛，早在秦汉时期，"柄"字就衍生出诸多的引申含义，名词性的有权力、根本等，例如"谦，德之柄也。（《易·系辞下》）"；动词性的有执掌、控制等，如"柄国""柄政"。章炳麟在《新方言·释器》里说："《诗·小雅》传：'秉，把也。'古以'秉'为'柄'，故今谓'柄'为'把柄'，或直言'把'。"说的就是"柄"字的"把持"含义来自假借"秉"字的意思。

由此我们知道，"把""柄"是两个同义动词，联合组成"把柄"这个复合词后，一是加重了原词的含义；二是扩展了原有二字的含义内容，引申产生了新的意思。

由"把柄"一词的"握持、手执"义分蘖出两个引申含义。一个是名词性的，指进行交涉或要挟对方的物件或凭证。如《初刻拍案惊奇》中"卫朝奉有时撞着，情知中计，却是房契已还，当日一时急促中事，又没个把柄，无可申辩处。"《二刻拍案惊奇》"我交了这一主大银子，难道不要讨一些把柄回去？"《红楼梦》"平儿手里拿着头发笑道：'这是一辈子的把柄。'"等等；另一个是动词性的，指把持、控制或霸占。例如《粉妆楼》"他平日在朝，专一卖官鬻爵，好利贪财，把柄专权，无恶不作。"《元典章》里"教人买出盐来把柄着行市，揩勒百姓。"等等。还有一层含义是如章太炎所说的"秉持，坚守（操守或品格）"，也是名词性的。如明代大儒高攀龙在《高子遗书》中所说："当得大忿懥、大恐惧、大忧患、大好乐而不动，乃真把柄也。"

由于名词性的"把柄"在明清俗语作品中被大量使用，使得这种证据式的证物内容被不断扩大。例如《红楼梦》里，平儿手里拿着贾琏的头发，是偷情的把柄；《二刻拍案惊奇》"石察院看罢状词，他一向原晓得新都杨金事的恶迹著闻，体访已久，要为地方除害，只因是个甲科，又无人敢来告他，没有把柄，未好动手。"是指恶人横行霸道的把柄；而交了银子索要凭证，则是交易证明的把柄……所有这些词义的扩展，都伴随着语言的发展而呈现不同的情况，但万变不离其宗，其核心词义依然保持着有形物和用于控制他人的基本要素。

在现代汉语中，"把柄"一词的动词含义已经消失殆尽，假借"秉"字的意思也基本不复存在，保留下来的是其名词性的物证含义。有鉴于之前的词语发展已经将该词定性了贬义色彩浓郁的情况，这些所谓的物证所体现的是"把柄"一词原有的"把持、威胁、控制"之义。因此，"把柄"如今解释为"威胁恐吓以及把持对方的物证。"

霸道：形而下治人

如今经常在影视剧里看到的"霸道总裁""霸道女友"等形象，基本上是指专横、厉害、蛮不讲理的性格或行为表现状态，而在古代，"霸道"一词，却与国家运命和社会治理这些宏大的话题相关联。

"霸道"的原始意义是上古的一种治国方略，与王道相对。指君主不推行仁德，只凭借武力、刑罚、权势等进行统治。语出《荀子·王制》："故明其不并之行，信其友敌之道，天下无王，霸主则常胜矣。是知霸道者也。"东汉道教经典《太平经》里说："治事暴用刑罚，多邪文，无真道可守者，即是其下霸道之效也。"显然，这是一种经世致用的哲学思想或者治国理政的统治方式。

王道与霸道，是中国古代政治治理学说中最为尖锐的争辩，也是国家治理学说中最核心的命题。

孟子解释说："以力假仁者霸；以德行仁者王。""仁"虽然是治国的核心，但是，通过什么样的路径、用什么样的方式去实现，是以力制人，还是以德服人，是两者的根本区别。以力制人确属霸道统治的特性，霸道的政治理念和治国方略，是以韩非子、商鞅为首的法家学派所创建、继承和发展的，核心就是崇尚权术和武力。以春秋五霸的霸业而论，无不以富国强兵、穷兵黩武称霸于一时。"六国毕，四海一"的秦始皇一统天下的过程，也是由连年的权谋刑罚以及血腥武力征服累积起来的。

春秋战国时期，王道与霸道之争，从来就没有硝烟散尽过。"春秋五霸"之首的齐桓公被孔子讥为"不知礼"，孔子还批评名相管仲"小器"；孟子见齐宣王，绝口不言"齐桓、晋文之事"，以示其"贵王贱霸"的立场，他还说"以力假人者霸。"而

"秦穆公霸世,更名滋水为霸水,以显霸功。(北魏·郦道元《水经注》)"则是凸显了"霸道"的威风。就其思想实质而言,王道与霸道之争就是儒法之争,就是治国还是治人的本质之争。

从字面意义上说,"道"是统一的,理解也没有什么差异。区别在"霸""王"二字。

"霸"字原义有两个,最原始的"霸"读"pò",指阴历每月之初始见的月光(同"魄")。《说文解字》:"霸,月始生霸然也。"第二个含义指古代诸侯之长。古代"霸""伯(白)"通用。"伯"字最早为"白"——是兄弟中最大的那一个,因此,"霸(伯、白)"指古代诸侯联盟的盟主。《白虎通》说:"霸者,伯也,行方伯之职。"而孟子在《离娄》篇中说得更为明确:"霸者,长也。言为诸侯之长。"所以,"霸(伯、白)道"就是古代诸侯联盟老大的统治之道。

甲骨文	金文	篆文	隶书	楷书

那么,既然原有"伯(白)"一词作为诸侯联盟盟主的表达,为什么又用"霸"字代替"伯(白)"呢?我们在《康熙字典》里看到这样的说法,按毛氏曰:五伯之伯读曰霸。伯者,取牧伯长诸侯之义,后人恐与侯伯字相溷,故借用霸字以别之。就是为了与五等爵位(公、侯、伯、子、男)中的"伯爵"相区别,而借用了"霸"字。据东汉郑玄说:"霸,把也,言把持王者之政教,故其字或作伯,或作霸也。"可见,"霸道"的"霸"是从"伯(白)"的含义借用过来的,为了区别,后来形容月亮的"霸"也就改换使用了"魄"字。

搞明白了"霸"字的来龙去脉,"霸道"一词也就容易理解了。该词一直到明清俗语小说时代以前,都是指统治权的"霸道",例如《旧唐书》里令狐德棻说的:"王道任德,霸道任刑。"宋代徐铉的:"日觉儒风薄,谁将霸道羞。"等等,之后该词词义开始分支散叶,形成不同的特指含义,如一些具体的行为,表示厉害、凶悍、蛮不讲理等意思。比如《儿女英雄传》:"你大概也不知道你小大师傅的少林拳有多么霸道!"《红楼梦》里:"我贾门数世以来,不敢行凶霸道。"因此,现代汉语的"霸道"一词,不再独有形而上学的治国思想的含义,而是在此基础上分化扩展出了其他诸多内容。

褒贬迥异说"禽兽"

我们在许多文艺作品中可以看到极少数人做出丧尽天良的行为,都会不自觉地骂一句"禽兽!畜生!"古代也有人这样骂,记得明代大文学家宋濂在他的《燕书》讲了一个故事,大意是一个叫西王须的齐国人来往于扶南、林邑、顿逊的海上做贸易,这天遭遇风暴船翻了,漂流到一个小岛上,没吃没喝的他被一只猩猩搭救才活下来。后来,有船经过时,猩猩送他上船见到他的朋友,他却起了坏心,对朋友说,猩猩的血很珍贵,据说用来染毛织品,多少年都不会褪色。不如我们杀了这个猩猩,可以得到很多血。他的朋友吃惊地说:"彼兽而人,汝则人而兽也!"大意是这个猩猩是野兽,却有善人的心肠,而你是人,却像禽兽一样。于是毅然决然地将他沉入泱泱大海,使其死无葬身之地。

"衣冠禽兽"这个成语我们今天都当作完全贬义的熟语使用,这种披着人皮、干着禽兽不如勾当的恶人、小人被大家嗤之以鼻,深恶痛绝。其实这个词最早出现时是个好词,满是令人羡慕嫉妒和崇拜的意思。

首先,我们来说说"衣冠"。在古代,"衣冠"是礼服,不是所有人都可以衣冠着身的,只有士大夫、缙绅以及朝官可以穿正式的礼服,戴正式的冠帽。《礼记》说:"儒有衣冠中"正是指那些君子们。

其次,关于"禽兽"一词用于"衣冠"之上的问题,是与明代以后大臣在朝堂之上的礼服有关。按照明代洪武官制规定,官员分为九品,服饰则按照官阶的品级有着严格的规定,文武官员一品至四品穿红袍,五品至七品穿青袍,八品和九品穿绿袍。同时,文官官服绣禽,武官官服绘兽。品级不同,所绣的禽和兽也不同,这些禽兽被绣绘在一块叫"补子"的织品上,缝

在官服的胸前。大概是皇帝自称天子,喜欢看见殿下一群花花绿绿的飞禽走兽忙碌奔走的样子,其实是希望"文死谏,武死战"的古风再现。

所以,文官一品绣仙鹤,二品绣锦鸡,三品绣孔雀,四品绣云雁,五品绣白鹇,六品绣鹭鸶,七品绣鸳鸯,八品绣黄鹂,九品绣鹌鹑。武官一品、二品绘狮子,三品绘虎,四品绘豹,五品绘熊,六品、七品绘彪,八品绘犀牛,九品绘海马。凡是能够穿戴这些绣满禽兽衣冠的官员一定会被世人羡慕褒赞,因此,"衣冠禽兽"一词也就成了当时高级干部的代名词。

可能是因为到了明朝中晚期,宦官专权,官场腐败,文官爱钱,武将怕死,这些"衣冠禽兽"的文官武将只知道欺压百姓无恶不作,于是,"衣冠禽兽"一语开始有了贬义。这种词义的转化首先是从民间开始的,老百姓将那些"衣冠禽兽"们"禽兽不如"的行径编排在这个成语中,使其产生了迥然相反的含义。"衣冠禽兽"最早出现贬义是明代陈汝元所写的民间传奇《金莲记》中,一个叫贾儒的书生将去拜望自己老师的道白:"人人骂我做衣冠禽兽,个个识我是文物穿窬(打洞穿墙行窃者)。"此后,"衣冠禽兽"一语用作贬义,泛指外表衣帽整齐,行为却如禽兽的人;比喻其道德败坏,坏事干尽。从此"衣冠禽兽"一词在特殊的社会背景和文化环境下,催生出了新的词义。所针对的对象也不仅仅只是官员士大夫,例如《镜花缘》:"既是不孝,所谓衣冠禽兽,要那才女又有何用?"

当然,所有的词语含义转变都不是一蹴而就的,在宋代本来就有一个指斥那些道德沦丧、行为卑劣的贬义词,称为"衣冠枭獍(jìng)"。据说,枭和獍是天生的恶兽,相传枭为食母恶鸟,獍为食父恶兽,因此比喻凶恶忘恩的人。宋代孙光宪在《北梦琐言》这本书里就记录了一个叫作苏楷的唐代朝臣,因科考被除名而怀恨朝廷,先后帮助朱温反叛,劝说晋王李存勖称帝等等,被"河朔士人目苏楷为衣冠枭獍。"

从"枭獍"到"禽兽"的转换,是从词语的狭义到泛义的引申发展,也是该成语使用更加宽泛的必然。

鸠占鹊巢说"洋"相

我们常说一个人耍怪、出丑,惹人发笑是"出洋相",一般人理解的"洋相"就是外国人金发碧眼、凹眼隆鼻以及前凸后撅的面相身材,因其与国人差异太大,故而被国人视为怪物,惹人发笑。

类似这样的汉语词很多,书面语言中的崇洋媚外、洋为中用、挟洋自重,日常用语中的洋白菜、洋葱以及俗语中的出洋相、磨洋工、拉洋车、洋鬼子、拉洋片等,可见,一个"洋"字覆盖了所有来自国外的所有人、物、事等等。

那么,"洋"字的地域含义是怎样转换成为借代含义的?它的覆盖力又为什么如此广大呢?

"洋"字最早指一条河的名字。有说出自昆仑,"昆仑之丘……洋水出焉,而西南流注于丑涂之水。(《山海经》)"有说出于秦岭,"汉水又东,右会洋水。(《水经注》)"还有一说是出自山东,"水出齐临朐高山,东北入巨定。(《说文解字》)"所以"洋"字的第一引申含义被用作显示水势苍茫浩大的样子。"洋,多也。(《尔雅》)""又广也。(《诗经》《中庸》)"直到宋代时,皇孙赵令畤在《侯鲭录》里说:"今谓海之中心为洋,亦水之众多处。"才与"海洋"挂上了钩,同时代的大臣徐兢奉旨出使高丽国,亲眼看到无涯无际的大洋,才用"洋"字描述了这片未曾见过的、比海更广阔盛大的水域。因此,王力先生认为:"洋"字表示"海洋"的意思是一个晚起义。

有人看到《晋书》中有"晋书约义之,即原振,赐洋米三十石。"以及《云笈七签》里"朗忿何道敬窃书泄意,乃洋铜灌厨愁,敕家人不得复开。"中的"洋米""洋铜"字样,便认为"洋"字表"外国"义早于王力先生的判断。其实是误解了,这里"洋米"之"洋"是人名,叫"戴洋";而"洋铜"之"洋"则为假借"烊"

字,与《五灯会元》里的"岂不见教中道,宁以热铁缠身,不受信心人衣,宁以洋铜灌口,不受信心人食。"是一个用法。

"洋"字自从有了新的含义后,使用上便一发不可收拾。从时间上看,多在宋元以后;从使用上说,多在民间白话语境中使用。可见,"洋"字从一开始,就具备了引申衍化和扩张的基础。

最初,"洋"字还是地理概念与借代含义并用。例如《喻世明言》:"条枝国要过四海,方才转洋入大海。""仍旧回洋,躲在岛里。"《儿女英雄传》:"大凡到工的官儿们送礼,谁不是缂丝呢羽、绸缎皮张,还有玉玩金器、朝珠洋表的。"以及《老残游记》:"他将这只大船已经卖与洋鬼子了,所以才有这个向盘。"到了后期,"洋"字的代称含义以绝对性的压倒优势占据了上风,使用最多的当属《红楼梦》和清末官场谴责小说《官场现形记》。例如《红楼梦》里:"就有蘅芜院两个婆子,也打着伞提着灯,送了一大包燕窝来,还有一包子洁粉梅片雪花洋糖。""谁知有个真真国的女孩子,才十五岁,那脸面就和那西洋画上的美人一样……身上穿着金丝织的锁子甲,洋锦袄袖,带着倭刀也是镶金嵌宝的。""粤、闽、滇、浙所有的洋船货物都是我们家的。"而《官场现形记》里则更是不胜枚举,据统计,仅含有"洋"字的词语就有800处,其中95%的都是代称"外国的",包括百余处"洋人",几十处"洋房"以及洋东、洋商、洋字、外洋、留洋、洋医生、洋务、洋琴、洋酒、洋烟、洋纸、洋点心等等,所说"凡是沾到一个'洋'字总是要加钱的(《第58回》)。"可见当时的社会逢"洋"必贵的状况。例如:"这事须得请洋东即刻打个电报到山东,托他们的总督向山东抚台说话。""不但这个,吾兄付款出去总有收条,这个收条一定是洋字。""又见洋人从身上摸索了半天,拿出大叠的厚洋纸,上头还写着洋字,花花绿绿的,看了亦不认得。""这人弹得一手好洋琴,还会做做外国诗。""当下坐定之后,和尚又叫开洋酒,开荷兰水。""那总督又拿出几种洋酒、洋点心敬客。"等等。

需要我们注意的是,这时候的"洋"并不是完全指"西洋",也包括"东洋(指日本)",例如"洋鬼子(含贬义)"源自山东青岛地方的俗语,最初是对德国人的代称,后来也指日本人。再例如"洋白菜"本来是中国本土所产,19世纪下半叶白菜传到日本,之后又传到欧美各国。只是在此后又由国外输入国内,故名称中带"洋"。当然,大多数带"洋"的名物词还是与国外输入有密切关系的,例如洋葱(原产于亚洲西南部的伊朗、阿富汗的高原地区);洋姜(原产于北美洲,后经德国人传入,也称"鬼子姜"),洋琴(也称扬琴。从古代波斯传入的一种弹拨弦乐器)等等。在古代有一个有趣的现象,凡是早期由陆路输入的国外名物词,多冠之于"胡""番"等字,如番茄,黄瓜、胡桃等;凡是清代以后由海路输入的,多冠之于"洋"字。

到了民国时期,"洋"字的组词呈现更为通俗化的特点,出现和大量使用磨洋工、出洋相、拉洋车、拉洋片等词语来描述"洋"的借指含义。这里的"洋"字也一如既往地包括了所有外来输入的含义,"磨洋工"是指给要求极高的外国人(1917年美国在北京建协和医院)用中国传统"磨砖对缝"的工艺来干活,因为此项进度缓慢,故称,后借指干活磨蹭、消极怠工;出洋相是指做出外国人奇形怪状的样子惹人发笑,借指人前出丑,让别人笑话;拉洋车的"洋车"是指来自东洋日本的人力车;洋片是指西洋画。所有这些俗语中的"洋"字,都还不能够出脱外国或外国人的范围,还包括洋油、洋火、洋蜡、洋镐等诸多的词语。

而"洋"字本旨的"众多、浩大、丰盛"含义只好退而求其次,被早期重叠使用的叠音词"洋洋"所替代。

"败北"为什么是"败背"？

"败北"一词最初的含义是专指军事上打败仗。由于古时两军对垒的过程中，打了败仗向后逃跑的一方总是以后背对着敌方的，故称败北。现在则泛指各种竞赛和竞争活动中失败的一方。

但是，从字面意思上看，"败北"给人的感觉要么是"被北方的（军队）打败"，要么是"失败后逃向北方"。是这样吗？

不是，"败北"最初其实是"败背"的意思，就是被对方打败后，转身逃跑，用背部面对敌人的真实写照。东汉许慎在《说文解字》一书中说："北，背也，二人向背。"指二人用背部互相对着。如果从字源的角度说，"北"最初就是"背"的本字，并不是专指方向的，只是后来造了"背"字，"北"字才从一种身体状态的描述转而专指"方向"的含义。

个	兆	肖	背	背
甲骨文	金文	篆文	隶书	楷书

王力先生在《王力古汉语字典》里认为"北""背"同源。著名训诂学家朱骏声解释说："人坐立皆面明背暗，故以背为南北之北。"可见，"北"是从"背"字转化成方位词的，之前都是用作"相背"或"背对"的意思。正如《史记》中项羽谓其骑曰："吾起兵至今八岁矣，身七十余战，所当者破，所击者服，未尝败北，遂霸有天下。"

在这个问题上，语文出版社曾经出版的《汉字源流字典》写得更为清楚："由于北为引申义所专用，脊背之义便又另加义符肉（月）写作'背'来表示。"

因此，我们今天区别了"北""背"二字，"败北"的意思也就

十分明白了。其在应用中,多使用在与战争有关的语境中,例如《史记》:"曹沫为鲁将,与齐战,三败北。"《旧唐书》:"临阵败北者,悬狐尾于其首,表其似狐之怯,稠人广众,必以徇焉,其俗耻之,以为次死。"《新唐书》:"天舍其衷,吐蕃败北,回纥悔惧,叩颡乞和。"《资治通鉴》:"贼见围城将合,必出大战;待其败北,然后乘势可取。"等等。但是到了明清白话小说中,使用的语境开始发生了变化,《西游记》里太白金星所说:"不知大圣神通,故遭败北。"尚有打斗征服之义,到了《青楼梦》里:"丽春妹要输了,若不鸣金收军,则齐师败北,谁为孟之反耶?"则已经脱离了战场上战败逃跑的意思。

在现代汉语中,"败北"的意思已经扩展到了几乎所有的争斗、竞争或竞赛的场合里,不管是团队还是个人,只要是有对手的失败,都可以使用这个词语。

情意绵绵说"秋波"

记得春节联欢晚会上演出的小品将"暗送秋波"中的"秋波"戏说成送"秋天的菠菜",在哄然大笑之余,也引起人们对这个成语的关注。那么,"秋波"到底是什么?为什么要"暗送"?就那么见不得人吗?

来看看《汉语大词典》的解释:旧时比喻美女的眼睛,像秋天明净的水波一样,指暗中眉目传情;引申为献媚取宠,暗中勾结。为此,专门举了宋代大文豪苏东坡《百步洪》里的句子"佳人未肯回秋波,幼舆欲语防飞梭。"还有唐代诗人魏承班的"玉容光照菱花影,沉沉脸上秋波冷。"来说明"秋波"的意思。

那么,为什么将女子澄明的眼睛比作秋天的水色波光呢?历史上有太多的例子不胜枚举。唐代诗人李贺在《唐儿歌》中有"骨重神寒天庙器,一双瞳人剪秋水"的妙句,用双瞳剪水来形容眼神的清澈、澄明和灵动。宋代诗人王观有一首《卜算子·送鲍浩然之浙东》:"水是眼波横,山是眉峰聚。欲问行人去那边?眉眼盈(yíng)盈处。"因此,美女眼神如"秋波"般清澈动人、脉脉含情是早已有的。

显然,"秋波"是一个诗化的词语,其所蕴含的带有浓重文学色彩渲染的词义是从什么时候开始的?古代文人将自然秋色中的粼粼水波比喻为妙龄美女的盈盈眼波是在文武盛境的大唐王朝,社会发展促成了文学的繁荣,诗人们汪洋恣肆地使用文字来表情达意。魏晋时期,使用"眼波"一词来描述女人魅惑的眼光诱惑,已经不能够满足诗人们的臆想和诗意的表达,于是,"秋波"一词横空出世,替代了"眼波",完成了颇有诗意的转折。

中唐诗人鲍溶在其《琴曲歌辞》的"目眄眄兮意蹉跎,魂腾腾兮惊秋波。"句中,使用"秋波"一词表达妙龄女子眼神的含义时,尚有魏晋"眼波"缠绵的遗留痕迹。到了李商隐的"天津西望肠

真断,满眼秋波出苑墙。"已经超越流连忘返、不舍不离的妩媚婉转风格,开始表现出唐代诗词中的开放大气、疏狂放浪意味。而晚唐魏承班的"罗裾薄薄秋波染,眉间画得山两点。"则将"秋波"一词运用的纯熟老练,既有"婉转娥眉"的情深深、意朦朦,又具"白雪雕梁"的纯洁无瑕和高冷,真是"眼醮软红玉,眉翠远秋山"啊!所以,唐代是"秋波"一词兼具自然和人文双重含义的肇始和高峰时期。

  这一情况一直延续到明清白话俗语小说盛行的新时代,"秋波"一词逐渐脱离了自然的秋色含义,大量的被使用在表述女子眼神的语境场景中,占据了该词的主流词义和主要使用过程。《金瓶梅》:"把妇人灌的醉了,不觉桃花上脸,秋波斜睨。"《封神演义》:"话说那妲己绑缚在辕门外,跪在尘埃,恍然似一块美玉无瑕,娇花欲语,脸衬朝霞,唇含碎玉,绿蓬松云鬓,娇滴滴朱颜,转秋波无限钟情。"《水浒传》:"只因临去秋波转,惹起春心不肯休。"《西游记》:"秋波湛湛妖娆态,春笋纤纤娇媚姿。"《红楼梦》:"湘云慢启秋波,见了众人,又低头看了一看自己,方知是醉了。"《聊斋志异》:"俄女郎以馔具入,立叟侧,秋波斜盼。"随手拈来的各种语料充分展示了"秋波"一词在此间使用的频次和文化、文学含义的强化。

  那"秋波"为什么要"暗送"呢?因为有情意在里头,有暗示在之间,有欲望在其中。五代南唐李煜《菩萨蛮》词里说:"眼色暗相钩,秋波横欲流。"只是因为有了声色情欲的意思蕴含其中,"秋波"一词超越了原词明澄艳丽的色彩和波光粼粼的动感,加入了深情的渴望、原始的欲想甚至是一亲芳泽的冲动——当所有的念想汇聚到一起的时候,"秋波"便不再单纯和明亮,也就不能明目张胆、大张旗鼓地"送"给他人了。

  《三国演义》里讲过,当朝太师董卓"挟天子以令诸侯",骄横不可一世之时,司徒(官名)王允决意除掉此贼。有意让自己的小妾貂蝉为董卓的养子吕布陪酒,酒间"吕布欣喜无限,频以目视貂蝉。貂蝉亦以秋波送情"。"秋波送情"弄得吕布魂不守舍,意乱情迷,夜夜不得安枕。后来,王允又将貂蝉许配给董卓,吕布为此与董卓结下冤仇,最后杀了董卓,实现了王允离间董卓、吕布父子的既定目标。

  因此,在编辑"暗送秋波"词条时,《现代汉语规范词典》里这么说:指女人以眉目传情(秋波:秋天明净的水波,比喻美女的眼神);泛指暗中勾搭或者献媚。

  理解到这些,你就不会用错这个成语。

"膏粱"与"纨绔"

中国人讲究门第出身,老北京有一句俗语,说谁谁是"八旗子弟",言即此人整天提笼架鸟,不务正业。"八旗"既是满族入关后的军事单位,也是清王朝区分社会等级的标志语言。在古代,也有两个词来形容这样的人,那就是"膏粱子弟"和"纨绔子弟"。

膏:肥肉;粱:细粮。"膏粱"一词本指好肉好粮,泛指美味的饭菜。"膏"字在《说文解字》《康熙字典》里都指肥肉,《韵会》里进一步解释说,肥肉熬成液体称脂,凝固以后称膏;古人认为"米之善者,五谷之长"就是"粱",可见"膏粱"都是食物中的上佳精品。所以,只有权贵人家才能吃得上"膏粱"。

"膏粱"一词出自春秋时的《国语》:"夫膏粱之性难正也。"三国时韦昭解释说:"膏,肉之肥者;粱,食之精者。"而"膏粱子弟"也就成了这些有权有势有财富世家的孩子。吃惯了好肉好米的富家子弟,再让他吃糠咽菜,那可是太难改变过来了。南朝梁·刘勰写的《文心雕龙》将"膏粱"与"子弟"连接起来,但这个时候,刘勰所说的意思是:像枚乘首制的《七发》这类文赋"发乎嗜欲,始邪末正,所以戒膏粱之子也。"因此不应该给那些膏粱世家的孩子们去学习模仿。所以,古人最初使用这个成语的时候,并没有什么贬义色彩,相反,还有一些小小的羡慕嫉妒的意思。正如宋代所编《新唐书》里说得很明白"凡三世有三公者曰'膏粱'。"它就是代表一种权贵身份和生活方式,用今天的俗话说,就是"官二代""富二代"。

直到宋代以前,"膏粱"一词都不怎么含贬义色彩,只是偶尔出现在一些"膏粱"后裔家道败落后,受到别人斥责讽刺的语境中。诸如"君南土膏粱,何为着屩(草鞋)?"或者会用在与寒门庶士有一些相互比较的场合,说一些待遇不公的牢骚话时,

例如《晋书》里说："每见选师傅下至群吏,率取膏粱击钟鼎食之家,希有寒门儒素如卫绾、周文、石奋、疏广、洗马、舍人亦无汲黯、郑庄之比,遂使不见事父事君之道。"

真正将"膏粱"一词带上贬义色彩的是宋代大儒朱熹,他在《朱子语类》里说:"使膏粱之子弟不学而居士民上,其为害岂有涯哉!"所以,与之同时的司马光在《资治通鉴》也使用了"今王昭远出于厮养,伊审征、韩保贞、赵崇韬皆膏粱乳臭子,素不习兵,徒以旧恩置于人上,平时谁敢言者!"的语气。两个大儒均使用谴责批判的口吻来说,此后,"膏粱"一词中,才有了贬低那些中吃不中用的世胄子弟的语义和感情色彩。

而"纨绔"一词来自《汉书》,颜师古遵照《说文解字》的记载,在解释时说:"纨,素也……并贵戚子弟之服。"也就是白颜色或纯色的光滑绸子。《释名》说得更加明白,"纨,焕也。细泽有光,焕焕然也。"想一想古代用上好的白色绸子做的裤子,只有穿在那些富裕人家的孩子们身上,显摆他们家的财富与奢华。

最初"膏粱"与"纨绔"的借指含义基本相同,一个指吃的,一个指穿的,都是指那些衣食无忧、生活奢靡的世胄权贵。有时候两个词还一起共同使用,例如《金瓶梅》里:"杨戬本以纨绔膏粱叨承祖荫。"《红楼梦》:"寄言纨绔与膏粱:莫效此儿形状!"等等。

明清小说里,这两个词被作者们斥责或讽刺他人所用,相比来说,"纨绔"比"膏粱"具有更为浓重的贬义色彩。例如《三国演义》:"夏侯茂乃纨绔子弟,懦弱无谋。"《红楼梦》里说:"尘世中多少富贵之家,那些绿窗风月,绣阁烟霞,皆被那些淫污纨绔与流荡女子玷辱了。"洪深《申屠氏》:"有一个浑身锦绣而鄙俗不堪的纨绔,调戏那女子。"等等。从而使得"纨绔子弟"较之"膏粱子弟"成为贬义程度更为浓重的成语。

直到今天,我们使用这两个成语时,还与"八旗子弟"一样,满眼里都是鄙夷和蔑视。当然,如果用在自己朋友身上,也多多少少含有那么一点点儿调侃的意味在里面。

何谓"荒唐"?

我们今天说一些人的言行"荒唐",不是指他们思想、言论、行为离奇古怪,非常不近情理,让常人不可理解;就是说他们行为放荡,不合常规。说这些话的时候,往往都带有蔑视或者贬低的意味。

王力先生在《王力古汉语字典》里说:"荒唐"在古汉语词语中是一个叠韵联绵字,也就是说,"荒唐"这个词是用两个同韵汉字表示一个音节,所以有的词典里也把"荒唐"的"唐"标注为轻声。

也有一种解释说,"荒唐"是两个同义字联合而成的复合词。"荒"指远而无边,《诗经·蟋蟀》中"好乐无荒"即是这个意思;"唐"指大而无际的大话空话("唐,大言也。《说文解字》")所以两个字合成复合词后,即指距离以及空间上漫无边际的大话空话,用今天老百姓的话说,就是满嘴跑舌头——胡吹海侃。

"荒唐"一词出自《庄子·天下》:"以谬悠之说,荒唐之言,无端崖之辞,时恣纵而不傥,不以觭见之也。"唐代道学理论家成玄英注释时说:"荒唐,广大也。"清代郭庆藩补充说:"荒唐,广大无域畔者也。"大概意思是"荒唐"指远大到毫无边际。原本只是指语言说话的夸张荒诞程度,后人引申扩展开来,既指思想理论、学问言语、行为方式甚至是家长里短的家事等很多方面,其中凡是不合常理、背离常规的通通称之为"荒唐"。比如唐代韩愈《桃源图》诗开篇即说:"神仙有无何眇芒,桃源之说诚荒唐。"开宗明义地批驳了陶渊明的所谓"桃花源"的理想社会真是"荒唐"之极;而曹禺先生在《雷雨》中周萍向父亲说:"是,爸爸,那是我一时的荒唐。"则是指行为不检点、生活放荡的意思。

从语料上看,"荒唐"一词自从庄子首用之后,便寂寂近千

说词解字

年几乎无人再使用。到了唐宋诗词繁荣时期,这个词开始成为热词,有人用它来咏史,例如唐代诗人胡曾吟到"汉帝荒唐不解忧,大夸田猎废农收。"有人用它来自嘲,例如唐代诗人郑谷"苦涩诗盈箧,荒唐酒满尊。"最著名的是大诗人苏东坡大量地使用"荒唐"一词来描述说法、事业、学问、行为、言语以及思想理论等,并不断出现使用该词自嘲的戏谑语境。例如他著名的诗句"自笑平生为口忙,老来事业转荒唐。"就是描述届乎不惑和知天命岁数的苏东坡初到黄州时,那种既自嘲又愤懑不甘心的复杂心情。

此后,在明清曲剧白话里,"荒唐"一词频繁出现,但使用范围逐渐缩小、语义贬讽色彩日益浓重,甚至在某些语境中成为詈语。一直到《红楼梦》里开篇,曹雪芹所说"满纸荒唐言,一把辛酸泪。"直接影响了现代汉语中"荒唐"一词的词义和使用语境。

"石油"的前世今生

石油作为一种主要能源物质，已经广泛地应用在我们社会生活的方方面面。早在北宋初年编著的《太平广记》就出现了"石油"一词。但"石油"为什么叫"石"油，而不叫其他什么油呢？

有人说，日本在明治时代初期选择了从 petroleum 一词直译的"石油（せきゆ）"，并一直沿用至今，据此认为现代汉语的"石油"是从日语转借的。不过，我国古人很早就发现了"石油"这种可以燃烧的脂水，也为其起过诸如"石漆""脂水""石脂水""火油""猛火油"等各种名称。

最早使用"石油"一词的是宋朝文学家、科学家沈括，他在《梦溪笔谈》(1086 年至 1093 年间成书)里说："鄜（fū）、延（鄜州、延州，今陕西延安一带）境内有石油。"并且描述了"生于水际，沙石与泉水相杂，惘惘而出"的石油原貌。他说：当地人用鸡毛一点一滴地收集起来，其颜色浓厚漆黑，点燃后像麻秆一样可以燃烧，冒浓烟，周围的物件都被熏黑了。

从烧柴烧炭到烧石油，是燃料发展的进步。但是，由于当时石油开采和提炼技术的落后，人们并没有感受到石油作为燃料所带来的便利，更由于科技和思想的落后，当时的人们根本想不到石油还可以成为国家发展和强盛的重要能源物资。

"石油"一词既出于"石"，又是"脂水状"，故称"石油"是沈括的发明。他说：因为石油的特性与当地人们所烧的"石炭（煤）"相近，燃烧时的状态也基本一样，"石炭烟亦大，墨人衣"，因此，他就给这种能燃烧的液体起了一个贴切的名字，叫石油。西方在 14 世纪中叶，才将拉丁词根中 petr（岩石）"和罗马文的"oleum（油）"组合而成"Petroleum（岩石中的油）"。德国人乔治·拜耳在 1556 年首先提出并使用"石油（Petroleum）"一词，比

沈括整整晚了500年。

鉴于十三世纪时,意大利人马可·波罗整天往中国跑的缘故,我们有理由相信,西方"石油"一词的来历,可能是鹦鹉学舌了沈括对于"石油"的命名。不过,真正作为战略能源使用的石油,我们是从近代工业化以后才开始的,反而比西方晚了300多年。

那么,石油出现后的近千年时间,我们的先贤用石油做了什么呢?

沈括说:"余疑其烟可用,试扫其煤以为墨,黑光如漆,松墨不及也,遂大为之。"原来,作为大文学家的沈括把石油燃烧的烟烬,用来做了文人喜欢的墨锭,还起了一个颇为好听的名字"延川石液";而名医李时珍却用石油来治疗"小儿惊热、疮癣虫癞等。"

(原载于《语言文字报》2022.2.16)

从"山药"的更名说起……

将"山药"的得名说成是封建王朝避讳原用名"薯蓣"的结果，其实是混淆了"薯蓣"因为避唐代宗、宋英宗的名讳而不再使用与"山药"名的创立使用两者之间的关系，也就是说，禁止使用"薯蓣"的避讳行为，是使用当时已有名"山药"替代了"薯蓣"，并不是"山药"最初的创名。

古代汉语同一种植物名称往往异名很多，山药是一味药食同源的植物，曾出现过很多不同的名称，比如薯、土薯、山薯、山芋、玉延等。最早叫薯蓣（shǔyù，藷蕷），源自《山海经》，清代郝懿行在《山海经笺疏》明确说：薯蓣"即今之山药也。"这种被魏晋文字学家郭璞描述为：像羊蹄一样、可以食用的植物根茎，看来很早就被古代先民作为食物而采挖食用了，只是当时的名称不叫"山药"罢了。

《神农本草经》曾记载："署预（薯蓣）……一名山芋，生山谷。"比较明确的是唐朝孙思邈《备急千金要方》指出"薯蓣生于山者，名山药，秦楚之间名玉延。"生于山，是"山药"一词产生的基础，名"药"则是因为这种食品不仅可以充饥御饿，还可以治病疗疾。李时珍认为，山药可以医治包括心腹虚胀、手足厥逆、不思饮食等在内的近十种人体病症。

孙思邈比唐代宗早出生了185年，也就是说，早在唐代宗出生以前，"山药"就出现并应用在语言文字之中了。从语料上看，"山药"一词至少在唐代已经大行其道，大量的文人墨客引"山药"入诗入文，例如"呼儿采山药，放犊饮溪泉。（马戴《过野叟居》）""山药经雨碧，海榴凌霜翻。（韦应物《答僴奴、重阳二甥》）""僧还相访来，山药煮可掘。（韩愈《送文畅师北游》）"等，其中陆龟蒙的"日午空斋带睡痕，水蔬山药荐盘飧。"是将山药作为食用的最好例证。从这些与唐代宗几乎同时代的文人诗词中大量使用"山药"而没有使用"薯蓣"的情况看，避讳说是可信的，只是没有改

用"薯药",而是直接使用了当时的另一个名字"山药"。辞典大家李行健先生在前文中也说,历史上根本找不到"薯药"一词的使用痕迹,也说明了这一点。

将"山药"一词的来历归结为要避唐代宗(名"预",与"蓣"同音)的讳,改称"薯药";后来又因为避宋英宗(名"曙",与"薯"同音)的讳,再改"薯"为"山",于是"薯蓣"一变成"薯药",再变成"山药"的记载,来自北宋寇宗奭的《本草衍义》卷七的"山药"条。以后多被文人作为避讳改名的案例来使用,例如南宋顾文荐在其著作《负暄杂录》的"物以讳易"条中以及近代陈垣先生的《史讳举例》里。可见,他们只是从古代避讳的角度解读"薯蓣"一词的灭失不用,取而代之的是早已存在并广泛使用的"山药"一词,并不是确认"山药"得名的肇始。不过,这些记载被后人不断重复地引用,造成今天许多人误以为"山药"就是"薯蓣"被禁止使用后的创名。

这种词语因时、因地而使用不同名称的情况,古往今来一直都是困扰我们学习汉语词语的障碍。"薯蓣"的被禁用虽然是封建王朝避讳的结果,无形中也为我们提供了一个词语规范的思路。

"山药"的异名众多,分析起来,其形成原因不外有三,一是历史遗留;二是地域差异;三是文字讹变。即便是在"薯蓣"一词被禁用的宋英宗时代,与"山药"并列使用的还有"玉延"等诸多别名。如与宋英宗同时的苏东坡,在其《和陶诗》:"淇上白玉延,能复过此不。"自注"淇上出山药,一名玉延。"当然,他身体或者心情不好的时候,也食用"山药",如"铜炉烧柏子,石鼎煮山药。(《十月十四日以病在告独酌》)"李时珍在《本草纲目》"山药"条里曾说:"山药,一名藷蓣,一名山芋,一名藷薯,一名儿草,江闽人单呼为藷。"以至于今天还是异名很多,也就造成了现代汉语中的释义多有分歧。

这种情况还造成不同种属的植物也混用了"山药"之名。例如与郭璞同时的西晋学者嵇含在《南方草木状》里把海南岛上的甘薯称之为"薯蓣(山药)"他说:"甘藷,盖薯蓣之类。"吴永章《异物志辑佚校注》也认为:"藷,通薯,又名藷蓣。"由于其剥皮后"肌肉正白如脂肪。南人专食以为米谷。"等。以及今天一些方言中,把甘薯、马铃薯也都一并称之为"山药"。因此,如何辨证源流、分门别类地规范使用这样的词语就成为今天语言文字研究的内容和方向。

在现代汉语中,包括《现代汉语词典(第7版)》《现代汉语规范词典(第4版)》都将"山药"释义为:"薯蓣的通称。"引导读者规范使用"山药"一词而不再使用其他的别名,就很好地解决了这个问题。

逢年过节"饽饽"香

"饽饽"一词大约是从元代出现的,当年元世祖忽必烈改金中都为元大都,大批蒙古人入京,大都的市面儿上便开始出现了以蒙古饽饽为主的点心。据元代孙仲章《河南府张鼎勘头巾》里说"刚刚吃了一个大饽饽"就是这样的食品。传说过去的京城老字号饽饽铺,必须在门外悬挂用汉、满、蒙三种文字书写的牌匾,以示其正宗。

明代《升庵外集》里说,"饽饽"一词来自"波波",是唐代一种外来食品"饆饠"音转之后的叫法。元代戏曲里就有"等我买几个波波来吃咱"的唱词。清人翟灏《通俗编》里解释说:"'波'当为饆饠二字反切。"原本就叫"饽饽",是因为北方人"读入为平",才读作波波。李鸿章等修撰的《光绪畿辅通志》:"波、磨叠韵字。故民呼为馍馍,顺天府(北京地区)称为波波。"可见,饽饽(波波)早就是流行于京津一代的面食,且"饽饽""波波""馍馍"是这种面食的不同叫法。

"饽饽"后来在满人手里被发扬光大,成为满族人对多种面食的统称。最早的满族饽饽是用糜子(大黄米)、粘谷(小黄米)和粘高粱米为原料制作而成,这三种米粉碎后才能制成各种粘牙粘手的香甜饽饽。

满族人早期过着野外渔猎和四处征战的生活,随身携带黏食类饽饽做干粮,既省事又抗饿。从很多有名的饽饽点心名称中,我们都可以看到渔猎征战的影子,例如"萨其马""驴打滚"等。后来慢慢养成了居家日常饮食中也吃饽饽的习俗,并且在婚丧礼俗以及祭祀祖先和敬神时也多用各种饽饽,因此,饽饽从一般的面点主食演变成为较为精致、各色各样的小吃点心以及饺子馄饨等其他面食。清代著名文人富察敦崇这样介绍:满人过元旦的时候,无论贫富贵贱,都会用白面制作出角状的"煮

饽饽（饺子）"，富贵人家会包进去金银小稞及宝石，用来祈求顺利（《燕京岁时记·元旦》）。

清王朝专门在内务府设立了内、外饽饽房，为皇宫制作供应所食饼饵、馒头之类食物。据说慈禧太后喜欢吃的玉米面小窝头，也叫黄金塔。饽饽后来在民间也盛极一时，北京城出现了许多诸如"庆三元"的金牌饽饽铺。即便是今天，在避暑山庄所在的承德，还能看到街头巷尾的各种"饽饽"在老百姓日常生活中出现。

饽饽可以煮、烙、蒸，也可以油炸，原料广泛，几乎包括了所有满清王朝时期的面食种类，可分为黏面饽饽、笨面（不黏）饽饽和菜馅饽饽三大类。黏面饽饽比较普遍，常见的是黏豆包、黄面饼子、打糕、切糕、打糕豆面卷子（也叫驴打滚）等；笨面饽饽有小米面馒头、撒糕（也叫散装）、发糕（也叫枣糕）等；菜馅饽饽有饺子、菜团子、酥盐饼、山韭菜馅黏饼等。

饽饽在制作和食用上有许多讲究。如婚礼上的子孙饽饽（饺子），以栗子、花生、红枣等为馅，煮得半生不熟，吃时要咬着吃，旁边还有人问"生不生"，新娘必须回答"生"，意味着多生子女。这一习俗今天也被许多国人作为婚礼的保留节目。

"饽饽"以其滋养丰富、种类繁多的特点深受民众的喜欢，对于老百姓来说，饽饽既是他们一日三餐生计的代名词，也是逢年过节打牙祭的替代物。

延伸到社会生活中，我们把"优秀的、受人珍爱或喜欢的人或事"也称之为"香饽饽"。

（原载于《语言文字报》2023.1.18，标题有改动）

菠萝、凤梨怎分辨？

有一些水果是以其特有的形状而被命名，我们在许多词典上可以看到"凤梨"这个水果的名称。多数都解释为：菠萝，也称菠萝、菠萝蜜（《汉语大词典》）；菠萝（《现代汉语规范词典》《现代汉语词典》）等等。那么，凤梨和菠萝到底是不是一回事呢？凤梨又因为什么而得名的呢？

首先，我们说凤梨和菠萝是指同一种水果，属于草本的热带水果。但是其名称的来源各自不同，所包含的文化含义也有区别。

菠萝原产于美洲的亚马逊河流域，即今天的巴西、巴拉圭等国家，是当地久负盛名的热带水果。后来，被加勒比海居民带回中南美洲西印度群岛种植，称其为 ananas（拉丁名），意思是"绝佳的水果"

十五世纪，哥伦布第二次航海到加勒比海的西印度群岛，第一次尝到了这种香甜的美味，他形容说："外形看起来令人反感的，像一节节坚硬的松果；果肉却又类似苹果。"之后，他把菠萝带回了欧洲，并起了一个英文名称，叫 pineapple。

一个世纪以后，西班牙人通过殖民活动将菠萝带到了亚洲，从菲律宾、印度与中南半岛进入广东，当地人在大量种植后，为其取了一个颇有禅意的名字，叫作"波蜜"，这与当时在两广地区广泛种植的"菠萝蜜"的名字极为接近，使得后人经常将两者傻傻分不清楚。

其实，汉语中波罗密（菠萝蜜）一词一直作为佛教用语，在佛教经典中被大量使用，例如《心经》中开篇"观自在菩萨，行深般若波罗密多时，照见五蕴皆空。"其中的"波罗密多"即是"波罗密"，含义是：到达彼岸。因为波罗密（菠萝蜜）是原产于印度的木本热带水果，在印度有记载说："波罗，此云彼岸；蜜多，此云到",波罗密(菠萝蜜)指顿悟或者抵达彼岸,所以在印度,这种与佛有缘、生长在树上的水果被叫作波罗密,当地人尊为"佛果"。

"波罗密(菠萝蜜)"大约在隋唐时期与佛教一起传入中国的,那时的波罗密还是梵文的直译,叫频那挲,唐代段成式在《酉阳杂俎》里将其称之为"阿萨"。又被称为木菠萝、树菠萝、天波罗等,后来结合梵文 Paramim 的音,才翻译为"菠萝蜜"。南宋范成大《桂海虞衡志》记载说"菠萝蜜大如冬瓜,削其皮食之,味极甘。"明朝诗人王佐《菠萝蜜》一诗说:"硕果何年海外传,香分龙脑落琼筵。中原不识此滋味,空看唐人异木篇。"说的都是这个长相硕大,像一颗颗长满螺髻的佛头一样,高低不等地挂在树上,果肉甘甜的水果。

在岭南地区,作为草本的"波蜜(菠萝)"和作为木本的"菠萝蜜"最初有些混淆,但这两种热带水果外形上实在差别太大。清代乾隆年间的李调元在《南越笔记》说:"粤中凡村居路旁多植山波罗,横梗如拳,叶多刺,足卫衡宇。"这里指"菠萝"而不是"菠萝蜜"。为了区别,作者专门在"波罗"前加上了限制词"山"字,表示它可栽种在山坡上,而不是树上。

而"菠萝"一词的正名也颇多周折,最初出现在清代嘉庆年间高敬亭《正音撮要》时,叫"菠萝",将"波罗"一词加上草字头,表示它是草本植物的果实。但民国年间出版的《辞源正续编(合订本)》《辞海(修订本)》却只立有"波罗"条;直到今天的现代汉语规范后的词典才统一将该词词形规范为"菠萝"。

而"凤梨"一词则来自台湾,凤梨在清代"康乾盛世"时期由东南亚引进到台湾栽培,因其顶端长有一簇新叶,酷似凤尾,于是,有当地文人便依照中国传统的"有凤来仪"这句吉语,将其命名为"凤来"。当切开凤梨,聚合果的轴与梨相似,而"来"又与闽南语的"梨"同音,又都是水果,所以音、义与形同源相合,"凤来"最终成了"凤梨"。

在民间,"凤梨"与闽南语的"旺来"同音,因此,"凤梨"就成为台湾以及闽南地区的吉祥水果,送凤梨、送菜头之风在当地十分流行。所以,今天的凤梨(菠萝)不仅具有水果的香甜美味,还是人们寄托未来幸福安康的吉祥物。

因此,"菠萝"是粤语的借词,而"凤梨"则是闽南语的借词,所指都是同一种热带水果。

(原载于《语言文字报》2022.7.20,标题有改动)

"八哥"更名记

在所有的鸟里,"八哥"以其善于学说人话而受到人们的喜爱,正如画眉鸟的起名是因为一个美丽的传说故事一样,"八哥"这个像兄弟一样的名字里,也流传着中国文字历史的一段佳话。

"八哥"是土生土长的中国鸟,最早叫鸜鹆,《玉篇》说它是鸟名。杨伯峻先生在解释《春秋》里"有鸜鹆来巢"这句话时说:"鸜同鸲,音劬。鸜鹆即今之八哥,中国各地多有之。"据说这种毛色纯黑,头及背部微带绿色光泽,头上羽毛细长而尖,呈柳叶状。雄鸟善鸣,驯养后能巧舌如簧、惟妙惟肖地仿照人声或其他鸟类的鸣声的小可爱,喜欢玩水,主要生活在黄河以南,"鸲鹆不过济(济水,今河南,山东一带)"是《淮南子》里记载的最北线。李时珍认为,过去它叫鸜鹆,是因为"其睛瞿瞿然。"他引用王安石《字说》的解释说,"(鸜鹆)尾而足勾,故曰鸲鹆。"但不管怎么说,也和"八哥"这个名字八竿子也搭不上。

查阅历史文字语料,发现一个奇怪的现象,就是"鸲鹆"这个名字,从春秋战国的《左传》《战国策》以及以后的《史记》一直到元明清的白话小说,林林总总延绵不断,多达几百处书例,而"八哥"一词却只在五代以后,尤其是元明清的白话小说中出现过,例如"八哥说话,纣王喜笑欲狂;鹦鹉高歌,天子欢容鼓掌。(《封神演义》)""真君见蛟党尽诛,遂封那八哥鸟儿头上一冠,所以至今八哥儿头上,皆有一冠。(《警世通言》)"可见,"八哥"一词,最早出现也不过五代十国时期。

后来在宋代顾文荐《负暄杂录》里有一条记录说:"南唐李主讳煜,改鸲鹆为八哥,亦曰八八儿。"南唐李后主就是那个写"问君能有几多愁,恰似一江春水向东流"的李煜。我们知道,古代社会一定要避皇上或者祖先的讳,所以唐代社会的"民"字

225

往往少一笔;而人们日常使用的便溺器"虎子"也要改叫"马子"(李氏先祖叫李虎);即便是李贺这样有惊世才华的年轻人,因为要避自己父亲的讳而失去了金榜题名的资格。尽管李煜是末代后主,也要讲究这种尊崇礼仪,于是,他改鸜鹆为八哥,避开了他的"煜"字的音。

不过,李煜为什么把鸟儿的名字改为八哥呢?我们在清代人翟灏《通俗编》里找到了答案,他解释《负暄杂录》记录的那段话时说:"《广韵》谓鸜鹆为唧唧鸟,八哥之八,似宜用唧字。"也就是说"八"同"唧"字,八哥也叫作"唧唧鸟",而"唧"字即是明明白白的"鸟叫的声音"的意思,可见,"八哥"的命名,是以这个鸟的鸣叫声起名的,怪不得李煜也叫八哥为"八八儿"呢,原来都是因为它嘹亮婉转的叫声引起的。至于"哥"字,就是对某些雄鸟的爱称罢了,如鹦哥、鹩哥等。李时珍在《本草纲目》中也说,八哥的别名叫"唧唧鸟"。

后来,清代小说家蒲松龄写过一篇小说,讲的是一个养"八哥"的人利用它的如簧巧舌骗人钱财的故事,篇名用的是《雏鹆》,篇内却用"八哥",可见蒲松龄是知道它的来历的。

我们从文字历史上穿越出来,了解了"八哥"这个名字的前世今生,对于我们喜欢的鸟儿来说,是一个名正言顺的过程,而对于我们来说,准确理解和使用文字则永远是正道坦途。

家里家外说"馒头"

我们今天说,馒头已经是家常便饭中的主食了,但是在古代,馒头刚刚出现的时候可是大不一样。一来那时候的馒头与今天的馒头从外形、内在上都大相径庭;其次,最初的馒头,用途是源于供奉神灵,祈求神灵保佑的缘由,可不是让普通人食用的。

"馒头"一词,出自诸葛亮南伐孟获的时候。据宋代高承《事物纪原》记载:诸葛亮率军南渡泸水的时候,当地有人建议说:"蛮地多邪术,须祷于神,假阴兵一以助之。然蛮俗必杀人,以其首祭之,神则向之,为出兵也。"就是说,要杀人用首级祭祀河神,方能够保证进军顺利。这与西门豹治邺里的故事同出一辙。但是,神机妙算的诸葛亮认为不能这么干,于是就想出了一种用"羊豕之肉,而包之以面,象人头,以祠。神亦向焉,而为出兵。后人由此为馒头。"的办法来祭祀河神。后来诸葛亮七擒孟获的战绩表明,这样用假冒人头祭祀河神的做法还真管用。由此我们也可以看出,"馒头"从它一出现时,就是祭祀神灵所用的物品,并不是起源于人们的生活需要,这与我们今天在许多地方还保留着用馒头或者花馍祭神的风俗是一脉相承的。

这种情况在西晋束皙《饼赋》已经提及:"三春之初,阴阳交至,于时宴享,则馒头宜设。"清代翟灏《通俗编》里说:"春祠有曼(馒)头饼,夏以薄夜代曼(馒)头。"《正字通》中也有相同的记载。可见,这种做法是古代流行的祭神方式。

诸葛亮创造了"馒头",有人说当时称之为"瞒头",取其欺瞒河神之假人头的意思,有人说称之为"蛮头",取其用面人头代替蛮人之头的意思。"蛮地以人头祭神,诸葛之征孟获,命以面包肉为人头以祭,谓之蛮头,今讹而为馒头也。(明代郎瑛

《七修类稿》)"以后历代中,馒头的名称变来变去,扑朔迷离,莫衷一是。

晋人把馒头也称作"饼"——凡以面揉水作剂子,中间有馅的,都叫"饼"。《名义考》里说:(晋代)"以面蒸而食者曰'蒸饼',又曰'笼饼',即今馒头。"

唐以后,将馒头的形态变小,有称作"玉柱""灌浆"的。《汇苑详注》:"玉柱、灌浆,皆馒头之别称也。"

宋代称之为"包子"或者"馒头"。记录宋朝典章制度的《燕翼诒谋录》里说:"仁宗诞日,赐群臣包子,即馒头别名。今俗屑面发酵,或有馅,或无馅,烝食者谓之馒头。"当然,在宋仁宗时期,因为仁宗的名字叫赵祯,"祯"和"蒸"的读音近似,因为避讳的原因,所以就把"蒸饼"的名字改成"炊饼"——就是武大郎借以谋生的营生。

据《上庠录》记载,宋仁宗曾经于冬天前往太学视察,专门品尝了当是名声在外的太学食堂馒头,随后评价说:"以此养士,可无愧矣!自是饮食稍丰洁,而馒头遂知名。"可见经过皇帝的推荐和带货,太学的馒头从此名噪一时。据说宋代将馒头发扬光大到了极致,有荤有素、有馅无馅、有甜有咸……馒头包含天下一切。

但是在明代蒋一葵《长安客话》里,已经出现了将北方的馒头名称开始细分为馒头、包子、蒸卷、蒸饼的情况。这种情况到了清代,北方开始将没有馅儿的叫馒头,有馅儿的叫包子;而南方则依旧统一称之为馒头。例如《清稗类钞》里记录了南方一种甜馅儿的山药馒头,里面包有豆沙、枣泥儿、桂花儿这些时鲜馅料,此外还有扬州小馒头以及我们今天还可以品尝到的生煎馒头。

同样,"馒头"一词也跟随实物的变化也不断发生了变化,《广韵》《集韵》称:"馒头,饼也。"《正字通》说:"面食也。"并说明其制作方法:"起面也,发酵使面轻高浮起,炊之为饼。贾公彦以酏食(酏:酒;以酒发酵)为起胶饼,胶即酵也。涪翁说,起胶饼即今之炊饼也。"

了解了馒头一路走来的历史,有助于我们对于今天的这种用面粉发酵蒸成、形圆而隆起食品的深入了解,也有利于我们认识为什么还存在带馅馒头的认识误区。

闲话"点心"

"点心"如今已经成为我们日常生活常见的食品,那么"点心"一词是怎么来的?古代的"点心"与今天的点心有何不同呢?

"点心"一词是民间俗语,源于唐代初年的一本鬼故事小说集,叫《广异记》,里面讲述了一个鬼故事:说有一天,洛阳一个唐参军家里忽然来了两位不认识的客人,并祈求唐参军"止求点心饭耳"(求一点用来充饥的食物)。经过一番考查,唐参军发现两人原来是狐狸变成人来吃"点心"。而唐代孙頠《幻异志·板桥三娘子》里也有记载:"有顷,鸡鸣,诸客欲发,三娘子先起点灯,置新作烧饼于食床上,与诸客点心。"即是说板桥三娘子用妖术磨面做的烧饼来招待客人,请客人垫垫饥。因此,"点心"一词最晚在唐代时,作为动词或短语已经融入社会生活中了。唐代人所谓"点心",多指点饥,是"吃点小食品以安稳因饥饿而引起的心慌、心悸"的意思。

民间传说中的"点心"一词的起源就温暖多了。据说东晋时期一个大将军看到战士们日夜血战沙场,英勇杀敌,很是感动,随即令烘制民间喜爱的美味糕饼,派人送往前线,慰劳将士,以表"点点心意",所以叫作"点心"。

也有人说,"点心"之所以叫"点心",是因为"点心"最早不是正餐,而是早餐。五代刘崇远《金华子杂编》里说,唐朝有个江淮留后(江淮储备盐铁转运使)郑傪,他家每天早上的晨馔(早餐)一人一份,从不多做一份,因此要统统送进密室锁起来,由郑傪批准才能领取食用。一天清晨,郑傪的小舅子来给姐姐请安,郑夫人刚刚起床正在化妆,就告诉饥肠辘辘的弟弟:"治妆未毕,我未及餐,尔且可点心。"结果小舅子把姐姐的早餐"点心"吃了,害的姐姐没有早餐吃。宋代周辉《北辕录》:"洗漱冠

柿毕,点心已至。"也是说早餐。以后,元代陶宗仪在《南村辍耕录》中专门写了《点心》篇:"今以早饭前及饭后、午前、午后、哺前小食为点心。"《清稗类钞》也说:"米麦所制之物,不以时食者,俗谓之点心。"就是说,凡是由米面所做成的食物且不在正餐的时候所食,都可以称之为"点心"。

"点心"的种类,唐宋时已经有很多种,像馒头、馄饨、包子、粥、大饼等,如宋代白话小说中说的那样:"客长,吃馒头点心去。"后来的沙琪玛、桃酥、驴打滚等众多细点心也加入进来。

而如今我们所说的"点心"则是指糕饼酥糖之类的食品。老舍《四世同堂》里说:"他想应当给老人们买回一点应节的点心去,讨他们一点喜欢。"即是说的北京老式糕点。而周作人先生将"点心"称为北南两派,北方的点心历史久远,始自唐宋遗制,称为"官礼茶食";南方的历史较新,也就是始自明朝中叶,称"嘉湖细点"。

今天,伴随着全球经济社会发展和交往的加速,我们又赋予"点心"许多新的内容,包括西式蛋糕、南派细点、北方糕点等"点心"极大地丰富了我们的生活内容。

(原载于《语言文字报》2022.6.15)

墙里墙外说"秋千"

宋代文学家苏东坡有一首描写春景的词,其中"墙里秋千墙外道。墙外行人,墙里佳人笑。"绕口令式的词语排列,让人记忆深刻。这里的"秋千"一词作为古代一种庭院游戏,在许多文学作品中都可以看到。那么"秋千"一词是怎么来的?其中又有哪些有意思的故事呢?

"十年蹴鞠将雏远,万里鞦韆习俗同。""秋千"原名"鞦韆"。说起"鞦韆",一定与两个事情有关。一是寒食日(节);二是春秋战国时期活动在今河北省北部的匈奴部族山戎。杜甫的那首诗起名为《清明》,就是来自寒食节。据唐代《艺文类聚》、宋代《太平御览》以及清代的《佩文韵府》索引《古今艺术图》的话说,北方少数民族山戎在寒食日的时候,"用鞦韆为戏,以习轻趫者。"以至于后人发展成为宫廷或贵族庭院里妇孺玩耍的器具。宗懔《岁时记》说:"寒食有打毬、鞦韆、施钩之戏。"其中的"鞦韆"即是"以彩绳悬木立架,士女坐立其上,推引之"的游戏活动。

大概当时拴秋千的绳索都是结实耐磨的兽皮制成,所以"鞦韆"二字均以"革"字作为偏旁。

我们知道,寒食日与春秋时期的介子推有着密切的关系——相传这一节日是晋文公设立的,为了纪念曾经帮助过自己,功成后携母归隐绵山、誓死不食俸禄的介子推。这一天人们可以踏青扫墓,也可以蹴鞠,还可以玩耍心心念念的"秋千",唯独不可以烧火吃熟食。不过,少数民族山戎在晋文公之前的齐桓公时代,已经被强大的齐国打败消灭。那个时候,"鞦韆"已经伴随着齐国的北征山戎而南传,所以,"北方山戎,寒食日用鞦韆为戏"的记载,应当是后世的文字补记。

据史书记载,少数民族山戎主要居住在燕山一带,以林中

狩猎和放牧为主，"射猎禽兽为生"。作为生活在燕山密林里的少数民族，其生活状态中多在树木间攀爬游荡，故而使用类似"鞦韆"一样的攀爬飘荡工具是顺理成章的事情，这种情况后来发展成为游戏玩耍的器具也合乎逻辑，所以，《古今艺术图》说："用鞦韆为戏，以习轻趫者。"就是为了锻炼那些需要在深山密林之间采集食物或者争夺地盘的人，使得他们身轻如燕、穿梭自如。

清代翟灏在《通俗编》里说："秋千本山戎之戏，自齐威公北伐山戎，此戏始传中国。"也就是说，"鞦韆"最早在公元前六世纪时，才在神州大地上出现。

据唐朝人的记载，"秋千"一词是汉武帝所创。唐人高无际《汉武帝后庭秋千赋》说："秋千者，千秋也。汉武欲祈千秋之寿，故后宫多秋千之乐。"之所以将"千秋"颠倒为"秋千"，是因为要避皇帝专用的"千秋万岁"一词的讳。后世黄庭坚有诗句："穿花蹴踘千秋索，挑菜嬉游二月晴。""未到清明先禁火，还依桑下系千秋。"中的"千秋"都应该倒读为"秋千"。清代吴景旭在《历代诗话》评价说："盖正作'千秋'字，后世倒其语为'秋千'，易其字为'秋千'，皆俗讹也。"也就是说，当时的"千秋"即是"秋千"的意思，后人强行将原诗中的"千秋"改为"秋千"，是讹传错误的。还有明代崇祯年间的诗人陈卧子也写过"禁苑起山名万岁，复宫新戏号千秋"的诗句，也说明了这一点。

由于"荡秋千"具有上天入地、飘飘如仙的状态，所以，在唐代宫廷里，把荡秋千称为"半仙戏"，五代王仁裕在其笔记《开元天宝遗事》中说："天宝宫中，至寒食节，竞竖秋千，令宫嫔妃辈戏笑以为宴乐。帝呼为半仙之戏，都中市民因而呼之。"宋代时期，这种游戏发展到极致，出现了许许多多的样式和内容。例如《东京梦华录》记载的所谓"水秋千"，即是在两艘画舫楼船上立秋千，荡秋千的人在上百观众的鼓笛相和和哄闹叫好声中翻出漂亮的跟头，然后跳入水中。

当然，唐宋也是人们使用"秋千"来传情达意、寄托情感的最好方式。如白居易在《寒食夜》里"抱膝思量何事在，痴男骏女唤秋千。"韦庄的"好是隔帘花树动，女郎撩乱送秋千。"宋代陆游在《乌夜啼》里"冷落秋千伴侣，阑珊打马心情。"张孝祥的"不道秋千，谁伴那人蹴。"等等。当然，最经典的还是苏东坡和李清照，苏东坡的《蝶恋花》以一阕饶舌的语言，将"笑渐不闻声渐悄。多情却被无情恼。"的少女心事展现的纤毫毕现;而李清照则"蹴罢秋千,起来慵整纤纤手。露浓花瘦,薄汗轻衣透。"将女儿的身姿玉手、窈窕身段描述得淋漓尽致。

当然,也有语言研究者说,"鞦韆"一词似乎不是来自汉语体系,应该是少数民族语言词语的借音或者音转,比如满语或者蒙古语,后世再简化为"秋千",不知道这种臆想的依据是什么。

门里门外话"影壁"

"影(照)壁"古称萧墙,是中国传统建筑中用于遮挡视线的建筑。影壁不管是矗立在大门里或者门外,都会饰以浮雕,起到屏蔽的作用。古代人认为,门为宫殿宅院的气口,门内外的影壁具有挡风化煞、趋利辟邪的作用,所以,古代很早就有了影壁的存在。据考证,影壁的使用不会晚于西周中晚期。荀子《大略》中也说:"天子外屏,诸侯内屏,礼也。外屏,不欲见外也,内屏,不欲见内也。"大意是说,天子的"影(照)壁"在门外边,起到看不见外部世界的作用;诸侯的在门里边,起到看不见家里的作用。孔子指责季孙氏时说:"吾恐季孙之忧不在颛臾,而在萧墙之内也。(《论语•季氏》)"就是说,季孙氏的忧虑不在旁边的小邦颛臾,而是在自己的宫室之内。这里的"萧墙",就是指用来起遮蔽作用的宫室内的矮墙。

在汉代的相关文献记载中,多称影壁为"罘罳",就是宫廷内部用来起遮蔽作用的屏风,这是影壁的雏形。《康熙字典》引《释名》说:"罘罳在门外。罘,复也。罳,思也。臣将入请事,于此复重思之也。"《广雅》说:"罘罳谓之屏。"注释说:"罘罳,屏之遗象,汉西京罘罳合版为之,亦筑土为之,每门殿舍前皆有焉。"可见至少在汉代,作为影壁的"罘罳"已经广泛应用在建筑营造法式之中了。不过,此时的"罘罳"较之影壁还有一个劝阻大臣们上书前"三思而后言"的实际作用。

大约在唐代中晚期,独立的空间屏障墙开始使用影壁这一称呼。清代翟灏在《通俗编》引用南宋画家邓椿著作:"惠之(杨惠之、唐开元人)塑山水壁,为天下第一。郭熙见之,又出新意,遂令圬者不用掌,只以手抢泥,或凹或凸,俱所不问。干则以墨随其形迹,晕成峰峦林壑,加之楼阁人物,宛然天成,谓之影壁。"可见,从其制作方式上说,"影壁"就是"画影(同

"景")于壁"的意思。此后,"影壁"作为载体,被更为广泛地运用在了建筑雕塑或者绘画之中。

后来人根据"影壁"的功用,开发或者赋予其更为丰富的文化内涵。有人认为:"影壁"一词由"隐避"演化而来,早期建筑中门内的称"隐",门外称"避"。主要是认为宫殿住宅的门,不但是人们往来的通道,还是外来淫邪或者鬼魅的入口,如果是自己祖宗的魂魄回家是被允许的,但是如果是孤魂野鬼溜进宅子,就要给自己带来灾祸。影壁既阻挡了鬼魅行进的通路,抑或那些孤魂野鬼通过时,看到自己的影子,自然会被吓走。所以,在《西游记》里有一段话:"门里边影壁上挂着一面大牌,书着'万僧不阻'四字。"大意是说"影壁"只是阻挡鬼魅,而不会挡住佛家子弟。当然,影壁也有其实际功能上的作用,那就是遮挡住外人的视线,即使大门敞开,外人也看不到宅内。

关于"影壁",宋代还有一个"画龙点睛"的故事,是说"影壁"画法的内容,大家有兴趣,可以在参观现存古代最著名、壁体最大、雕工最精的照壁——山西大同九龙壁的同时,查一查,看一看,方能够对"影壁"有一个更为具体全面的了解。

"翻译"始自佛门吗?

我们都知道,"翻译"一词来自古代对于印度佛教经典的汉语翻译过程,佛教经典所用的梵文语言被用汉语言文字表达出来,以便于更广泛地记录和传播。一般来说,最早的翻译场所都是官办的机构,最著名的翻译家也大多是高僧大德,包括鸠摩罗什、玄奘等,而翻译的方式除了音译、意译之外,也还有许多词语使用了包括假借、会意等古代造字组词的方式。

一直以来,中国都是一个多民族的国家,众多民族之间的语言文字交流也不仅仅局限于佛教东传的汉代以后,早在西周时期,就有了各民族语言文字交流的记录。《礼记·王制》中说:"五方之民,言语不通,嗜欲不同。达其志,通其欲,东方曰寄,南方曰象,西方曰狄,北方曰译。"也就是为了加强东西南北各少数民族的语言沟通交流,周王朝任命了"寄、象、狄、译"这样的翻译职位,之所以这样做,是为了"修其教,不易其俗;齐其政,不易其宜。"周以后,历朝历代都设有翻译机构和官员。《汉书·百官公卿表》记载,秦时称典客,汉景帝时更名作大行令,武帝时又更名作大鸿胪。所以,翻译的实体其实很早就存在了,只是没有使用"翻译"这个词罢了。

"翻译"一词源于南北朝的南朝梁代高僧慧皎《高僧传》:"先沙门法显于师子国得《弥沙塞律》梵本,未被翻译,而法显迁化(佛教称死亡)。"大意是高僧法显在师子国(狮子国,今斯里兰卡)得到了佛经《弥沙塞律》的梵文版本,还没有被来得及"翻译",法显就死了。此前的"翻译"一词,最早用"译",例如:"北方曰译。(《周礼》)"唐初经学家孔颖达注疏说:"通传北方语官谓之曰译者,译,陈也,谓陈说外内之言。"与其同时代的贾公彦说得更为明白:"译即易,谓换易言语使相解也。"就是翻译语言文字使得双方可以相互沟通的意思。

"翻译"始自佛门吗？

"翻译"一词也用过"翻"字，所表达的含义与用"译"有一定的区别。例如北周庾信《奉和法筵应诏》："佛影胡人记，经文汉语翻。"一般来说，口述为"翻"，写成文字为"译"。古人遣词造句极为讲究，一字可以表情达意，绝不多用一字。所以，唐代诗人权德舆写诗时用"口翻贝叶古字经，手持金策声泠泠。"而不能用"口译"；同样，魏晋六朝的佛教经典《百喻经》后注："萧齐天竺三藏求那毗地译"也不能用"翻"字。我国的佛经翻译，始于汉末的安世高等，称为"古译"，以后又出现了以鸠摩罗什等为代表的"旧译"和以玄奘等为代表的"新译"，这里都不能使用"翻"字。可见，"翻"与"译"是两个表示同一结果却使用不同行为的近义词。

"译"作为"翻译"之义自古已然，一以贯之；而"翻"字作为"翻译"的含义似乎有一点儿无厘头。按照《说文解字》的说法，"翻"最初是"（鸟儿）飞"的意思。《康熙字典》还专门引用了张衡《西京赋》"众鸟翾翻"来作为注解，这和"翻译"的意思风马牛不相及，怎么会引申到"翻译"上来呢？

我们发现在古籍中"翻"字由原义引申后，有一个"反（返）"的意思，即指正反方面的不同，也指反复、不断来回。如《宋高僧传》所说："如翻锦绣，背面俱华，但左右不同耳。"从这个含义出发，使用在语言文字上，可以引申指"反复研讨，不断辩论"。例如：《新唐书》记载："今之佛经，罗什所译，姚兴与之对翻。"姚兴是前秦皇帝，非常宠信佛教，亲迎鸠摩罗什来到长安，为其译经讲佛，所以两个人经常反复琢磨讨论经书中的微言大义，"对翻"就是面对面讨论研究的意思。而唐代诗人高适《赠杜二拾遗》诗中："听法还应难，寻经剩欲翻。"就是表达对杜甫绵绵无尽的思念过程中，体会那种"诗书自讨论"的热闹研讨场面。因此，"翻"归之于"翻译"——尤其是口头的翻译，是这样引申发展过来的。

至于我们今天有人口语说"把这段外语翻一下"，用"翻"来替代"翻译"一词，只是民间口语中的缩略而已，与"翻"在"翻译"一词中的引申含义没有关系。

"翻译"的最早含义即指译经。宋代法云《翻译名义集》里说："夫翻译者，谓翻梵天之语转成汉地之言，音虽似别，义则大同。"可见，"翻译"一词是从古代佛教译经为主体的各国语言文字交流过程中产生的词语，其使用频次到了唐朝以后进入了高峰时期。直到明代以后白话小说的广泛流行，才从翻译经书为主体扩展到了诸如外文、电码等方面。例如,"所以抚院一时行辕,便叫翻译写一封洋文信送去,订期阅兵之后,前来拜见。(《官场现形记》)"同时,也开始把"翻译"作为名词"翻译者"来使用,例如:"找到一个讼师公馆,先会见翻译。(《官场现形记》)"扩展了"翻译"一词的内在含义和使用场景。

小解"南无"

佛教传入中国越久,修佛的便宜法门就越多,相比起禅宗"棒喝"的凌厉禅风来说,净土宗的"念佛三昧"既方便信众的修行,又贴切对佛法僧三宝的归敬和理解,于是,一声"南无阿弥陀佛"便皈依佛法、便信仰菩萨、便立地成佛。

"南无阿弥陀佛"中的"南无"在汉语系统中是敬词,也是起首词,它最初是梵文的音译,梵文写作 namas,巴利文写作 namo,音译成汉语,就读作南无(nāmó),表述为"归命、归敬、皈依"的意思。也有翻译成"南牟""南膜""曩膜"等等的,唐代玄应《一切经音义》说:"南无,亦作南膜,或言那模,皆为归礼译之。"

据说"南无"一词起自汉传佛教中的净土宗,东晋太元十五年(公元 390 年),其创始人之一的慧远法师在庐山东林寺建莲社(白莲社)时,就在阿弥陀佛像前庄严发愿立誓,专修念佛三昧,共期往生西方。所谓的"念佛三昧",简单说就是心心念念地思佛、想佛、念佛,其中最为具象的就是念佛——要时时刻刻唱念"阿弥陀"的佛名,为了表示尊敬和皈依之心,在佛名前加上敬语"南无"一词,作为净土宗的六字洪名。佛教经典、净土三宝之一的《观无量寿经》里说:"具足十念,称南无阿弥陀佛。"就是最早的语例。

据说这样的敬语称呼来自佛祖菩提达摩,北魏杨衒之《洛阳伽蓝记》记载,已经 150 岁的佛祖菩提达摩来到洛阳永宁寺,看到寺院精丽无比,美轮美奂,于是决定在该寺住锡并弘扬佛法,佛祖弘法时"口唱南无,合掌连日",留下了"南无"这个敬词。

"南无"一词是佛教信徒一心归顺佛祖的敬语用词,常用来加在佛、菩萨的名称或经典题名之前,或者面对高僧大德传法

解惑时使用，以此来表示对佛、法、僧的尊敬和虔信。唐朝时候的净土宗善导大师提出了"持名念佛"的说法，也就是只要在口头上不停地念诵佛号，那么就能够得到佛的护佑，在去世以后便可以往生西方极乐世界。他在《观经四帖疏》里说："言'南无'者，即是归命，亦是发愿回向之义；言'阿弥陀佛'者，即是其行。以斯义故，必得往生。"所以，"南无"一词就是"心中发愿，与佛回向"的意思。因此，在口念"南无阿弥陀佛"的时候，按照印度礼仪，必须保持头颅低垂、双手合掌、语气柔顺、心平气和的状态。

伴随着佛教净土宗的广泛传播，"南无"一词也被从佛教寺院的高墙里、梵呗声声的香火中流传到了民间社会。首先是许多信奉佛教的文人墨客以及达官贵人开始使用这个词语。比如宋代诗人、永嘉学派创始人薛季宣，他在写下自己云游心得的《记游诗》里说："遐观梦中梦，南膜佛因缘。"同时，苏东坡用"口诵南无阿弥陀，如日出地万国晓。"来赞美佛祖等等。

而作为老百姓的念佛称号，则在明清小说白话语境中，开始引申了该词的词义。我们经常会看到，常人在表示感激、愿景以及庆幸脱离险境等场合，往往会脱口念道"南无阿弥陀佛"。例如《西游记》里："那凤仙郡，城里城外，大小官员，军民人等，整三年不曾听见雷电；今日见有雷声霍闪，一齐跪下，头顶着香炉，有的手拈着柳枝，都念'南无阿弥陀佛！'"《喻世明言》里："范道受记了，纵着高高的念声'南无阿弥陀佛'，便合了眼。"《醒世恒言》中："韦德夫妻与他说明本末，哑子合着掌，忽然念出一声'南无阿弥陀佛'，便能说话，将张稍从前过恶，一一说出。"《桃花扇》里："南无天尊！果然善有善报，天理昭彰。"等等。都将词义延伸出了敬佛皈依的范畴，产生了包括祈愿、满足、因果相报等衍生含义。

今天我们说"南无阿弥陀佛"，在不同的语境场合下，也会表达不同的意思。所有这些都是继承了前人的引申发掘成果，更为准确地表达我们所处所想的内容的需要所致。

"超度"的前世今生

"超度"一词最早使用的时候,与宗教没有丝毫的关系,只是按照其字面的"超过,超越"含义来使用在古人的生活中。"超度"一词的广泛传播,却是宗教的功劳,以至于今天我们在使用该词时,不再使用其原始含义,只是使用它被宗教"御用"后的引申含义。

最初,"超度"一词,一是指动作行为上的跨越、超过之义。例如《三国志》说孙权骑马过断桥,幸亏谷利抽了马一鞭子,"遂得超度。"就是跨越过了断桥;二是指能力、学识上或者待遇上的胜出、高于。例如唐代冯宿在为他人写家庙碑文中的旌扬之语:"猗那先子,超度名辈。"总之,其基础义是一个使用频次不高、较为生僻的词语。

我们今天认识的"超度"一词的含义,是来自道教和佛教对于该词词义的引申演化。中国传统宗教的道教是"超度"这种仪礼的始作俑者。对道教而言,超度就是法师通过自己内在的功力,通过作法念咒连接祖师或者神仙,把还沉沦在阴间或者滞留在人间的亡魂救拔出来,然后通过神仙接引,早日升入极乐世界。简单说,"超度"就是做法事、道场来帮助亡魂早日登上极乐世界。伴随着佛教传入中国,佛教也借鉴了道教的"超度"仪礼,并使用佛教更为宽泛的教义对这种仪礼进行改造,形成了具有自己特色的、新的"超度"仪轨内容。所以《国语词典》里讲:超度即是"佛教或道教指藉由诵经或作法事,帮助死者脱离三恶道的苦难。"

佛教的借用使得"超度"一词被赋予新的内容。首先来自佛教对于"超度"含义的认识和仪轨的编排,并且得到了社会各阶层的普遍认同。从原理上说,《地藏经》认为:人如果生前多造恶业,死后其神识就可能投生到饿鬼、地狱等三恶道中去。有没有什么办法拯救呢?那就要在死后的七七四十九天内,以"善愿功德力"加持死者——要多做善事来弥补他在世期间做的坏事恶行,这样,才能够使他不托生于地狱等恶道。

最初借用道教仪礼创建佛教"超度"仪轨的是南北朝时期痴迷佛教的梁武帝萧衍,这个先后四次不做皇帝要舍身出家当和尚的皇帝所创建的佛教盂兰盆会,借用了梵语 ullambana 的音译(救倒悬),开创了佛教解"鬼"倒悬的"超度"始端。

"盂兰盆会"始于道教的中元节,道教认为,一年中有三个鬼节,即清明(农历四月五日)、中元(农历七月十五日)和农历十月一日。而佛教只把中元节作为自己的鬼节来使用,其中最重要的内容就是超度亡灵。佛教还根据自己的教义内容,把"目连救母"的佛教故事嫁接到这个鬼节的仪轨上,以便于普通老百姓更容易接受。

在《佛祖统纪》里,梁武帝最早将"目连救母"的供奉馔果、缅怀先祖的追思缅怀的内容改变为功德法会,请来僧尼为亡者诵经拜忏,以此超度亡灵,使其超脱苦难。所以,《西游记》第13回里,伯钦的母亲告诉他,他父亲的亡魂"多亏长老超度,已消了罪业,上中华富地,长者家去托生。"后来,佛教又将"超度"亡灵的功德法会引申到了为现实的迷途妄想者修善止恶所服务,引领他们远离六道轮回,走上涅槃正途,使得"超度"仪轨具有了现实生活的意义。"超度"仪轨所嫁接的"七七"业尽、中元授衣等老百姓喜闻乐见的仪式成为其遍传神州、老百姓"咸具神衣、酒馔以荐,虽贫无敢缺"的主要原因。

佛教"超度"仪轨到了唐代已经是大肆盛行、如日中天,其名称有了超升、超生、超拔、超幽等不同说法,仪轨内容也有了很多制度性规定。具体内容包括念佛、诵经、营斋、做道场等,而且从城市到乡村,无不秉持"超度"仪礼。唐代张鷟《朝野金载》说:"村人遂于陂中设斋超度。"可见这个时候,"超度"不再是皇帝权贵的专用,已经广泛进入寻常百姓的生活。

后来又经过明清白话小说的不断渲染,"超度"一词完全成为民间老百姓生活与佛教、道教接引的媒介和桥梁,用途极为广泛。明代高明《琵琶记》

"把公婆的魂魄来超度。"只是基本释义用法;关汉卿《鲁斋郎》"你做什么好事?超度谁?"则是劝善安良的发问;《儒林外史》"又有极大的法船,照依佛家中元地狱赦罪之说,超度这些孤魂升天"成为众心所愿的向往;而《窦娥冤》里"从今改过行业,要得灭罪修因,将以前医死的性命,一个个都与他一卷超度的经文。"则成为真心忏悔的发愿。所有的使用语境都指向同一个目标——那就是人生做善事,自然得好报。

"坐蜡"是土语还是佛缘?

老北京有一句土话,说一个人陷入困境或者尴尬地步的时候,叫作"坐蜡"。想象一下坐在燃烧的蜡烛上面,既有热锅上蝼蚁的危在旦夕,又有抛不开、甩不掉的尴尬着急画面,既形象又可笑。当然,这个词要是被河南人和江西人用在谁身上,那更是伤害性不大,侮辱性极强。

有人说"坐蜡"一词是从"坐腊"而来,是佛教用语。指的是根据佛家的戒律,佛教将僧侣受戒以后修行一年称为一腊,我们常常看到高僧大德圆寂时会讣告"僧腊多少",也就是他受戒到圆寂的时间有多少年。那么,怎么判断僧侣们度过一腊呢,据说有两个标准。一个日常的标准,指众僧应于每月望晦日即农历十五和三十,齐集一处共诵《戒本》,自我对照反省有无违戒犯律之事。如有违犯,应按情节轻重依法忏悔,这样的功课要做够十二个月;还有一个是集中的标准,即是全年之中,自农历四月十五日到七月十五日的三个月中聚集定居,专心修行不得随意他往。唐代高僧玄奘在《大唐西域记》说:"印度僧徒依佛圣教坐雨安居……前代译经律者,或云坐夏,或云坐腊。"今天的藏传佛教里每年夏天还有雪顿(酸奶)节的重要礼佛仪式,都还保留着这种佛教仪轨。

这样的闭关修习过程称作"坐腊"。经过艰苦严格的考核,僧人们的僧腊才会增长一岁,也才会向高僧大德的理想更靠近一点儿。

佛教"坐腊"首先是很寂寞,要自我检讨和反省自己在修道过程中的罪业,做到无忌无隐;其次要虚心接受别人的批评指摘,其间不乏"受过,受斥责"的难堪、困窘和尴尬。同时,每一年农历七月十五,众僧还要开展大规模、大范围的"自恣——批评与自我批评"活动。可见"坐腊"是个难挨的苦差事。

　　"坐腊"的"坐"字大家都懂,需要解释的是"腊"字,佛教的"坐腊"源于古代天干地支纪年的祭祀活动,最初是繁体字的"臘或蠟"字,《说文解字》说:"臘,冬至后三戌,臘祭百神。"即是说冬至后的第三个戌日,举行祭祀百神的仪式,因此也引申为阴历一年一岁的终了——臘月(十二月)的代称。而"腊"字在古代读 xī,是干肉的意思(《王力古汉语字典》)。后来,"腊"成了"臘"的简化字,才有了繁体字"臘"所包含的祭祀含义。

　　至于"臘"与"蠟"古代即为通用之字,都是祭祀的意思。

　　《礼记》记载:"大蜡,天子之祭也。"

　　《史记》索隐广雅曰:"夏曰'清祀',殷曰'嘉平',周曰'大蜡',亦曰'腊',秦更曰'嘉平'。"

　　汉代应劭《风俗通义》:"腊,谨按《礼传》:'夏曰嘉平,殷曰清祀,周曰大蜡,汉改为腊。'"

　　可见,在古代,"臘"和"蠟"是可以通用的。因此,"坐腊"就是"坐蜡",本没有什么分别。只是同一个意思的不同表达,坠入莲花深处则为"坐腊";误入寻常百姓人家即为"坐蜡"而已。

变得是表象，不变的是内心

"变相"一词，我们今天用来形容一些不好的东西通过改变表面形式（其内容或实质没变）而摇身一变、招摇过市。比如减少商品的数量或者降低质量，依然保持原有价格，实际上就是变个样子涨价。有一个成语叫"朝三暮四"，其实就是一种变相欺骗的注解。

那么，"变相"是从哪里产生的？其含义又是什么呢？

"变相"古代也称"变"。是指佛教、道教中演示道藏佛经的内容而绘成的具体法相，曾广泛流行于古印度及中国六朝、隋唐之后。就是将佛经描述的故事，绘成图画，用几幅连续的画面表现故事的情节或宗教人物讲道弘法的过程。一般绘制在石窟、寺院的墙壁上或布帛纸张上，是广泛传播教义的宗教通俗艺术。表现形式类似于前些年流行的连环画或者今天孩子们喜欢的漫画书。范文澜、蔡美彪等在《中国通史》里讲："变的意思是变原样，依照佛经所说，作成绘画的形状叫变相。"最大的原始"变相"就是敦煌千佛洞的塑像和壁画，还有藏传佛教的唐卡。

佛教讲究"法"无实相，因此，"变相"就成为佛教经典、菩萨或法器的替身实相。赵朴初先生讲的"宛如一月映三江"；法门寺出土佛指舍利指骨时，即有三枚影骨相伴相随，民间讲究所谓"真人不露相，露相不真人"都是这个意思。"变相"存在于佛道两教的方方面面，角角落落，寺庙道观里的墙壁、法幔上都会出现"变相"。佛教经典《坛经》里说："五祖堂前，有步廊三间，拟请供奉（职官名）卢珍画《楞伽经》变相及五相血脉图，流传供养。"《五灯会元》："其壁本欲令处士卢珍绘楞伽变相，及见题偈在壁，遂止不画，各令念诵。"很多僧侣法师也都在使用"变相"，最有名的例子就是《西游记》里孙悟空的"七

变得是表象，不变的是内心

十二变"，可以是本身，也可以是法身，还可以是变身，只须拈一根毫毛，颂一声"变"，可大可小、可多可少、可人可物，一切皆有可能。就像李渔在《闲情偶寄》里所说："其实云之变相，'千万'二字，犹不足以限量之也。"

其实"变相"就是一种形式上的变化，这种变化使得受教者可以更直观顺遂地理解和接受教义，就像基督教唱诗一样，所有人都陶醉在美妙的音乐中，从内心深处接受了这种传法。但是，我们知道，万变不离其宗，所有的"变相"都是为法相本身所服务的，因此，孙悟空不管变成什么样，最终还是浑身长毛的孙悟空，如来佛变成大肚汉也还是如来佛。孙悟空再会"变相"也无法逃出如来佛的手掌心。

当然，我们今天说"变相"，已经和宗教没有任何关系了，多指社会生活中的现象，带有批判和反对的意思，是含有贬义的词语。

不"棒喝"无以阅本性、悟道理

"棒喝"也说"当头棒喝",是佛教用语。指僧尼初入佛门的时候,接引的高僧大德都会趁初习佛法的人不备,使用"棒喝"或者"当头棒喝"来查验修行者的悟性智慧或者本性禀赋。

"棒喝"一词,从字面上很好理解,就是"当头一棒,厉声呵斥"的意思。唐代汉传佛教进入发展的鼎盛时期,大量的凡夫俗子急欲遁入佛门,因此,禅师在接待初入佛门的人时,常常对他虚击一棒或大喝一声,使其来不及深思便做出反应,以验其悟性。

"棒喝"一词来自两则佛教故事。

南怀瑾先生讲过佛教禅宗有名的四则故事,称之为:德山棒、临济喝、云门饼、赵州茶。相传汉传佛教中"棒"的使用,始于唐代德山宣鉴禅师。据记载:德山宣鉴禅师常以棒打为接引学人之法,形成特殊之接引家风,世称德山棒。《五灯会元》记载:"道得也三十棒,道不得也三十棒。"用今天的俗话讲,就是:打(棒击)不死就得道成佛,打死了则慧根不足、灵性不到,活该!不过,讲究不杀生的佛教高僧大德,棒打就是吓唬吓唬,验证验证,不会真的打死初入佛门的信徒的。

临济义玄禅师是临济宗的开山始祖,后住持赵州的临济院,他所创立的"四喝"等峻烈的禅风,在禅宗中占有举足轻重的地位。其中最为有名的要数他在接引学人方面惯常用的方式——"喝",形成了独有特色的"临济喝"。《五灯会元》记载:"师谓僧曰:'有时一喝如金刚王宝剑,有时一喝如踞地师子,有时一喝如探竿影草,有时一喝不作一喝用。汝作么生会?'僧拟议,师便喝"大概意思是:法师对僧人说,我的喝问有时像金刚宝剑,闪耀佛祖智慧之光,有时像狮子吼,可以镇妖辟邪,有时如探竿影草,可测对方善根清净本性,有时兼有多种用途。"僧拟议,师便喝"的大意就是:别说话,欠"喝"是吧!不过,从记载的语言说看,义玄禅师一定是山东人,会说:"么生会"这样的山东方言。

可见,"棒""喝"其实是初学者入佛求道的法门,他可以是法器,也可以是教条;可以明了,也可以更糊涂……一切全在自己的本心与悟性。此后,禅宗法师传道时,多数会遵循"棒""喝"交施的法门,借此促使僧人觉悟。后来"棒喝"一词使用范围扩大,用在平时的百姓社会生活中,指用猛烈的言辞或者过激的方式,警醒痴迷或者不觉悟的人们。

所以,修道悟佛的过程中,不管是中国本土的道教老子所秉持"清静无为"而回归于人的原始本性,还是佛教参禅严厉的"棒喝"顿悟,讲求的都是修行的方式方法和法门路径。

被滥用的"借花献佛"

"借花献佛"本来是一个纯洁而具有深刻哲理的佛教故事,但是却被古今使用者大量地使用在各种各样的场合和事物上,以至于沾染了太多的俗气和烟火气,从一个褒义满满的雅言变成一个含有讽刺、挖苦和自嘲含义的贬义词。

在佛教各种供物中,鲜花果馔是最常被用来供奉,也是最具意义的。据《大方广如来不思议境界经》记载,凡诚心、欢喜以花果时馐等物供养佛者,必得安乐、大福德等,并迅速成就阿耨多罗三藐三菩提。

从佛教经典《过去现在因果经》中,我们得以全窥这个关于佛祖成道的故事。据说一个叫善慧的婆罗门弟子,有一天来到一个叫莲花城的地方,听说燃灯佛将前来莲花城说法,于是,善慧想以鲜花来供养燃灯佛。但是国王灯照王已先一步将城中所有鲜花都收纳齐集供养燃灯佛,又下令国内所有鲜花,不得私卖,都要送到国王那里,不得早于国王供养给佛。

正当善慧寻遍全城也得不到鲜花之际,在井边遇到了一位年轻漂亮的姑娘,手中捧着插有七枝鲜花的瓶子。善慧至心诚恳的愿意出高价求她将花卖给他去供佛,当时这个女子就问善慧:"供养如来,为求何等。"善慧回答说:"为欲成就一切种智。度脱无量苦众生故。"但是,女子提出一个令他难以接受的条件——要善慧娶她为妻,才答应送他鲜花。专心修道的善慧陷入两难之中,最后,为了得到鲜花来敬奉佛,他决定答应女子的这个条件,但只是在自己未修炼成圣道以前与之结为夫妻。

显然,这是佛祖在考验善慧的灵根悟性,据说这个女子就是释迦牟尼成佛前的妻子耶输陀罗的化身。考验的结果是满分合格的,由于被善慧诚心所感,女子答应送给他五朵鲜花满

被滥用的"借花献佛"

足他敬奉佛祖的心愿,另外两朵则托付善慧帮她拿去献佛,以积自己的功德。并说:"今我女弱不能得前,请寄二花以献于佛,使我生生不失此愿。好丑不离,必置心中,令佛知之。"意思是说,请你把两支鲜花供奉佛祖,告诉佛祖,我与你永不分离的心愿。

于是,善慧"即散五茎,皆住空中,化成花台。后散二茎,亦止空中,夹佛两边。"他所供奉的鲜花成为空中幻化的莲花台和佛祖身旁的供花。在《佛本生故事》里,也有同样的记载。

今天看来,这个故事是讲述佛祖成道时所受到的种种外在诱惑和考验,诉说佛祖成道之不容易,展示佛祖的尊崇和伟大。因此,"借花献佛"这个成语也就充满了无限的敬奉、崇尚的膜拜和纯洁的信仰,满满的褒义色彩。

即使纯洁无瑕的天使,在坠落凡尘的过程中,也不可避免地要濡染上烟火气、乡土气和世俗气。自从明清以来,白话小说大行其道,"借花献佛"一词在使用过程中,被那些胡说漫语的语言行为涂抹得体无完肤,以致往日的纯洁和高尚荡然无存。比如《初刻拍案惊奇》:"小娥又满满斟了热酒,奉与申春道:'小人谢保,到此两年,不曾伏侍二官人,今日小人借花献佛,多敬一杯。'"这是借别人的酒,敬自己的佛(恩人)的意思;《醒世姻缘》里:"你那借花献佛虚撮脚儿的营生,我不知道么?"这是拉托掮客般的含义;《老残游记》:"今儿有人送来极新鲜的山鸡,烫了吃,很好的,我就借花献佛了。"这是借别人的礼物招待自己朋友的假豪爽;《醒名花》里:"即将高公送来的包儿打开,取出几锭,分送与朱张二人道:'多蒙照拂,无物可酬,只此借花献佛。'"则是分送别人钱财的转手之谊。总之,原有的词义内容被改变成为随时随地、随机应变的使用他人财物或人情来承付自己的人情关系的含义。

直到今天,在现代汉语语境中,这个改变都没有丝毫的收敛或者改善,反而伴随着社会发展的脚步,使用范围越来越泛滥、语用格调越来越低俗,嘲讽等贬义色彩也就越来越浓重。

苦海无边说『苦海』

"苦海"一词自从鸠摩罗什从梵文佛经中翻译过来的那一刻起,就充满了无限的想象力和丰富的内在含义。那是一片无人能看到的、却时时刻刻纠缠在人们生活和心灵深处,处处可见、处处可以遇到的场景。所以,翻译者用一句话来解释说:苦无际限,譬之以海。

海其大在于汪洋恣肆,海其远在于无涯无际,因此,对于人来说,在海里漂泊或沉寂,带来的都是无依无靠的绝望、风吹浪打的苦痛和了无生趣的心理暗示。所以,佛在经典里说:"我见诸众生,没在于苦海。"时,要"常于生死苦海中,作大船师济群生。"因此,让毫无希望的人们脱离苦海是佛的责任,也是吸引普罗大众皈依佛门的手段。

佛教在讲解"苦海"一词所蕴含内容的时候,会具体而细致地告诉我们,包括生、老、病、死、怨憎会、爱别离、求不得以及五取蕴这八样苦逼的境遇,是苦海里主要的滋味。这些非常接地气的内容与我们日常生活紧密相关,因此得到了众多人们的信服。作为一个词语,其所蕴含的生活状态描述使得我们有理由相信,佛说的有道理,向往和憧憬着跟随佛的脚步,脱离这漫无边际的苦海。

佛又说:"苦海无边,回头是岸"是摆脱苦难的捷径和顿悟的法门。此岸的生死、苦海的艰辛、彼岸的安乐所描绘出的一幅人生规划蓝图便指引着万千人众趋之若鹜,所以,苦海又是考验人性的战场,脱离苦难的过场和到达彼岸的必经之路。有战胜困难的决心,才会有脱离苦海的信心和毅力,正如《敦煌变文》里说:"取菩提,心不背,誓与有情填苦海。"

在崇佛信佛的魏晋南北朝时期,"苦海"一词多出于佛教用语。到了隋唐,这个词语在佛教经典中大量使用的同时,也开始出现在盛唐时期那些深受佛教教义影响的诗人作品当中。例如李白所写铭文里的"西方大圣称大雄,横绝苦海舟群蒙。"吕岩的《绝句》:"苦海翻成天上路,毗卢常照百千灯。"等等,不过描写的还是佛教内容。当然,那些才华横溢的大诗人也有将"苦海"一词运用到了哀叹自己和他人不幸遭遇的方面,从而使得该词出脱了原来纯粹的佛教含义,变得更为生活化和接地气了。例如卢纶《宿石瓮寺》里:"回瞻相好因垂泪,苦海波涛何日平?"

懒散而秉持个性的宋代文人在"苦海"一词的使用上却严格遵守了原旨含义,不敢越雷池一步。朱熹在《朱子语类》里说:"知得心放,此心便在这里,更何用求?适见道人题壁云:'苦海无边,回头是岸。'说得极好。"除了"苦海"接续了"无边"一词,还常常使用"回头是岸"的短语来补充,表示祈望上岸的转折;同时,在使用"苦海"一词时,也多与"爱河"这样的佛教用语来连用。例如,陆游在《大圣乐》里:"苦海无边,爱河无底,流浪看成百漏船。"这样的情况延续到了元明清的曲剧白话之中,一直到现代都保持着,很少有什么变化。

至于古代文人旁逸斜出地创造出那种如五代王定保《唐摭言》里记载的"郑光业弟兄共有一巨皮箱,凡同人投献,辞有可嗤者,即投其中,号曰苦海。"只是无聊文人无病呻吟的呓语。后世见其奇异,个别故作效仿的也有,但绝不是"苦海"一词的本义。

我们都错怪了『二师兄』？

老少妇孺皆知的《西游记》里，最憨厚可爱的"二师兄"名叫"猪八戒"，俗名猪刚鬣，出家后叫"悟能"，为什么叫他"八戒"呢？难道是因为他太贪吃贪睡贪女色吗？

其实不然，这和佛教的清规戒律有关，在《西游记》中，"二师兄"是唐僧的二徒弟，原来是天宫的天蓬元帅、太上老君的记名弟子——因调戏霓裳仙子被逐出天界，却又错投猪胎。跟随唐僧后，断了五荤三厌，唐僧因此给他起了个别号，叫"八戒"。

"戒"是佛教的教规惩戒（梵语 sila）的意译，指必须遵守的各种准则以及防非止恶的规范。如：戒定慧（指持戒、禅定和智慧）；戒体（受戒的比丘内有防非止恶的自治力，而且始终符合戒律的要求，身心完全清净）。查阅佛教经典，"八戒"是在佛教"五戒"基础上产生的对于居家修行的佛教信徒（居士）一昼夜受持的八条戒律：一戒杀生，二戒偷盗，三戒邪淫，四戒妄语，五戒饮酒、食肉，六戒着香华，七戒坐卧高大床，八戒非时食。最初源自魏晋南北朝北凉时期的翻译佛经中有："有人一日一夜受持八戒而能获得解脱分法"的说法。《敦煌变文》中说："近事男，近是女，八戒十戒，并从五戒而生，天名五星，在地名五岳，在道教为五行，在儒为五帝，在释为五戒。"此后的《云笈七签》《五灯会元》等佛教典籍中也多次予以解说。

民间将"八戒"称为"八关斋"，最早出于魏晋六朝的《北史》："光州故吏闻凶问，莫不悲感，共铸八尺铜象，于城东广固寺赴八关斋，追奉冥福。"唐代以后，将其作为佛教法会来隆重举行。唐大历七年（公元 772 年）四月，为了给得病的朝廷武将田神功祈福，在开元寺内设八关斋会，邀请 1000 名僧人前往诵经念佛，参加的信众有几万人，著名书法家颜真卿亲自撰文并书写了《有唐宋州官吏八关斋会报德记》来纪念这件事情。宋代司马光在《资治通鉴》记载:"会上于华林园设八关斋,朝臣皆预。"黄庭坚《戏题鲁处善尉厨》也说:"天女原非人间色,道人今日八关斋。"可见,"八戒(八关斋)"这种仪礼是多么地受当时人们的恭敬和重视。

因此,"八戒"一词两说,在佛教僧侣眼里,是严格的清规戒律;在善男信女心中,是信奉和进入佛教的法门。吴承恩在《西游记》中,之所以将好吃懒做,爱占小便宜,贪图女色,经常被妖怪的美色所迷,难分敌我的"二师兄"取"八戒"之名。一来是因为猪悟能不似唐僧已经是佛家子弟,他们尚在信佛修行、求取佛法的路上,还需要受到戒律的约束;二是"八戒"原本是道家弟子,皈依佛门还需要一个转化身份的过程。可见吴承恩非常了解"八戒"一词的真正含义。

不过,《西游记》里有1666处使用"八戒"的地方,可见"二师兄"在西天取经过程中的分量之重。

"元宇宙"里看"沧海桑田"

秦汉时期风行的神谶文化以及之后逐渐成熟的佛、道两教宗教法统为滋生中国特色的三体世界"元宇宙"提供了土壤,反映在语言文字中,出现了"沧海桑田""精卫填海""夸父逐日"等成语神话故事以及八仙过海、孙悟空七十二变等宗教传奇。

"沧海桑田"讲的就是一个神仙故事,源自晋代葛洪《神仙传》:说的是汉桓帝时有两个神仙,王远和麻姑,他们已经有500多年没有见面了,便相约到蔡经家喝酒。相见后,姗姗来迟的麻姑提出了一个问题,说自从她得道以来,亲眼看到东海三次变成桑田,然后又变回沧海,刚才到蓬莱巡视,又看到海水比以前少了一半,难道它又要变成陆地桑田了吗?王远于是叹息说:是啊,圣人都已经说了,大海的水在下降,转眼又要变成陆地,扬起尘土,成为被人们种桑养蚕的桑田了。

"山中方七日,世上已千年。"古人讲述的神话故事我们不完全懂,在今天来看,多多少少有一些光怪陆离、荒诞离奇,却无形中契合了当今流行的"元宇宙"概念。那个麻姑"年可十八、九许",却已经是与另外一个神仙约了500多年,并且看见了三次"沧海桑田"的相互变幻。她是谁?她的世界在哪里?是不是有一点儿穿越呀!

所以,这种常人常理无法理解的巨大变化才叫"沧海桑田"。那为什么会选择"沧""桑"来表达这样的意思呢?

"沧"是一个形声字,一般来说有两个意思,一个是本义——寒冷的意思。"沧,寒也。(《说文解字》)"另一个是假借字,同"苍",表示深绿色或者暗绿色。这两个意思都与"海"的苍茫广大之状极为般配。而"沧海"一词的语料也多出于汉代,有人说《山海经》记载了"沧海之中,有度朔之山。"的话,其实只是东汉初年王充《论衡·订鬼篇》中的引述。而像《史记》《汉书》中所说的"沧海(之)郡",西汉董仲舒"故受命而海内顺之,犹众星之共北辰,流之宗沧海也。(《春秋繁露》)"以及东汉曹操"东临碣石,以观沧海。(《步出夏门行》)"等十余例汉代语例,成为最早的"沧海"词语出现的例证。

而"桑田"则是农耕时代人们赖以生存的命根子。"桑"作为最早被人类认识的植物,既可以养蚕织丝,桑葚又可食用养生,是先民们最喜爱的衣食两用植物,因此,"桑"和"桑田"也就成为古代很早出现且最常用的词语。上至《尚书》里的"桑土既蚕,是降丘宅土。(《禹贡》)"下到"一觉不知天地老,醒来又见几桑田。(《警世通言》)""桑"字的语料,在古代语料检索中发现了4783多处,"桑田"一词也搜罗到165处。这里的"桑田",大多数表述为"种桑的土地",其余则借指天地变化巨大、岁月穿梭迅疾的意思。其中《诗经》里最多,例如"阪有桑,隰有杨。(《车邻》)""交交黄鸟,止于桑。(《黄鸟》)""彼汾一方,言采其桑。(《汾沮洳》)""十亩之间兮,桑者闲闲兮,行与子还兮。(《十亩之间》)"

"白衣苍狗多翻覆,沧海桑田几变更。"巨变让这个成语承担了复杂而具有想象力的时空转换。巨大、超时空、繁复都不足以表述这样的含义,思来想去,只能用更为具象的"沧海桑田"或"沧桑"这样的语言,或许可以满足其空间的巨大、时间的绵延以及变化的纷繁复杂内容。

这种将"元宇宙"六维空间融于一体的汉语语词还有很多,正如白居易《长恨歌》里说"上穷碧落下黄泉,两处茫茫皆不见。忽闻海上有仙山,山在虚无缥缈间。"以其天上、人间、阴曹地府三位一体的宗教架构,时间和空间的交织穿梭往来,在现实和虚幻中不断地交叉转换,其实古人比我们更懂得、更具有无限的想象力和创造力,我们从这些古语词中可以感受到的,只是小小的一部分而已。

(原载于《北京晚报》2022.10.24)

如何理解"风马牛不相及"

平常我们说两件事不相干，八竿子打不着，喜欢用一个常用成语"风马牛不相及"。但这个成语到底是什么意思，特别是其中的"风"怎么解释，似乎不是每个人都能说得清楚。

《左传》里记载这样一个故事：有一年齐桓公率军攻楚，楚国国王派外交官到前线交涉。他代表楚王说："君处北海，寡人处南海，唯是风马牛不相及也，不虞君之涉吾地也，何故？"意思说，您（齐国）在北边，我们（楚国）在南边，两国相距遥远，正如牛马发情，（牛和马）也不会发生关系。可没料到您居然（带着军队）来到我们这儿，不知是什么意思？楚国外交官很优秀，他这几句话说得相当有力量。后来，经过几轮舌战智斗，齐桓公自觉理亏和无趣，臊眉耷眼地撤军了。

这里的"风"字到底如何解释，以往学者有各种各样的观点，令读者无所适从。依据《字汇》和《正字通》的记载，其中有两种主要的说法，一是说"风"指"牛走顺风，马行逆风"，所以风起时，他们是背道而驰，怎么也不会走到一起；二是说"风"指牲口雌雄发情期相互引诱。现在看来，大家逐渐接受后一种说法，风就是风情、风骚的意思，其含义跟性卖弄、性吸引有关。牛马羊猪狗猫这些常见家畜，各有一定的生殖繁衍周期，人们称之为"发情期"。在发情期内，动物对性的需求极为强烈，常常会克服平常难以逾越的障碍，去与异性交配，例如母猪跳圈、狸猫叫春等。但即便如此，不同种属的牲畜之间也不会发生性关系。

| 甲骨文 | 金文 | 篆文 | 隶书 | 楷书 |

如何理解"风马牛不相及"

古人对此很早就有认知,所以当楚国外交官说到"风马牛不相及"时,齐国人也心知肚明。只是现代社会离农牧生活越来越远,城市人已经看不到动物发情的场景,因而很难理解"风"的性张扬含义,使语文老师在解释这个成语时,不得不费很多口舌。

(原载于《语言文字报》2022.3.2)

老态为何用『龙钟』？

我们经常形容一个老人动作缓慢、走路蹒跚或者哆哆嗦嗦的状态是"老态龙钟"，其中的"龙钟"一词怎么理解引起了学界的争论。

"龙钟"在古代字书中有十几种不同的写法，包括陇种、笼东、笼钟等等，《康熙字典》里注释为："陇种，遗失貌，如陇之种物然。或曰即龙钟。"王力先生在《王力古汉语字典》里认定"龙钟"是叠韵联绵字，即用两个同韵字表示一个单音词的两个音节。

最早的"龙钟"叫作"陇种"，源自《荀子》的"(仁之兵也)则若盘石然，触之者角摧，案角鹿埵陇种东笼而退耳。"意思是说，仁者之师，就像磐石一样，触及的人都会摧败披靡而退却。可以看出，此时的"陇种"所表示的是受挫后披靡颓废的状态。后来汉代蔡邕的《琴操》里："俯仰嗟叹，心摧伤兮，紫之乱朱，粉墨同兮；空山歔欷，涕龙钟兮。"表现了汴河献玉被误解后伤心欲绝的身心状态，用今天的话说，就是"哭得稀里哗啦的"，从而把"龙钟"一词的含义引申到了身体、面部表情的颓丧和苦楚上。五代时期的《敦煌变文》里"举动途（迂）回，状同陇种（龙钟）"说得就更为清楚明白一些。

"龙钟"一词大放异彩的是唐宋时期，在那个涌现出太多伟大诗人的时代，他们将"龙钟"一词的含义阐发到了淋漓尽致的地步。不论是王维诗里"龙钟一老翁，徐步谒禅宫。"的步履蹒跚、老态毕显；还是苏颋"传置远山蹊，龙钟蹴涧泥。"于鹄"知己尚嫌身酩酊，路人应恐笑龙钟。"的步伐踉跄、醉意朦胧；抑或是苏东坡的"龙钟三十九，劳生已强半。"刘克庄的"新年筋力太龙钟。腰似铁锚儿重。"的壮年疲弱、身重体乏以及卢纶在雨夜里遇到朋友时，感念怀才不遇的"应念龙钟在泥滓，欲摧肝胆事王章。"等等，都成为当时诗人们使用"龙钟"一词，表达着各自不同的际遇、感念或者心声的案例,涌现出了包括年老不得劲儿、官场不得志、生活不如意、心情不舒畅等等的情状和场景。最为有名的当属岑参的边塞诗《逢入京使》,将"龙钟"一词使用得别出心裁,表达出思念家乡的悠悠感怀之情,不过,也为后世争讼该词所表达的准确词义埋下了伏笔。

  此时的"龙钟"一词,主要还是描述年老体衰的行为状态。《唐才子传》说:"年已七十余,龙钟衰老,谈及开元繁盛,流涕无从。"苏东坡讲:"恨老病龙钟,不果诣达,愧负多矣。"宋代诗人蔡戡也说:"差把龙钟鹤发,来对虎头燕颔,年少总英雄。"都是指年龄大了,身体衰老颓败的样子。所以,清代蒙学课本里说:"黄发儿齿,有寿之征;龙钟潦倒,年高之状。"这是"龙钟"一词最原始、最基本的含义。

  "龙钟"一词在历史上有两个误解,都是在这个时期发生的。一个是宋代《广韵》对"龙钟"一词的解释,"龙钟,竹名,年老者如竹枝叶摇曳不自禁持。"因而名之"龙钟"。清代翟灏在《通俗编》里认为是十分错误的。他说,"龙钟"是一种竹子的名称,戴恺之《竹谱》,马融《长笛赋》都记录过,《南越志》里也有"罗浮巨竹,谓之龙钟竹"的说法,但是,这些记载都是指这些体型巨大、竹叶刚劲、风华正茂的状态,与"龙钟"之"垂垂暮矣"风马牛不相及。因此,《广韵》关于"龙钟"的解释是张冠李戴。

  另一个是岑参的《逢入京使》里"双袖龙钟泪不干"中的"龙钟"一词到底指什么?20世纪初出版的《辞源(第3版)》将"龙钟"释义为"言沾濡湿润也。"例举了该诗,后来,这个释义被很多辞书和经典注本所沿袭使用。如《汉语大词典》"沾湿貌。"这种解释还举了蔡邕的"空山歔欷,涕龙钟兮。"以及唐代诗人宋之问《高山引》:"天高难诉兮远贞明德,却望咸京兮挥涕龙钟。"等例子,初想一想,"龙钟"与"涕(泪)"结合使用,被其"沾濡湿润"似乎是可以理解的状态。但是,"双袖龙钟泪不干"是指老人双袖哆哆嗦嗦、颤颤巍巍的样子;"(挥)涕龙钟"也是形容老年人涕泗横流的神态,根本引申不到"沾濡湿润"的含义上面去。

  正如陆游年老时病魔缠身,百无聊赖地说:"老态龙钟疾未平,更堪俗事败幽情。"百年新病,年老体衰,其状似龙弓腰、钟扣地的体态、一生郁郁不得志的人生境遇以及日常生活难以满足的疲惫状态,显在身上,写在脸上,都是"龙钟"具体而真实的写照。

(原载于《北京晚报》2022.8.28)

"唇亡齿寒"非小事

"唇亡齿寒"是一句古代熟语,他的前一句是"辅车相依",乍看像是关于口腔问题的词语,其实,它是喻指国家与国家之间关系的大问题。

该词出自《左传·僖公五年》,说的是晋侯复假道于虞以伐虢,大臣宫之奇提醒虞国国君的事情,大概意思是:"虢国,是虞国的外围,虢国灭亡了,虞国也一定跟着灭亡……俗话说'面颊和牙床骨互相依存着,嘴唇没了,牙齿就会寒冷',就如同虞、虢两国互相依存的关系啊。"但是,虞国国君见到晋国送来的奇珍异宝,宝马美女,就没有听从劝告,同意晋国军队借道伐虢,结果是晋军凯旋之时,顺道把虞国也给灭了。

这句谚语表面意思简单,极易理解。唇,口缘也;齿,当唇之牙也。唇在外,齿在内,唇保护着齿,齿支撑着唇,唇亡则齿露于外,遇冷自寒。但实际上说的是国与国关系的大智慧大方略,即是两个弱小的国家面对一个强国时,应该如何处理相互之间同舟共济、协同作战、共同应对强大威胁的关系。虞国国君没有明白这个道理,结果国家被消灭了。

所以,后世几乎所有使用这个谚语的人,所指都是如何处理国家、组织或个人之间相互依赖的关系,"辅车相依"是从正面说,"唇亡齿寒"则是反说。例如:宋代文学家苏轼写过一篇《拟孙权答曹操书》——也就是模拟三国时吴国国王孙权给曹操的一封信,也用了"辅车相依,唇亡齿寒"这两句话。而三国时。吴蜀两国唇齿相依、齐心协力共同对付曹操的时候,多数会取得胜利,反之则多有失败。还有《三国演义》第19回,吕布被曹操包围,求助于袁术,使者王楷劝说袁术的话:"明上今不相救,恐唇亡齿寒,亦非明上之福也。"结果袁术记挂前嫌,见死不救,吕布因此与袁术结下死仇,后将袁术军队打得七零八落。

至于"辅车相依"这句话,后人有说是关于古代车子的结构部件之间相互支撑的关系(段玉裁《说文解字注》),我们姑且听之,不管是脸颊还是车子,所喻指的内容和引申含义都是相同的。

(原载于《语言文字报》2022.6.29)

"卿卿我我"为哪般?

"卿卿我我"是一个成语,人们将古人沉迷于情爱不能自拔的情状总结归纳而成,相较于眼前生活中网络上的"撒狗粮""唧唧歪歪"等词,"卿卿我我"则显得既文雅含蓄又亲密无间,可见古人对于语言文字精髓的理解要深刻得多。

"卿卿"一词是这个成语的词根,决定了该成语词义品格的高下和合成结构的侧重。"卿卿"在古代应为闺中昵称、房中蜜语,格调既不高,使用范围也局促狭小。其源自南北朝刘义庆的《世说新语》中的"惑溺"篇,这一篇讲了当时魏晋名士的七个生活片段,都是指沉迷于声色、财富、忌妒、情爱里面不能自拔、无所节制的内容。其中第六则故事是讲当时的竹林七贤之一的王戎沉迷夫妻情爱,不受礼法约束的生活情节,用今天网络上的话说,那狗粮撒得,所有单身狗都受不了。

原文是这样的,"王安丰妇,常卿安丰。安丰曰:'妇人卿婿,于礼为不敬,后勿复尔。'妇曰:'亲卿爱卿,是以卿卿;我不卿卿,谁当卿卿?'遂恒听之。"大意是王戎的夫人总是叫王戎为"卿",王戎告诉她:"你这样叫我,显得礼数不周("卿"是用来称呼比自己地位低的人),以后不要再这样叫了啊!"他这么一说,夫人不高兴了,用撒娇嗔怪的语气说:"我爱你疼你,才叫你卿的,我不叫你卿,谁敢叫你卿呢!"一句话十六个字,半数是"卿"字,仿佛现代小女人噘嘴撒娇,红唇中停不住的"亲亲抱抱"之言,甜腻亲热而娇纵不容反驳。估计夫人娇嗔埋怨的可爱模样让王戎十分受用,于是"遂恒听之"——以后就听之任之,也不怕人听见后笑话他了。

崇尚清逸闲散的"竹林七贤"中,王戎做官吝啬,生活又奢靡,是唯一一个没有清名的名士,可是,他夫妻间琴瑟和谐的家庭生活却是"七贤"里最令人羡慕的。"卿卿"之语在此与王戎在家庭里唯我独尊的"我"相遇,既变成了惧内怕妻的"我我"口舌结巴的断语,又可以理解为出于恩爱而娇纵放任的情感呓语,虽未直接出口,却已蕴含其中,不言而喻。

不过,在《世说新语》里,"卿卿"一词是一个动宾结构的词语,指"以'卿'字来称呼你"的意思,第一个"卿"是动词,即称呼他人的行为动作,第二个"卿"是人称代词。这种情况在《世说新语》里较为普遍,例如《方正》篇里,王衍当太尉时,批评庾子嵩对他爱答不理,庾子嵩回答说:"卿自君我,我自卿卿;我自用我法,卿自用卿法。"这里的"卿卿"也是用"卿"字指代称呼他人的意思。

不知是古人并未看破王戎夫妻恩爱的本义,还是羡慕嫉妒恨人间无情无义的事情太多,"卿卿"与"我我"两个词意联神接,却始终没有走到一起,合成为"卿卿我我"的情爱写真。唐宋时期,"卿卿"一词作为人称代词,成为人们逃避封建礼法,沉迷青楼瓦肆寄托感情或者朋友互称的戏谑之语。例如:唐代诗人油蔚对于妓女的一夜风情而发愿"为报花时少惆怅,此生终不负卿卿。"牛峤的"解冻风来末上青,解垂罗袖拜卿卿。"要不然就是权德舆的"曲罢卿卿理驺驭,细君相望意何如。"胡令能的"试共卿卿语笑初,画堂连遣侍儿呼。"所以温庭筠总结说:"自恨青楼无近信,不将心事许卿卿。"也有少数像李贺的"卿卿忍相问,镜中双泪姿。""卿卿骋少年,昨日殷桥见。"诉说的是朋友相忆之情。倒是唐末五代词人将"卿卿"一词回复了些许原有含义。张泌写道"浣花溪上见卿卿,眼波明,黛眉轻。绿云高绾,金簇小蜻蜓。好是问他:'来得么?'和笑道:'莫多情。'"颇有苏东坡"多情却被无情恼"的惊艳不舍和徘徊留恋。这种短暂的回归在白话小说盛行的明清并没有得到进一步延续,除了留下一句"机关算尽太聪明,反算了卿卿性命。"的名言警句之外,其词义的承袭扩展依然停留在唐宋时代的水平。

"卿卿我我"的情爱之义直到近代白话文兴起,才被多才多艺的人们窥破、发掘并弘扬开来。鲁迅在《准风月谈·男人的进化》里:"它们在春情发动期,雌的和雄的碰在一起,难免'卿卿我我'的来一阵。"解释了这个成语形成的本义所在,回归到了人类情爱的本位之上。一直到今天,这一含义都是这个成语的主要意思,没有发生过摇摆或者漂移。

(原载于《语言文字报》2022.12.21,标题有改动)

胡说"？"道

"胡说八道"是一个常用的成语,意思是没有依据或没有道理地说话。大家都会用,也常用,几乎没有人会用错这个成语,原因是他是斥责或者训斥别人的时候经常使用的口头语。

但是,会用归会用,但它的来历和原始意义是什么呢?

我们先按照能够收集到的语料做一个排列:

1—1.宋·宗杲《大慧普觉禅师语录》:"手指东画西;口中乱说乱道。"

1—2.宋·释普济《五灯会元·龙门远禅师法嗣》:"秘魔岩主擎个义儿,胡说乱道,遂将一捆成斋粉,散在十方世界。"

1—3.元·郑光祖《㑇梅香》第4折:"我待不言语来,忍不得你这般胡说乱道。"

1—4.《西游记》第68回:"你那曾见《素问》《难经》《本草》《脉诀》是甚般章句,怎生注解,就这等胡说乱道,会什么悬丝诊脉?"(明嘉靖时期,公元1522—1566)

2—1.《金瓶梅词话》第27回:"单管只胡说白道的。"(明万历四十五年(1617年))

2—2.《红楼梦》第83回:"谁知半夜里一叠连声的嚷起心疼来,嘴里胡说白道,只说好像刀子割了去的似的。"(清朝)

3—1.《三侠五义》第7回:"小妇人告诉他兄弟已死,不但不哭,反倒向小妇人胡说八道。"(约成书于清朝嘉庆年间)

3—2.鲁迅《故事新编·出关》:"要是早知道他不过这么胡说八道,我就压根儿不去坐这么大半天受罪。"(民国)

3—3.鲁迅《且介亭杂文·病后杂谈》:"为了造语惊

人,对仗工稳起见,有些文豪们简直不惜胡说八道的。"(民国)

我们可以清楚地看到,从最早的"胡说乱道(宋元明时期)"到"胡说白道(明清时期)"再到"胡说八道(清以后)",从顺序上说明,这个同一含义的成语有着其自身语言发展的规律和过程。在这一过程中,"胡说"两字较为固定,"乱(白,八)道"则处于不断变动的位置。

分析其成语组件的含义,"胡说",即没有根据地或没有道理地乱说;瞎说(《汉语大词典》),其他词典的释义也大致相同。而"乱道""白道""八道"则有不同时期不同的情况。

"乱道":

1、妄言;胡说。(《汉语大词典》)

2、(1)胡说。(2)不符合正统思想的言论或主张。(《国语词典》)

"白道""八道"查《汉语大词典》《现代汉语词典》《现代汉语规范词典》均无。显然已经被现代汉语弃用,所以词典都不予收录。可见,该成语中"没有根据或没有道理地乱说;瞎说"的含义来自"乱道"一词,或者该成语用"胡说"义替代了"八(乱,白)道"义的成语。

同时,我们知道语言文字在长期应用过程中,常常出现因为读音、字形以及地域方言的变化而产生讹变,这是语言发展的规律之一。从"乱道"到"八道"只是语言的讹变而已,也就是我们经常说的,读转音了,或者用简单的字代替了笔画繁琐、书写不便的字。如"乱"的繁体字"亂"书写相当复杂,而"白""八"本身就是繁简一体字,用"白""八"代替"亂"就是为了使用方便。

在这里,我们要把"胡说八道"的"胡说"和另外一个成语"胡言乱语"的"胡言"要区分开来,这两个词最初表达的含义是风马牛不相及的。"胡说"从它出现之日起就没有"胡人的语言"的意思,一些人将两者混淆,臆断出什么"胡人乱说八正道"之类的故事,其实是错误的。

目不识『丁』识什么？

"目不识丁"这个成语来自唐代，是一句深含贬义的词语。很久以来，人们都在争论其中"丁"的含义。有人说，"丁"指最简单的字，"目不识丁"就是睁眼瞎——文盲，常用来讽刺一个人不识字或没有文化，连最简单的"丁"字也不认识；也有人说，"丁"就是"个"字的讹传。在小篆中，"丁"和"个"的书写形状完全一致。北宋文学家孔平仲在《续世说》中称"一丁字"应作"一个字"，这样，原文中的"不如识一丁字"就变成了"不如识一个字"，显得更为通顺和合乎逻辑。这种训诂古代文字的方式多多少少有一点儿"鲁鱼亥豕"的意味，不过也为我们提供了一种了解古代文字的途径和方法。

| 甲骨文 | 金文 | 篆文 | 隶书 | 楷书 |

其实，理解这句成语，更应该关注的是谁说了这句成语？当时的语境中，它所包含的真实意思是什么呢？

这句成语是《旧唐书·张弘靖传》中一段精彩的记录中的总结语，说的是名门大儒之后张弘靖在担任节度使时发生的故事。这个张弘靖是唐代中书令、书法家张嘉贞之孙，尚书左仆射张延赏之子，他凭借着祖荫平步青云，担任河东卢龙节度使。据说他"久富贵，又不知风土"，对于河朔蓟人的尚武风气颇为鄙视，他还擅自损毁了安禄山的墓穴和棺柩，想连根拔掉此地人众自古形成的尚武遗风。于是"上若好焉，下必甚焉。"他的手下韦雍、张宗厚两个人便每天肆无忌惮地横行乡里，常常"夜饮醉归，烛火满街，前后呵叱。"干的都是当地人不爱干的事情，还经常打骂吏卒，动不动就罗织"反虏"的罪名抓人。

目不识"丁"识什么？

他们常常对当地士卒和百姓说："今天下无事，汝辈挽得两石力弓，不如识一丁字。"意思是，当今天下太平，不打仗了，你孔武有力、武艺高强有什么用。还不如（我们）读书识字的人呐！

从语境中可以看出，这是一句自我炫耀时所用的成语，是拿尚武的战士与从文的儒生在宦海仕途上做比较选择的场景。所以，这个成语中的"丁"也就理所当然地成为读书识字的代名词。因此，在《汉语大词典》中，"丁"所列的"指笔划简单的汉字。"就成为最准确的直接释义义项。这样，文盲的詈骂、"丁""个"的争论，在这样的理解中都失去了完整理解这个成语的基本准则和方向。

其次，有关"丁""个"混淆的说法并不能够使人信服。一来唐代的文字已经从小篆经过隶变后，开始进入正楷（真书）的书写时代，"丁""个"的字形有着本质的区别；二来流传上千年的这个成语，其间大量的语料中，几无将"丁"改为"个"的，也反证了这种情况。

倒是有一个情况值得我们注意，我们知道，从隋唐起，春、秋二丁日祭孔之俗开始在全国各地风起。《唐六典》里说："仲春上丁释奠于孔宣父，以颜回配焉，其七十二弟子及先儒并以祀。仲秋之月亦如之。"祭孔即尊儒，也就是每年的春秋丁日要祭孔尊儒，因此"丁"即"丁日"，"目不识丁"也就成了不尊儒、不学儒的象征。这样，与原文中记载的蛮荒尚武之风可以相对比较而论，也符合当时的语境场合。

"目不识丁"的历史故事还有很多，其主旨却只有一个，就是在针砭那些没有读书或者不好好读书的人。例如：明代杨涟《劾魏忠贤二十四大罪疏》："金吾之堂，口皆乳臭；浩敕之馆，目不识丁。"《警世通言》："他两个祖上也曾出仕，都是富厚之家，目不识丁，也顶个读书的虚名。"这个含义一直使用到今天，从没有发生过改变。

"沉鱼落雁"是形容美还是丑？

正像一千个人心目中有一千个哈姆雷特一样，人们对于美的理解和认识也会因为各自阅历、学养等方面的不同而产生差异。在古代，对于像"沉鱼落雁""闭月羞花"这样的艳语词语也有着各自不同的认识。大多数人说好，是褒义词，指女人长得太好看了，以至于连"鱼""雁"这样的动物都自愧不如，连面都不敢露出；也有一些人反其道而行之，说"子非鱼，焉知鱼之乐"，连"鱼""雁"这些动物都惊吓得避而不见，铩羽而落，在它们眼中，那得丑到什么程度啊！

"沉鱼落雁"这个成语源自庄子《齐物论》，这篇文章的主题是讨论世界上万事万物归根到底都是浑然一体的，其性质都是相同的，没有本质的差别。所有的是非、美丑、善恶、贵贱都无时无刻在不断向其对立面转化，并不存在绝对的是非、美丑、善恶、贵贱之分。所以庄子说："物无非彼，物无非是。"他举例说："毛嫱、丽姬，人之所美也；鱼见之深入，鸟见之高飞，麋鹿见之决骤，四者孰知天下之正色哉？"大意是毛嫱、丽姬是人们认为的美人，但是鱼儿见了她们就潜入水中，鸟儿见了她们就高高飞走，麋鹿见了她们马上奔跑躲避，难道它们不知道美色漂亮的标准吗？

庄子的本意是说：对人来说，毛嫱、丽姬是美女，但鱼鸟麋鹿是不会用人的标准来分辨美丑的，看见她们这些美女与看见其他的丑人一样，也会感到恐惧害怕。所以鱼赶紧往水底游、鸟立刻向高里飞、麋鹿马上快速逃窜，都想躲得远远的。

可见，后人对于庄子所谓"沉鱼落雁"一词的理解其实是有偏差的。不过，这并不妨碍人们用这样的语言来形容美人，更有好事者将古代四大美人与"沉鱼""落雁""闭月""羞花"来比对照映、对号入座，拿捏出了一个美女标准图表。于是，这个词便以脱离原本含义的歧义被固定并一直流传下来。

后人所附会的故事是这样的,说"沉鱼"指的是西施的故事,春秋战国时期,吴越相争,越王勾践被打败之后,一方面卧薪尝胆,图谋复国;另一方面选送美女给吴国国君来做自己的内线。当时,有一个叫西施的美女,五官端正,粉面桃腮。她在河边浣纱时,清澈的河水映照她俊俏的身影和漂亮的脸蛋,使得鱼儿都不敢看她,慌忙沉到河底。西施被选送到吴国后,吴王一看西施长得如此漂亮,对西施百依百顺,终日沉溺于游乐,不理国事,国力耗费殆尽,于是,逐渐强大起来的越王勾践乘虚而入,出兵攻打吴国,达到了复国报仇的目的。

至于"落雁"则说的是汉代昭君出塞的故事。汉初时,王朝被北方的匈奴滋扰,无奈与之"和亲"。汉元帝在位期间,选昭君与匈奴单于结成夫妻,昭君告别故土,生活在寂寞空旷的大漠里,她经常弹奏起凄凉而悲壮的离别之曲,抒发思乡之情。南飞的大雁听到这戚戚怨怨、满怀悲情的琴声,哀鸣其遭受的不幸际遇,忘记了扇动翅膀,跌落到了地上。

这个成语在明清时代由于白话小说的兴盛而广泛地流传,多是形容女子貌美的,一般都是"沉鱼落雁,闭月羞花"连用。比如《三国演义》:"操本好色之徒,久闻江东乔公有二女,长曰大乔,次曰小乔,有沉鱼落雁之容,闭月羞花之貌。"《二刻拍案惊奇》:"生有一女,小名蕊珠,这倒是个绝世佳人,真个有沉鱼落雁之容,闭月羞花之貌。"等等。经过这一时期的广泛传播,成为后世常用的成语之一。

"春风得意"处,人生尽此时

那是一个寒窗苦读二十余年的老科举人发自心底里的呐喊,是参加了两次殿试落选后、独占鳌头的狂喜,孟郊——一个46岁中举的破落文人,将这一刻人生的无限欢喜和高光时刻写进了自己的诗里。"春风得意马蹄疾,一日看尽长安花。"从而诞生了文字历史上两个著名的成语"春风得意""走马观花"。前者是表情,后者是行动。直到现在,我们依然用来形容某人志得意满、十分高兴的神态和行为。

"昔日龌龊不足夸,今朝放荡思无涯。"放开胸怀是因为进士及第、金榜题名了,是因为多年的心血得到了国家的认可和朝廷的回报。按照唐制,进士考试在秋季举行,发榜则在下一年春天。这时候的长安,正是春风轻拂,百花盛开。驰骋朱雀道,看尽长安花,新进士们锦衣宝马来到长安城东南的曲江宴集同年,雁塔题名,曲水流觞,满怀春色结交天下公卿,展望未来,从此,多年寒窗始得意,龙鲤一跃出天门,禁不住脸带笑靥,心花怒放,用什么样的词语才可以描述此刻的心情、表情、热情呢?

只有"春风得意"啊!所谓"春风",既是自然的春风,也是皇恩浩荡的象征;所谓"得意",既指进士及第之功名,也指称心如意、心满意足的心情。孟郊这首诗的题目叫《登第》,登第就是登科,就是科举考试名列皇榜。"第"指科举考试录取列榜的次第。《新唐书·选举志》上说:"通四经业成,上于尚书,吏部试之,登第者加一阶放选。"也就是我们所说的被国家和皇帝选中,可以当官了。怎么会不欣喜若狂呢!

当然,同样是科举登第,有春风得意的,就有乐极生悲的。我们熟知的范进中举是清代小说家吴敬梓创作的《儒林外史》

中的情节,范进在听到自己中了举人的瞬间,"看了一遍,又念一遍,自己把两手拍了一下,笑了一声,道:'噫!好了!我中了!'说着,往后一跤跌倒,牙关咬紧,不省人事。"之后,披头散发、满身泥水的范进在街市上狂奔,犹如疯癫了一般,要不是他岳父胡屠夫一巴掌醍醐灌顶,恐怕是连性命都要不保了。

所以,人生境遇,乐不狂喜,痛不极悲,才是生活的最高境界。

"出人头地"见真章

"出人头地"这个成语讲的是古代先贤褒奖提携后学的事迹,也是发现和优待人才的故事,主人公是宋代大文学家欧阳修和苏轼。

宋仁宗嘉佑二年(公元1057年)的科举考试,主考官是当时的文坛领袖欧阳修,当他拆开密封考卷,读到一位考生的文章时,被文章中缜密的思路和斑斓的文采所吸引,越读越有味道,正值知天命岁数的欧阳修不禁拍案叫好。他觉得只有自己教出来的学生曾巩才会写出这样的好文章,为了避嫌,他忍痛割爱,把这一篇策论评为了第二名。可是,当中榜考生前来拜见的时候,欧阳修才知道,自己弄出了一个"乌龙",原来,这位文采横溢的考生不是门生曾巩,而是当时籍籍无名的苏轼。所以,他给老朋友梅圣俞写的书信中说:"读轼(苏轼)书,不觉汗出。快哉快哉!老夫当避路,放他出一头地也。"

24岁的苏轼给了50岁的欧阳修一个惊喜,而欧阳修也不负文坛领袖和儒学大家的风范,给了苏轼一个出人头地的机会,他们两人联手留下一段让人感动的文坛佳话。不过,当时欧阳修说的是"出一头地",这个词是怎么演变为"出人头地"的呢?

"出一头地"这个成语的组词结构不同于一般的联合式,类似于动宾复合宾补结构的组词方式。"出"表示超出、高出的意思;"一头地"表示标的,这个标的显然是指人,最初是指考官、尊长欧阳修。

"出一头地"也说"出一头",后来,苏轼在自己的诗词中也使用过这个词,"尚欲放子出一头,酒醒梦断四十秋。"宋代沈作喆这样解释"出一头地",他说"道德识见以至于文章语言,须向古人中出一头地,方始立得脚住。"就是说,那个时候"出

一头地"的含义是指道德见识、文章语言等方面的才华要高出别人一头,与后世的"出人头地"所指的内容有所不同。

"出一头地"这个成语一直到明初还有人在使用,后来,白话小说兴起,人们就把"出一头地"改为"出人头地",更加便于适应和迎合人们对于权势贵胄、功名利禄的向往追求。改"一"为"人",将具体含义扩展为泛指含义,使得该成语具有了泛指所有超越别人的含义。同时,一字之改,使"出一头地"的特指褒义减弱,突出了"出人头地"的无特指中性性质,从而为后来的略显贬义色彩作了铺垫。比如明代陆采《怀香记》:"书生俊杰真天纵,出人头地建奇功。"属于褒义;而《醒世恒言》里:"(过善)又因儿子不肖,越把女儿值钱,要择个出人头地的,赘入家来,付托家事。"语义就显得不那么好了。

所以,我们今天的"出人头地"这个成语,从词义上说,是泛指超越、高出其他一般人的状态;从词义色彩上讲,则是不褒不贬、似褒似贬,就看用在什么样的语境之中了。

"高枕"怎么就"无忧"了？

"高枕无忧"是战国时期出现的成语，这个时期正是合纵连横的各方人物粉墨登场的时代，于是，就出现了许多为了游说权力控制者而颠倒黑白的说法，"高枕无忧"就是这样的骗局。

"高枕无忧"说的是两个故事。其一出自《战国策》："为大王计莫如事秦。事秦，则楚韩必不敢动，无楚韩之患，则大王高枕而卧，国必无忧矣。"这一段说的是张仪为了秦国吞并六国，说服魏国国君事秦连横的故事。大意是：我替大王考虑，不如归顺秦国吧，归顺了秦国，那么楚韩必定不敢轻举妄动。没了楚韩的侵扰，大王就可以高枕无忧了。魏国国君听从了这番话，结果是破坏了赵魏楚韩的合纵联盟，使得秦国顺利地消灭了其他六雄，统一了华夏。所以，魏王听了张仪的所谓"高枕无忧"之策，结果枕头太高，扭断了脖子，葬送了国家。

还有一个故事与"高枕无忧"有关。春秋的时候，齐国孟尝君的一个门客叫冯谖的人受到主人的恩宠和善待，寻思要报答主人。有一次，孟尝君派冯谖到薛地去讨债，冯谖就假借孟尝君的名义下命令，让所有欠孟尝君钱的人都不用还钱，替孟尝君买了个"仁义"的好名声。

后来，他又对孟尝君说："狡兔有三窟，仅得免其死耳；今君有一窟，未得高枕而卧也；请为君复凿二窟。(《战国策》)"于是，他去找梁国的国君梁惠王，告诉梁惠王孟尝君非常能干，齐国马上要重用他。梁惠王听了之后立刻派人带着一千斤黄金、一百辆马车去请孟尝君到梁国做相国。这个消息传到了齐国，齐国的国君马上慌张起来，赶快用隆重的礼节请孟尝君回去齐国做相国。同时，冯谖又为孟尝君在薛地建立

"高枕"怎么就"无忧"了？

宗庙，用来保证薛地的安全。等到薛地的宗庙建好以后，冯谖就对孟尝君说："现在三个窟都已经挖好了，从今天起，您就可以把枕头垫高，安心地睡觉了。"

可是，孟尝君高枕无忧了吗？没有，当上了齐国相国不久，齐国即出现了"闻齐之有田文（孟尝君），不闻有齐王"的局面，功高盖主的孟尝君被齐王赶出齐国，"三窟"灰飞烟灭，"高枕"无处可留，落了个到处流浪的下场。

这些故事都是借用"高枕无忧"来说事儿，要知道"高枕"为什么无忧，还要从古代的枕头和枕式上说。《诗经》和《礼记》中都记载了"枕"，可见古代人们很早就使用了枕头。"枕，卧所荐首也。（《说文解字》）"其中"荐"意指草或草垫子。古代最初做枕头的材料为草、木头或竹子，据记载，上古先民通常"逐水草而居，即无余席，便坐荐上。"草荐不仅用来供人坐、垫，也用于人们躺着时支撑头部。在汉代以前多用木竹枕，考古学家曾在河南信阳发掘一座战国楚墓，里面有个竹枕，汉代之后又陆续发现了玉枕、石枕、铜枕，隋唐之后才又有了陶瓷枕。不管哪个时代、什么材质的枕头，正常的高度一般都为三寸（约9厘米）。

那么什么是"高枕"呢？为什么"高枕"可以无忧呢？

"高枕无忧"一词产生于战国时期，是与当时社会对于"枕头"使用的规定以及生活中的状态相关联的。《礼记·内则》，"凡内外，鸡初鸣，咸盥漱，衣服，敛枕簟。""父母姑舅之衣、衾、簟、席、枕、几不传。""夫不在，敛枕箧簟席、襡器而藏之。"规定说：人起床后要将枕、席等物收起来，且长辈的枕、席、簟、衾等不能随便移动，而当丈夫不在家的时候，他的枕头也要收藏起来。因此，"枕头"一物，事关家庭主人的身份地位，一人一枕，不是其他人可以随便使用和挪动的。其一，"枕头"不能离开家庭或者主人。其二，家长或长辈、丈夫的枕头不得为他人所用。而战国时期战乱匪患频仍，人们经常受到侵扰，在不断流浪和不安中生活，因此，可以枕着枕头睡觉，更可以将枕头垫高了睡觉的，只有那些居住在自己家里，身边平安无事，生活无忧无虑，精神极度放松的人们才可以做到。可见，"高枕"不是枕头的高度，而是枕在枕头上的人的心里安稳和精神松弛程度。所以，此处的"高"所描述的正如《康熙字典》里所说："贵贱位矣""莫大乎富贵。"是身份地位、财富、能力等方面的综

说词解字

合因素。后来引申到国家,即指四海升平、河清海晏的繁荣昌盛状态。例如:"故北狄不服,中国未得高枕安寝也。(汉·扬雄《上书谏勿许单于朝》)""孔明已死,我等皆高枕无忧矣。(《三国演义》)"等等。因此,小到个人,大到国家,要想"高枕无忧",必须有超人一等的智慧或者能力,否则,再高的"枕头",不仅会"有忧",落下落枕的毛病,甚至可能拗断自己的脖子,丧失生命和国家政权。

"皆大欢喜"不容易

我们今天使用"皆大欢喜"表示各方都满意的意思时，有人会告诉你，这个成语是典型的佛教语言词语，最初是作为佛教经典中的结束语来使用的，是格式套语的一种。例如《金刚经》："闻佛所说，皆大欢喜，信受奉行。"几乎所有佛经最后结束的格式套语都会使用这个词语。

为什么在翻译佛经时，会选择这个词语作为经典的结束语呢？

这个成语的词根"欢喜"，是一个早在佛教传入中国以前就已成词的汉语词语。"欢喜"是一个复合词语，最初组成时，"欢"为身体动作行为，"喜"是脸色神情，表示满意而喜悦的状态。最初源自班固的《汉书》："新室既定，神祇欢喜，申以福应，吉瑞累仍。""窟穴黎庶莫不欢喜，咸曰将军其人也。""单于欢喜，上书愿保塞上谷以西至敦煌，传之无穷。"等语例，所含词义固定，只是使用中的主体各色各样，既有神祇，也有黎庶或者王公。自西汉佛教东传，该词就受到了佛家的极度喜爱，不忍释手，几乎垄断了其使用的权力，出现了"莫不欢喜""远近欢喜""人人欢喜""闻之欢喜""心大欢喜""皆称欢喜""闻经欢喜""欢喜丸"等各类用法。

当魏晋佛教大流行时期，佛教经典的翻译也进入大繁荣时代，在"欢喜"一词大量使用的基础上，佛教经典翻译者开始将该词转化为佛教专用词语。比如《百喻经》里："牧羊之人，未见于妇，闻其已生，心大欢喜，重与彼物。"后来，僧侣将这个词语冠之于"皆"字，组成四字成语，专门用在佛经的尾部，约定俗成地成为佛教专用套语。

最初，佛经翻译中，使用的套语叫作"欢喜奉行"。东晋时译经即用"尔时诸比丘闻佛所说，欢喜奉行。"后来觉得过于简

略，不符合佛教庄严慈悲的神威，故而首先添加了"大"字，来强调"欢喜"的感情色彩程度，表示不是一般的欢喜。其次，用"皆"字来替代四方八面的主体，既符合佛教教义的要求，有囊括涵盖所有。同时，这样的添加在音韵诵读方面，也比较合辙上口。所以，《敦煌变文》里说："欢喜奉行，即'皆大欢喜信受奉行'是也。"因此，"皆大欢喜"成为固定的佛教格式套语，一直使用在佛经翻译、吟诵唱念以及佛家日常生活中。

为了解释"皆大欢喜"的含义，《法华经》里说："一切大会，皆大欢喜。"是指参加法会的大众听佛讲经说法后，都感到身心愉悦，无比欣喜。那么，什么才能够使得大家都无比欢喜呢？"还归入舍呼诸人客奴婢坐着前，好为说经开解，语生死善恶之道；复上殿呼诸持藏人诸伎女着前，为说经戒，皆大欢喜。《佛说呵雕阿那含经》"就是所谓解说"生死善恶之道"和"经戒"之律，可见，佛教的"皆大欢喜"的含义就是要求信众听经悟道、遵法修行，从而到达彼岸的快乐和欣喜境界。

"皆大欢喜"被佛教专擅后，俗家极为少用，甚至连"欢喜"一词在宋以前都成为佛教的御用词语，所言尽为佛教内容，百姓难见其踪迹。例如《敦煌变文》里："人民欢喜皆称叹，诸天爱护赞神明。""太子闻已，欢喜非常，下马虔恭于一心，合掌礼拜于三宝。"表情达意，几乎都离不开佛教的内容。

"有客从外来，闻之常欢喜。"到了宋代这个文人自由自在徜徉于语言文字使用的时代，"欢喜"一词才回归到社会生活当中。诗人苏辙"十年酬唱绝，欢喜得新诗。""历下东游少相识，欢喜闻君在西邑。"的文人气质；张纲的"小窗开宴，草草杯盘具。欢喜走儿童，庆生朝、一年一度。"的天真烂漫；向子諲的"欢喜地中取醉，温柔乡里为家。"的既豪放又缠绵情感等等，都成为"欢喜"一词的使用场景。而白话小说里，即便是"主上赐与我团花战袍，却寻甚么奇巧的物事献与官家？"的礼尚往来，也平添了无限的"欢喜"。此后，大大小小的、可以引起"欢喜"的事由充斥了明清小说的角角落落，展现着这个词语使用的广泛性和通用程度。不过，"皆大欢喜"却始终是佛教专用的成语，并没有跟随"欢喜"一词的脚步回归到社会生活中来。

"皆大欢喜"被"民用"是近代白话文兴起以后的事情了。现代语言使用者借用这个成语，来表达所有人（事）都舒服合适、都心满意足、都高兴快乐、都兴高采烈的意思，也是用得其所，十分地恰当和准确。

"三阳开泰"春风来

"三阳开泰"是一个成语吉语，也就是吉祥话。有趣的是，它更像一个谜语，"三阳"是谜面，"开泰"是谜底，共同组成了一句饱含祝福和祈愿内容的成语。

"三阳开泰"最早是《易经》中的一个卦象，以《易经》为主体的阴阳学说中，"十一月为复卦，一阳生于下；十二月为临卦，二阳生于下；正月为泰卦，三阳生于下；冬去春来，阴消阳长，有吉亨之象。""三阳"就是指农历正月在易卦上显示为"泰卦"，表示吉利。所以称"三阳开泰"或"三阳交泰"。

《易·泰》里说："泰，小往大来，吉亨。"所以，"三阳交泰，日新惟良。(《宋史》)"恰如明代大儒张居正所说："当三阳开泰之候，正万物出震之时，气转鸿钧，共乐尧天之化日。"正是春风和煦、万物初萌、阳气充沛的时节。后人于是就以"三阳开泰"作为祝贺新年岁首吉祥称颂之语。

"三阳开泰"也被古代民间传说成"三羊开泰"，究其原因，大概是"三阳开泰"作为卦象用词，较为晦涩难懂，加之换算复杂，于是民间老百姓传出来各种版本的"三阳"。有说是早中晚三个时辰的太阳，"朝阳启明，其台光荧；正阳中天，其台宣朗；夕阳辉照，其台腾射。均含勃勃生机之意。"也有说易卦纪时是指每一年的十一、十二和正月三个月的时间，孕育了"三阳"。不过流传最广的当属"三羊开泰"了，把"阳"替换成颇为具象、叠韵同音的"羊"，彰显了语言在民间使用和流传过程中的改造力和影响力。

"羊"和"阳"同音等韵，羊在古代又被当成灵兽和吉祥物，因此"羊"字在古代就是吉祥的意思。"羊，祥也。(《说文解字》)"汉代大儒董仲舒在《春秋繁露》里说"羊，祥也，故吉礼用之。"古代许多器物都把"吉祥"写成"吉羊"。例如《汉元嘉刀

铭》"宜侯王,大吉羊。"祭祀牺牲的礼俗中首选羊做祭品,就是因为羊能成为吉祥、福祉的象征并具有通灵功能的神物。

同时,羊又是人类最早驯化的野生动物,是口腹之欲和一切美好新鲜事物的象征。甲骨文中的"美"字——即呈头顶大角的羊的形状。《说文解字》说:"美,甘也。从羊从大。羊在六畜主给膳也。美与善同意。"段玉裁解释说:"羊大,则肥美无鄙。"都是说形体肥美、性格温顺的羊囊括了所有美好、和善、顺从之意,完美而没有缺陷。

从自然天象运行的"三阳"到肥美吉祥、充满烟火气的"三羊","三羊开泰"这个成语算是落地开花,具备了语言流传的通用性内容。偏偏这时候,吴承恩在《西游记》里又杜撰了一个佛教故事,助力该成语的广泛流传。《西游记》第91回,说孙悟空在搭救师傅唐僧的路上,看见四个人,赶着三只羊,从西边山坡下来,嘴里还不停吆喝着"开泰开泰"。原来这四个人他认识,是年、月、日、时四值功曹使者。于是孙悟空便喝问他们为什么赶着三个羊儿,还不停地吆喝。他们回答说:"设此三羊,以应开泰之言,唤做三阳开泰,破解你师之否塞也。"这个故事虽然穿凿附会的臆造痕迹十分明显,却有助于"三羊开泰"成语的民间流传,伴随着《西游记》的影响扩大,这个成语也广泛地流传于民间语言系统中。

不过,这个成语的正确使用依然还是"三阳开泰"而不是"三羊开泰"。不管"三羊开泰"包含了多少吉祥如意或者美好顺遂的人生祈愿,它都不能够使用在我们正式的书面语言场景里。

"生花"的是笔吗?

"笔头生花"也说"梦笔生花"或"妙笔生花",是说中国古代两个著名的文人故事。一个是唐代诗仙李白;一个是南北朝出名的人物江淹——也就是成语"江郎才尽"中的那个江郎。

唐代冯贽在《云仙杂记》中记载一个感人的故事:李白少年时候,受河边老妇"铁杵磨针"的启发和教诲,学习十分刻苦努力,后来有一天夜间,他梦见自己读书写字所用的笔头上生出鲜艳夺目的花朵,并且这些娇艳的花朵不断围绕着他,变幻出无穷无尽的花样来。于是,此后的李白写诗作文有如神助,张口成诗、落墨皆文,成为一位名冠群贤的大诗人。《唐才子传》里这样说李白"十岁通五经,自梦笔头生花,后天才赡逸名闻天下。"

无独有偶,早在南北朝时期,也有这样一个极为相似的记载。是说当时的著名文学家江淹小时候做梦,梦到神仙送他一支五彩神笔,醒来后便文思泉涌,六岁就能作诗,成为继扬雄、陆机之后的又一个文赋大家。唐代诗人李商隐写诗称赞道:"我是梦中传彩笔,欲书花叶寄朝云。"生动地描述了这种景象。不过,后来据《南史·江淹传》记载:"江淹尝宿于冶亭,梦一丈夫自称郭璞,谓淹曰:'吾有笔在卿处多年,可以见还。'淹乃探怀中得五色笔一以授之,尔后为诗,绝无美句。时人谓之才尽。"原来,他写出文采精妙的诗赋文章的那只"笔",竟然是先贤郭璞的,因此,诞生了历史上有名的成语"江郎才尽"。

清代《蒙学》课本里说:"江淹梦笔生花,文思大进;扬雄梦吐白凤,词赋愈奇。"现在看来,李白显然是抄袭了江淹的前半截的荣华光彩,隐讳了后半截的唏嘘无奈。"笔头生花"是梦境,也是美好的祈愿,而"铁杵磨成针"则是后天勤

奋努力的收获。相比起来,后者更容易被世人效仿,更易于被大众接受。所以,千万别再去做"妙笔生花"的美梦,一切美好的未来都是辛勤努力的结果。

  今天,说谁写作能力大有进步、文章写得很出色,就会用这个成语,其中有称赞和羡慕的意思,也有恭维的成分,不再似古人那么单纯了。

"竹马"何以配"青梅"

李白有一组诗,叫《长干行》,其中有两句:"郎骑竹马来,绕床弄青梅。同居长干里,两小无嫌猜。"从而诞生了"青梅竹马"和"两小无猜"两个成语。其中的"青梅竹马"成了懵懂情爱最初美好样子的代名词。

小儿郎骑的"竹马"典型的式样是一根竹竿,一端有马头模型,有时另一端装轮子,男孩子跨骑在上面,假装骑马。从最初记录这件玩具的历史记载中,我们基本可以推断出,这种儿戏玩具最早出现在大草原上。《后汉书·郭伋传》里说,郭伋在王莽时期,当上了上谷大尹,后升迁为并州牧(今山西太原)。郭伋在并州任职时,经常到各郡县视察走访,有一次来到了河西郡的美稷县(今内蒙古准格尔旗西北),有很多少年儿童骑着竹马列队来欢迎他,出现了"有童儿数百,各骑竹马,道次迎拜"的热烈场面。当时的美稷县四处都是天苍苍野茫茫的大草原,当地人以骑马作为出行的主要方式,所以,儿童竹马是因为仿照父辈骑真马而来的。针对有人说竹马是农业生产工具"薅马——南方农村耘稻时所用的一种农具"的变形的说法,元代王祯在其《农书》中予以辨别,"薅马……余尝盛夏过吴中见之,土人呼为竹马,与儿童戏乘者名同而实异。"

仿照大人骑竹马的孩子们天生有一颗建功立业的雄心,自然也就得到了那些漂亮女孩子的青睐。于是,李白笔下一幅唯美的"两小无猜"图,在春天绿意婆娑的井栏边上徐徐展开,没有熟透、略带酸涩的青梅成了此间可以传情达意的媒人,在彼此的手中摩挲成"丘比特之箭",直射初覆额头的花黄,绽开一朵朵饱含情谊的花朵,间或"低头向暗壁,千唤不一回"的羞涩,在"羞颜未尝开"的懵懂情动中脉脉含情,那骑着竹马的小儿郎,怯怯地伸出小手,抚弄女孩子那如青梅般青涩而纯真的脸

颊,是一幅多么好看而令人心动的图画啊!

在这首诗里,"竹马""青梅"是代称男、女小孩子。晋代杜夷《杜氏幽求子》说:"儿年五岁有鸠车之乐,七岁有竹马之欢。"可见"竹马"代指男童,而"青梅"则多代指女童。

"竹马"一词在唐代以前都是代称男童,自李白以后,唐代诗人将该词入诗吟诵,因此衍生出许多不同的形状和意思来。比如李贺的"竹马梢梢摇绿尾"的绿色带叶竹马;白居易的"笑看儿童骑竹马,醉携宾客上仙舟"的迎客竹马;"一看竹马戏,每忆童騃时。"的怀旧竹马;杜牧的"去年学官人,竹马绕四廊。指挥群儿辈,意气何坚刚。"的军功竹马等等。并在以后逐步演化为竹马曲、竹马灯、竹马戏等艺术形式,最终成为流行在历史长河中的风俗惯例。

只是那种最原始的"青梅竹马"的青涩美靥和欢快活泼,还让许多后人神往不已。

"道""魔"争锋谁更高？

老百姓常说邪不压正，叫作"魔高一尺，道高一丈"，一查字典，发现没有这个俗语，真正的这句话叫作"道高一尺，魔高一丈"意思恰恰相反。那么，这两个意义相反的俗语有什么样的关系呢？

自从这个俗语出现后，在古代的道、佛二教以及民间都是称作"道高一尺，魔高一丈"。宋明时期的道家著作《性命要旨》里说："古人云：道高一尺、魔高一丈。"而清代佛家经典里也说："正所谓道高一尺，魔高一丈。(《性空臻禅师语录》)"民间使用始于1550年吴承恩的《西游记》，也说"道高一尺，魔高一丈，性乱情昏错认家。"此后像《初刻拍案惊奇》等作品中也有这样使用的语例。

那么什么是"道"？什么是"魔"呢？在这个俗语出现的宋元时期，道教与佛教的经典和理论已经相互充分融合互鉴后，出奇一致地认为：道，指"道行"，也就是修行的正果；"魔"则是梵文 mara 的音译"魔罗"的略称。佛教把一切扰乱、破坏和妨碍修行者身心的外在和内心因素均称作"魔"。《大智度论》里讲："夺慧命、坏道法功德善本，是故名为魔。"而道教里说得更为具体明确："或目见显现形影，幢盖幡花百种天香异云覆室，或耳闻仙乐之韵，此乃天魔之所试，即非正道之所履行也。"为了更加明白透彻，道教经典还将"魔"分成十类，分别是天、地、人、鬼、神、阳、阴、病、妖、境。提醒修道者"深而造之，勿为魔之所试。"

流传到市井百姓生活中，"道"就是正气和善良；"魔"即是歪风和淫邪，凡是为社会生活中公序良俗所摒弃的坏风气、坏习惯、坏作为和坏心思都是"魔"的具体表现。当然，民间"道""魔"的概念，很大程度上受了佛道两教经典的影响和濡染，誉

之如斯,最初就是借用佛道两教的概念和含义。比如凌濛初《初刻拍案惊奇》:"道高一尺,魔高一丈。冤业随身,终须还账。"《西游记》:"道高一尺魔高丈,性乱情昏错认家。可恨法身无坐位,当时行动念头差。"等等。不过,在民间使用中,该俗语后来也诞生了新的含义,那就是用来比喻学业或者事业上取得一定成就后,前进道路上可能有更大的障碍和困难。清代谭嗣同《仁学》里说:"算学盛而愈多难取之题,治理盛而愈多难防之弊。道高一尺,魔高一丈。愈进愈阻,永无止息。"为这个俗语增添了新的含义。

甲骨文	金文	战国文字	篆文	隶书	楷书

"道""魔"两个绝对对立的方面在不断相互攻击侵扰、此消彼长的过程中完成了这个语言行为的发生发展。正如当年释迦太子在成道前夕,趺坐在菩提树下,发出不成正觉,就绝不离开这里的誓言宏愿后,引起魔宫震惊,先后派出魔军进行恫吓威胁,释迦太子不为所动;后又派遣美女诱惑勾引,也被拒绝。最终,他心中更大的"道"战胜了曾经高涨的"魔",终于成为至高无上的佛祖。所以,古人用这样的语言来激励后人在寻求真理和正道的征程上,要不断迎接和克服越来越大的困难和挑战,才能够完成人生理想和社会责任。

这个俗语被后人从逻辑关系的角度认为应是"魔高一尺,道高一丈",也有人将这样的逻辑含义认定为"正义终将战胜邪恶"。现代汉语中也出现了一些这样的语用案例,本着"从众从俗"的观念以及语言发展的需要,一些词典中就将该俗语改为"魔高一尺,道高一丈"。

道理是这么个道理,不过,我们还是要清楚了解这个俗语最初的样子以及原旨的含义内容,才不至于陷入混淆昏乱和不知所用的地步。

按什么『部』、就哪里的『班』？

生活中一直流传一句歇后语，叫：官老爷上朝——按部就班。我们今天就来说说"按部就班"这个成语。

首先是"按部就班"中的难点：就是按什么"部"？就哪里的"班"？

从那一句歇后语里，我们了解的"部""班"就是旧时官僚体制中的各部以及各部下属的部门单位。比如：清代中央最高行政机构是内阁。其内部机构有典籍厅、满本房、汉本房、蒙古房等，下面各有所司。除此之外，还有军机处、六部、都察院等等官僚机构。我们经常在文艺作品中看到满汉大臣上朝时，各自依据官位职品，站立的位置各有高下前后。这是不是"按部就班"呢？不完全是！那么什么是"按部就班"的"部"和"班"呢？

我们从最早出现"按部就班"一词的晋代陆机《文赋》中的上下文语境中，体会其真实含义。"观古今于须臾，抚四海于一瞬。然后选义按部，考辞就班。"

《文赋》中这篇关于文章布局谋篇，立意遣词问题的论述，主要内容是布局谋篇，遣词造句都必须遵循基本的原则。就是要"理扶质以立干，文垂条而结繁"，即以立意为主干，文辞像茂密的树叶，顺着枝干生长起来，最终长成大树。用我们现在的话说，就是写文章要按照逻辑关系层层展开，条分缕析，归纳有序。

这样我们就知道，"按部就班"的"部"和"班"可以解释为：部：门类；班：次序。因此，"按部就班"词义为：安排文义要按照一定的门类归纳，组织章句须遵照先后顺序行文。后来词义发展引申，使用的范围扩大，更加广泛了，多指按照条理或遵循一定的程序做事情。当然，有人说，规矩多了，戒律严密了，往往创新就少了，"按部就班"也就有了墨守成规、死板不知变通的

含义。

  但不管"按部就班"的词义怎么引申,都与官员上朝站队的位置毫无关联。那句歇后语只是表达了民众对于呆板的封建官吏体制的讽刺罢了。

  有人说"按部就班"曾经写作"案部就班","按"和"案"古代可以通用。我看,还是按照现代社会语言文字的使用规范,规规矩矩地写"按"吧,别老学究似的,整得跟孔乙己一样,会写四个"回"字就陶陶然不知其所以。

八仙过海：民众理想的英雄实现

要说中国古代最早提出"元宇宙（三界说）"，恐怕国人又要喧嚣和自恋一段时间了。道家所说的"三界——一般是指天、地、人三界"，最早来自《易经》，距今怎么着也有近三千年了。

一般老百姓肯定是无法行走在三界之间的。那么，能够腾云驾雾、乘虚凌风而往来"三界"的，都是些什么人呢？于是我们想到了神仙。

"八仙过海"相传是铁拐李在一次八仙聚会时提出来的。这次聚会在海边著名的蓬莱阁进行，酒酣耳热之际，铁拐李乘兴提议大家一起去海上一游，并约定此番渡海不得乘舟，只能各凭各的道术。霎时间，只见汉钟离率先离席，袒胸露腹、仰面朝天地躺在大芭蕉扇上，忽忽悠悠地便向海洋深处漂去；何仙姑则亭亭玉立于荷花之上，已随波逐流而去……紧接着其他几位仙人也纷纷离席，各显神通。只见张果老仍然倒骑着白驴，吕洞宾则将他的雌雄双剑踏在脚下，韩湘子骑着洞箫，曹国舅踩着璧玉，蓝采和站在拍板上，一时之间，八仙都在海面上乘风漂游起来。

关于"八仙"，历史上众说纷纭。最早的"八仙"出现在汉代，来自"一人得道，鸡犬升天"的淮南王刘安，是号称"淮南八仙"的八个文学家，当时称作"八公"——也都是淮南王的八个门客。因为有淮南王成仙的传说，后世便附会在他门下的八公也成仙了，称作"八仙"。后世记载的"八仙"就庞杂了。有晋代谯秀所著《蜀纪》中记载的"蜀之八仙"，还有唐朝杜甫写的《饮中八仙歌》，指的是李白、贺知章等八位能诗善饮的文人学士等等。到了元代以后，才形成了今天我们民间熟知和推崇的"八仙"。

后世的"八仙"是谁已然不那么重要了，重要的是各朝各代

说词解字

众说纷纭、各说不一的"八仙",一生倾力所为的都是同一件事情——那就是"羽化登仙"徜徉于茫茫宇宙外太空、地球和人类现实社会之间。

"仙"字,《释名·释长幼》:"老而不死曰仙。仙,迁也,迁入山也。"因此,能够成为"仙人",成了具备人的基本功能之外,还要有"老而不死"的寿期和乘虚凌风的本事才行。

"八仙"是经过自身修炼或者高人点化而具备神灵附体的特征,他们有着超人的法术或手段;多数情况下,他们不会受世俗的陈规陋习浸染而同流合污;他们一般会除暴安良,保护老百姓。因此,粘贴在"八仙"身上的标签就是民间英雄和天界神灵的结合体,是平凡百姓祈望身心自由、健康长寿的心愿所在,是动用超能力(法术)捍卫社会基本公平和除暴安良的灵魂寄托。

至于"过海",不过是这些神仙英雄们饭后茶余调侃解闷的小小游戏罢了。

白虹贯日：从天象说到人间

"白虹贯日"是一种自然现象，是指白色的长虹穿日而过，是一种罕见的日晕天象。但是，古代迷信的说法就把它和人事结合起来，附会为上天对于君王遇害或不利的凶兆。《战国策》里有一句话："夫专诸之刺王僚也，彗星袭月；聂政之刺韩傀也，白虹贯日（专诸、聂政，战国时侠客）。"诞生了"彗星袭月""白虹贯日"两个成语故事。

一个是专诸刺杀吴王僚的故事，专诸是中国古代四大刺客之一。春秋末期吴国的公子光（即后来的吴王阖闾）欲杀吴王僚而自立，伍子胥便把专诸推荐给公子光。公元前515年，公子光趁着吴国内部空虚，与专诸密谋，以宴请吴王僚为名，藏匕首于鱼腹之中进献，专诸当场刺杀了吴王僚，但也被其侍卫所杀。

另一个是韩国大臣严仲子与国相侠累（名傀）因为在朝堂上争执而结下仇怨，严仲子四处游访侠士，希望找到能替他报仇的人，后寻访到大侠聂政。聂政待母亲去世后，为了报答主人严仲子的恩情，到了韩国都城，找机会冲进了相国府去刺杀侠累，后由于周围持刀荷戟的护卫众多，威武神勇的聂政在击杀几十人后，终因寡不敌众而被杀。

两个故事都是讲述了战国时期门客为主人寻仇报复的事。为了褒赞这样的壮举，古人用语言文字结合不为人所理解的自然天象来描述，因此，"彗星袭月""白虹贯日"这类描述某一特定天文现象的词语便被经常使用在古人的社会生活里了。

古代敬畏上天的传统源自原始图腾崇拜的沿袭，从"天命玄鸟，降而生商"开始，到《易经》中"天垂象，见吉凶，圣人象之。"意思是说：天空（如日月星辰的运行等）呈现的景象，显现的是吉凶。古人常用占卜来理解其中的吉凶之兆，一直到老舍写《茶馆》时还说:"我夜观天象,紫微星发亮,不久必有真龙天子出现。"其所秉承的一脉相承的天象观,都与人间万事万物紧密相连。至于刘邦怒斩挡道白蛇、李世民发动杀弟弑兄的"玄武门之变"之夜"太白经天"等等,则是附会和神化了君命神授的主体内容。

一般来说,能够出现"彗星袭月""白虹贯日"等天象,其中必然包含和透露出不同的人文内涵,后世多解释为"用于对平民反抗暴君的浩然正气的赞颂。"其中,至少包含了三层意思:一是出于人间正义或者报效恩情的初心本愿。二是以弱抗强、以少战多的惨烈过程展现的不畏生死、勇往直前的勇气。三是舍身成仁、不惜牺牲的悲壮场景体现出的自我牺牲精神。

类似"白虹贯日",还有一个更加全面诠释词义的故事——就是荆轲刺秦王。司马迁《史记》在记载这件事情时,开宗明义地说"昔者荆轲慕燕丹之义,白虹贯日。"公元前227年,荆轲带燕督亢地图和樊於期首级,告别易水河边"风萧萧兮易水寒,壮士一去兮不复还"的悲壮场面,前往秦国刺杀秦王嬴政。秦王在咸阳宫召见了他,荆轲在献燕督亢地图时,图穷匕首现,刺秦王不中,被秦王卫士杀死。正所谓"重义轻生一剑知,白虹贯日报仇归。"符合了这样的场景和条件,才能够使用"白虹贯日"这个既有天象预兆的基础含义,又包含世间人伦悲壮场景的成语。

当然,有正面使用的古例,也有因为迷信而反面使用的。据宋代蔡绦《铁围山丛谈》记载:"宣和岁壬寅,北伐事兴。夏五月,出师,是日白虹贯日,童贯行而牙旗折……识者咸知其不祥。"即所谓出现了此种不详的天象,预兆着童贯此次率领的北伐自然是折戟沉沙、大败而归了。

宋元以后记载"白虹贯日"的语例很多,据史书不完全记录,至少可见100多处,但多数是仅仅表述天象变化的,并没有涉及人伦征兆;只有唐宋以前的表述沿袭了战国时期的天地人伦相结合的含义,这种情况一直延续到今天。因此,作为现代汉语的"白虹贯日"一词,就是一种奇特的天象,本身并不包含褒贬意味。如《汉语大词典》解释为:白色长虹穿日而过。一种罕见的日晕天象。古人认为人间有非常之事发生,就会出现这种天象变化。只有应用于某些特殊的场景语境中,它的含义中才会濡染上爱憎的成分。

从专业到通俗的"按图索骥"

"按图索骥"这个成语最早发生在汉代,是说怎么找千里马的故事,属于畜牧业里相马专业的专用词语。

该成语源于汉成帝时,大将军王凤把持朝政,众人都不敢说真话,而大臣梅福却在朝廷上说:"今不循伯者之道,乃欲以三代选举之法取当时之士,犹察伯乐之图求骐骥于市,而不可得,变已明矣。"意思是说:现今朝廷没能遵循正确的治国方法,还用上古夏、商、周三代僵死的标准去选拔今天的人才,就像按照伯乐的相马图经,到市场去依项对号寻求宝马良驹一样,肯定是找不到的。后人将这段话概括简化成"按图索骥"一词。

这里我们要先明白两个问题,一个是什么是"图"和"骥"以及按什么"图"索(寻找)什么"骥"的问题;另一个是梅福为什么说这番话,他是比喻什么呢?

首先,"图"就是《相马图经》——古代一部非常专业化的相马工具书。大家知道,唐代文学家韩愈写过一篇著名的文章,叫《马说》,详细论述了古代相马大师伯乐和千里马的故事。但是,他忘了交代的是,伯乐相马天下第一的秘籍,就是那本《相马图经》。

伯乐(约公元前 680 年－前 610 年),原名孙阳,春秋中期郜国(今山东省成武县)人。在秦国富国强兵的发展壮大过程中,因为相马立下汗马功劳,得到了秦穆公信赖,被封为"伯乐将军"。伯乐后来总结毕生相马经验,写成我国历史上第一部相马学专著——《相马图经》,详细记录了千里马的各项身体指标和体态、神态特征以及自己在长期相马生涯中的得失要领。

这里的"骥"自然不是普通的马,而是千里马。"骥,千里马也。(《说文解字》)"按《左传》的说法:"冀之北土,马之所生(北方产好马)。"《南齐书》也说:"秦西冀北,实多骏骥。"所以古人

用"冀"字附加上偏旁部首来表示良马的意思。因此"骥"的本义是指好马、良马、千里马,比之于人,则是指俊杰、人才。

其次,汉代大臣梅福为什么说这番话,他用春秋时的一本专业图籍的使用方式,喻指当朝什么样的弊病呢?

汉成帝时,外戚当道,皇权旁落,当时的大将军王凤是汉元帝皇后王政君的哥哥。汉成帝刘骜登基后,其舅舅王凤秉政掌权,即便是皇帝,也万事做不得主。一次,大臣们向汉成帝举荐光禄大夫刘向的小儿子刘歆博学有才,皇上召见刘歆时,他诵读诗赋,皇上很高兴,要封他做中常侍(虚衔官名),已经命人准备好官服,马上开始加封时,旁边大臣们说:"大将军还不知晓此事呢。"皇上说:"此等小事,关大将军何事?"大臣们却执意要(皇上)通知王凤,皇上拗不过,于是告知王凤要封刘歆官职的事情,王凤不同意这么做,此事就此搁浅,可见其专横到什么地步。

就是在这种时代背景下,大臣梅福在朝廷上说了这番真话,揭示了朝廷在选拔人才问题上的弊病所在——那就是"按图索骥",言下之意是,朝廷用教条古板的方式来对待人才,怎么可以寻找招徕到优秀人才呢!

说起"按图索骥",还有一个故事不得不讲。据传,伯乐年老的时候,他的小儿子很想将这项专门技能继承下来,于是他把伯乐写的《相马图经》读得烂熟。

他按照《相马图经》上描写千里马的外形是"额头隆起,双眼突出,蹄子好像垒起的酒药饼"的样式,拿着《相马图经》出去"相马"了。他把所见到事物的外形和《相马图经》上描绘的图形一一对照,详细参比,结果准确地找到了一只硕大无朋的癞蛤蟆。

他兴冲冲地跑回家报告父亲:"总算找到好马了,额头和双眼同书上说的差不多,就是蹄子的形状和书上写的有一点点区别。"伯乐听了,只好哭笑不得地对这个好学而蠢笨的孩子说:"你倒是找到了一匹好马,只是它太喜欢跳,你可驾驭不了啊!"

后来,人们就把这个故事加工整理,使得"按图索骥"这个成语的含义变成了正反两个内容。往好了说,是按照线索去寻求目标,基本不会差得太远;往坏了说,是墨守成规、纸上谈兵,不知道抓住事物的本质去办事。就看你使用在什么样的语境中了。

结交为什么要"八拜"？

要明白"八拜之交"一词的原始含义，就必须了解古代繁杂周密的礼仪制度。大家知道，中国古代晚辈见长辈要参拜，臣子见皇帝皇后要叩拜，就连朋友之间、乡邻之间，见面都要行礼，即便是夫妻间的床闱之欢，都要符合礼仪的规范要求。

"八拜之交"中重点是"八"和"拜"如何解释的问题。

我们知道，中国古代"言其多"的数词，往往奇数的数词多虚指"多"的意思，并不是确数。如"三""九"，例如事不过三、九天揽月等；而偶数的数词是作为确数——也就是有固定指向内容的、确定的数词使用。而"八"作为偶数数词使用，就是这个"八"一定是有具体内容的，不是仅仅指"多"而已。如：

【八宝】：指皇帝八种印玺的总称。

【八成】：指周王朝时治国安邦，决断诉讼依照八种成规例律。

【八卦】：指《周易》中的八种具有象征意义的符号，每个符号用三个分别代表阳的"—"（阳爻 yáo）和代表阴的"— —"（阴爻）组成。为乾（☰）、兑（☱）、离（☲）、震（☳）、巽（☴）、坎（☵）、艮（☶）、坤（☷）。

【八戒】：指佛教教徒的八条戒律：一戒杀生，二戒偷盗，三戒邪淫，四戒妄语，五戒饮酒、食肉，六戒着香华，七戒坐卧高大床，八戒非时食。也说八关戒（斋）。

"拜"字，《说文解字》引扬雄说："拜从两手下。"表示双手作揖，或下拜。古代表示敬意的一种礼节。两手合于胸前，头低到手。例如：拜手、稽手。

那么"八拜"是指哪八个具体叩拜的内容呢？

首先是"八次"叩拜说。《汉语大词典》解释说：八拜：指封建时代对世交长辈所行的礼节,源自宋代邵伯温《闻见前录》记载的前辈针对后辈的无礼所进行的惩戒故事。"俄潞公代魏公为留守,未至,扬言云:'李稷之父绚,我门下士也。闻稷敢慢魏公,必以父死失教至此。吾视稷犹子也,果不悛,将庭训之。'公至北京,李稷谒见,坐客次,久之,公着道服出,语之曰:'而父吾客也,只八拜。'稷不获已,如数拜之。"大意是说:宋代文人文彦博听说国子博士出身的李稷待人十分傲慢,心中非常不快。文彦博任北京守备时,李稷上门来拜谒。文彦博故意让李稷在客厅久坐等候。见了李稷之后,文彦博说:"你的父亲曾是我的门下,你就对我拜八次吧。"李稷因是晚辈,不敢造次,只得如数向文彦博拜了八次。

因此,"八拜之交"一词来自对世交长辈的叩拜八次。

其次,八代说。有人说,异姓兄弟姐妹结拜时,除了谱写"金兰"之外,还需要拜叩祭祀祖先,上溯八代,即是我们俗称的"八辈祖宗",每上溯一辈,即拜叩一次,因而,称"八拜之交"。

再次,八方说。也有另外一种说法是,"八拜之交"就是结拜时,参与者向八个不同方向叩拜的礼仪,即向东、东南、南、西南、西、西北、北、东北八方各行一次叩拜的礼仪仪式,表示无论何地我们都生死与共、不离不弃的意思。

因此,"八拜之交"的"八拜"究竟是"拜"的哪八个内容,众说纷纭,各有各的道理,不一而是。我们更愿意相信《汉语大词典》的说法,而结拜异姓兄弟的仪式说只是"八拜之交"的引申义,此义后来成为绿林社团"拜把子"的意思,也传播甚广。

至于有人说:"八拜之交"是归纳了中国古代八种异姓兄弟生死相助、不离不弃的故事。包括什么高山流水的"知音之交",刘关张的所谓"生死之交"等等,则是今人臆造的杜撰罢了,不足为信。

秦晋之好：从政治联姻到两情相悦

我们今天的词典中解释"秦晋之好"，一般都是比喻两情相悦的双方缔结美好婚姻因缘，不过，其最初的含义却是通过缔结婚姻关系来加强双方政治联系和拓展国家影响力的意思，只是后人在使用这个成语时，这个意思逐渐地淡化了。

政治联姻是春秋时期诸侯国之间加强关系的一种常用方式。齐桓公的女儿齐姜嫁给晋文公作夫人；秦楚两国先后有二十三次联姻，最著名的当属张仪游说楚王将女儿芈氏嫁给秦惠文王，就是后来影响秦国历史的秦宣太后等等，此时各国之间的联姻也是家常便饭一样。

但为什么说"秦晋之好"，而不是其他国家之间的"好"呢？

首先是外在的因素。春秋时期，五霸（齐桓公、晋文公、秦穆公、楚庄王、宋襄公）中最有历史渊源关系的就是秦晋两国。就历史渊源来说，秦晋两国相爱相杀的政治渊源像极了恋爱婚姻中的双方，不断地交往、交战、交好，循环往复，经历了很长时间。仅仅是秦穆公一个人，就历经晋国自晋献公到晋文公的五个国君，直到晋文公成为秦穆公的女婿，当上国君后，双方也还是你争我夺的尔虞我诈、明争暗斗，所以孔子说："春秋无义战"。同时，秦晋两国隔黄河相望，国土地域相邻，是实实在在的邻居，因此"秦晋之好"即是国家发展的需要，也是睦邻友邦的必然。

其次是内在的原因，逐渐强大起来的秦国在秦穆公时"益国十二，开地千里，遂霸西戎。"急需向东方开疆拓土。因此，就需要先将自己东邻的晋国先拿下来。表面上看"秦晋之好"这种政治婚姻既有晋国公主嫁到了秦国，也有秦国公主嫁给晋国国君，但总体上，是秦国主导的一场又一场政治婚姻。

起初的晋献公把自己的女儿嫁给了秦穆公，打开了这场政

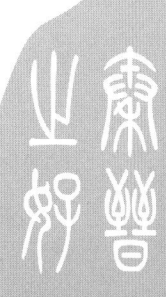

治联姻的"潘多拉魔盒",这个被称为"穆姬"的女人,在自己的侄子晋惠公被秦国丈夫打败并俘虏后,身穿丧服,带着三个儿女登上一座堆满干柴的楼台,手擎火把,希望丈夫秦穆公放自己的侄子一码。被逼无奈的秦穆公也只好把已经押上断头台的晋惠公放了,还把他安置在灵台,待以上宾之礼。

当然,这件事情也提醒了秦穆公,具有卓越政治智慧的他发现,与晋国的关系可以依靠这种政治联姻来使自己处于主导地位,更容易完成自己的霸业。于是,他把在外流亡了十九年的晋公子重耳——他的小舅子请来秦国,并且一口气把同宗族的五个女子都嫁给重耳,其中有一个就是曾经的晋国太子子圉的秦国前妻怀嬴。

这种婚姻关系中所谓的"好"其实是很混乱的,秦穆公的夫人是晋惠公和晋文公的同父异母姐姐,晋惠公和晋文公又是秦穆公的小舅子,同样,晋怀公是秦穆公的内侄,而晋怀公的前妻、晋文公妻子怀嬴又是秦穆公的女儿。这种混乱的婚姻关系显然不是爱情的结晶,是典型的为了政治需要而进行的婚姻活动。

这种政治婚姻最大的特点就是没有爱情和感情的交流。晋文公重耳在秦国时,和秦国公主怀嬴的婚姻生活是毫无感情可言的。《左传》里记载里这么一件小事,一天,怀嬴捧水盆给晋国公子重耳浇水洗手,他洗完后,不用手巾擦手,直接把手上的水甩掉。于是,怀嬴生气地说:"秦晋两国地位对等,为什么轻视我。"上门女婿重耳知道自己错了,马上脱去上衣,把自己囚禁起来,向她赔罪。可见在婚姻生活中追求的不是夫妻恩爱,琴瑟和谐,而是政治地位和权力控制。

不管怎么说,这样的政治婚姻还是带来了两国的共同繁荣和强盛,所以,人们将秦穆公时期两国的政治婚姻关系称之为"秦晋之好"。《韩非子》说:"昔秦伯嫁其女于晋公子,令晋为之饰装。从文衣之媵七十人。"自此以后,晋文公、秦穆公先后称霸诸雄,各自成为当时的霸主,国家也先后成为强国。

一直到唐代以前,"秦晋之好"词义都延续着政治联姻的内容。例如三国时期,袁术曾派韩胤为媒,带着礼物前往徐州向吕布求亲。韩胤对吕布说:"主公仰慕将军,欲求令爱为儿妇,永结秦晋之好。"还有刘备前往江东娶了孙权妹妹这样的婚姻,都还充斥着政治联盟或者权术运筹的浓重色彩。

在宋明以后的白话小说语言中,"秦晋之好"才摆脱政治婚姻的内涵,逐步扩展成为门当户对的男女婚姻之义。例如元代乔孟符《两世姻缘》:"末将不才,便求小娘子以成秦晋之好,亦不玷辱了他,他如何便不相容。"清代蒲松龄《聊斋志异》:"年伯黄先生,位尊德重,求使主秦晋之盟,则唯命是听。"等等。

在现代汉语中,能够使用"秦晋之好"来表述婚姻状态的,已经基本抛弃了过去那种带有明显功利色彩的成分,回归到了婚姻本身纯粹的爱情至上、姻缘完美的含义,因此,该成语也就较为纯粹地成为表达婚姻美好的贺词。

什么人叫"乘龙快婿"？

古代婚姻遵循"父母之命，媒妁之言"，所以，岳父母看女婿的眼光很重要，"乘龙快婿"这个成语就是老丈杆子对自己才貌双全、称心如意且得道怀德的女婿的爱称，当然，也可以敬称别人家的好女婿。

"乘龙快婿"由两部分组成，核心词根是"快婿"，另一个是"乘龙"。所谓"快婿"来源于"快女婿"一词，是指称心如意的女婿，出自南北朝《魏书·刘昞传》，说才子刘昞的老师博士郭瑀在教室正前方设立一个特别的座位，对弟子们说"吾有一女，年向成长，欲觅一快女婿，谁坐此席者，吾当婚焉。"众弟子面面相觑，不敢上前，只有心领神会的刘昞"奋衣来坐，神志肃然"，并且对自己的老师说："向闻先生欲求快女婿，昞其人也。"于是，刘昞就自告奋勇地当了老师的"快女婿"，后来缩略为"快婿"。"快，喜也。(《说文解字》)"是高兴、舒畅的意思。《广韵》："称心也，可也。"说得更加明白，用在"快婿"一词上，是说使得岳父母高兴和舒畅、女儿称心如意的好女婿。

而"乘龙"一词，与姻缘结合起来的词义，说起来就复杂一些。

首先，古人神谶里以男人为龙，得到一个称心如意的女婿，犹如得到一条上天入地、飞舞腾达的龙，故称好女婿为"乘龙"。晋时张方《楚国先贤传》中说："时人谓桓叔元两女俱乘龙，言得婿如龙也。"是说太尉桓叔元得到了孙嵩与李元礼两位好女婿。杜甫也写过"门阑多喜色，女婿近乘龙。"的诗句，也是这个意思。所以清代蒙学课本里说："新婿曰娇客，贵婿曰乘龙。"就是教育孩子们不要搞错了，不是所有的女婿都是"乘龙"。

其次，后人把汉代刘向《列仙传》里关于"萧史弄玉"的故

什么人叫"乘龙快婿"?

事附会到女婿身上,传说出一曲"乘龙快婿"的美好神话。据刘向记载,春秋时,有一个青年叫萧史,善吹箫,可以吹出凤鸣龙吟的好曲子。秦国国王秦穆公有一个漂亮的女儿叫弄玉,也喜欢吹箫。一天,两人在梦中相遇相爱,后来,在秦穆公的主持下,弄玉嫁给了萧史。萧史弄玉结婚后,非常恩爱,两人经常一起箫笙合奏,常常引来凤凰萦绕其左右。后来,萧史乘龙、弄玉乘凤,一同得道升天而成为神仙,于是,后人便以乘龙快婿作为对萧史这个好女婿的赞美之词。

由此可见,"乘龙快婿"一词中的"乘龙"和"快婿"是两个动宾结构的词语,组成这个成语,不能理解为"乘骑在龙背上的好女婿"之义。所以,明清以后的俗语小说里,大多也单用"乘龙"或者"快婿"来表示"好女婿"的含义,例如《牡丹亭》里:"似人家女婿呵,拜门也似乘龙。"《明珠缘》里:"皇国人材,宦门佳婿,不久女婿要乘龙也。"以及《初刻拍案惊奇》:"那卢生生得炜貌长髯,风流倜傥,李氏一家尽道是个快婿。"《醒世恒言》:"要赘个快婿,难乎其配,尚未许人。"《聊斋志异》:"汝又无弟妹,但获娘娘冥加护,护汝得快婿。"等等。而使用"乘龙快婿"成语的倒是近代以后的语例多了起来,主要是重复起强调的作用。

而今天,我们使用"乘龙快婿"一词的时候,既是继承了古人对婚姻爱情中男方的优美神采和不凡本领的溢美和赞誉,同时也是父母对自己女儿未来爱情生活愿景的美好祈愿。

古人也会『凡尔赛』

"才高八斗"是一个成语,也说"八斗才",则是一个词。不管是成语,还是词,讲的都是一个古代文人的"凡尔赛"故事。

这句话是南朝诗人谢灵运说的,他是在什么语境下说的呢?

谢灵运是山水诗的开山大家,因此,受到了当时南朝宋国皇帝宋文帝的赏识,将他召入朝堂,封官赐爵。古代文人一般都有这样的毛病,自恃有才而狂放不羁,放浪到极致的李白可以做到"天子呼来不上船",在写御制诗时,一边力士捧靴,一边贵妃奉墨。一直自命不凡的谢灵运受到皇帝这种尊荣礼遇后,也是狂妄自大到了极点,于是,他一边喝酒一边自夸道:"魏晋以来,天下的文学之才共有一石,其中曹子建(曹植)独占八斗,我占一斗,天下其他的人只能共分剩余的一斗。"从他的话中可以看出,他除了佩服曹植以外,其他人的才华都不在他眼里。因此,后来人们便把"才高八斗"这个成语用来比喻文才高超的人。

"斗"是古代量器,十斗为一石(dàn)。指曹子建的才学有"八斗"之多,即是告诉人们,这个世界上谁也无法比拟他的才学——那是一座文采绚烂的珠穆朗玛峰。而自己有"一斗",也就是说,自古及今的所有文人墨客加起来,也就是我这样的水平。这种自夸方式在如今的互联网时代被称作"凡尔赛"式炫耀。

"才高八斗"的曹植(字子建),是三国时曹操的儿子,有一次,他的父亲曹操修建了一座铜雀台,想试一试儿子的文才,就命曹植写一篇纪文,曹植提笔洋洋洒洒便写下了名篇《铜雀台赋》,其中:"同天地之规量兮,齐日月之辉光。永贵尊而无极兮,等君寿于东皇。御龙旗以遨游兮,回鸾驾而周章。恩化及乎四海兮,嘉物阜而民康。"看得曹操心花怒放,确信自己儿子是天上的文魁下凡,文采的确高人一等,卓尔不凡。

　　当然,关于曹植用自己的捷才妙诗救了自己一命的故事几乎家喻户晓,那就是《七步诗》。曹植的哥哥曹丕当上皇帝后,他忌妒自己弟弟超群的文采名声,于是要找个罪名杀死他,想来想去,还是用文学的名义杀他更为有趣。于是他对弟弟说:"如果你能在七步之内做成一首诗,我就饶了你。如果做不成,可不要怪我了!"曹植请他出个题目,曹丕说:"就以兄弟为题目,但不许出现兄弟二字。"曹植走出六步吟了一首诗:"煮豆持作羹,漉豉以为汁。萁在釜下燃;豆在釜中泣。本自同根生,相煎何太急?"意思是说:要把豆子煮成豆豉,把豆梗抱来当柴烧。豆梗在锅下呼呼地烧着,豆子在锅里哭泣着;我们都是一条根上长出来的,你为什么要这样狠心地煮我而不肯轻饶我呢!曹丕听了之后,感觉良心上真的过不去,于是就羞愧地放了他。

　　以文成名、用诗救命的曹植是中国文人心目中的一座高山,借助这座高山抬高自己身份地位的谢灵运也就成了另一座高山,这样的"凡尔赛"式自夸被后人多次地模仿使用,为了加重其中的分量,人们还把"才高八斗"和"学富五车"组合起来使用——形成天赋和勤奋相结合而成才的典范。比如明代陈汝元在《金莲记》中说苏轼夸赞自己的话:"不佞姓苏,名轼,字子瞻,眉州眉山人也。学富五车,才高八斗。"苏轼是自吹自擂的好手,是不会放过这样溢美自己的好话的。所以,后世要夸赞文人的顶级恭维话就是"学富五车真不假,才高八斗果非轻。"

　　今天的"才高八斗"一般与"学富五车"连用,位置可前可后,民间也说"八斗""八斗才""八斗之才"等等,都是一个意思。

(原载于《语言文字报》2023年7月19日,标题有改动)

"苦口婆心"为哪般?

如果我们说"苦口"是医学用语,"婆心"是佛家言词,组成"苦口婆心"这个成语的话,估计很多人会反对。我们现在对于"苦口婆心"一词的释义时,指出于爱护而恳切地再三地进行规劝(《汉语大词典》)。那么其组成部分"苦口"和"婆心"究竟是怎样体现这个含义的呢?它们又是何时通过怎样的方式组合而成这个成语的呢?

首先,"苦口"最初是古代中医使用的词语,源出于《史记·留侯世家》:"忠言逆耳利于行,毒药苦口利于病。"此后的《汉书》《抱朴子》《昭明文选》等所用语例均指向"良药苦口"的含义,例如《抱朴子》:"必死之病,不下苦口之药;朽烂之材,不受雕镂之饰。"只是到了隋唐以后,富于想象力的文人政客才把"苦口"一词引申指出于好心、态度诚恳而且不厌其烦地再三规劝。例如《旧唐书》:"近忠厚,远便佞,杜悦耳之邪说,听苦口之忠言。""苟非金玉贞度,松筠挺操,安能咈人主之意,献苦口之忠?"等等。这样的引申主要原因还是来自《史记》的那句格言,将治疗身体之病的含义延伸拓展到治疗心理之病,顺理成章。此后,"苦口"一词便两义并用,例如宋代白话里:"哑子谩尝黄莲味,难将苦口对人言。"宋人林正大:"宾主欲眠而同味,水茗相投而不浑。苦口利病,解胶涤昏。未尝一日不放箸而策茗碗之勋者也。"都是说药苦的;而《宋史·赵普传》:"忠言苦口,三复来奏。"《五灯会元》里:"师常苦口,为什么学人己事不明?"却都是说耐心规劝他人的。这种情况一直到今天都没有改变。

"婆心"一词作为佛家使用的语言,则有一个曲折而有趣的过程。首先需要说明的是,此处的"婆"字与我们今天称呼妻子的"老婆"没有丝毫的关系,而是老婆婆(絮絮叨叨、啰唆)

的意思。"婆心"一词从一出现便与佛教扯上了关系,一直以来,都是使用其比喻义,而不用其原义。该词最初源自唐代大中八年(公元854年)在镇州滹沱河边建立临济院的慧照禅师,据《镇州临济慧照禅师语录》说:普化大师用手指云,说了一首偈语:"河阳新妇子,木塔老婆禅,临济小厮儿,却具一只眼。"大意是佛无常相,有时是新媳妇,有时是老婆婆,还有时候是小孩子,但都是佛,具备常人没有的法眼,由此出现了"老婆禅"的概念。

"老婆禅"也叫"老婆心"或"婆心",是指佛教寺院里有些禅师语重心长,诲人不倦,反复叮咛,絮絮叨叨,犹如年迈的老婆子三句话饶舌,来来回回不断地说。宋代《景德传灯录》里解释了这种行为叫作"只为老婆心切。"意思是老婆婆具有仁慈之心,又恐怕他人无法听从或懂得自己的心意,故而不断重复,翻来覆去地说同样的内容。所以,"婆心"具有两个方面的内容,一个是慈爱之心是出发点;另一个是反复唠叨是表达方式。苏东坡说:"莫共金家斗甘苦,参寥不是老婆禅。"就是说在西湖智果寺的宋僧参寥子不絮叨,不是"老婆禅"。宋代还有一个词人陈瓘写过:"世间多少老婆禅,犹苦问、台山路。"来表达对于求佛之道的艰辛困苦和彷徨犹豫。

"婆心"一词对于佛教来说,是与此后流行的顿悟禅宗"单刀直入"的宗风相对立的一种求道、传道方式,并因此受到禅宗的极大排斥,在禅宗体系里,"婆心"是一个贬义词语,是宗师们在勉励后学时,要求他们在学佛求道过程中,需要避免或者摒弃的行为。南宋大慧禅师自称:"老僧二十年前有老婆心,二十年后无老婆心。"元代耶律楚材说:"惟智公禅师本有丈夫志,不学老婆禅。"都将"婆心"用作具有贬义色彩的词语。

"苦口"与"婆心"的结合,再一次显示了汉语言文字强大的融合再生能力。医疗加宗教,一个治疗身体上的疾病,一个疏解心灵上的创伤,融合成一个新的、具有更丰富含义的成语,成为明清以后至今白话小说中经常使用的词语。"苦口婆心"出现在《儿女英雄传》里安老爷对于侠女十三妹的评价:"这种人若不得个贤父兄良师友苦口婆心的成全他,唤醒他,可惜那至性奇才,终归名堕身败。"后来梁启超在《护国之役回顾谈》里说:"我和龙济光苦口婆心的谈了十几点钟。"以及鲁迅等人的使用语例来看,这个时候的"苦口婆心",既不是"苦口"的医疗治病,也不是"婆心"的耐心耐烦,融合的词义变成了诚恳耐心、循循善诱和诲人不倦的意思。

来来往往说"朋友"

从字面含义和现实社会语用上,"朋友"一词都是值得说一说的词语。按照儒家思想中的理解,"朋友"是志同道合的同道、生死不渝的至交和患难与共、不离不弃的伙伴,相比起同志来说,更具有感情和经济上的互济互助。可是,古人使用"朋""友"二字组成该词的初心是这样吗?

"朋"者,钱也。甲骨文已出现"朋"字,是一个象形文字,见"丰丰",就是把两串贝(钱币)穿挂在一起,后来为了更加形象地表达含义,有人又在旁边加上了人形,见"　"就像一个人提着两串贝钱。篆文误把"朋"借作"佣"字,跟"凤"字混为一体。到隶书又重新写回原来的样子,成为今日"朋"字字形的来源。段玉裁在《说文解字注》里"鸟部朋下曰。凤飞、群鸟从以万数。故以为朋党字。盖朋党字正作佣。而朋其假借字。"所以,"朋"字最初就是钱,古代货币单位,相传五贝为一朋。还有一种说法是五贝为一系,两系为一朋。《诗经》中"既见君子,锡我百朋。"就是君子赏赐给我很多钱的意思。历史上就有周武王喜欢箕子所说的话,就赏赐给他十朋钱的故事,可见,古人的"朋",也是拿钱说话的。"朋"字钱串子的附属含义被后世引申为"类、比"义。《易经》里说:"君子以朋友讲习。"这里的"朋"字就是《广雅》里所说的"朋,比也,朋,类也。"后来被唐代孔颖达随文释义成了:"同门曰朋,同志曰友。"而"朋"与"凤"混为一谈源自许慎的《说文解字》,他说:"朋,古文凤,象形。凤飞,群鸟从以万数,故以为朋党字。"按照许慎的理解,"朋"就是由一起聚集飞舞的凤鸟的原始含义引申出来"朋党"的意思。因此,"朋"在古代既有相互信赖的"朋友"的褒义色彩,又有结党营私、相互勾结的"朋党"的贬义色彩,恰如《唐书》里说："向闻杨虞卿兄弟朋比贵势,妨平进之路。"总的来说,不管是儒家"朋友"的含义,还是许慎的"朋党"含义,其中都有串联、聚集和共进共退的意思,因此,"朋"字今天的"朋友"义,就是古代不同含义的杂烩融合,其引申的脉络来源较为庞杂。

相比来说,"友"字就较为简单,其字形从甲骨文到楷书,都由顺着一个方向的两只手并列构成,表示亲密无间、同心同志同行的伙伴。《说文解字注》里说:"从二又相交。二又,二人也。善兄弟曰友,亦取二人而如左右手也。"段玉裁的说法印证了《礼记》里:"儒有合志同方,营道同术,并立则乐,相下不厌,久不相见,闻流言不信,其行本方立,义同而进,不同而退,其交友有如此者。"的话,因此,经过儒家的训诂引申,"友"字原本的"朋友"含义十分清楚,而且,在"朋友"组词过程中,"友"字所占词义的分量较重。

"朋友"一词最早出现在《易经》中,其象卦有:"丽泽,兑。君子以朋友讲习。"《诗经》中也有很多使用该词的情况,如"亦云可使,怨及朋友。(《雨无正》)""朋友攸摄,摄以威仪。(《既醉》)""之纲之纪,燕及朋友。(《假乐》)""惠于朋友,庶民小子。(《抑》)"等等。鉴于该词出现很早并且词义固定,所以,该词在使用中经常简化为"朋"或"友",如《诗经》中:"每有良朋,况也永叹。""虽无好友,式燕且喜。"《论语》中,"有朋自远方来,不亦乐乎。""匿怨而友其人,左丘明耻之,丘亦耻之。"不管是全称还是简化,在儒家为主体的古代社会中,"朋友"一直都是"仁义礼智信"的交往原则笃行者和捍卫者,相比起血缘亲戚来说,"朋友"更值得尊敬和共事。

甲骨文	金文	战国文字	篆文	隶书	楷书

朋友之间,以信任为基础,以交往为手段,以互助为责任,共同构筑人情世故的坚固堡垒。孔子在《论语》中就多次论及"信",他说:"吾日三省吾身:为人谋而不忠乎?与朋友交而不信乎?传不习乎?""事父母能竭其力,事君能致其身,与朋友交言而有信;虽曰未学,吾必谓之学矣。""老者安之,朋友信之,少者怀之。"后世儒家经典中关于"朋友"的论述多如江鲫、数不胜数,其核心内容都是一致的,就像《风俗通义》里说的那样,"愿车马衣轻裘与朋

友共,弊之而无憾。"因此,朋友是集志向学识、心性格调、情操德行融于一体的坚定伴随者,为此,所谓财富地位、门阀权势等都不能够成为阻碍朋友之间心心相印的障碍。

"朋友"词义的转变并不是白话文盛行的结果,与语言的文言或白话使用没有什么关系,而是社会发展不同阶段在语言使用上的影响变化。即便是白话中,原始含义的朋友也还时有出现,如元代口语著作《老乞大新释》中:"咱们会相与人,不要说你歹我好,不要羞了朋友的面皮,亲近得好了,就同是一个父母生的弟兄一般,相帮着看顾着。遇着朋友在困苦患乱中没有盘缠,自己的钱财不要爱惜,就接济他些;朋友若不幸遭了官司口舌,众朋友都向前救他,若不肯救,就是傍人也要唾骂;若有些病痛,不要看冷淡,就替他请太医调治,早晚不要离开,替他料理,煎些药送些汤水。若这般看待,便有十分病也减了五分。你若不看顾他,那病人想着没有朋友的情分,自己心里凄惶么,才得五分病也就添做十分了。"元代话本《金玉奴棒打薄情郎》中:"就是朋友辈中,晓得莫稽贫苦,无不相谅,倒也没人去笑他。"可见,深受儒家思想影响下,不管是上层社会阶层,还是庶民百姓的心目中,"朋友"始终是值得信赖和相互体谅关怀的温暖所在。

"朋友"词义发生变化,其实与明代资本主义萌芽的出现相匹配,是经济社会发展阶段的语言词义变化。在明代小说《三国演义》中,有一段张辽问关羽的话:"兄与玄德交,比弟与兄交何如?"关羽回答:"我与兄,朋友之交也;我与玄德,是朋友而兄弟,兄弟而主臣者也:岂可共论乎?"朋友和兄弟以及君臣之间不同的关系,在关羽眼里区分得十分清楚,显然,朋友是低于后两者的关系的,这与儒家的"车马衣裘与朋友共"的思想已经完全不同了。小说《醒世恒言》里:"那班朋友,见他财产已完,又向旺处去了,谁个再来趋奉!""莫说旧时那班帮兴不帮败的朋友,又来撺哄。"《金瓶梅》里"只图那一瞬欢娱,也全不顾亲戚的名分,也不想朋友的交情。""结识的朋友,也都是些帮闲抹嘴,不守本分的人。"等等,可见"朋友"一词的词义已经出现了变化,转向"为图钱财而相好"的意思了。由此开始,朋友一词从儒家的褒义词语转而成为既有褒义,又含贬义的词语,使用在不同的语境场合,各自表达不同的感情色彩。这倒是符合了"朋"字最初的词义,既有钱财交合的往来,又有感情融和的交流,相比起如今流行的"朋友"来说,也算延承有自、引申有源了。

为什么叫步步"金莲"？

莲花本是佛道两教中的圣物,尤其是佛教,将莲花用金箔装饰以后,就代表佛教的整个世界,所以,佛教又叫作莲花世界,佛祖以及所有的菩萨都端坐莲台,足下生莲,地涌金莲……可是在古代社会生活中,"莲"还有一个充满了血泪的畸形美学名号——代指女人的脚。据说,此风最盛时的宋代,嗜欲的达官贵人以及无聊的浮华文人还要评选出所谓最美莲足,大于四寸的为"铁莲",四寸的为"银莲",而三寸的便是"金莲",最美金莲一定要小于三寸,并且足弓弯曲出优美的曲线。

那么从宗教圣物到扭曲的小脚,这样的语词流转过程中发生了怎样的故事呢？

"金莲"一词,来自魏晋南北朝时期的南朝齐——那是一个极度宠信佛教的时代。皇帝萧宝卷在他十五岁的时候,稀里糊涂地被推奉为皇上,让一个童心未泯的孩子当皇上的结果就是儿戏,于是,情窦初开的萧宝卷便将他全部心思都用在了自己的宠妃潘玉儿身上。他可以为潘妃搜罗国内最好的奇珍异宝、服饰用具,也可以像随从一样骑着马伺候坐在轿子里的潘妃,还可以搭建一个讨潘妃喜欢的集市,并下令大臣们装扮成市井生活小商小贩来演出,甚至可以自己充当受罚者,让潘妃挥舞着小鞭子,当众打在自己九五之尊的身上。为了体现他对潘妃的极度宠爱,他筹备打造了一场奢华而富有诗意的盛宴,来表达对潘妃的喜爱。他派能工巧匠比照潘妃娇小玲珑的小脚丫儿,用金箔制作出精美的莲花片,精细地贴在光可鉴人的宫廷地板上,看着宛如天仙的潘妃一步一个金莲花款款而来,他用天生口吃的笨嘴油然惊叹道:"此步步生莲华(花)也。"要知道,步步生莲花是佛教最重要的仪轨,是说佛祖成佛的刹那,走出七步,足下生出金色的莲花。此刻萧宝卷的眼里,婀娜多姿的潘妃在他眼里,就是至高无上的佛祖啊!

　　三年后,萧宝卷儿戏朝政和亵渎佛祖的荒唐行为终于得到了报应,此后四次舍弃皇位投身佛祖的萧衍派人扼杀了他并改朝换代。萧宝卷和心爱的潘妃虽然死了,"步步生莲花"却一直流传到后世,以至于多愁善感的唐代诗人李商隐一口气写下了三首关于"金莲"的诗,"谁言琼树朝朝见,不及金莲步步来。""昭阳(汉成帝所筑宫殿名,昭仪赵合德所居)第一倾城客,不踏金莲不肯来。"可见"金莲"一词招惹了多少文人墨客的奇思遐想。

　　我们知道,宋王朝也是一个文风鼎盛的时代,"金莲"一词在这个时代被许多达官贵人、文人骚客吟咏不厌,比如苏轼的"岂知垂老眼,却对金莲烛。"卢炳的"石榴裙束纤腰袅。金莲稳衬弓靴小。"再比如史浩的"舞罢有香留绣褥,步余无迹在金莲。"等等,仅仅两宋诗人传诵"金莲"的诗词就多达近百首。不仅如此,很多人还开始要求自己宠爱的女人缠足——把这种扭曲变形的脚称之为金莲,并由此形成了以缠足为核心的一整套规矩和文化风气,因此也诞生出"三寸金莲"这样的词语。这样的风气直接导致后世王朝的竞相效仿,缠足之风到了清王朝达到了巅峰,"金莲"或者"三寸金莲"这样的词语也随之成为使用频次很高的词语。

正解"门当户对"

在古代，门户是特别重要的事情，门户这两个字，均为象形字，字形就已经把其内容诠释得十分简明清楚。古人认为："双扇为门，单扇为户。"《说文解字》上说："门，闻也，从二户；户，护也，半门曰户。"后来，"门户"一词出脱了简单的建筑学概念，引申为出身门第的高低，并成为决定社会交往的基础，由此产生了一个非常有意思的成语——门当户对。今天我们将这个成语的使用基本局限在交友，尤其是婚姻对象的选择上。

"门当户对"最初可分为"门当"和"户对"两个复合词的联合。有人说，"门当"原指朱门大户门前的一对石鼓，又叫抱鼓石。最初是用来辟邪镇魔的，大概因为鼓声宏阔威严，声如雷霆，所以民间广泛使用石鼓作"门当"。"门当"形制越大，也就越发凸出其官职权势越大，在今天的北京胡同里，大户人家的门口矗立的圆形"门当"，即表明该户是文官；如果是武将，则用方形"门当"，标志清楚，一目了然。因此，有"门当"的人家，一定是有权有势的大户人家。

"户对"则是置于门楣上或门楣双侧的砖雕或木雕，比较典型的为短圆柱形——代表古人重视男丁的观念，柱长一尺左右，与地面平行，与门楣垂直突出。一般来说，清王朝时期的"户对"与其官职大小有着直接的关系，官职最大的当朝一品官员家庭用八根"户对"，二品的用六个，三品的用四个，三品以下官宦人家的门上只有两个"户对"，普通人家即便是家财万贯、富可敌国，门楣上也不允许使用"户对"。

这样，"门当户对"作为封建统治等级制度的需要，借以区分官宦人家和普通百姓的外部建筑特征，到后来却成了区别人与人、家庭与家庭的身份地位的象征，显然从具体的建筑构件引申概括成为抽象的象征含义，成为衡量实力和等级的标尺。

说词解字

那么是不是如上所说的呢？

"门当户对"起初也称"门户匹敌"，出于《三国志》的记载，说的就是婚姻问题上的家境身份的对等。据说当时曹魏的文德郭皇后听说自己的亲戚"与他国为婚"，就下敕令说："诸亲戚嫁娶，自当与乡里门户匹敌者，不得因势，强与他方人婚也。"而"门当户对"一词最早出现在隋唐五代时期的《敦煌变文》里："长者护弥答曰：此则门当户对，要马百匹，黄金千两，青衣百口，□物百车。"大意是说，须达这个大善人寻找到了王舍城里一家富裕大户人家的女儿，作为自己第七个儿子的媳妇，也算是"门当户对"了。这两段文字说的都是和婚姻嫁娶相关的内容。

由此可知，"门当户对"这个成语最晚也在隋唐五代时期就产生了，查阅中国建筑营造法式的历史记载，那个时期并没有像明清那样，具有建筑学意义上的所谓"门当"和"户对"，可见，这个词与明清时期大宅门前的建筑设施牵强附会的瓜葛，不是后人借用了古人关于"门当户对"的思想理念并附着在自己家门前的建筑构件之上，便是后世好事者的臆断和杜撰。

但是不管怎么说，"门当户对"都与交往双方的政治地位、经济实力的对等相匹配，到了元明清时代，就更加广泛地使用这个成语。元代王实甫著名的《西厢记》里说："虽然不是门当户对，也强如陷于贼中。"明代的汤显祖在《牡丹亭》里也说："你女儿睡梦里，鬼窟里，选了个状元郎，还说门当户对。"清代曹雪芹在《红楼梦》里用得最多，例如"我想他两家也就算门当户对了，一说去，自然成的；谁知他这会子来了，说不中用。""或者有个门当户对的来说亲，还是等你回来，还是你太太作主？"等等。使得"门当户对"这个成语的含义被完全固定下来，成为婚嫁联姻的基础条件和标志。

天下之大，何处『安身』？

"辛辛苦苦工作一年的收入，却在北上广深买不到一间局促狭小的卫生间，天地之大，哪里是我安身之地。"相信这不是一个人的呐喊，所有被高房价困扰的老百姓，几乎都有这样的困惑和迷茫。

"安"字在古代是一个泛义词，由于其所包含的词义过于宽泛，《说文解字》《方言》都认为是"静也"，《尔雅》《玉篇》说是"定也""不危也"，《广雅》认为是"许也、平也、宁也、止也。"《正字通》除了认同《广雅》的说法，还说是"心无愧也。"总之"安"字其义之宽泛，也是古今字书中分歧最大的，仅仅是《康熙字典》，就收集了它的十几种含义，因此，导致与其组词后的"安身"也具备了多重含义。例如：

1. 休息；睡觉。

"君子有四时：朝以听政，昼以访问，夕以修令，夜以安身。(《左传·昭公元年》)"

2. 立身。

"孔子曰：'参之言此可谓善安身矣。'(《孔子家语》)"

"人无刚骨，安身不牢。(《水浒传》)"

3. 存身；容身。

"敖传嗣于硗壤，何安身于穷地。(《梁书·沈约传》)"

"只得与妻子商议，且到田庄上去安身。(《红楼梦》)"

4. 心神安定或心神安定者。

"仍是养生安身之本。(《史记》)"

"一家皆乱，无有安身。(《吕氏春秋》)"

……

不过，万川总有源头，万山只出一峰，"安身"的诸多含义

中,也是从具象的安寝开始,逐渐引申到了包括身体、思想、心理、功名等方面的语义场景,才形成了繁多而庞杂的含义。

"安身"最初的核心意思是指"休憩或者睡眠",《左传》所记载的"夜以安身"之语,是说昭公元年的时候,晋国国君得病了,郑国派去探视的公孙侨所说的一段话,是说君子要应时而作,该干活时干活,该睡觉时睡觉,这样才能够"节宣其气",百病不侵。至于不久后即引申演化为"立身""存身;容身"等词义,也是当时人们根据该词使用的不同语境,结合该词的延展性强的特点而综合形成的。比如《国语》里,鲁襄王到楚国去的途中,听说楚康王死了,就不想去了。大臣叔仲就劝他说:"子之来也,非欲安身也,为国家之利也。"意思是您来这里,不是为了自己的"安身",而是为了国家的利益。这里的"安身"既有安身立命的含义,也有安危、安全的意思。而《汉书》里的"臣虽愚戆,独不知多受禄赐,美食太官,广田宅,厚妻子,不与恶人结仇怨以安身邪?"则是表示"容身;生存"的含义。

这一情况经历了两汉一直到隋唐的多次文化冲击和语言文字巨变,依然延续着"安身"一词各表其义,在不同语境下各说各话的使用状态。直到宋朝,才从"安身"一词的"立身;立德;扬名立万"的枝干含义中萌发出新的内容,并开始与"立命"一词结合,构成一个脍炙人口的成语,这样的转变得益于佛教文化对于汉语语词的介入和改造。"安身立命"最初源自佛教经典《景德传灯录》里:"僧问'学人不据地时如何?'师云:'汝向什么处安身立命?'"的问答语录,其实,唐末五代时更早的佛教典籍《祖堂集》里已经记载了这句语录。后来被《禅林僧宝传》《五灯会元》等佛教经典广为使用,不断流传,逐步地固定下来。

作为佛教词语的"安身立命",不再是"睡觉;安寝"的含义,也已经开始超越了"存身,容身"的内容,它从"立身"的含义出发,进而形成事关信仰、理想、信念的抽象含义。正如《五灯会元》里发出的灵魂问答:"只如四种丛林,是汝诸人在阿那个丛林里安身立命?""山僧今日不免横担挂杖,高挂钵囊,向无缝塔中安身立命,于无根树下啸月吟风。"以及"只这些子是三世诸佛命根,六代祖师命脉,天下老和尚安身立命处。"等等。

但是,佛教的抽象语言表达并不能完全覆盖汉语自身发展的内在规律,也很难完全湮没汉语语词自有的内在含义。明清时期,民间小说所说的

"安身立命"一词,则更加具有日常生活气息和人间烟火味道,从而又返回到了之前的"安身"一词各表,词义宽泛的时代,并淬炼了佛教语言的精髓,这样不断反复冲撞和融合的结果是两者所表达的意思并存于我们的语言应用中,使得这个词语的含义具备了多重性。

所以,现代汉语中的"安身立命"一词,我们既可以理解成"容身;可以生活和工作"的状态,如"高房价使得年轻人难以在大城市安身立命";也可以表示出"信仰、理想、信念所安放"之处的内容,如"修身齐家治国平天下更是知识分子安身立命的准则。"

研习"雕虫"小技

说起一个常用的成语"雕虫小技"时,脑海里总是不由自主地浮现出"雕虫篆刻"来,总是觉得两者之间存在一种递进或者由具体到抽象的引申关系。

"雕虫篆刻"的词语结构就像"切磋琢磨"一样,古人把四种同类型的字排列到一起的时候,总是寄望着一种组合同类、展示强调的含义在里边。"切磋琢磨"是四种治玉(石)的工艺手法,"雕虫篆刻"就是四种写字的方法或者四种字体的书写方式。"雕"自然是甲骨文,"虫"是虫草书,"篆"是籀文(大篆、金文、小篆等),"刻"是刻符(秦书八体之一)。从逻辑上说,这个成语只能出现在秦汉以后,表示文字书写和研究的内容。杨雄在《法言·吾子》里说:"或问'吾子少而好赋?'曰:'然。童子雕虫篆刻。'俄而曰:'壮夫不为也。'"而宋代文豪苏东坡也说过:"正所谓雕虫篆刻者,其《太玄》《法言》皆是类也。"可见自从"雕虫篆刻"这个词出生的那一天开始,它就是蒙童小学所从事的学习研究内容,而不是大学,更不是大道。因此,清代《蒙学》课本里明确说:"雕虫小技,自谦文学之卑;倚马可待,羡人作文之速。"

"雕虫小技"一词源于《北史》或者《隋书》,这是因为《隋书》是魏征主编的,而《北史》的编者李延寿也参与了《隋书》的编纂,和魏征是同时代的人。《北史》是记载隋朝以前的历史,其中有"雕虫小技,我不如卿;国典朝章,卿不如我"的语句,是朝廷重臣李浑说给文臣魏收的话,这句话与《隋书·李德林传》中:"至如经国大体,是贾生、晁错之俦;雕虫小技,殆相如、子云之辈。"异曲同工,是一样的含义,都是说写诗词歌赋、文章策论是"雕虫小技"。

诗仙李白一生中唯一一次为自己谋求推荐的《与韩荆州》

一文中,在言辞切切地夸赞韩朝宗的同时,也表示了"敢效微躯"的诚心,并不无卑微地说自己"恐雕虫小技,不合大人。"可见,"雕虫"不仅是小学,还是文人自谦的用语。所以,有唐一代,"雕虫"一词有褒有贬,可大可小,用处颇多,但其含义都摆脱不了"文字、文学"的内容。如《北史》:"邵雕虫之美,独步当时,每一文初出,京师为之纸贵,读诵俄遍远近。""江东雅好篇什,陈主尤爱雕虫,道衡每有所作,南人无不吟诵焉。"至于李白《古风》:"一曲斐然子,雕虫丧天真。"骆宾王:"顾惭非梦鸟,滥此厕雕虫。"刘禹锡:"衣裓贮文章,自言学雕虫。"则更是出脱不了这个含义的范围。所以,后来朱自清就说:"原来诗文本身就有些人看作雕虫小技。"是不足论的玩意儿。

"雕虫小技"也好,"雕虫篆刻"也罢,都属于古汉语中的雅言,民间俗语中使用的很少,所以到了明清时代,它也多用于例如清代钱泳《履园丛话》或者王世贞的《艺苑卮言》里,俗语小说中使用的案例极少,个别的用例也仅存于《西厢记》:"空雕虫篆刻,缀断简残编。"以及《三国演义》《水浒传》里的文言词语当中。所以,在社会生活中流传使用不多的情况下,该词词义经历上千年的历史,几乎没有发生丝毫的变化,属于固定到了僵化的词语之一。

不过到了现代汉语的时代,这个词又开始活跃起来,词义也从专指文字、文学引申到了泛指一切不入流的技艺或者方法,所以《现代汉语规范词典》解释为:"比喻微不足道的技艺。"常用于自谦或者贬低他人的语境当中。

"三教九流"指什么?

"三教九流"是一个被借用之后、陷入尴尬境地的成语。最初的含义是指宗教或学术上的各种流派,并没有褒贬之义,只是介绍说明古代宗教和文化学术流派的词语。后世被借来泛指民间社会上各行各业的人,是古人对社会各阶层及其地位、职业名称划分而成的不同等级,其中不但有道德或者身份上的歧视,同时,还产生了贬低侮辱等方面的意思,开启了其偏贬义色彩的使用场景。

"三教九流"的"教"字容易理解,即教化、教义、宗教的意思,而"流"则需要考训一下,《说文解字》说是"水行也。"《康熙字典》中对应的"九流"释义中有"各有所从出"的解释,其实用现在的话说,就是"源流;派别"的意思。

有人认为,最早的"三教九流"中的"三教"具体是指儒、佛、道三教,其实这种认识是有偏差的。"三教"这个词语最初起源是来自汉代儒家学说体系,是指夏商周三代的教化,具体说,就是崇尚"忠、敬、文"的道德统治方式。所以,汉代班固在《白虎通》里解释说:"教所以三何?法天、地、人,内忠、外敬、文饰之,故三而备之。"而指儒、道、佛三教其实是魏晋以后的说法。"九流"最早是指儒家、道家、阴阳家、法家、名家、墨家、纵横家、杂家、农家九个文化学术流派。"九流"出自《汉书·艺文志》,记载了当时流行的儒家、道家、阴阳家、法家等九家学术派别,他们之间既无褒高贬低之义,也无论座位、排名次之实。

后来,随着社会的发展,儒道佛三教逐渐成为古代社会意识形态里至高无上的信仰,尤其是魏晋南北朝时期,北周武帝亲自召集天下"辨释三教"之后,人们开始将"三教"(儒、道、佛)基本排序为"儒教在先,道教次之,佛教在后"置于社会思

"三教九流"指什么?

想统治地位。直到今天,文化宗教领域内,依然是这样来称谓"三教"的。

不同社会阶层的人心目中,就有不同的"三教"和"九流"。在中国历史发展的不同阶段,该词的内容和词义以及其中所蕴含的褒贬色彩、使用的语境场景都不断地发生着变化。西汉刘歆《七略》里,"九流"之外又增加了"小说家",从而变成了"十流"。此后,各朝各代的"三教""九流"无论是内容,还是排序,都有些微的变化和不同,而"三教九流"也就成为文化宗教和社会生活领域里的一个常用词语。

此后民间借用的"三教九流",将该词词义依照自己的语言使用需要进行改造,变幻出眼花缭乱的名目和样式来,但是,万变不离其宗,总体上在向两个方向发展。

一是世俗化倾向越来越重,口语化特征越来越明显。例如在民间,"三教九流"的具体内容包括了上至佛祖皇帝,下至贩夫走卒、捐客妓女在内的所有社会阶层。为了区分其所在不同的社会地位,还分列了上九流、中九流和下九流等,分类越来越细,名堂越来越多,格调越来越低。其二,其中的位次也在不同时期发生不同的变化。比如唐朝时,因为皇帝信奉道教,帝王和道士就成为"上九流"的第一、二位;而元朝蒙古人统治时期,不但把汉族列为第四等人,还把接受过儒家教育的文人列为第九等("臭老九"的来历)。所以,《水浒传》里说:"其人则有帝子神孙,富豪将吏,并三教九流,乃至猎户渔人,屠儿刽子,都一般儿哥弟称呼,不分贵贱。"就是表达梁山英雄对于该词划分不同社会阶层的不满情绪。其三,地域不同,风俗各异,各地方对于"九流"的说法也各有区别。在近代北方只分上九流和下九流两个档次。将做工的工人、种田的农民都列为上九流,但将"懒""馋"和"耍钱"也列为上九流,可见其划分标准十分混淆;而卖艺、斗鹌鹑、耍猴、修脚、剃头、娼妓、典当行和吹鼓手皆为下九流,是被人们歧视的阶层。其他地区则与之有相当大的区别。

二是趋向贬义色彩的语境场景越来越浓郁。九流分上中下,显然是受了当时社会阶层等级划分的影响,"下九流"一词所包含的蔑视贬低之义不言而喻,而从"下九流"的具体对象也可以看出,贬义色彩浓郁。从民国时期的下九流:一忘八(开妓院),二龟(纵妻卖淫),三优伶(唱戏),四吹(吹鼓手),五大财(耍大把戏),六小财(耍小把戏),七生(理发匠),八盗,九吹灰

（卖鸦片）可以看出，都是被社会歧视的行当和不受人们待见的人。

　　现代汉语中，不再用"三教九流"来指那些具体的社会各阶层，而是突出其泛指的含义和包容的层次。因此，这个成语现在既无原基础义中的崇尚含义，也没有了后世民间引申的蔑视贬义，成为一个不再包含具体内容，泛泛而指社会各界的常用词语。

三更半夜是何时？

"三更半夜"是古人说时间的成语，类似于我们经常看到的子时、卯时的说法，这是典型的以点代面的词语含义表达方式。

为了方便计时，古人将一昼夜分为十二时辰，十二时辰按十二地支分划，分别是子、丑、寅、卯、辰、巳、午、未、申、酉、戌、亥。一个时辰，按照现代计时的方法，大约是两小时。其中计算夜晚到天明这段时间的有五个时辰，也叫五更，又称五鼓、五夜。为什么叫五更呢？北齐颜之推《颜氏家训》里讲,："更，历也，经也，故曰五更尔。"意思是说，因为要"经历"所以称"更"。民间一般将每天夜里到关键时点敲响的响器（包括锣、梆子等）叫作"打更"，将值夜的人叫作"更夫"。

按照现在的时间对照，古代每晚的五更分别为 19—21 时，一更（戌时）；21—23 时，二更（亥时）；23—凌晨 1 时，三更（子时）；凌晨 1—3 时四更（丑时）；凌晨 3—5 时五更（寅时）。那么"三更"就是晚上零时左右，也就是半夜时分——已经是一夜过了一半的时间，隐含的意思是说，很晚了。

其实如果仅仅是计算时间的含义，这个成语就失去了存在的意义了，它必须在表示时间的同时，含有一种表象以外的引喻含义，才能够成为语言系统中真正流传下来的词语。"三更半夜"就是在表示确切的时间概念的同时，也表示了"时间很晚，夜已经很深了"的含义，才成为人们常用的词语。

当然，古人在创造一个词语时，往往会用一种直接的人文表达方式来强化这个词语的具象含义，以便于社会生活中的广泛使用，"三更半夜"也不例外，它使用了附会到具体名人身上的方式来表现含义和进行传播。《宋史·赵昌言传》记载说："时盐城副使陈象舆与昌言善，知制诰胡旦、度支副使董俨皆昌言同年，四人者，旦夕会昌年之第。京师为之语曰：'陈三更，董半

说词解字

夜。'"大概意思是当时有同年中进士的四个好朋友,叫陈象舆、赵昌言、胡旦、董俨,他们非常喜欢在一起秉烛夜谈,几乎天天都聊到夜深人静、深更半夜,于是,京城坊间都传说其中的陈象舆、董俨为"陈三更,董半夜。"用具体的人物行为来说明该词的含义,既容易理解,又具有典型意义,使得人们在使用该词时,眼前总是浮动着这些人物的形象和动作状态,因此,"三更半夜"这个词语因为名人的加持而传遍大街小巷。

这种用坊间流传的名人外号方式来进行传播的样本,在古代还有很多,比如《后汉书·彭宠传》里记载的东汉时期"王莽为宰衡时,甄丰旦夕入谋议,时人语曰:'夜半客,甄长伯。'"的故事;陈师道《后山谈丛》里记录的"刁半夜"的故事等等。

尽管不同的时代使用了不同的计时方式,历史上出现了诸多的表达时间的词语。但是,"三更半夜"作为时间很晚的意思一直没有发生改变,直到今天,我们在使用这个成语时,也还是表达最初的这个意思,不过,后人为了更加直白准确地表情达意,也说"深更半夜"。

"三长两短"正误辨

"三长两短"这个成语出现最早也不会超过明代,查遍《辞源》《汉语大词典》《成语辞典》等书,较早的例子如明朝的范文若《鸳鸯棒传奇·恚剔》:"我还怕薄情郎折倒我的女儿,须一路寻上去,万一有三长两短,定要讨个明白。"之前不知是因为该成语所描述的场景较为晦气,没有人愿意触霉头,还是其他什么原因,一直找不到它的语例。可见,这个成语也是作为俗语出现在明清戏曲或白话小说中的。

关于"三长两短"出现的缘由,历史上有许多的争论和说法。

一种是"人死烧香说"。这里的"三长"指三炷香,"两短"指两支蜡烛,凡是受用这些东西的,都是死去的人,因此代指死人。

第二种是"宝剑血光说"。东汉时期的一本地方志《越绝书》中记载了春秋名匠欧冶子做宝剑的故事,据说他做了五把旷世绝伦的宝剑:"造为大刑三,小刑二:一曰湛卢,二曰纯钧,三曰胜邪(磐郢),四曰鱼肠,五曰巨阙。"其中胜邪和鱼肠乃短剑,另三把乃长剑。这三长两短五把剑,锋利无比,见血封喉,只要是宝剑出鞘,必有血光之灾,危及生命,所以后世把出现这种情况称为"三长两短"。

第三种是"捆扎棺椁说"。《礼记》中记载,在周王朝天子死后所用的"天子之棺"有四重,都是上下与四周合围的,古代没有棺钉,只能用皮带将棺盖和棺身束紧,纵向束两道(短),横向束三道(长)。也就是说,天子死后入棺,方能够"三长两短"捆紧棺材。

仔细研究发现,前两种说法基本可以认为是民间的传说和附会。中国焚香的历史悠久,最初并不是祭奠死人的,而是肇始于周文王的祭祀昊天远祖的方式,称为"禋"或"禋祀"——是以烧献祭物或者香柴的烟雾来祭祀的。民间祭祀亡灵的三香两烛也是因人因地因风俗而差异很大,并不具备形成语言词语的通用性。同时,"宝剑说"则是附会了古代冷兵器时代思维,刀剑无情,干戈喋血,岂不是风险极大。因此,第三种说法当为具有词语形成的理据以及使用的通用性质,才是该成语源起的正途。

至于后世还有许多有关"三长两短"的传说,例如附会于大文豪苏东坡身上的五指说等等,则是为这个成语的使用增添了有趣的谈资轶事罢了。

总之,"三长两短"是古代文字中的忌语,说出来就有不好的事情发生,因此,在古代文献中,使用的很少。而现代汉语中,已经将它转化为指意外的灾祸或事故;特指人的死亡的意思,使用中也逐渐多了起来。

百无聊赖话"聊赖"

"百无聊赖"这个成语中的"聊赖"一般是指物质生活上的凭借或心理精神上的寄托,出自汉代蔡文姬的《悲愤诗》:"为复强视息,虽生何聊赖。"表达的是她身处北国荒漠,远离家乡亲人,孤苦伶仃、无所依靠的处境和心理状态。

"聊赖"一词是两个同义词联合而成的复合词,"聊"即是"赖","赖"即是"聊",两字互训,表示依靠、依托、凭借的意思,贾逵在《昭明文选》国语注中说:"聊,赖也。"所以,辛弃疾在《清平乐》里吟诵的"最喜小儿无赖,溪头卧剥莲蓬"的"无赖"即是"无聊"的意思,而不是我们通常理解的老赖、赖皮。

《说文解字》关于"聊"的解释是"耳鸣也。"是一个会意字,一边是一只耳朵,另一边是打开的两扇门,大门敞开,外边纷纷杂杂的声音就会传进来。这与上述的含义相去迥异,王力先生认为,《说文解字》所说的"耳鸣也"是"聊"的本义,段玉裁使用了刘向《九叹》里的"横舟航而济湘兮,耳聊啾而憭慌。"这个例子说明它。但是,有更多的古文案例说明"聊"字的"依托、凭借"含义,例如"百姓不聊生;上下相愁民无所聊。(《战国策》)""衣与缪与不女聊。(《荀子》)"可见即便在古代词语中,这种一词多义的情况也是大量地存在着。王力先生还认为,"聊"的这个含义首先是物质生活上的"依托;凭借。"也就是"聊生"的意思。其次才引申到了心理精神层面的"依赖;慰藉"义。

而"赖"在古代是"得利;赢利"的意思,《说文解字》说:"赖,赢也。"《国语》注解为:"利也。"由此引申为"依靠;依赖;依恃。"韩非子在《诡使》里说:"奸人赖赏而富。"意思说坏人即是凭借赏赐而富有。

"聊赖"合字生词之后,其含义就综合了两字原有的内容,成为一个更为完整表情达意的复合词,其含义也从物质生活上

的"依托;凭借",更多地转移到了心理精神层面的"依赖;慰藉。"例如乐府诗集中多次出现的"妾意何聊赖,看看剧断弦。""庭草何聊赖,也持春当春。""肝肠寸寸断,教侬底聊赖。"等语句,都是聊发无所事事闲愁时的感慨。后人为了加重这种浓郁闲愁的程度,又在该词前面加上了"百无"这个数量与否定结合的成分,表示数量上的"多""寡"极端对比,形成"百无聊赖"这个成语。

"百无聊赖"最初也叫作"无所聊赖",讲的是三国时期公孙瓒被袁绍所围困的故事。汉献帝建安四年(199年),公孙瓒被袁绍大军围困,他派儿子外出求救,而自己固守易京(今河北省雄县)。相持日久,公孙瓒逐渐不支,于是派人给其子公孙续送信说:袁绍攻打易京,宛如有鬼神相助,形势一天比一天恶化,我"无所聊赖",即是一点儿依靠都没有,希望你尽快赶来增援。没想到这封告急信落在了袁绍手里,他便将计就计,设伏打败并消灭了公孙瓒。

近代梁启超、鲁迅、傅専都使用过"百无聊赖"来表达无法排遣的心理状态或者精神郁闷,梁启超评介陆游是"辜负胸中十万兵,百无聊赖以诗鸣。"傅専则是自嘲说:"百无聊赖作词人,尽许闲愁集一身。"可见,现在我们使用的这个成语已经很少表达物质上的缺乏与依赖之义了。

人云亦云的"拐弯抹角"

网络上说,成语"拐弯抹角"出自古代建筑中的将房屋四边墙壁的直角垒砌成圆形或多边形转角,所以叫"拐弯抹角",体现的是古人与人方便的宅心仁厚。查阅了所有的古籍文献以及语料案例,却找不到这种说法的依据和使用痕迹,可见,这种颇具人文境界的杜撰与该词的含义引申发展毫不相干。

"拐弯抹角"最初的含义是指路程很长而且路径狭窄,曲曲弯弯,使得人走起来不断来回转变方向。因为路程很长,引申出一下子到不了目的地;因为曲曲弯弯,引申出幽僻曲折,看不见最后的目标,用在说话办事上,就是比喻思考问题过于复杂,想得太多或跟人说话含含糊糊、不直截了当。

"拐弯抹角"是一个民间俗语,由"拐弯"和"抹角"组成,最早由元代秦简夫《东堂老》里"转变抹角,可早来到李家门首。"的俗话引申发展而来,也说"转湾抹角""转弯抹角"。现代汉语中,使用"转弯抹角"或者"拐弯抹角"。

"拐弯"最早也说"转弯(转湾)",多出现在明清以后的俗话小说中,例如《二刻拍案惊奇》:"郑十拽了他手,转湾抹角,且是熟溜,早已走到了聚赌的去处。"《水浒传》:"店主人道:'只在前面,约过三二里路,大石桥边,转湾抹角,那个大庄院便是。'"说的都是行人七拐八转,在街道或者庭院里曲折迂回地走动的情况。也有用"转弯"一词的,如《粉妆楼》:"辞了太太出了帅府,转弯抹角,不一时出了城门。"《二刻拍案惊奇》:"一团高兴,随着石砌阶路转弯抹角,渐走渐深,悄不见一个人,只管踱的进去。"而且在《二刻拍案惊奇》同一部书中,既使用了"转湾"又使用了"转弯"可见最初两个词语是一样的。"转弯(转湾)"一词较之"抹角"出现得更早,可以与"抹角"连用,也可以单用。可见,这个成语的词根含义附着在"拐弯(转湾)"一词上,"抹角"

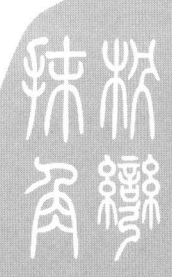

只是附属的词。

　　"抹角"一词最初也是使用在明清白话小说中的,而且从一开始出现就是与"转弯(转湾)"一起连用的,两个词语组合而成一个固定的成语词组,没有找到"抹角"一词单用的语例,更没有看到其在建筑学专业上的使用情况。从"转弯(转湾)"到"抹角",两个动宾结构的词语所表达的都是转着方向、绕着圈子走路的行为状态。因此可以推断出,这个成语在白话语系里所表达的比喻含义就是不直截了当、不简单明了的意思。当然,这种比喻含义是建立在行走在曲曲弯弯、逼仄狭窄幽暗小径的基础上的。这种走法,一来不好走,磕磕碰碰,跌跌撞撞,诸如《西游记》里"磕磕撞撞,转湾抹角,又走了半会,才是内堂房屋。"一样;二来走得曲折,兜兜转转,反反复复,诸如《醒名花》里"二人遂转弯抹角,曲曲折折,果然一步有趣一步。"一般,所以得出了不好说、不直接说的喻义。

　　当然,这种具象表现,也为后人倒推房屋墙角随方就圆的杜撰故事提供了想象的可能。且由"转"字发展到"拐"字的变化,也使该成语由两个复合近义词语联合式合成词义,趋向了连续动作的结合。

为什么是"徐娘"?

我们今天形容风韵不减当年的中年妇女时,多用一个成语叫"半老徐娘"或者"徐娘半老",那么,为什么是"徐娘"而不是"张娘""王娘"呢?原来这里有一个故事。

"半老徐娘"最初是一句讽刺中年妇女不守妇道、风流淫荡的词语,出自《南史》里的一句话,叫作"徐娘虽老犹尚多情"。徐娘是一个代称,她的真实名字叫徐昭佩,是魏晋南北朝时期前齐国太尉的孙女、梁朝将军徐琨的女儿,也是南朝梁元帝萧绎的原配夫人。萧绎还在当湘东王时,她嫁给了萧绎,侯景之乱被平定后,萧绎即帝位,徐昭佩被册封为贵妃。但是,萧绎这个人酷爱文学却不近女色,自称"韬于文士,愧于武夫",即便是当了皇帝,也依旧以读书作文为乐,动辄与文武百官讲授道藏佛经、诗词文赋,久而不倦。年近不惑的徐昭佩虽然身为贵妃,却仍然是深宫寂寞,芳华虚度。

为了引起皇帝的注意,徐昭佩开始闹腾。后代诗人李商隐《南朝》诗里说"休夸此地分天下,只得徐妃半面妆。"就是说的徐昭佩"半面妆"的故事。因为萧绎少一目,是个"独眼龙",于是,徐昭佩就只化半边脸的妆,半人半鬼地在皇帝面前晃悠,她的理由是,既然皇帝只有一只眼睛,那也只能看她的半边脸。她还常常喝得酩酊大醉,并且故意吐在皇帝的身上,以此来报复梁元帝对自己的冷落。

更有甚者,身为贵妃的徐昭佩还不甘寂寞,开始"红杏出墙",与他人勾搭成奸。她先后与荆州瑶光寺的和尚智远道人(南北朝以"道人"称僧人)、美男子暨季江等私通幽会。当时,有人曾开玩笑地问暨季江,中年妇女徐昭佩"滋味如何?"暨季江毫不隐讳地回答:"柏直狗虽老犹能猎,萧溧阳马虽老犹骏,徐娘虽老犹尚多情",这就是"徐娘半老"的出典。

徐昭佩最后因为奸情暴露,被萧绎赐死并将其尸体送回娘家,还亲自写文章谴责她的淫荡行为。至此,也曾"柳锁莺魂,花翻蝶梦,自知愁染潘郎。轻衫未揽,犹将泪点偷藏。念前事,怯流光。早春窥、酥雨池塘。向消凝里,梅开半面,情满徐妆"的徐昭佩以一个"半面妆"的豪横以及"半老徐娘"的放荡,为世人留下了可资借鉴的"坏女人"榜样。

这里,我们知道了"徐娘"是指徐昭佩,也知道了"半老"是指中年。王力先生遵从《说文解字》的说法,"七十曰老",认为人活到七十岁,即为老人,如果以这一说法为准,"半老"即指35岁,女人在这个年纪,已然韶华已逝,容颜渐衰,而徐昭佩在这个年纪依然风韵犹存,还可以风花雪月地魅惑于诸人之间,除了她背后的权力光环以外,也还是有她的内在气质和女人味道的。

"半老徐娘"有时也略为"徐娘""徐妃",作为一个隐性贬义词被唐宋诗词中大量地使用。例如刘禹锡的"花作婵娟玉作妆,风流争似旧徐娘。"以及宋代吕胜己的"徐娘怪我今疏懒,不及卢郎年少时。"管鉴的"追念往昔佳辰,尊前绝唱,未觉徐娘老。"刘克庄"墙角残红,恍徐娘虽老,尚有丰姿。"等等,都是描写女性风韵犹存的婀娜风情和撩人状态。反倒是明清小说中,很少使用这个成语词语,从这一点上说,该词并不属于白话中的俗语俚词范畴。

今天,我们使用"半老徐娘"这一成语来形容风韵犹存女性的时候,早已抛去了它的贬义成分,既不是"老",也不是"衰",更不是"淫荡",有的只是略带妒忌地调侃或羡慕一个年纪略长、气质尚佳女性的美丽和风韵。

什么才是"司空"见惯？

相传"司空"这个官职从很早就有了，最早是太子或者皇子的指导老师，"君师者，治之本也。（《大戴礼记》）"位列三师（西周指太师、太傅、太保）或三公（汉唐指太尉、司徒、司空），是一个名位很高但不掌握行使实际权力的虚职，但也不属于僚属之列的荣誉职位。只是到了清王朝时，才别称工部尚书为大司空、侍郎为少司空，掌握了实际的行政权力。

"司空见惯"简单说，就是曾经做过这个官职的人，见惯了某件事情或者某种场面的意思。这与白居易《琵琶行》里"座中泣下谁最多？江州司马青衫湿。"是相同的表达方式——唐朝诗人们善于在自己的诗词中使用这种表达方式，例如使用官职、爱好、别号等等来替代称呼其人本尊。这个"司空"就是指诗人李绅，这个成语源自唐朝两个大诗人官场失意之后的唱酬应答。

据说唐代诗人刘禹锡中了进士后，皇帝便安排他在京城长安做了监察御史。不过，名门之后的刘禹锡少年得志，性格狂放不羁，又满怀远大的政治抱负和人生理想，因此，多次受人排挤。一次，被贬谪后在京城长安碰见了曾经担任过司空官职的诗人李绅——就是那个写了两首《悯农》诗的诗人。于是，好客的李绅便邀请刘禹锡燕宴聚会，饮酒作诗唱酬。"酒酣，命妙妓（伎）歌以送之。"也就是招来了歌舞伶伎唱歌跳舞助兴，并把自己写的诗歌请漂亮的歌伎吟唱给刘禹锡欣赏。于是，刘禹锡按照当时的规矩，酬诗一首与之相和："鬓鬌（音 wǒduǒ，发髻名）梳头宫样妆，春风一曲《杜韦娘》（以唐代著名歌女杜韦娘命名的一种曲调名）。司空见惯浑闲事，断尽江南刺史肠。"看来，刘禹锡对宴席上的酒酣耳热、奢靡豪华并不习惯和满意，而是感到厌烦、痛惜，于是写下了这首诗，表达了对李绅的劝诫警示。

从诗中可以看出,"司空见惯"的一定是所谓的"浑闲事",作为有政治抱负和远大人生理想的刘禹锡,看不惯的,或者说"司空见惯"的"浑闲事"是什么呢?

唐代诗人之间的唱酬,其内容除了感情交流以外,一般还要表达自己的心声或者人生志愿,素有政治抱负的刘禹锡深受官场上尔虞我诈、明争暗斗的政治生态的迫害,最看不惯的就是其间歌舞升平、浮华奢靡的生活,因此,他对同是诗人的李绅敞开心扉,说了真心话。那就是,你(李司空)可能已经习惯了这种奢靡的生活,可是我(刘刺史)却愁肠百结,为社稷和王朝的前途而担忧发愁。两位诗人一个是"四海无闲田,农夫犹饿死"之后的放浪形骸、沉迷醉梦;一个是"沉舟侧畔千帆过,病树前头万木春"的不屈不挠、韬光养晦。志趣不同,所看见、所习惯、所沉迷的事物也就天壤之别、云泥两分。

"司空见惯"一词,被后来的文人使用在各自不同的语境中,所表达的含义与之前相同,例如宋代苏轼在形容"香暖雕盘,寒生冰箸,画堂别是风光。主人情重,开宴出红妆。腻玉圆搓索颈,藕丝嫩,新织仙裳。"的奢靡美艳场景时说:"人间何处,有司空见惯,应谓寻常。"还有《警世通言》:"他生得诸般齐妙,纵司空见惯也魂消!"等等。

不过,也有人将这个成语用作其他的语文格式或语境场景中的,从而使其词义发生了引申变化和扩张,甚至许多时候连构词结构也被改变了。如宋代陆文圭《水龙吟》词里:"更《韦娘》一曲,司空惯见,也应回眸。"显然为了合辙押韵的词韵格式需要,将"见惯"改为"惯见"。这样的情况还有:"雅兴杂鱼龙,妙舞回鸾凤。莫道司空眼惯,还入清宵梦。(宋·李廷忠《卜算子》)""奈司空经惯,未畅高情。(宋·吴文英《婆罗门引》)""司空自惯,狂眼须惊。(宋·晁补之《行香子》)"等等,不一而足。明清以后,沿袭宋代文人的"意造"之风,也有改为"见惯司空"的,如清代孔尚任《桃花扇》:"妙部新奇,见惯司空自品题(太平令)。"由此可见,古代文人对于词语的使用具有多样性、随意性的特点。

不过,我们今天在使用这个成语时,一律都规范为"司空见惯",不再被那些繁多的、令人眼花缭乱的"变形"词语所困惑。

迷惑人的"花言巧语"

"花言巧语"这个成语,宋代大儒朱熹最有感触,老先生为了搞清楚孔子《论语》中所说的"巧言令色,鲜矣仁。"这句话的真实含义,不惜大费周章地做了很多功课,仅仅是《朱子语类》里,就收集到事关"巧言令色"的30多条语料。比如"且如论语,第一便教人学,便是孝弟求仁,便戒人巧言令色,便三省,也可谓甚切。""人只习得那文饰处时,自是易忘了那朴实头处,如'巧言令色鲜矣仁'之类。"最后,他得出一个结论,"巧言,即所谓花言巧语,如今世举子弄笔端做文字者便是。"所以,我们知道了,原来"花言巧语"最初叫作"巧言令色"是出现在古代很早的一个词语。

"巧言令色"巧言:天花乱坠的言语;令色:讨好别人的表情。源自《尚书·皋陶谟》,据传说,是舜帝与掌管刑法狱讼的大臣皋陶关于以德治国的一段对话。其中有一句,大禹说:能知人善任,安定百姓,"何畏乎巧言令色孔(很)壬(佞)?"大意是:何必畏惧巧言、善色、很佞的人呢?可见,"巧言令色"从甫一出现开始,就表示夸张修饰、内容空泛的言语或文辞,就是那些脸皮很厚,善于阿谀奉承的人说的话。所以,《诗经·巧言》里直白地说:"巧言如簧,颜之厚矣!"

"巧言令色"一词古人用起来非常顺手,也合乎古文的音韵,因此,一直到清代初期,毕沅编撰《续资治通鉴》时,还在大量地使用这个成语。例如讲述宋代事迹的"帝(太宗)与诸王宴射,贾(琰)侍帝侧,称赞德美,词多矫诞,(窦)偁叱之曰:'贾氏子巧言令色,岂不愧于心哉!'"

而"花言巧语"则是从宋代朱熹首倡使用之后,才逐渐在民间传播开来,语料中也多以民间俗话俚语占绝大多数。例如《西游记》里猪八戒说:"好好睡觉的人,被这猢狲花言巧语,哄

说词解字

我教做甚么买卖。"《红楼梦》里："这样负心的人,从前都是花言巧语来哄着我们。"等等。因此可以推断出："巧言令色"是官话用词,多使用在正式官文以及学者文人的文章著作之中;而"花言巧语"则为俗话俚语,多使用在民间百姓的口头和白话小说中。只是后来伴随着白话文的兴起,作为官文的"巧言令色"逐渐失去其使用的语言场景,才逐渐被社会发展所抛弃。所以,语言词语的存亡继废,与时代和社会发展是须臾也不可分离的。

如今,"花言巧语"一词在使用过程中,已经发展成为指虚伪而动听、虚假却能够哄骗他人的成语,是一个略带贬义的词语,专门用在那些脸皮很厚、巧舌如簧的人身上,与《诗经》里的含义没有多大的差别。

"痴人说梦"终不疑

"痴人说梦"这个成语据说与佛教故事有关,据宋代释惠洪《冷斋夜话》记载的故事说,唐高宗统治时期,有个和尚跟别人开玩笑,别人问他:"汝何姓?"他笑着回答说:"姓何",别人又问:"何国人?",他又答道:"何国人"。这本是佛教打偈的笑谈,不足为奇,偏偏后世有人为此认了真,唐玄宗时的北海太守、书法家李邕在给这个和尚写墓志时,信以为真地写进了大师的生平事迹里,信誓旦旦地说"大师姓何,是何国人。"于是宋代和尚惠洪在记录这段笑话时说:"此正所谓对痴人说梦耳。"

理解这个成语应该有两个层面的含义。一个是成语本身所表达的基本词义,那就是:对痴傻的人不能够说那些深奥晦涩、难以理解的话语或者道理。

首先,"痴人说梦"中的"痴"和"梦"是理解这个成语的关键字。"癡,不慧也。字俗作痴。(《说文解字》)"《康熙字典》说是一种病,但是段玉裁却说"此非疾病也,而亦疾病之类也,故以是终焉。"大概意思是:这不是身体器质上的病,但却像病一样影响人,暗含着是脑袋里或者心理上的病症的意思。综合起来,"痴"就是那种痴呆、执拗,反应不灵敏、脑子不够数的人。如佛教里讲的三毒(贪、瞋、痴)即是本身悟性资质达不到礼佛信佛的人众。

"梦"则较为复杂,《说文解字》说"不明"是梦。其实"梦"包括三个含义,一是不明,混沌;二是沉睡中的懵懂状态;三是虚无缥缈,虚幻泡影。总的来说,梦是一种人在沉睡状态中混沌不清的虚幻泡影。所以,对一个脑子有病的人,讲述着睡梦里混沌不清的虚幻泡影,会得到什么样的结果呢?正如《醒世恒言》里所说:"莫怪痴人频做梦,怪他说梦亦痴人。"所以,"对牛弹琴"不是牛的问题,而是弹奏者是"痴人"。

另一个层面是超越成语本身词义的形而上的宗教奥义。正如故事发生百年以后,宋代大和尚普济在《五灯会元》说的那样:"祖师西来,直指人心,见性成佛。痴人面前,不得说梦。"佛法广大深奥、应时说机,难以对愚痴人随便讲说,恐怕其不能正确理解而陷入执着误解、走火入魔。大家知道,佛家讲究佛相慧根,不是所有的虔诚都会有成佛的回向,也不是所有的修道之因都会盛开道统之花、成佛之果。佛祖遇见那些天资禀赋中具备成道成佛的人,自然授予法统道义;见了那些糊里糊涂的"痴人",遵守不打诳语的佛祖自然不能胡说"梦"话,以至于使其陷入困境而不能自拔。

| 甲骨文 | 篆文 | 隶书 | 楷书 |

所以"痴人说梦"就是表达两个意思,一是此话或者事情根本不可相信;二是此事绝不可能发生或没有能力做到。

从语源上说,"痴人说梦"最初的意思是:对着痴人说梦话,而不是痴人说梦话。后人在使用过程中,为了更明确简洁,演变成了痴人说梦(胡)话。并广泛地使用在各个领域。比如苏东坡写的"我笑陶渊明,种秫二顷半,妇言既不用,还有责子叹。"并不是效法"痴人说梦";而《封神演义》里,姜子牙讽刺斥责邓九公说:"你这篇言词,真如痴人说梦。"都充满了贬低斥责的语言色彩。可见完成了这个转化后,这个成语比之前贬义色彩更为浓重和强烈。

"饮鸩止渴"是找死!

在古人眼里,"鸩"就像我们今天说的氰化钾、鹤顶红一样,是沾染不得的剧毒,所以,"饮鸩止渴"就是自寻死路。

古人在生字造词过程中善于以点带面、以偏概全,"鸩"字即是食蛇鸟,也是鸟羽,还是剧毒的毒酒,就看你用在什么样的语境之中了。关于"鸩"是什么鸟的问题,先贤们喋喋不休地争论了好长时间,最早人们认为"鸩"是一种叫"日"的鸟,《说文解字》《广雅》《淮南子》都是这么认为的,这个"日"鸟,形状像黑伧鸡,喜欢吃各种毒蛇,人误食其肉立死,古人用鸩毛做毒酒,故名鸩酒。而郭璞注解《山海经》里的"鸩"时说:"鸩大如雕,紫绿色,长颈赤喙,食蝮蛇头;雄名运日,雌曰阴谐也。"说的却是另一种鸟类;南朝齐梁时医药学家陶弘景也说:鸩与日是两种鸟。鸩鸟状如孔雀,五色杂斑,高高的额头,黑颈赤喙。到底是像鸡、似雕,还是宛如孔雀,古人争论得很热闹,可见"鸩"鸟就像"四不像"一样,众说纷纭,如坠五里云雾一般,难见其真面目。

倒是明代李时珍说得较为真切,他认为:鸩似鹰而大,紫黑色,赤喙黑目,颈长七八寸。雄名运日,雌名阴谐。运日鸣则晴,阴谐鸣则雨。食蛇及橡实。蛇入口即烂。其屎溺着石,石皆黄烂。饮水处,百虫吸之皆死。惟得犀角即解其毒。

古人争论的核心是"鸩"的外表形状,其实质却出奇的一致。那就是"鸩"这种鸟,都是生长在南方,"生于南海""出广之深山中",依靠吃毒蛇而身带剧毒,连羽毛都充满了毒素。所以刘向《别录》里说:"有大毒。入五脏,烂杀人。"清代名医陈士铎《辨证录》也说:"人有饮吞鸩酒,白眼朝天,身发寒颤,忽忽不知如大醉之状,心中明白但不能语言,至眼闭即死。"所以,"鸩"这种鸟集众毒与一身,被古人认为是毒上加毒,万毒之首,自古就被当作毒杀、赐死的首选之物。

"鸩"字是一个形声字,很早就出现了,《说文解字》解释为"毒鸟"。《玉篇》说:"毒鸟食蛇,其羽画酒,饮之即死。"段玉裁《说文解字注》里说:"毒鸟也。左传正义。鸩鸟食蝮。以羽翻擽酒水中。饮之则杀人。"概括起来就是,一种毒鸟,形状像鹰,黑色体毛,吃毒蛇,尤其是剧毒的蝮蛇,浑身剧毒,羽毛蘸酒,饮用者必死无疑。因此,鸩毒也就成了古人形容毒素最大、最极端的词语。

了解了这些内容,再看看"饮鸩止渴"这个成语,想想都害怕。"鸩"或"鸩毒",早在先秦就被屈原、左丘明等在《离骚》《左传》中使用多次,而"饮鸩"最早出于《史记》记录吕不韦事迹的语言中,说:"吕不韦自度稍侵,恐诛,乃饮鸩而死。""饮鸩止渴"这个成语,则来自晋代葛洪《抱朴子》:"咀漏脯以充肌,酣鸩酒以止渴。"葛洪说的是道理,以"饮鸩"来解决干渴的问题,犹如是以死亡解决生理的危困一样。而后来《后汉书·霍谞传》中记载东汉宋光的外甥、年仅十五岁的霍谞上书当朝权臣大将军梁商,解救自己的舅舅时所说:舅舅素来奉公守法,没有任何犯罪的迹象,他要是做了擅改诏书这样十恶不赦大罪的事情,"譬犹疗饥于附子,止渴于酖(同"鸩")毒,未入肠胃,已绝咽喉。""已告命丧,焉可为哉?"言下之意是舅舅绝不会做"饮鸩止渴"的事情。因此,"饮鸩止渴"从一出现开始,无论是理据上的阐释,还是使用中的表述,其含义都是比喻只图眼前,为了解决目前的危难或困难,丝毫不顾严重的后患的意思。这个含义一直使用到今天,都没有发生丝毫的改变。

另外,在理解和使用"饮鸩止渴"这个成语时,还要注意一点的是"鸩"与"鸠"的字形区别,千万别写成了"饮鸠止渴",那样岂止是喝不死人,解不了渴,而且会被斑鸠野鸡们笑话的。

"恶语伤人"恨难销

"恶语伤人"这个成语出自宋代释普济的《五灯会元》中的一句偈语:"利刀割肉疮犹合;恶语伤人恨不销。"意思是肉体的伤害随着时间的推移终究会逐渐愈合,而恶言恶语对人心灵的伤害是很难消除掉的。《金瓶梅》将其借用过来并引申强调了其核心含义:"甜言美语三冬暖,恶语伤人六月寒。"可见"恶语伤人"所表达的语言攻击伤害是多么的强烈和深刻。

从佛教语录中诞生的成语,必然是有其渊源所在,其中,"恶语"是解码"恶语伤人"的关键所在。《康熙字典》里说"有心而恶谓之恶,无心而恶谓之过。"可见"恶语"是发之于心而出于口的"恶"。故而《尚书·洪范》里将其列为"六极(六种极凶恶之事)"之一。

"恶语"在佛教经典中也有一个颇为对应的名号,叫"恶口",指言辞恶毒、表达凶狠粗野,是佛教经典中规定的"十恶(杀、盗、淫、两舌、恶口、妄言、绮语、贪、嗔、痴)"之一。佛教教义提倡信众要善言爱语,和颜悦色,禁戒恶口骂詈诽谤等。《法华经》里讲:"若有恶口骂詈诽谤,获大罪报。"是要堕入三恶道(地狱、饿鬼、畜生),无法修道成佛的。可见,用恶毒的语言污蔑、伤害他人,甚至比杀人放火都要凶恶,所受的惩罚也会严重得多。

"恶口"一词不是佛教音义所译,而是佛教经典翻译过程中借用原有古汉语的词语。它最早出现在班固的《汉书》里,是说当时有一个御史丞杨辅,为人做事"素行阴贼,恶口不信,好以刀笔陷人于法。"这里的"恶口"即指不积口德,常常口出恶毒中伤之语的意思,只是后来佛教经典借用后,将其固化为一种戒律中严格禁止的口业罪过。

自西汉佛教传入中国一直到宋代时期,"恶口"都是作为佛

教教义规定的一种罪过的含义来使用,这样的案例比比皆是。例如魏晋南北朝的北凉,在翻译佛教经书时"亦复不生贪、杀、盗、妄语、两舌、恶口、绮语、贪恚、邪见、嫉妒、慢法、欺诳之心。"五代《敦煌变文》里:"或笑或哭,或走或坐,或出街中乱走,即恶口骂詈人。"宋代《云笈七签》里:"一者不妄言;二者不绮语;三者不两舌;四者不恶口。此四事,属口业。"等等。都表达的是佛教语言里的意思,这一时期几乎找不到作为社会生活中使用该词语的案例。

但是,宋代以后,为了与佛教的"恶口"区分,人们开始使用"恶语"这个词,起初主要是指在诗文唱和应答中的遣词粗俗、音韵杂乱、造境卑劣的诗句词语。例如宋代吴可的《藏海诗话》里说:"前两句本粗恶语,能煅炼成诗,真造化手,所谓点铁成金矣。"金代王若虚《文辨》里:"子厚(柳宗元)才识不减退之(韩愈),然而令人不爱者,恶语多而和气少耳。"最有名的当属苏东坡了,他多次使用"恶语"来表述自己对于恶词、恶诗的看法。例如他的《食槟榔》里:"乃知见本偏,但可酬恶语。"以及"门前恶语谁传去,醉后狂歌自不知。"等等。

宋元以后,反映社会生活的白话小说类文学作品大量涌现,"恶语"一词也逐渐扩展成为表达社会生活中说话恶毒、言语卑劣的含义,并且为了表达更为清楚明白,还附加上了"伤人",形成一个固定的成语"恶语伤人"并一直流行到今天。例如《西厢记》里:"别人行甜言美语三冬暖,我根前恶语伤人六月寒。"

当然,"恶口"一词在这一时期也入乡随俗地佛俗共用,既有包含佛教戒律中所规定的禁止内容,也添加了世俗生活中的新含义。例如《醒世姻缘》里:"却是为我一个,大新正月里叫人恶口凉舌的咒你!"洪深《香稻米》:"讨帐还帐,是好说好话的事,犯不着恶口恶声。"在各自不同的语境中表达不同的意思。

不过,需要说明的是,"恶口"后来在白话文发展过程中,除了佛教场所,逐渐失去了使用的场景。今天,多数情况下我们直接使用"恶语伤人"这个意思更加完整,内容更加准确,音义更加协调的成语来表达这个意思。

"五雷轰顶"心欲碎

我们常用"五雷轰顶"来比喻遭受了巨大而沉重的打击后的感受,也常常使用"天打雷劈"来表达诅咒那些丧尽天良的恶人要遭受惩罚的善良心愿。那么,这里的"五雷"是指什么?真是自然界的雷吗?

古人认为,"雷"是阴阳相互冲击的产物。《说文解字》说:"雷,阴阳薄动,雷雨生物者也。"两汉之间的《春秋纬·元命苞》里也说:"阴阳合为雷。"以及"阴阳相薄为雷。(《淮南子》)"都是说"雷"是天地阴阳相冲相克而产生的。这些说法与道教对于自然界雷电风雨的认识是一脉相承的,所以道教在其教义里建立天上、人间、地狱的世界三分架构时,自然而然地将"雷"布局在自己的教义系统中。

所以"五雷轰顶"这个成语最初是道教符咒用语,后来被广泛地使用在民间社会生活中了。

在道教体系中,"五雷"是一种法术,五雷法符咒的组成部分,也是震慑和诱使教众的手段,这一说法在宋代开始普遍流行起来。据说太乙天尊属下有雷部诸神,"雷公墨篆,依法行之,可致雷雨,祛疾苦,立功救人。因雷公有兄弟五人,故以五雷称之。(《太平广记》)"这些神仙的主要职责是打雷布雨,祛除人间疾病。

为了打通人神之间的灵感交流通道,道士们创造了"五雷法——即源于古代民众对神仙的崇拜,创造出通灵雷神的符咒。"用来进行道场法事活动。据《宋史·方技传》记载,很多道士因为"惟稍识五雷法,召呼风霆,间祷雨,有小验而已。"从而受到了民众的信奉和追随。按照道教的神霄派雷法来说,五雷是道士驱使雷霆的一种道法,分别指天雷(正天序、运四时)、地雷(滋万物、灭虫害)、水雷(布雨)、神雷(主杀伐)和社雷(惩妖孽)。五雷中有各自掌管的雷神,即是五方雷帝:东方轰天震门雷帝、南方赤天火光震煞雷帝、西方大暗坤伏雷帝、北方倒天翻海雷帝、中央黄天崩烈雷帝。

这种说法在宋明时期甚嚣尘上、风靡一时,被众多的人众所接受和信奉。明代大儒张居正在《得道长生颂》里说:"法太乙以命将,按五雷以治兵。"《封神演义》里"杨戬复了本相,将此蛇斩做数断,发一个五雷诀,只见雷声一响,此怪震作飞灰。"据《西游记》里的一个故事,说孙悟空在车迟国与三位大仙斗法。在孙悟空与虎力大仙斗法求雨时,虎力大仙使用了一种法术,竟然可以命令玉皇大帝降雨。后来得知,虎力大仙使用的就是道家的五雷法。孙悟空就去询问雷部的邓天君,得知"那道士五雷法是个真的。"《金瓶梅》里,应伯爵为了给李瓶儿驱魔祛邪,告诉西门庆说"门外五岳观潘道士,他受的是天心五雷法,极遣的好邪,有名唤着潘捉鬼,常将符水救人。"所说的人神之间的"五雷法"都是道教教义中的语言含义范畴。

民间所说的"五雷"则源自佛教对于道教"五雷法"的借用、简化和传播。据清代郭小亭《济公传》里说:"所谓天打五雷轰,金木水火土谓之五雷,刀砍死谓之金雷,木棍打死谓之木雷,水淹死谓之水雷,火烧死谓之火雷,土墙压死谓之土雷。"这里的五雷则指"金木水火土"五行。这个"五雷"省略了道教"五雷法"的烦琐复杂以及道士控制操纵符咒的神秘莫测,将民间最普通,也是最流行的五行与之相结合,将人的生死与五行的相生相克结合起来,同时,借助于佛教传播的广泛和深入人心,很快成为民间俗语中的主流。例如《天地会诗歌选·把守乾坤圈歌》:"忠心义气为兄弟,奸心必定五雷焚。"高玉宝《高玉宝》:"周长安,你这个忤逆不孝、遭天打五雷劈的东西!"等等。有些词典将这些"五雷"单纯地解释为"雷"是不准确的,应该是民间改造过的,不同于道教教义里的"五雷",也就是五行之雷的说法更确切一些。

所以,"五雷轰顶""天打雷劈"这些词语在此后都延续着两种不同的词义源流系统。一种是正统语言系统中的道教内容,另一种是民间语言系统中的五行含义,两种系统并行不悖,殊途同归,所指向的比喻义都是一致的。

伤心欲绝才用"肠断"？

"肠断"也称"断肠"，拓展为成语就是"肝肠寸断"，含义更为直白。为什么一个词可以正序，也可以逆序，而且意思不发生变化呢？这是因为古代的诗歌曲赋都有各自遣词造句的规范，需要照顾到音韵调之间的相互关系。例如同样是李白的诗词，五绝《对雪献从兄虞城宰》中"庭前看玉树，肠断忆连枝。"《清平调》里"一枝秾艳露凝香，云雨巫山枉断肠。"因为不同的诗词用语状态，就要采用各自不同语序的词，这样才能够押韵和辙、表情达意。

说起"肠断"这个词，还有一个极为凄惨的神话故事需要告诉大家。故事来自东晋时期干宝的《搜神记》，说临川东兴有一个狠人，进山捉到一只小猿，把它带回家绑在院里的树上，小猿的妈妈母猿也一路尾随跟到了他家，不断地向他叩头，做哀求状，但此人不但不放过小猿，竟然当场把小猿打死。看到自己的孩子惨死，母猿大声悲啼，扑地而死，这个狠人还不罢休，丧心病狂地剖开母猿的肚子，结果发现里面的肠子已寸寸断裂。后来，这个狠人遭到了报应，全家人得了瘟疫，死光光了。此后不久，在南朝宋刘义庆所撰《世说新语》也记载了同样的故事，只是主人公换成了桓温带兵进入川蜀地区，部下在三峡捉住了一只小猿的场景。

故事很凄惨，为"肠断"一词作了最为形象和准确的注解——那就是悲伤到了极痛处，才可以使用这个词语。

后世很多诗人将这段悲惨的故事写入诗文之中，来表达自己的怜惜悲悯之情。如孟浩然在《登万岁楼》中写道："天寒雁度堪垂泪，日落猿啼欲断肠。"李白则有："肠断枝上猿，泪添山下樽。""爱子隔东鲁，空悲断肠猿。"等句子。

"肠断"一词说的是猿，喻指的一定是人，在搜罗到的一千

多处语料中,使用的不管是"肠断"还是"断肠",几乎全部都是指人的离别、思念或者情爱的愁绪。从《昭明文选》里的"野风吹秋木,行子心肠断。""以行子肠断,百感凄恻。"到李太白的"不信妾肠断,归来看取明镜前。""故乡不可见,肠断正西看。"以及苏东坡的"使君莫忘雪(zhá)溪女,时作阳关肠断声。""凄音休怨乱,我已先肠断。""料得年年肠断处,明月夜,短松冈。"也不管是汉乐府的"愁多人自老,肠断君不知。"唐律诗的"日暮笙歌驻君马,春日妆梳妾断肠。""当君怀归日,是妾断肠时。"抑或是宋词曲里的"红笺短写空深恨,锦句新翻欲断肠。""玉腕半揎云碧袖,楼前知有断肠人。"以及俗话小说《金瓶梅》里"九泉果有精灵在,地下人间两断肠。"《青楼梦》里"流泪眼观流泪眼,断肠人对断肠人。"其所表达的含义基本都是一致的。所以,有一首元曲小令阐述了该词的基本含义"怕黄昏不觉又黄昏,不消魂怎地不消魂,新啼痕压旧啼痕,断肠人忆断肠人。"

该词扩展成"肝肠寸断"后,则从语韵意义上失去了原有的诗词曲赋韵律格调,不再使用在其中,变成一个被《敦煌变文》等白话语系使用的成语。例如"死恨去时不相报,肝肠寸断更无踪。""王陵既见使人说,肝肠寸断如刀割。"这样的词语扩展虽然加强了语气和感情色彩,却使得这个词语的使用频次大大降低。

大概是我们如今的生活好了,"断肠"悲伤之事寥寥,故而这个词的使用频率很低,除了"断肠草"以外,类似"亲人多离散,一夜愁断肠"的语言已经很少见到了。

"拔、揠"皆愚蠢，长苗须自然

"拔苗助长"最初叫"揠苗助长"，源自《孟子·公孙丑上》中所讲的一个故事，是说春秋战国时的宋国有个农民，期盼自己的庄稼快些长高，就去田里把禾苗的芯逐一拔起来，回到家得意地说："今儿可把我累坏了，我去帮助禾苗长高了一截子。"他儿子急忙跑到田里去一看，禾苗都打蔫了。后来，郭沫若在《雄鸡集·关于发展学术与文艺的问题》才改为"拔苗助长"，原话是"命令主义就合乎中国古代的一个寓言，叫作'拔苗助长'。"

我们先说说原来的故事。周武王灭商立周之后，给商朝的遗民划出一个地盘，允许他们保留商朝风俗文化，立庙祭祀自己的祖先。这就是宋国（今河南商丘）——春秋时代地位很高也曾经称霸一方的诸侯国。

宋国人恪守商王朝的习俗文明，思想趋于保守，做事往往显得迂腐可笑。例如宋襄公在战场上还坚持仁义原则，要等到敌人排好军阵才开始作战，结果丧失战机被楚国打得惨败；伯姬因为坚持女生不能独自出门的师训，在房子着火时也不肯逃命，结果被活活烧死等等，这些都是真实发生的故事。

宋国人蠢事做得多了，逐渐在列国间传播开来，成为人们茶余饭后的谈资，以至后来的诸子百家，为了说明一个道理，常常会编造一个离谱的笑梗，把它强加在宋人的头上。例如"守株待兔"是韩非子编的一个寓言故事，用以讽刺那些死守教条不知变通的家伙；而"揠苗助长"的寓言故事则是孟子编的，用以批评那些不按客观规律办事、急于求成却事与愿违的蠢人。

孟子用的是"揠（yà）"，形成一个成语——揠苗助长，后来改成了"拔苗助长"。"拔"和"揠"并非一回事。"拔"是从土里连根拔起，如"拔大葱""鲁智深倒拔垂杨柳"；"揠"是将禾苗顶

说词解字

部的芯从茎秆上抽出,与"拔"有显明的不同。最早的词典《尔雅》解释二者的区别说:"拔心曰揠,拔根曰擢。"

"拔苗助长"最直白,"揠苗助长"最准确。怎么用,取决于文章的样式和作者的体会,只要意思对了,"拔"和"揠"也不是什么原则问题,只是它所描述的那种愚蠢之至的做法,诸如所谓的"神童""天才"说,千万不要再出现在我们的生活当中了。

什么人被称为"乌合之众"？

南北朝裴骃在《史记集解》里解释刘邦与郦食其对话中，郦食其说"足下起纠合之众，收散乱之兵，不满万人，欲以径入强秦，此所谓探虎口者也。"中的"纠合"一词时，说一作"乌合"，一作"瓦合"。这是因为班固在《汉书·郦食其传》里直接抄录了司马迁的"足下起瓦合之卒，收散乱之兵，不满万人，欲以径入强秦，此所谓探虎口者也。"词句，只是变"纠合"为"瓦合"。所以，"瓦合"还是"乌合"或者"瓦合之众"与"乌合之众"是不是一回事，后世大儒们在这个问题上争论不休，各执一词，到今天也没有人能够说清楚，成为古籍训诂中的一桩悬案。

先说"瓦合"一词的解释，东汉郑玄说："去己之大圭角，下与众人小合也，必瓦合者亦君子为道不远人。"唐初孔颖达继承郑玄的意见，将其扩展为："瓦合谓瓦器破而相合也，言儒者身虽方正，毁屈己之方正，下同凡众，如破去圭角，与瓦器相合也。"而同一时期的颜师古却说"瓦合谓如破瓦之相合，虽曰聚合，而不齐同。"

"瓦合"一词最早源出于《礼记·儒行》，"礼之以和为贵，忠信之美，优游之法，慕贤而容众，毁方而瓦合。"是说儒家之人需要保持自己大道中庸的人生态度和随方就圆、与人为宽的待人接物方式，属于褒义词。后来的《史记》《汉书》中多有使用，但含义发生了变化。如《史记》中："陈涉起匹夫，驱瓦合适戍，旬月以王楚。"开始使用在身份地位低微的人群身上，词义色彩也带有些微的贬义。到了宋代司马光编纂《资治通鉴》中："秦晋瓦合，相待为强，一胜则俱豪，一失则俱溃，非同心也。"后世胡三省解释说："瓦合，言其势不胶固，触而动之，一瓦坠碎，则众瓦俱解矣。"可见，"瓦合"一词从褒义到中性，再到略带贬义的词性变化，经历了一个较长时间的过程。

而"乌合"最早源出《东观汉记·公孙述传》:"今东帝无尺土之柄,驱乌合之众,跨马陷敌,所向辄平。"词义略含贬义,到了《后汉书·耿弇传》:"归发突骑以鳞乌合之众,如摧枯折腐耳。"说的是耿弇的随从孙仓、卫包劝说他归降王郎,耿弇正告他们的话。这里的"乌合之众"显然所指敌方兵卒,已经含有非常浓重的贬义色彩,包括《后汉书·邳彤传》中:"又卜者王郎,假名因势,驱集乌合之众,遂震燕、赵之地。"也是这个含义。之后的《晋书》《梁书》《周书》等,其中的语例也基本都是贬义色彩较重的用法。《北史》里:"若陛下速还,乌合必散。""群贼乌合,粮食已罄,行即退散,各宜勉之!""庆以贼是乌合,可以诈求之。"等等更是将该词使用在贼人强盗身上,更显其贬义的词性。

胡三省在解释《资治通鉴》里的"乌合"一词时说:"飞乌见食,群集而聚啄之,人或惊之,则四散飞去;故兵以利合无所统一者,谓之乌合。"说出来"乌合"一词的两个本质性特点。一个是以利益相同而暂时聚合在一起;另一个是没有统一的领导和核心,并且用乌鸦聚合在一起争夺食物的形象场景来比喻说明这种状态,所以如今有人说,"乌合"最早就是指乌鸦聚合的意思,是从胡三省的解释中衍化出来的。

今天,我们不再使用"瓦合之众"这个词语,取而代之的是"乌合之众"这个固定的成语,用其来比喻没有统一领导、严密组织而临时杂凑的、毫无组织纪律约束的那一群人。

什么"仇"才会"不共戴天"？

《礼记·曲礼上》上说："父之仇弗与共戴天，兄弟之仇不反兵，交游之仇不共国。"意思是：杀父之仇，仇恨至深，不愿跟仇人共处一片蓝天之下；杀兄弟之仇，则要随身携带兵器，遇到仇人不用返回去取；杀朋友之仇，不能跟仇人共处一国。也就是说，"不共戴天"之仇只有杀父之仇，连杀死兄弟和朋友都不能完全算作此仇。

《二刻拍案惊奇》里讲了一个故事，说儒生王良与族侄王俊因高利贷纠纷争吵，王俊酒后将王良打死。王良子王世名发誓："此不共戴天之仇！"此后，他含辛茹苦隐忍五年，终于伺机杀死王俊，报了父仇。《三国演义》第10回："陶谦纵兵杀吾父，此仇不共戴天。"也是指杀父之仇。

有真的"不共戴天之仇"，就有假的。公元1138年，金国派使者要挟南宋皇帝递降书顺表，宋高宗、秦桧贪生怕死，准备投降金国。此时，有大臣胡铨写《戊午上高宗封事》表示反对，胡铨义愤填膺地对皇帝上书说：他与秦桧等人不共戴天，誓不与之共存，不杀他们，他就要跳东海去死。那时候胡铨36岁，正是血气方刚的岁数。因此，也有人借题发挥说"不共戴天"之仇也包括灭国之仇。

结果呢，南宋高宗皇帝没有听他的，与金国签订了投降条约。

同样，胡铨也没有实现自己的诺言，别说跳东海，连说句硬话的勇气都不再敢有。狗苟蝇营地与死对头秦桧共处朝堂18年——直到1156年秦桧去世，而他还死皮赖脸的活到了1180年（78岁）——距离他发誓那年过去了42年。所以，在古代，"不共戴天之仇"只有杀父之仇，没有别的。

"不共戴天"之仇在宋元时期的词义被引申扩展开来，从杀

父之仇延展到了很多的方面,这种词义的扩大在语言文字发展中几乎成为一种定式。比如《粉妆楼》里,徐国良说道:"我们无故地被奸人陷害,拿了全家,此仇不共戴天,虽然逃出城来,却往哪里去好?"是指全家被他人陷害的仇恨;《封神演义》:"暗害吾母,与你不共戴天!""匹夫用左道邪术,杀吾岳丈,不共戴天!"以及《三国演义》里:"害我父弟,不共戴天之仇!"是杀害母亲、岳父或兄弟之仇;《女娲》:"第三,等级尽灭,政法平等,民贼独夫不共戴天。"是憎恨独裁统治的仇恨,此外,国家与国家之间、政见不同者之间以及朝臣之间的相互倾轧陷害,都成了"不共戴天"的使用对象,已经完全脱离了"杀父之仇,不共戴天。"的范围,成为一个泛义的成语,好在其仇恨的程度一点儿都没有因为指称对象的众多而减弱分毫。

可见,"不共戴天"是用来形容仇恨极深、极大,誓不两立。吵个架闹个意见的"仇",还是不用这个成语的好。

生死一知己，成败皆萧何

说起韩信，相信所有的人都熟悉，后世认为，言兵莫过孙武，用兵莫过韩信。作为历史上领兵打仗最成功的大将军，他率军出陈仓、定三秦、擒魏、破代、灭赵、降燕、伐齐，直至垓下全歼楚军，逼得一代枭雄项羽自刎。打一辈子胜仗，无一败绩的韩信一生经历了"胯下之辱""漂母进饭""萧何月下追韩信""明修栈道，暗度陈仓""韩信点兵，多多益善"等诸多成语典故所描述的人生，最后却偏偏死在自己的领路人，也是最为信赖的萧何手中，留下一段"成也萧何，败也萧何"的惨痛经历。

先说说"成也萧何"，楚汉相争时期，韩信原是满怀大志投奔项羽而来，却得不到重用，于是又投到刘邦麾下。起初，刘邦也不了解他，只让他当了一个管理粮草的小官，韩信大失所望。一次偶然的机会，韩信结识了丞相萧何，在接触过程中，萧丞相发现韩信熟读兵书，有胆有识，是个不可多得的军事人才，于是多次向刘邦推荐，但并没有引起刘邦的重视。韩信发现在刘邦的汉营也不受重用，一气之下就离开了。

萧何得知后，马上放下尚未处理完的紧急公务，连个招呼也来不及向刘邦打，就亲自策马追赶韩信，直到天黑才追上韩信，在萧何的苦苦劝说下，韩信才答应和他一起回汉营去见刘邦。萧何回营见到刘邦后，劝说刘邦重用韩信，对刘邦说："韩信是当今数一数二的杰出军事人才，跑了就再也没有第二个了，大王如果只想当个汉中王，没有韩信也就算了，如果要准备打天下，那就非用韩信不可。"被说服的刘邦在汉中专门修建了"拜将台"，带领文武百官举行隆重的仪式，亲自拜韩信为大将军，统领三军。此后，韩信果然没有令刘邦失望，没有辜负萧何的良苦用心，率汉军连战连胜，在垓下布设十面埋伏，一举将项羽全军歼灭，为刘邦平定了天下。

所以,韩信军事才能的充分发挥和运用,乃至汉王刘邦能够最终夺取天下,从一定程度上说,同萧何的慧眼识才、倾力荐贤是密不可分的。

而"败也萧何"则是刘邦做了皇帝以后,就对手握重兵的韩信越来越猜忌。首先,解除了韩信的兵权,由"齐王"改封为"楚王",不久,又将韩信逮捕,赦免后,只封了个"淮阴侯"。韩信闲住长安,郁郁不得志,被人向刘邦的妻子吕后告发图谋反叛。吕后想把韩信除掉,又忌惮他熟读兵书,长于计谋,怕他不肯就范,就请萧何出面设计把韩信骗到宫中,以谋反的罪名把韩信杀害在长乐宫。

司马迁这样记录了韩信被杀的情况,"韩信为人告反,吕后预召,恐其不就,乃与萧相国谋,诈令人称陈豨已破,绐信曰:'虽病强入贺。'信入,即被诛。信之为大将军,实萧何所荐,今其死也,又出其谋,故俚语有'成也萧何,败也萧何'之语。"

"生死两妇人,成败一萧何。"韩信辉煌而凄惨的一生告诉人们,世界上本没有善恶对错,站在不同的立场,即有不同的认知感受。韩信想施展自己的才华,遇到了为国家举荐人才的萧何;刘邦吕后想守护自己的江山,也遇到了精忠报国的萧何,一生一死之间,一胜一负之时,一成一败之事,都是历史的必然。

这个成语使我们明白的是,当成败系于一个人或者一种因素的时候,我们要多加小心,从多个角度去思考解决之道,也就是俗话说的,千万别把鸡蛋都放在一个篮子里。

什么人被称为不"速"之客？

有人想当然地认为成语"不速之客"就是走得慢的客人，"速"就是速度呗。理由很简单，"速"是一个形声字，是速度快的意思（《说文解字》"速，疾也。"），"不速"就是速度不快。但是在我国古代最早的字典《尔雅·释言》里，"速"还有另外一个意思："速，征也；征，召也。"因此，古代"速"字有两个基本意思，一个是速度快（形容词）；另一个是召请（动词）。

那么两者究竟是什么样的关系呢？《尔雅》成书早于《说文解字》，所以，"速"的邀请义也早于速度快的意思。也有学者说，"速"的邀请义源于"速"是"誎"的借字，而"誎"在《说文解字》里就是"餔旋促也"——也就是邀请、召请别人吃饭的意思。

在《诗经·甘棠》里："谁谓女无家？何以速我狱！"以及《诗经·伐木》"既有肥羜，以速诸父。"的诗句中，均有"速"字出现，也都遵照《尔雅》解释为"召也。"后来高诱注解《吕览》时说"召，请也。"可见，"速"字早期作动词使用时，均为"召请，邀请"的意思。

"不速之客"这个成语最早出自《易经》，涉及《易经》的词语多因与神秘卦象有关而显得难以理解。《易经·象》曰："不速之客来，敬之，终吉。虽不当位，未大失也。"大概意思是说：不速之客来了，恭敬地接待他们，结果是吉利的。虽然位置不合适，但没有大的损失。这里的"不速之客"指的就是没有受到邀请而来的外人。像这样的表述在《易经》中还可以寻找到几处，基本意思都是一致的。

"不速之客"在漫长的文字历史发展中用例很少，不知道是不是因为出自《易经》的关系，直到明清时期的小说中，比如《聊斋志异》里，才又开始活跃起来，出现了许多用例。这个时期的基本含义还都是遵照明代《幼学琼林》这本蒙学典籍里的说法：

说词解字

"频来无忌,乃云入幕之宾;不请自来,谓之不速之客。"大概有两层意思,一是不请自来,来的次数还不少;二是假称是所谓的老朋友或者熟人。比如《聊斋志异·青凤》:"生突入,笑呼曰:'有不速之客一人来'群惊奔匿。"

到了现代,"不速之客"成了常用的成语词语之一,在许多地方都被当作不请自来的客人或者事先没有打招呼而突然出现的客人来使用,基本没有脱离他的本义。但一些使用错误的语例也多出现在"走得快慢"这个老问题上。

| 甲骨文 | 金文 | 篆文 | 隶书 | 楷书 |

作壁上观：各私自私，各利自利

这个词也说"作壁上观"，古今一义，和"袖手旁观"的意思相近。只是"壁"字需要解释一下，不是指家里的墙壁，而是特指军营堡垒的围墙（类似于城墙，墙上可以行走、观察和御敌作战）。其中蕴含的故事饶有趣味、发人深思。

故事是说项羽的，秦朝末年，项羽与叔父项梁起兵反秦，推举楚怀王之孙为楚王，与已被秦朝灭亡的赵、魏、燕、韩诸国反秦力量结盟。项梁与秦将章邯战于定陶，楚军大败，项梁战死，章邯于是挥师攻赵，围困赵王于巨鹿，赵王向楚王紧急求救，楚王以宋义为主将，项羽为副将，率领大队人马支援赵国。

宋义用兵谨慎，统率楚国大军来到安阳（今山东曹县东南），驻扎停留了46天不敢前进一步，这可就急坏了副将项羽，他几次三番催促宋义渡河作战，都被拒绝，于是，脾气暴躁的项羽一气之下杀了宋义，无奈的楚王后来封项羽为统帅，号令全军。于是，项羽下令火速进军，派遣黥布和薄将军率领万余士兵，渡过黄河去救钜鹿城，然后自己亲自统率全部士兵渡过了黄河。

当时，集结在前线的已有十几支各国援军，但各路援军见秦军势大，都固守营寨，不敢轻易出战。项羽率领的楚军一到，立即向秦军发动猛攻，楚军将士恰似出山猛虎，以一当十，直杀得秦军落花流水，溃不成军。而各路援军却未参战，只是在营垒上面观看了这场惨烈的激战。此役之后，各路援军首领含羞忍辱前去拜见项羽，纷纷表示归附的态度，项羽一战成名，成为各路反秦部队的军事领袖。

后来，司马迁在《史记·项羽本纪》里这样写道："当是时，楚兵冠诸侯。诸侯军救巨鹿下者十余壁，莫敢纵兵。及楚击秦，诸将皆从壁上观。"所以，最初的这个成语叫"从壁上观。"比喻各存私心、置身事外，袖手旁观不帮忙。后来才说成"壁上观"或者"作壁上观"。

哪些人会"奴颜婢膝"?

"奴颜婢膝"是一个很直白的成语,就是指奴隶的脸色、奴婢的膝盖。这两种东西主要是用来奉承和伺候主人的,因此,脸色一定是卑微和谄媚的,膝盖也必须是弯曲和软弱的。所以,"奴颜婢膝"是一个贬义色彩很浓重的成语,形容那些奴才相十足,无耻地谄媚、奉承他人的样子。

这个成语最早源自晋代葛洪所著的《抱朴子》中,他说:"以岳峙独立者,为涩吝疏拙;以奴颜婢睐者,为晓解当世。"意思是说,有些驰骋风尘、通达世事的人,把像山岳一样刚正直立的人,看作死硬顽固,不通情理;而把"奴颜婢睐"——满脸奴才相,喜欢逢迎他人的人,认为是熟知时势,人情练达。这里的"睐",也是斜视、不敢正眼看的意思。因此,葛洪所鞭笞的是那些脸色和目光的表达中饱含卑怯和奴性的人。

后来唐代诗人陆龟蒙在《江湖散人歌》中开始使用了"奴颜婢膝"这个词。他用"奴颜婢膝真乞丐,反以正直为狂痴。"来抨击那些精于世故、善于巴结阿谀权贵的俗人。此后,这个成语从字形到词义便固定下来,一直到今天。

"奴颜婢膝"一词在历代流传中,也产生了许许多多的故事,其中最有名的当属宋代谏官陈仲微上书皇帝,抨击当朝太师贾似道的故事。据《宋史·陈仲微传》记载,陈仲微是这么说的:"俯首吐心,奴颜婢膝,即今日奉贼称臣之人也;强力敏事,捷疾快意,即今日畔(叛)君卖国之人也。"矛头直指对蒙古人纳贡称臣的贾似道。

说起贾似道对待蒙古人称臣纳贡的事情,还得从宋代对待外来势力的态度上说起。北宋被金人灭亡的"靖康之耻",被迫签下了"澶渊之盟"以及答应割地纳贡称臣这些屈辱性的内容,在整个宋代,这种情况成为一种常态,所以,到了贾似道,先后在鄂州之围和襄阳之围两次战役中,向蒙古人摇尾乞怜,称臣纳贡,也就不是什么奇怪的事情。其实这些卖国行径都是皇帝授意下,贾似道具体操作的,但陈仲微不敢说皇帝,只有狠狠地抨击那些"在廷无谋国之臣,在边无折冲之帅。"这段记载在《续资治通鉴》里的故事告诉我们,"奴颜婢膝"一词上已经从最初的具体含义扩展为既可以上指王公大臣、富商巨贾,下可说平民百姓、家奴婢妾,其含义的核心不在"奴、婢"上,而在"颜、膝"上,因此,只要是契合了它的基本意思,不管什么人都可以使用这个成语来蔑视和贬低他人。

因为这个成语过于贬低人格的原因,在古代汉语中使用的并不多,只有到了近乎詈骂的程度,人们才会使用它。

一个关于待遇的成语

孔老夫子有一句最出名的骂人的话,后来被说成了成语,叫"是可忍,孰不可忍。"是什么事情使得文质彬彬的老夫子顾不得礼法身份地位,骂出詈语呢!原来是老夫子看见鲁国大夫季氏故意打破周礼制定的礼法规矩,用六十四人的大型舞乐队来宴请贵宾,于是,出离愤怒的老夫子骂道:"八佾(周代天子用的舞乐)舞于庭,是可忍也,孰不可忍也!"来表达内心极度的愤怒和憎恨。

看来,待遇的问题古今都是一个事关根本性的问题,礼法社会中所有的待遇与官职地位、门阀身份都是相匹配的。因此,"八抬(人)大轿"就不简简单单是八个人抬轿的问题,而要上升到封建礼法层面上来理解。

"轿"字来源于"桥"与"车"的组合,其形如"桥",这是由于轿子最早是翻山越岭所使用的运载工具,扛在一前一后两个人肩上,远远望过去"状如桥中空离地也。(清·俞正燮《癸巳类稿》)"其用如"车",是作为运载工具来使用的,所以,颜师古解释说,"轿音桥,谓隘道舆车也。"古人也叫"肩舆"。

我们今天看到的轿子始于宋代,而"八抬(人)大轿"则不是一般人家使用的轿子,这里是指高官厚爵者专门乘用的一种八个人抬的大轿子,也称八大轿。明清以后的封建社会,各级官员可以乘坐皇朝规定的官用轿子,《明会要·舆服上》记载:"文武官例应乘轿者,以四人舁之。其五府管事、内外镇守、守备及公、侯、伯、都督等,不问老少,皆不得乘轿。违例乘轿及擅用八人者,奏闻。"清代沿用明代制度,三品以上及京堂官员,轿顶用银,轿盖、轿帏用皂,在京时轿夫四人,出京时轿夫八人。

因此,"八抬(人)大轿"是达官贵人们的一种待遇,也是地

位身份的标签。《红楼梦》里"(贾母等)先坐八人大轿,带领众人进宫朝贺行礼。"是因为贾母是皇上的丈母娘、一品诰命夫人,所以才可以乘坐"八抬(人)大轿"。

在封建社会里,逾制享受待遇是很危险的,在清朝,对于这种情况轻则减扣俸禄、革职查办,最高的惩罚往往会被杀头。嘉庆十六年,因御史奏报四川参游都守等武职官员"近多乘坐大轿",嘉庆皇帝批示说:"以钦差二品大员违例乘轿,经朕查出,尚经加以惩处。"何况地方武官一级的官员,一律革职惩办。乾隆五十四年,宁古塔副都统安临,借口其母乘轿,自己也坐轿出行,被乾隆帝下令将其"发往伊犁效力赎罪",处以流放边陲的惩罚。

不过,清朝在官轿的管理上也有通融的地方,假如官员出京,则享受官轿升格待遇,三品以上及京堂官员,出京时轿夫由四人升至八人。这样做一来显示京官的尊贵,要比地方官待遇高;二来也是路途遥远,需要更换抬轿的轿夫人数较多。据说乾隆时出征台湾的大将军福康安所坐的大轿子,用三十六名轿夫抬行,就属于升格待遇,不过,这属于临时升格待遇,回京后,自然要降回来。

今天的"八抬(人)大轿"一词,已经演化为民间口语的词语,除了比喻享受尊重和重视之外,并没有实际的享用具体待遇的含义。所以,有人说"八抬大轿抬不动",主要是满足心理上的虚荣,显得自己不同于他人的那点儿尊贵,不过,其中也多多少少有一丁点儿"凡尔赛"式的炫耀和自夸的意思。

一"窍"不通几人同？

说到古代帝王的残忍血腥，很多人会想起商纣王，身材伟岸，相貌堂堂的他不仅享用着酒池肉林的奢靡生活，还制造了包括醢、脯、炮烙、甚至剖心等严酷刑罚，他杀害叔父比干时，那句轻飘飘的话语让所有人听闻后感到心惊胆战，他说"吾闻圣人心有七窍，信有诸乎？"于是，他命令剖开叔叔的胸膛，取出他的心脏，要亲眼看一看有没有七窍。孔子评论说，"其窍通，则比干不死矣。"意思是如果其心智稍微通达一点儿，那么比干就不会死。

这个故事留下了一个成语叫作"一窍不通"，是比喻那些昏昧糊涂不明事理或者对某件事完全不懂、不在行的人。表面上看，"一窍不通"说的是人的生理器官的运化通顺能力。《庄子》说："人皆有七窍，以食、听、视、息。"这七窍分别是目、鼻、舌、口、耳、肛门、尿道，它们分别连接人体各个器官并发挥不同的作用，"故肺气通于鼻，肺和则鼻能知臭香矣；心气通于舌，心和则舌能知五味矣；肝气通于目，肝和则目能辨五色矣；脾气通于口，脾和则口能知五谷矣；肾气通于耳，肾和则耳能闻五音矣。五脏不和，则七窍不通。"肛门和尿道分别连接胰腺和肾脏，因此，七窍其中有一窍出了问题，整个人体的机能运化都会出现大问题。

但实际上，"一窍不通"是用这样的方式寓意人的心窍和智窍的不通。正如列子在《仲尼篇》说的一段故事：宋国有一位名医叫文挚，他遇到自己的一位病人龙叔诉说自己的病症，说他对什么都提不起兴趣来，得而不喜，失而弗忧，视生如死，视富如贫，视人如豕……听了病人的诉说，文挚告诉病人说"子心六孔流通，一孔不达，今以圣智为疾者，其以此乎。"就是说你的心有六窍都好着，只有一窍不通——那就是一个智力

残疾啊!

　　后来,人们用这个成语来比喻那些人们。《初刻拍案惊奇》里"所以聪明正直之人,再不被那一干人所惑,只好哄愚夫愚妇一窍不通的。"以及《文明小史》"但是人数多了,自难免鱼龙混杂,贤愚不分,尽有中文一窍不通,借著游学到海外玩耍的。"都是典型代表,一直使用到现在。

　　所以,"一窍不通"是一个完完全全的贬义成语,只是后来伴随着使用的过程,其词义对象也相应地扩大起来,以至于今天我们用该词来形容对方时,不再沿袭禁锢在古人的心智或智力的方面,而是所有的不能、不会、做不了的事情都可以泛用"一窍不通"这个成语。

无药可治的都是"心"病

在佛教律宗祖庭终南山净业寺的药师殿门前，可以看到一副对联："有方可医虎狼病，无药能治心头痴。"不由想起一个成语来，叫作"病入膏肓"，是形容病情严重，不可救药；也比喻事情严重到不可挽救的程度。

这句成语出自《左传·成公十年》，讲的是公元前581年，晋侯生了重病，请了秦国最好的医生医缓去给晋侯治病。医缓尚未到达，晋侯夜里又梦见疾病变成两个小孩子，一个说，他是个好医生，恐怕会伤害我们，我们往哪里逃啊？另一个说，我们待在"膏"的下面、"肓"的上面，他就对我们没办法了。医生到达后，经过诊疗，对晋侯说，您的病源在"肓"的上边、"膏"的下边，砭石不能用，针刺够不着，药力也达不到，没办法治了。晋侯对照了此前自己的梦境，说，真是个好医生啊！于是馈赠厚礼送他回去，不久，晋侯就死了。所以唐代诗人周昙写道"觉病当宜早问师，病深难疗恨难追。晋侯徒有秦医缓，疾在膏肓救已迟。"

关于这个故事，还有一个最广为人知的说法，是说古代神医扁鹊劝说蔡桓公治病的故事，是来自《韩非子》的记载。说扁鹊在观察了蔡桓公以后，就告诉他的疾病已侵入皮肤，要赶快治疗，蔡桓公觉得自己的身体很好，就没有理睬扁鹊。十天后，扁鹊再次劝说蔡桓公趁病仅仅侵入肌体，尽快诊治，蔡桓公还是不吱声。又过了十天，扁鹊说蔡桓公病入肠胃，蔡桓公还是不信。再过十天，扁鹊见到蔡桓公，一句话没说，转身便离开了。蔡桓公派人去问他，扁鹊说：您现在的病已经深入骨髓了，我也无可奈何了。不久，蔡桓公就因伤病发作，治疗无效而死去。

人们经常会把这两个故事混淆起来，就是因为说的都是

无药可治的病症,也就是说,其中蕴含的道理是完全一致的。

膏肓,古代医学称心尖脂肪为膏,心脏与隔膜之间为肓。杜预解释说:"肓,鬲也。心下为膏。"相传是身体内药力所不及的地方,因而此处得了病,基本上是无药可治。《明史》里说:"譬一人之身,元气羸然,疽毒并发,厥症固已甚危,而医则良否错进,剂则寒热互投,病入膏肓,而无可救,不亡何待哉?"所以《三国演义》里有"吾观刘琦过于酒色,病入膏肓,今见面黄羸瘦,气喘呕血,不过半年,其人必死"的说法。《狐狸缘全传》也有"岂知淫欲过度,即便病入膏肓,为欢无几,即便亡身废命"的案例,清代蒙学课本告诉蒙童说:"病不可为,曰膏肓。"由此可见古人对于"病入膏肓"这种不治之症的认识既深刻又统一。

当然,还有一种较之"病入膏肓"的生理疾病更为严重的病症,更是神医们无法治疗和解决的难题。《景德传灯录》里说:"若与空王为弟子,莫教心病最难医。"正像《红楼梦》里的林黛玉,哪里是汤药可以治愈的病症呢!所以,凡身体上的病,多数都可以治,要说治不了,那多半是心病。

天下本无事，疑心自扰之

"杯弓蛇影"是一个场景式的成语,简单说,就是墙上悬挂的弓弩,由于光线的作用,映照在酒杯里,像一条若隐若现的游蛇一样。这样的成语有很多,如刻舟求剑、含饴弄孙、青梅竹马等等,其内容多展现在读者面前的是一幅惟妙惟肖的逼真图画。

这是汉代应劭《风俗通义》里记载的一个故事:

有一年夏天,县令应郴邀请主簿(办理文书事务的官员)杜宣饮酒。酒席设在县衙的厅堂里,北墙上悬挂着一张红色的弓,由于光线反射,酒杯中映入了弓的影子,原本就战战兢兢的杜宣看了,以为是一条毒蛇在酒杯中蠕动,顿时冷汗涔涔。但县令是他的顶头上司,又是特地请他来饮酒的,所以他也不敢不喝,只好硬着头皮喝了几口,当仆人再来斟酒时,他借故推脱,起身告辞走了。

回到家里,心有不安的杜宣越来越怀疑刚才喝下的是有毒蛇的酒,躺在床上翻来覆去,仿佛感到随酒入口的蛇在肚中蠕动,觉得胸腹部疼痛异常,难以忍受,吃饭、喝水都非常困难。家里人赶紧请大夫来诊治,但他服了许多药,病情还是不见好转。

过了几天,县令应郴专程到杜宣家中来探望,问他怎么会闹病的,杜宣便讲了那天饮酒时酒杯中有蛇的事。应郴觉得很奇怪,怎么好好的酒里会有蛇呢?他也理不清头绪,于是安慰杜宣几句,就回家了。他坐在厅堂里反复回忆和思考,突然,北墙上那张红色的弓引起了他的注意,他立即坐在那天杜宣坐的位置上,取来一杯酒,也放在原来的位置上,结果发现,酒杯中有弓的影子,不细细观看,确实像是一条蛇在蠕动。

应郴马上命人用马车把杜宣接来,让他坐在原位上仔细

观看酒杯里的影子,并说:"你说的杯中蛇,不过是墙上那张弓的倒影罢了,没有其他什么怪东西,现在你可以放心了!"杜宣弄清原委后,疑虑立即消失,病也很快痊愈了。

表面上看,"杯弓蛇影"说得是人(杜宣)被惊吓而致病的故事,其实是说人的心里疑神疑鬼、自相惊扰的问题,因为心理疾病导致的身体疾病,"杯弓蛇影"是最为典型的表现。作者应劭之所以将副标题列为"世间多有见怪惊怖以自伤者",正如明代袁宏道在《病中和黄道元至日禅寺梦愁诗》中所说:"消愁莫问弓蛇影,对境聊观梦幻身。"所以,世间许多事情,都是自己吓唬自己,心里没有病,哪里有什么"杯弓蛇影"!

"杯弓蛇影"在历史流传中讹变为多种说法。例如"杯蛇""蛇杯""酒中蛇""疑蛇""映弩""樽中弩""广客蛇"……幻化出一个故事的各种各样的版本,告诉人们这个人生道理。但是,道理人人都懂,事到临头却总是犯糊涂。比如清代黄遵宪《感事》诗里感叹道:"金玦庞凉含隐痛,杯弓蛇影负奇冤。"即是说戊戌变法时,慈禧借口光绪想弑母夺权而大肆屠杀维新人士,除了他希望继续垂帘听政的政治野心之外,剩下的就是她疑神疑鬼的心病所导致的。

"家贼"为什么难防？

说到"家贼难防"这个成语，就要考虑两个内容，一个是什么样的人被称作"家贼"？第二个是为什么这样的"家贼"难以防范？

"家贼"简单说就是家里或者身边的"贼"。"贼"字在古代有两个含义，一个是做出杀人劫财的行为。"毁也。（《说文解字》）""害也，凡偷盗劫杀皆为贼。（《字汇》）""周公作誓命曰：毁则为贼。又叔向曰：杀人不忌为贼。（《左传》）"第二个是指贼人、坏人。"劫人。（《玉篇》《四声篇海》）"用今天的词性分类，则一个是动词，一个是名词。"家贼"显然是名词范畴的内容，指内部（身边或者家里）专门从事破坏行为的坏人败类。

关于"家贼"最有趣的故事是《新唐书》《资治通鉴》等记载的关于唐代乱臣安禄山之死的过程。据说安禄山的儿子安庆绪为了抢夺皇位，联合经常遭受安禄山毒打虐待的亲信严庄以及宦官近侍李猪儿谋杀了他的父亲。

这一夜，等待患有严重眼疾的安禄山熟睡之后，严庄与安庆绪手持兵器把守在安禄山的睡帐门外，李猪儿执刀直入账中，冲着安禄山的大肚子就是几刀。睡梦中的安禄山被刺惊醒后，急忙用手去摸平时放在枕头边上的佩刀，却发现佩刀早就被人拿走了，于是，气息奄奄垂死的安禄山用尽最后一口气喊道，"必家贼也。"随后，便肠断流血而死。

古代历史上，这种家臣或者亲信谋杀主人的故事很多。例如汉代王充《论衡》"宋华臣弱其宗，使家贼六人以铍杀华吴于宋。"讲的是春秋时期宋国卿大夫华阅、华臣兄弟间家族内讧的故事。华臣觊觎哥哥的家产，于是唆使家里的亲信家臣杀害了哥哥的管家华吴，逼迫哥哥家人交出了他梦寐以求的一块大玉璧。所以，古代的"贼"首先是家臣近亲；其次只干一

"家贼"为什么难防?

件事情——杀人越货。所以,"贼"字从造字角度解读,是一个武士手持长矛(戈),在抢夺货币财物(贝),这个会意字所表达的意思就是近臣家奴(持戈者)杀人越货、掠夺财产。

贼	贼	贼	贼
金文	篆文	隶书	楷书

而"家"在春秋时期特指诸侯国卿大夫以上的家庭,是有身份地位的人家,因此"家贼"组合起来可不是一般的"贼",而是大户人家的亲信或者家人,又干了杀人劫掠事情的凶徒。

《增广贤文》有一句话说:"家贼难防,偷断屋梁。""家贼"之所以难防,在于其隐蔽性和仇恨感强烈,也在于其掌握要害、攻击准确、打击致命并且执行力超强。隐蔽性强可以导致疏于防范、攻击突然、一击中敌;仇恨感则能够使得攻击强度大、伤害力度大、后果严重;而掌握要害、攻击准确、打击致命则是其他攻击者无法具备的严重伤害,因此,"家贼难防"就被用来比喻那些致命的或者严重的来自内部的伤害行为。

佛教中国化的过程也给汉语语言文字带来了极大的丰富和变化,"家贼难防"一词在经历了佛教禅机的濡染之后,诞生了"形而上"的新含义,这是在宋代以后的事情。禅宗语言的机锋是宋代佛教的一个特点,在《五灯会元》里,汇集了四处"家贼"偈语、两处"家贼难防"偈语。总结一下,不外是遵从佛教教义关于"内贼"的心理感受和观照,确定了包括"六根(眼、耳、鼻、舌、身、意)"在内的"内六贼"为"家贼"。如《杂阿含经》所说:"内六贼者,譬六爱欲。""内有六贼,随逐伺汝,得便当杀,汝当防护。"因此,要驱逐"家贼(内六贼)",消除声色犬马等贪欲尘染劫掠人本性中灵根善法的过程,就成为禅宗传道度人的首要任务。但是,这是很艰难的过程,人类与生俱来的贪欲痴念往往根深蒂固地存留在他们的心中,稍有风吹草动,即刻萌发生长,要想杜绝是非常不容易的。"去山中贼易,去心中贼难。"所以,"家贼(内六贼)"最不好防,真是"家贼恼人孰奈何,千圣回机只为他。遍界遍空无影迹,无依无住绝笼罗。"啊!

所以,释普济在《五灯会元》里说:"问:'家贼难防时如何?'师(梁山禅师)曰:'识得不为冤。'"所以,要想防范"家贼(内六贼)",首先要认识和掌握它的面目特点,知道什么是"家贼(内六贼)"。其次,就需要"不用将心向外求,回头瞥见贼身露。"观照自己的内心,遏制自己的贪欲,是解决家贼,防范内鬼的不二法门。

两种"家贼难防",两个截然不同的解释使得后人在使用这个成语时,往往狐疑犹豫,首鼠两端,不知所以。但在现代汉语中,承继了明清以来白话文语言发展的成果,将"家贼难防"一词的释义高度概括,不再纠缠"家贼"的特殊内容含义,紧紧抓住该词的词根含义,高度强调"内部的"概念。如《汉语大词典》:"家庭内部的贼人或内奸最难防范。"《现代汉语规范词典》"家贼:比喻暗藏在内部的坏人。"都归纳阐述了它的本质内容,说得很是清楚明白。

两个糊涂蛋的"立此存照"

"此地无银三百两"最早是两句话合成的一个民间俗语,叫作"此地无银三百两,隔壁阿(王)二不曾偷",把这个民间故事的搞笑情节绘声绘色地呈现在人们面前。后来简化成一句,是因为大家都熟知后面的表达,可见这个成语的使用频率之高。

故事大概是这样的,从前有个人叫张三,喜欢自作聪明,他好不容易积攒了三百两银子,却不知存放在哪里才安全。于是,他趁着黑夜无人之时,在自家房后墙角下挖了一个坑,悄悄把银子埋在里面。

自从埋下银子,张三就茶饭不思,心事重重,他老是担心别人知道自己埋藏银子的地方,把银子偷走了,他想了又想,终于想出了一个好办法。于是,他回屋在一张白纸上写上"此地无银三百两"七个大字,出去贴在埋藏银子的坑边墙上。他天真地想,这样,所有人都知道这个地方没有埋藏银子了,于是就放心地回家睡大觉去了。

就在张三回屋睡觉时,隔壁邻居阿二去了屋后,借着月光看到墙角上贴着上写着"此地无银三百两"的纸条,自以为聪明的阿二一切都明白了,他轻手轻脚把银子挖出来后,再把土坑填好,兴高采烈地抱着银子回家了。

不过,做贼总是心虚的,阿二偷了银子后,一整夜睡不着觉,他一想,我家和张三家是邻居,他家丢了银子,第一个会怀疑是我偷的。那个时代,偷盗是极不光彩的行为,会受到严惩,这可怎么办?他思来想去,灵机一动,也自作聪明地写了一张"隔壁阿二不曾偷"的纸条,贴在张三纸条的旁边。

张三自以为聪明的做法使得自己丢了银子,而阿二以同样的办法使得自己的偷盗行为败露,所以,自以为聪明的想要掩盖事实,结果反而使事实彻底暴露,这个故事就是这种行为的

真实写照。

其实,不止民间有这样愚蠢而自作聪明的人存在,官场也有这样的故事。比如《左传》里记载了齐国大夫崔杼谋杀齐庄公的故事。当崔杼叫来负责记载历史的史官,要求他把齐庄公之死写成是病死的时候,被史官毫不客气地拒绝了,崔杼勃然大怒,直接把史官处死了。但是继任的史官仍然只记录"崔杼弑君"的事实,这样,崔杼一连杀了三个史官,他的弑君之罪不但隐瞒不了,反而愈闹愈大,大家都知道了。所以,清代学者顾炎武先生说:"崔杼杀太史,将以盖弑君之恶,而其恶益著焉。"

汉语中有许多描述这种愚蠢行为的词语,诸如"掩耳盗铃""齐人攫金""刻舟求剑""一叶障目,不见泰山"等等,其所描述出的故事情节,或精彩、或真实、或不厌其详、或一言以蔽之,都是要准确明白地告诉后来的人们,使其明了其中所蕴含的寓意。

古今"抱佛脚",意义各不同

"抱佛脚"或者"急时抱佛脚"是一句民间常用的俗语,出自唐代诗人孟郊的《读经》诗:"垂老抱佛脚,教妻读《黄经》。"原义是指人到了老年才信佛修道,兼有求佛祖或者神仙保佑自己长寿之意。其实,民间早有"平时不烧香,临时抱佛脚""急来抱佛脚,有事现上香"等说辞。

"抱佛脚"从语源意义上说,应该是一种佛教礼仪。如果没有这样的拜佛礼佛的礼仪动作,出现在民间的这句俗语就没有存在的基础。遍观佛教拜佛礼仪,有没有"抱佛脚"一项呢?

据玄奘法师《大唐西域记》记载,佛教教义中敬佛礼仪的最高等级是"五体投地"。即两膝、两肘及头顶着地的致敬法,又称举身投地顶礼或接足礼。这里说的"接足礼"是"以头接触佛的足"的意思。头乃人体最高贵的部位,脚是最低贱的,如今以我之头去接触佛之脚,便是对佛表示极端尊敬和崇拜的一种方式,后来,这种礼仪在民间语言中演变成为"抱佛脚",就是皈依在佛祖脚下的意思。

古代"抱佛脚"一词的出现是有其现实生活基础的,也就是说,"抱佛脚"可以得到实际利益,比如免除田赋、赦免罪过等等。其实,早在唐代,由于封建王朝统治者崇佛、兴佛的政策,僧尼地位很高,凡是犯了罪的人,只要走进寺庙,抱住佛脚真心实意地忏悔,并且把头发剃光,留下来当和尚,就可免罪,不再追究。《水浒传》里的鲁智深,杀了人之后出家就可以免死。因此,这句世人熟知的俗语,也反映了当时社会对于佛教和僧人的政策和态度。

"抱佛脚"就可以免死罪,如此实用的法门引得众人纷纷效仿,也使得"抱佛脚"一词广为流传。唐代武宗会昌二年到五年(842—845),就勒令二十六万余僧尼还俗,解放寺庙奴役人口

十五万多人。为此,著名文学家韩愈曾专门写过一篇著名的谏文《谏迎佛骨表》,劝谏皇帝不要敬佛。可见当时有多少"抱佛脚"的人。

还有一种说法来自明人张谊在《宦游纪闻·抱佛免罪》中的记载。大概意思是,南亚地区一个国家有人犯了死罪后,就投奔寺庙,拜佛避罪。只要皈依佛门,紧抱佛脚,便可赦免其罪。所以,民间多说"闲时不烧香,急来抱佛脚"。

"抱佛脚"一词从礼仪到实际效用,展现了民间俗语强大的语言表达能力和顽强的社会影响力,简单从语言学角度说,就是直白——"直"所言中的,简练准确;"白"表达形象,简单易记。

由于俗语的特点,在文风昌盛的宋代大为流行,即便如位列三公的王安石,也被记录了游离于雅言与俗语之间的有趣故事。宋人刘攽《中山诗话》记载:王丞相喜谐谑,一日,论沙门道,因曰:"投老欲依僧。"客遽对曰:"急则抱佛脚。"王曰:"投老欲依僧,是古诗一句。"客曰:"急则抱佛脚,是俗谚全语。上去投,下去脚,岂不的对也。"王大笑。此间宋人邵博《邵氏闻见后录》也记载了这个故事。

但是俗语毕竟是俗语,是民间老百姓经常使用的语言,因此,更多地出现在民间语言使用过程中,其词义也会发生较大的变化。例如:《水浒传》第17回中,何清对他哥哥何涛笑着说"哥哥正是'急来抱佛脚,闲时不烧香'"的话。只是这个时期的"抱佛脚"一词已经从原来的意思中摆脱出来,演变为一种比喻用法,其意义也转为事先没有准备而临时张罗或求助了。如清人李渔《怜香伴》:"周相公原来在此抱佛脚",又如李百川《绿野仙踪》:"我于八股一途,实荒疏得了不得。若要下场,必须抱抱佛脚"等。这些与如今所说的"平时不烧香,临时抱佛脚""急时抱佛脚,有事现上香"之类,都只是一种比喻用法,与其原有的佛教致敬含义已大为不同。

从敬礼仪式到番国佛事、从写实到比喻、从文言到俗语,"抱佛脚"一词的演变告诉我们,汉语言文字中的词语理解,需要知其然,也要知其所以然。

(原载于《语言文字报》2022.2.23)

"高帽"究竟给谁戴？

语言文字是社会生活的具体反映，我们今天说"戴高帽"这个词的时候，是指吹捧、恭维别人的意思，而不是指高级饭店里那些主厨们——尽管他们的帽子高得离谱。这种脱离或者失去了文字原有的具象含义的词语，在我们今天的生活中比比皆是，不胜枚举。诸如苦海不是说海、傻瓜不是说瓜一样。

但是，这并不妨碍我们去探寻一个词语的原始含义，只有这样，我们才能够搞清楚这个词语诞生之时的历史背景以及它为什么包含着与字面含义不符的内容。

"高帽"是从帽子来的，这一点毋庸置疑，它不仅是从帽子来的，其中还掺杂着历史典章的规定和典故的趣味。最初，"高帽"是指皇帝或者官员在出席盛大宴会时的礼帽，《隋书·礼仪志》规定："案宋齐之间，天子宴私，着白高帽，士庶以乌，其制不定。或有卷荷，或有下裙，或有纱高屋，或有乌纱长耳……今复制白纱高屋帽。"这种不同身份所戴各种颜色的"高帽"——指顶部高高隆起的帽子，也叫作"高屋"或者"高屋帽"。唐代杜佑在汇集典章制度的《通典》里说"隋文帝开皇初，尝着乌纱帽……自朝贵以下至于冗吏，通着入朝，后复制白纱高屋帽，接宾客。"可见，"高帽"作为隋唐时期的礼帽，曾经风靡一时，唐代陆龟蒙解释诗里"梁王高屋好欹来"一句时说"梁朝有白纱高屋帽。"

这种风气一直流传到了宋代，被自我放飞的文人们竞相效仿，最有名的是苏东坡的"更着短檐高屋帽，东坡何事不违时。"就是说风流倜傥、爱赶时髦的苏东坡喜欢戴这种帽檐短短的，帽顶高高的礼帽，招惹得当时文人竞相效仿，成为一时的风尚和时髦。时人李廌记录说："士大夫近年仿东坡桶高檐短帽，名曰子瞻样。"看来苏东坡不仅好吃喝，创造了东坡肉，而且还好

说词解字

穿戴,创造了"短檐高屋帽。"

当然,"戴高帽"一词的流传同样有其故事所在,唐代李延寿在《北史·儒林传下》记载了一个叫熊安生的人"好着高翅帽。"这个人好戴高帽并不稀奇,可是把他的所作所为与戴高帽联系起来,就诞生了新的含义和内容。说每当有官员到来,他都头戴一顶很高的帽子前去谒见,磕头跪拜之后,总是极尽阿谀奉承之能事,把官员吹捧得云山雾罩,不知所以,从这以后,人们便把吹捧、恭维别人的行为叫作给人"戴高帽",那些喜欢别人当面阿谀的人也就成为喜欢"戴高帽"的人。《镜花缘》里林之洋来到了翼民国,多九公就告诉他"老父闻说此处最喜奉承,北边俗语叫作爱戴高帽子。今日也戴,明日也戴,满头尽是高帽子,所以渐渐把头弄长了。这是戴高帽子戴出来的。"辛辣地调侃和讽刺了喜欢"戴高帽"的现象。

一般来说,能够给人"戴高帽"的都是有求于人的阿谀奉承之徒,而能够喜欢"戴高帽"的一定是有权有势的官宦富贵人家。因此,"戴高帽"一词多用于官场、商场或者社交场合。清朝末年俞樾在笔记《笑林新雅》里讲了一个笑话:做官的老师教导两个出放外任的学生说:"今世直道不行,逢人送顶高帽子,斯可矣。"其中的一个学生奉承说,老师说的对,现在像老师这样不喜欢戴高帽子的人,已经没有几个了。听了学生的话,老师高兴得合不拢嘴,出门后,那个学生对同去的同学说:"高帽已送去一顶矣。"

因此,"戴高帽"一词,从权贵的礼帽到引申比喻为阿谀奉承、夸赞恭维,最后落脚到成为一种谄媚他人的方式和手段,完成了一个词语含义从具象到抽象的引申固定过程,对我们认识和理解词语的发展引申脉络提供了很好的样本。

俯首甘做"孺子牛"

"孺子牛"一词用得最好的就是鲁迅,"横眉冷对千夫指,俯首甘为孺子牛。"传遍大江南北,其中的"孺子牛"的意思说的是《左传》中记载的齐国国君齐景公的一段故事。

作为一国之君的齐景公一共有六个儿子,但他最疼爱的是叫作荼的庶子,他每天都和荼在一起玩耍嬉戏。一次,齐景公口里衔根绳子,假装成一头牛,荼牵着绳子在前面蹦蹦跳跳地跑,一边跑还一边喊,"放牛喽!"齐景公老老实实地跟在后边跑,不料,儿子跑着跑着不小心突然跌倒,齐景公没有防备,咬着绳子的门牙竟被拽掉了一颗,顿时满嘴鲜血直流。即便如此,他还是要带着自己的儿子荼继续玩耍。

齐景公临死前遗命立荼为国君,但是,在齐景公死后,大臣陈僖子却要拥立齐景公的长子阳生为国君。另外一个大臣鲍牧就对陈僖子说:"汝忘君之为孺子牛而折其齿乎?而背之也!"意思是你难道忘了国君为了陪小儿子玩耍,装扮成牛而磕掉牙齿的事情了吗!你这么做事就是背叛他。可见由于齐景公对自己小儿子的过分疼爱,流传下来"孺子牛"这段故事。

"孺子"一词,指具有血缘关系的小孩子。"孺,乳子也。《说文解字》""孺,属也。(《尔雅》)"所谓"属"就是"骨肉相亲"的意思。所以,"孺子"须具备两个特征,一个是幼小而懵懂无知的年龄;另一个是具有血缘骨肉联系,是亲生的小孩子。因此,"孺子牛",即是"甘愿给自己亲生的幼儿当牛"的意思,泛指甘愿为子女去做所有事情、奉献自己一切的父母。

这个词语在诞生以后,因其特殊的含义被古人打入冷宫,很少使用,一直到了明代诗人邵宝在吟诵海棠花时,才用了"草径晴嬉孺子牛,花经新雨是天休。"的诗句,不过此时的"孺子牛"已脱离了典故的原义。明清两代翰林吴伟业"生成岂比东邻犊,觳觫(húsù,因害怕而发抖)何来孺子牛。"其与"孺子牛"典故原义相距更远。到了清代洪亮吉《北江诗话》里引用清代文人钱季重的对联:"酒酣或化庄生蝶,饭饱甘为孺子牛。"才逐渐回复到"孺子牛"的原义。鲁迅先生的"横眉冷对千夫指,俯首甘为孺子牛"写于1932年,其子周海婴当时不过两岁多的样子,年过半百的鲁迅老来得子,自然充满了无尽的父爱,故而借用了洪亮吉的引诗和"孺子牛"的典故,准确而细致入微地表达了自己老来得子的舐犊之情。

"孺子牛"词义引申扩展成为"人民服务的老黄牛"之义,来自毛泽东《在延安文艺座谈会上的讲话》,"'孺子'在这里就是说无产阶级和人民大众。一切共产党员,一切革命家,一切革命的文艺工作者,都应该学鲁迅的榜样,做无产阶级和人民大众的'牛',鞠躬尽瘁,死而后已。"从此,"孺子牛"一词被赋予了新意,成为现代社会发展中较为常用的词语之一。

比翼鸟：从身体到感情的永不分离

"在天愿作比翼鸟，在地愿为连理枝"的爱情故事早已被世人仰慕到没有之一，白居易所描述的那种"天长地久有时尽，此恨绵绵无绝期"的感人场面让所有人为之动容。那么，什么是"比翼鸟"？古人为什么用它来描述忠贞不渝的爱情呢？

"比翼鸟"是一种谁也没有见过的神鸟，据说来自《山海经》，其《海外南经》记载："比翼鸟在（结匈国）其东，其为鸟青、赤，两鸟比翼。一曰在南山东。"其《西山经》记载："崇吾之山……有鸟焉，其状如凫，而一翼一目，相得乃飞，名曰蛮蛮，见则天下大水。"从记载上看，这种神鸟大约是生长在西南边远地区崇山峻岭深处的飞禽。历史上有多次巴人将比翼鸟作为最珍贵礼物，送给中原君主的记录也说明了这一点，例如《逸周书》里就记载了周成王大会诸侯于东都洛邑（今洛阳），巴人特使曾贡献过比翼鸟。

《尔雅》解释说："南方有比翼鸟焉，不比不飞，其名谓之鹣鹣。"大概这种神鸟雌雄同体、两鸟同翼，一只鸟只有一只翅膀，两只鸟合在一起才能飞，谁离开谁都不能够飞腾而上，翱翔于万里晴空之中。晋代郭璞解释说："似凫，青赤色，一目一翼，相得乃飞。"按照郭璞的解释，这种鸟类似于今天的鸳鸯，所以，人们用来比喻如胶似漆的恩爱夫妻或者形影不离的知心朋友。

"比翼"一词除了单纯表达痴心不渝的爱情之外，也还表示齐心协力的含义。如晋代葛洪《抱朴子》："其处也则讲道进德，其出也则齐心比翼。"意思是，人在家里就要讲求学问，增进道德；外出就要与人齐心共进。这显然是指同学朋友之间的"比翼高飞"。

鸟之喻人，核心在于"比翼"一词，"比：密也。二人为从，反从为比。（《说文解字》）"段玉裁进一步解释说"其本义谓相亲密也。"用各自的一只翅膀来共同完成飞翔的动作,这亲密的劲头也是没谁了。所以,"比翼"一词所表述二者同心的程度,是历史上任何词语都无法比拟的。唐代诗人权德舆对自己妻子说:"合昏交欢二十年,今朝比翼共朝天。"使用的就是这个意思。其次,"比翼"一词还表示有同生共死的含义。一鸟一翅,共之则生,缺其一即死,该词历来被当作哀叹生离死别来使用,例如晋代崔豹在《古今注》中记录商陵穆子所作《别鹤(鹄)操》时,就是因为它娶妻五年而无子,父兄将为之休妻改娶。夫妻离别之际,悲愤已极的他怆然而叹"将乖比翼隔天端,山川悠远路漫漫,揽衾不寐食忘飧。"因此,"比翼"不光是同心协力飞翔的状态,还包含有共同生死,一荣俱荣、一损俱损的共同体内涵。

"比翼"作为动态词语一直深受文人的喜爱,从楚辞开始,一直到明清俗话小说,都有大量的语用案例出现。从屈原的《卜居》里"宁与黄鹄比翼乎,将与鸡鹜争食乎?"到曹操的《善哉行》里"比翼翔云汉,罗者安所羁?"从唐代诗人崔液的《拟古神女宛转歌》中"愿为双鸿鹄,比翼共翱翔。"到《金瓶梅》里"于飞期燕燕,比翼誓鹣鹣。"可以看出,魏晋以前,该词使用中,多抒发个人远大的志向;唐宋以后,则多是描述卿卿我我的情爱场景。

魏晋南北朝时期,"比翼鸟"由名词词语转化为成语"比翼双飞",由修饰性的"比翼",到动感十足"双飞"的翩翩起舞,语言的动态美逐渐被开发出来,并形成画面展示不一般的词语表现效果,更多地出现在文人诗词歌赋之中。"思驾归鸿羽,比翼双飞翰。""比翼双飞宿上林,流苏掩映合欢衾。"都是这种表达的代表。

今天,人们还是愿意将"比翼鸟"看作是忠贞不渝的爱情,自白居易以后,人们便常常把"比翼鸟""连理枝"组合在一起使用,表达出对于"在天愿作比翼鸟,在地愿为连理枝。"忠贞爱情的倾心向往。

"金龟婿"是"贵"还是"富"?

——为"镀金"？为钓"金龟婿"？明星为啥都爱念商学院？（人民网，2012年10月31日）

——你"婚"了没：最易钓得"金龟婿"五大职业。（环球网，2013年02月21日）

——拜金丈母娘设计拆散小夫妻称因想换"金龟婿"。（重庆日报，2013年11月21日）

我们在日常生活中经常说"金龟婿"这个词，有时候是恭维他人得了个好女婿，有时候是他人恭维我们，可见这是一个好词、褒义词。那到底什么样的女婿才是我们所说的"金龟婿"呢？

原来，这个名词来自唐代，是一种权贵的象征。唐初，唐高祖为避其祖李虎的名讳，废止虎符，改用黄铜做鱼形兵符，称为"鱼符"。鱼符最早是征调军队时的一种凭证，后来演化为官员"明贵贱，应召命"，表示官阶身份高低的标志物。按照《唐书·职官志》《新唐书·车服志》等典籍记载，内外官五品以上，皆佩鱼符、鱼袋。鱼符以不同的材质制成，"亲王以金，庶官以铜，皆题其位、姓名。"装鱼符的鱼袋也是"三品以上饰以金，五品以上饰以银。"

武则天天授元年（690）改内外官所佩鱼符为龟符，鱼袋为龟袋。并规定三品以上龟袋用金饰，四品用银饰，五品用铜饰。可见，金龟既可指用金制成的龟符，还可指以金作饰的龟袋，但无论所指为何，均是亲王或三品以上官员方可以佩戴，所以，最初的"金龟"是指亲王的身份或者官员的等级。

当然，嫁给身佩金龟的权贵为妇，无疑是当时每一个女子的梦想。比如唐代诗人李商隐的《为有》诗中那个贵族媳妇："为有云屏无限娇，凤城寒尽怕春宵。无端嫁得金龟婿，辜负香衾事早朝。"那种凡尔赛式轻嗔自己身居高位的丈夫,因为要赴早朝而辜负了一刻千金的春宵,简直是把荣华富贵"炫"的不要不要的。

在古代,"金龟婿"侧重于女子指"自己的配偶",也就是媳妇对自己丈夫的称呼,它与"乘龙快婿""东床婿"这种称呼有着指称对象上的区别。当然,我们今天所说的"金龟婿"已然突破了传统意义上的含义,它借鉴了英语"Sugardaddy"的意思,逐渐从身份地位的高贵转移向拥有巨额财富的成熟男士,他们通常事业有成,帅气多金,是当代女性择偶的目标。

(原载于《语言文字报》2023年6月7日,标题有改动)

"石榴裙"因何指美女？

"石榴裙"一词，我们用来借指容颜漂亮、身材姣好，风姿绰约的美女，常说一句话"拜倒在石榴裙下"。那么，"石榴裙"一词是怎么来的呢？为什么是石榴而不是玫瑰或者其他的呢？

"裙子"是女人的最爱，不管是风摆杨柳的百褶裙，还是婀娜多姿的包臀裙，显示了女人的身姿，招惹了男人的目光，无论何时，都是街市上一道亮丽的风景线。

古人穿裙子的历史，最早可以追溯到三皇五帝时期。相传在四千多年前，黄帝就规定臣属要遵循"上衣下裳"的制度，当时的"裳"——下衣，就是裙子。东汉末年刘熙撰写的《释名》中说："衣者，人所依以芘寒暑也。上曰衣，下曰裳。裳，障也，以自障蔽也。"就是说，古人早就有了上衣下裳的区分，上"衣"是用来取暖御寒的，而下"裳"是为了遮蔽身体的。班固的《白虎通义》也说："衣者，隐也；裳者，障也，所以隐形自障闭也。"《释名》在解释"裙"字的时候，直接说就是"下裳"，可见，裙就是古代的"裳"——穿在人体下身的、起遮蔽作用的服装。

从形制上说，最早的"裙"就是一个用树叶或者兽皮连缀成、围在身体下部的遮挡物，所以刘熙说："裙，群也，连接群幅也。"五代时期的《实录》里说："古所贵衣裳连，下有裙随衣色而有缘（花边）；尧舜已降，有六破（皱褶）及直缝，皆去缘；商周以其太质（朴素），加花绣，上缀五色。盖自垂衣裳则有之，后世加文饰耳。"这里所说带有花边的裙子来自商周时期，此前只有褶皱。不过，那个时候的裙子是正装礼服，而且是男女都可以穿的。

汉代时，裙子已经流传开来。现存的汉代侍女俑、舞伎俑所着服饰都是类似于今天朝鲜女人穿的那种上短下长有皱褶

的裙子,即所谓"褶裥裙",也叫"留仙裙"。据说来自汉成帝皇后赵飞燕,汉人刘歆《西京杂记》以及旧题伶玄所撰《赵飞燕外传》里记载。赵飞燕有一次给汉成帝跳舞,身轻如燕的她身穿薄如蝉翼的裙子,在一阵鼓乐声中翩翩起舞。突然,裙裾被大风吹起,随从们急忙按住裙子,却把原本光滑的裙子弄出了很多褶皱。也有文献记载说:"隋炀帝作长裙,十二破,名仙裙。"说是喜欢游玩取乐、贪恋女色的隋炀帝做了十二褶皱的裙子。

石榴是地地道道的外来物种,这种"千房同膜,千子如一"的水果原产波斯(今伊朗)一带,公元前二世纪时,被出使西域的张骞带回我国。晋代张华在《博物志》里记载:"汉张骞出使西域,得涂林安石国榴种以归,故名安石榴。"所以,汉代国都长安(今西安)多种植这种植物,石榴花也被今人评选为西安市的市花。唐代诗人元稹说:"何年安石国,万里贡榴花。迢递河源边,因依汉使搓。""新帘裙透影,疏牖烛笼纱。委作金炉焰,飘成玉砌瑕。"一口气为石榴作了二十韵的赞美诗,不少诗人对于这种花开多子的水果也不吝笔墨,称赞有加。例如杜牧在《山石榴》中写道:"一朵佳人玉钗上,只疑烧却翠云鬟。"来表达石榴开花、结果鲜红颜色的美艳绝伦。

"石榴裙"一词,源出梁元帝萧绎的《乌栖曲》中"芙蓉为带石榴裙"一语,就是宛若石榴由桃红渐变为大红颜色的裙子。古代妇女多喜欢石榴红色,而当时染红裙的颜料,也主要是从石榴花中提取,这种染成红色的裙子就叫作"石榴裙"。同时,也借指穿这种红裙的漂亮女人,早在南朝齐何思澄《南苑逢美人》诗里:"风卷蒲桃带,日照石榴裙。"就表达了这种借指的含义。

"石榴裙"是唐代年轻女子极为青睐的一种服饰款式,这种裙子色如石榴,往往使穿着它的女子俏丽动人、风情万种,受到文人骚客的关注和喜爱。有诗人说:"眉黛夺将萱草色,红裙妒杀石榴花。"即是指穿着这种裙子的歌女婉转玲珑、身姿婀娜的样子。

"石榴裙"的流行,也与杨贵妃关系密切。据说杨贵妃特别钟爱石榴花,于是,宠爱她的唐明皇就投其所好,在华清池内外栽种了大量的石榴树,春天一来,石榴花竞相怒放,满园火红的花海掩映着贵妃婀娜多姿的身影,使得这位风流天子"春宵苦短日高起,从此君王不早朝。"不仅如此,唐明皇还下令,所有文官武将,见了贵妃一律行跪拜大礼以示尊敬,拒不跪拜者,视同

"石榴裙"因何指美女？

欺君之罪，将受到严惩。

喜欢穿"石榴裙"的杨贵妃从此一人之下，万人之上，所有的大臣权贵都要跪倒在她的石榴裙下，由此诞生了一个民间俗语：拜倒在石榴裙下。因此，"石榴裙"借指美丽漂亮女人的含义也被固定下来，流传百世，直到今天还在使用。

"半瓶醋"为什么喻指读书人

"半瓶醋"也说半瓶子醋。意思是瓶子里只装了一半的醋或者装了一半醋的瓶子,比喻对某种知识或技术一知半解的人(常用于讥讽或自谦)。因为醋是酸的,而"酸"又常指寒酸、迂腐,常喻文人或者读书人;又以"半瓶"隐喻喜好卖弄。古语:"实磨无声空磨响,一瓶不动半瓶摇。"所以,"半瓶醋"多指好卖弄的文人或读书人。

元代无名氏所作《司马相如题桥记》:"如今那街市上人,粗读几句书,咬文嚼字,人叫他做半瓶醋。"清代西周生在《醒世姻缘传》描写狄宗羽这个人时说:"虽是读书无成,肚里也有半瓶之醋,溷溷荡荡的,常要雌将出来。"都是这个意思。

"醋"属形声字,从酉(yǒu),表示与酒或者酿造有关,原义是指用酒或酒糟发酵制成的一种酸味调料。《说文·酉部》:"醋,客酌主人也。"意思是:客人向主人回敬酒。段玉裁注:"按诸经多以酢为醋,惟《礼经》尚仍其旧。后人醋酢互易。"所以,王力先生认为:"醋"的原字是"酢"。他在《王力古汉语字典》里说:"醋原为酬酢的用字。"

因为"醋"的主体味道"酸",所以用它当作比喻喻体时,所体现的一定是"酸"的刺激味道。古代以"醋"喻人的情况一般有两种,一种指泼辣的妇女。一种指迂腐的文人。前者多用来比喻男女之间的嫉妒心理。例如,唐太宗因为宰相房玄龄十分惧怕老婆,要杀杀他老婆的威风,就故意赐给他几个美姬,并且亲自出马赐给房夫人浓醋假扮的毒酒,没想到房夫人二话不说,将毒酒接过来,一口饮下。吓得唐太宗都心里发慌,毫无办法。

比喻穷酸文人的多指其出言吐语喜欢引经据典,语带之乎者也。之所以用"醋"字,就是因为穷酸文人依仗有一些文化或者语言的功夫,往往出言刻薄,用语艰涩,就像"醋"一样,似酒非酒,似药非药,既不能够畅饮抒怀,也不能够治病医人,但却如鲠在喉,难受异常。这样的语言或者别人听不顺耳,怒气横生;或者晦涩难懂,无法理解。再加上"半瓶",隐喻其喜欢卖弄,有事没事都要掉书袋,拽上几句文,搞得别人似懂非懂,不厌其烦。

"半瓶醋"是个贬义俗语词语,多使用在白话小说中,因为有"半瓶"的限制词,所以不再是比喻妒妇的"醋",只能说穷酸文人了。

逃避现实的绝招，表达情绪的窗口

我们汉族人的眼球，由黑白两部分组成。白眼球也叫眼珠子，俗称"眼白"或"白眼"；眼球中间黑色的瞳孔也叫瞳仁，俗称"眼青"或"青眼"。看东西，全靠瞳孔。如果一个人只见他的白眼而见不到他的青眼，那会是很奇怪的事情。

在古代，"白眼"多被看作生理上性情暴躁怪异的标志。如唐朝就有一个节度使叫张公素，这个人被别人起了外号叫"白眼相公"，为什么呢？据《新唐书》说，他"性暴厉，眸子多白"，故而称之为"白眼相公"。

当然，"白眼"更多的是表现个人的情绪和表达好恶。距今约1800年前的魏晋时代，有一个大诗人名叫阮籍，就是一个白眼奇人，对于不想见的人，他能够随心所欲地把眼睛翻转成白眼，而且想"白"多久就能"白"多久。如果再加上酗酒大醉、装聋作哑，那就没人喜欢跟他待在一起，而这恰恰是他想要的状态。

阮籍才华出众，诗文俱佳，朝廷一再征召他出来做官，他反复推辞，虚与委蛇。有时候实在扛不住，就勉强应付一下，没几天就辞职回家。当朝权臣司马昭听说他有个漂亮女儿，想通过联姻的办法，拉拢阮籍加入统治集团，派人上门提亲。为了逃避这门危险的亲事，阮籍常常喝得酩酊大醉，而且一醉60天不醒，司马昭只好作罢。有时候突然来了他懒得见的人，来不及装醉，就翻白眼给人看，让来人尴尬而去。

阮籍的母亲去世时，竹林好友嵇康的哥哥嵇喜来吊唁，因嵇喜在朝为官，阮籍认为他是为虎作伥没有廉耻的人。据唐代房玄龄《晋书·阮籍传》里说："及嵇喜来吊，籍作白眼，喜不怿而退。"也就是阮籍根本不给嵇喜面子，不顾丧仪礼节，立即翻出白眼与嵇喜无言相对，讨了个没趣的嵇喜只得悻悻离去。

而同样放浪不羁的嵇康听到这件事情,"乃赍酒挟琴造焉,籍大悦,乃见青眼。"阮籍立即变回青眼,与嵇康推杯畅饮啸遏行云,变"眼"之快,简直比戏剧中的变脸都快速急切。

因此,阮籍留下一个"青白眼"的典故:好友来了,青眼相见;厌恶的人来了,带搭不理,白眼相待——等于下逐客令。明代周祈在《名义考》里专门说:"故后人有青盼垂青之语,人平视睛圆则青,上视睛藏则白,上视,怒目而视也。"也就是我们后世老百姓所说的"翻白眼"。所以,清代蒙学课本里说:"阮籍作青眼,厚待乎人。"可见,"青白眼"的感情色彩是极其鲜明和绝对的。

后世的"青白眼"故事一直在文人逸士、高僧大德圈子里流传,也涌现出了很多效仿之人。例如王维的"三贤异七贤,青眼慕青莲。"里的"饭僧",《唐才子传》里的李山甫,"累举进士不第。落魄有不羁才,须髯如戟,能为青白眼,生平憎俗子,尚豪侠。"杜甫《饮中八仙歌》里的杨宗之,"宗之潇洒美少年,举觞白眼望青天。"以及宋代《僧宝传》里的大通本禅师"然气刚不屈、沉默白眼公卿。"等等。"青眼""白眼"的使用也是雅俗共赏,各表其义。

我们今天已经很少使用"青眼"这个具象含义很重的词语,代之而起的是"青睐""垂青"等词语,更能够表达该词义的深度和感情色彩;而"白眼"一词落地于民间俗语后,还在广泛地使用中。

心有善恶，"术"分良莠

"心术"是一个宏大而复杂的命题，这个词语值得像管子或者苏辙这样的大家为之笔墨，可见是社会生活中需要解决的重大问题。管子说："心之在体，君之位也"是人体最重要的器官和人生最重要的认识世界、思考人生的部分。他说："实也，诚也，厚也，施也，度也，恕也，谓之心术。"就是说，心术是人辨识世间万物的基本方法。宅心仁厚的他用老实人的心去揣度社会和人生，所以，说的都是"仁义礼智信"的善心之术。而《汉书》里则说："夫民有血气心知之性，而无哀乐喜怒之常，应感而动，然后心术形焉。"意思是心术是人的本性，只是发乎心性，感于喜怒哀乐而形成。苏辙先生则是从心之体用上絮絮叨叨地说了一大堆文辞华丽的废话，有用的话只有一句，那就是："为将之道，在于治心。"

说起"心术"，《韩诗外传》里还有一则故事，说齐桓公与管仲密谋讨伐莒国，但不久此事就传遍了国都，以为管仲泄密的齐桓公质问管仲："为什么只有你知道的秘密，现在路人皆知？"管仲看了看身边的东郭牙，说："这事儿您还是让他说吧！"东郭牙回答桓公说，"我听说国君心里所想可以通过脸上的三种表情来判断，如今您的脸色是气势充盈，凶厉勇猛，故而是要打仗的意思。"管仲又追问："为什么知道是要打莒国呢？"东郭牙回答说："国君常常望向东南方莒国的方向，嘴上不出声，却常常呈现'莒（ga）'的口型。"齐桓公听完两人的对话，不由地说，原来你还会读心之术啊！

其实，"心术"一词自从出现之日起，就以其内涵宽泛的含义和结构松散的组词方式为以后的词义模糊和所指斑驳埋下了伏笔。在春秋时候崇尚"大道"的时代，"心术"所指的人认识事物的方法和途径以及对这种认识论的内心反映，都契合了当时天下为公、大而化之的时代精神。正像《易经》里说:"心术之动,与天地合其德,与日月合其明。"因此说"心术"是心之性也好、体之用也罢,都不会错。

但是,当封建社会开始以后,这种情况就发生了天翻地覆的变化,分歧和异论、争吵和辩驳开始激烈起来。正像《旧唐书》所说:"心术有邪正,词理有工拙,识见有浅深,而史随以异。"于是,宛如皇帝的女儿含着金钥匙出生,众大臣齐呼"好看",而吃不上饭的老百姓暗地里骂道"丑八怪"一样,不同阶层、理想、际遇的人会有天差地别的认识。一派觉得这个词好,说它指人的思想和内心,坦坦荡荡、明明白白,多好。例如:宋代罗大经在《鹤林玉露》说柳宗元是"文章精丽,而心术不掩焉。"也有人说不好,说"心术"是指内心深处那个最邪恶的算计别人的东西,诸如心计、图谋、权变等等。他们也各自举出不少的例子,如《朱子语类》:"圣人观人,每于微处,便察见心术不是。"《西游记》第43回,猪八戒"就使心术,要躲懒讨乖。"等等,这就为此后"心术"一词作为贬义意味更为浓烈的词语使用开了头,埋下了伏笔。

于是,"心术"一词就带着好的和坏的两副面具,活跃在不同的语言应用场景里。尤其是明清时代曲剧和白话小说里,诸如"心术狡狠,心术先坏,心术不定,心术不端,坏了心术,心术刻薄,心术利害,心术崄巇,心术坏"的词语在《三言两拍》《西游记》《红楼梦》等著作中频频出现,而与之相抗衡的"开明心术,心术光明,心术正大"等词语却所见寥寥,造成了"心术"一词多贬少褒的词义惯识,一直沿用到我们今天。

为什么投降要举"白旗"?

我们从许多影视节目里可以看到,当战争对阵双方中的一方表示失败或者投降时,往往是高举"白旗",因此,许多人就认为,"白旗"一词的含义就是失败或者投降的象征。

白色作为失败或者投降的标识始自秦二世胡亥,秦王朝崇尚黑色,秦末刘邦进取关中,直逼国都咸阳,秦二世失败之际,即身着秦人的"国色"相反的颜色——白色衣服投降。

作为词语的"白旗","白"即颜色;"旗"像一根木杆上飘扬着旗布(布条)的形状,是原始的旗帜形状。"旗"又专指上面有熊虎图案的军旗,"旗,熊旗五游,以象罚星,士卒以为期。(《说文解字》)"依照古代典籍的记载,王力先生总结说,"旗"是指"上画虎熊的军旗;泛指旗帜。"

我们从上述记载中还可以得出:"旗"的用途是一种象征。"上画虎熊"言其"争斗;争战"之义,因此为打仗使用;"以象罚星"表明只有部落首领或者头目统帅才能使用;"士卒以为期"显然是指挥或者统领众人进退的标志。因此,语文出版社早年出版的《汉字源流字典》解释为:本意为古代的一种军旗,上面有熊虎的图像,用各种颜色的布帛做成,一般为长方形、正方形或三角形,是军队或指挥行动的标志。

原始社会产生了最初的图腾崇拜,各部族为了区分或聚集族人,以动物形象描绘在布帛上,显示属于自己的图腾,如熊、虎、蛇、鸟等,祈愿借助其神奇的力量,战胜自然以及敌人,绵延子嗣,壮大氏族。例如:黄帝氏族为有熊部落,图腾是熊;西南各部落的图腾为虎;南方各部落的图腾为蛇;东方各部落的图腾为鱼。还有的部落图腾是鹰、猴、鹿、马等。这些图腾符号用旗帜标明起来,作为区别其他氏族或者自己氏族的标志,于是就出现了"旗"。

为什么投降要举"白旗"？

最初的"旗"或者"(军)旗"的作用，是为了便于区分，也为了张扬声势，因此，多彩而绚烂。单纯用"白旗"的，不外乎有二。

一是古代帝王秋季用白色旗帜，因为秋季五行属金，当用白色。如《礼记·月令》："(孟秋之月)天子居緫章左个，乘戎路，驾白骆，载白旗。"《淮南子·时则训》："(孟秋之月)天子衣白衣，乘白骆，服白玉，建白旗。"唐代张秀明《西郊迎秋赋》："乘白骆而启行，载白旗而扈从。"

二是古代作战时，国君或主帅所用的旗为白色，因为五行为金，主征战。所以春秋时，管子说："旗以立兵也，所以利兵也，所以偃兵也。(《管子·兵法》)"《国语·吴语》记载："王亲秉钺，载白旗以中陈而立。"也就是中军统帅可以用"白旗"。

古代交战，如果对方送来或者交出白旗时，等同于对方主帅宣布失败、前来投降。《三国演义》第32回："次日，城上竖起白旗，上写'冀州百姓投降'。"《东周列国志》第4回："庄公启缄看毕，重加封固，别遣人假作姜氏所差，送达太叔。索有回书，以五月初五日为期，要立白旗一面于城楼，便知接应之处。"说的就是失败一方投降时，要在城楼上树立"白旗"，于是胜方就下令停止一切进攻活动，等待胜利的时刻。

"试金石"试出了什么？

世俗有一句话说"是骡子是马拉出来遛遛"，古人在组合词语的时候，往往也会采用这种逻辑模式，"试金石"就是一个例子。从构词上说，这是一个动宾复合词叠加嵌套动宾结构的词语，围绕着"试"字这个核心，以"他山之石，可以攻玉"的模拟方式，产生了其语文词语的含义内容。

"试金石"原本指一块可以测试出金子纯度的天然石头。明代宋应星《天工开物》里讲："凡金性又柔，可屈折如柳枝。其高下色，分七青、八黄、九紫、十赤。登试金石上，立见分明。"据说此石广信郡（今广西梧州）河中甚多，大者如斗，小者如拳，放入鹅汤中一煮，光黑如漆。是一种致密坚硬、含炭质石英和蛋白石等成分的岩石，由于形成过程不同，有的表面坑洼起伏，粗糙不平，有的圆润光滑如鹅卵石。后来被用作金行金作测试金子纯度的比照物，不过，如今有了科学的测试仪器和手段，"试金石"早已成为历史的旧迹，但"试金石"一词却伴随日常生活中广泛的使用而流传下来。

"试金石"本是测试金子纯度的石头，正如《今古奇观》里说："不知那金银器皿都是些铅锡为质，金银汁粘裹成的。酒后灯下，谁把试金石来试？一是不辨，都误认了。"该词一旦成为脱离了自然科学范畴、沾染人文色彩的词语后，便引申出了不同的语义，使用在各自不同的语境场景中。

有用于试探和验证人的"三心（忠心、决心、信心）"的，例如蔡东藩《清史演义》："自古英雄豪杰，不经心志之拂乱，未必能奋发有为，故敌国外患之来，实磨砺英豪之一块试金石也。"《大义觉迷录》："把反清复仇的希望寄托于他。使岳钟琪成为政治斗争和民族矛盾的试金石。"《雍正剑侠图》"祸到临头须放胆，岂能犹豫。莫若拿这位老侠客当做试金石，看看自己到底有几许本领？想到这里，心中坦然。"

有表述人具有天赐禀赋，一眼看透世故人心的。例如：李渔《连城璧》："只因他当初在海上，遇个异人传授他的相法，一双眼睛竟是两块试金石，人走到他面前，一生为人的好歹、衣禄的厚薄，他都了然于胸。"也有的是分辨本性人品优劣的。例如关汉卿《金线池》："烟花簿上除抹了姓名，交绝了怪友和狂朋，打并的户净门清。试金石上把你这子弟每从头儿画，分两等上把郎君子细秤。"李绿园《歧路灯》里："为丈夫的，须要把良心放在耳朵里做个试金石，休叫那泼贱舌头弄得自己于人伦上没了座位。"等等。

还有用其表述事物验证过程的。鲁迅先生把"标点古人"说成是文学家们学问功力水平的"试金石"，并借此批评那些不懂古文点句的学者的妄自尊大。他说："标点古文真是一种试金石，只消几点几圈，就把真颜色显出来了。(《花边文学·点句的难》)"他认为："倘使是调子有定的词曲，句子相对的骈文，或并不艰深的明人小品，标点者又是名人学士，还要闹出一些破句，可未免令人不遭蚊子叮，也要起疙瘩了。"可见，验证的过程使得鲁迅也不免为古人担忧，为当时一些所谓的大师们惭颜羞愧。

用法不同，语义各异，"试金石"一词，自从脱离了原始石器的具象描述，被人们引申演化出各色各样的语文含义，用来比喻描述不同语境下的场景，也一直是人们社会生活中的常用词语，使用的频率很高，用途也十分宽泛，据人民网搜索，即可得到11000多条使用"试金石"的语例。用法上也是五花八门，无奇不有，显示了该词通用性广泛的特点。

"掉书袋"为什么是正确用法？

对语言文字感兴趣的小朋友们，先来看看下面的文字：

"毛泽东的用典是出于行文之必需，绝不卖弄，不故作高深地吊书袋。"(《文章大家毛泽东》作者：梁衡，2013年03月01日，来源：人民网)

"就难度来讲，他指出，《林肯》很传神，但导演斯皮尔伯格流于吊书袋"(标题：台湾影评人：没有风格就是李安的风格，2013年02月26日，来源：中国新闻网)

"读了之后满脑子都是学术索引和史学教科书的影子，吊书袋到了一定境界。"——作者：马伯庸，原载于《国家人文历史》2013年第16期)

"好读书的邓小平不喜欢'掉书袋'，没有记日记的习惯也从来不在书上写字，一切都是在脑子里，一种精神的领悟。"——(来源：《邓小平的治学之道》作者：刘贵军，引自《中国共产党新闻网》2018年09月12日，来源：学习时报)

"然而，会'掉书袋'，不等于是大师。"(《人民网》2019年03月31日，引自扬子晚报。题目：流浪大师还是"流量大师"？作者：冯秋红)

一个困惑读者的问题产生了，到底是"吊书袋"呢？还是"掉书袋"呢？

我们去查查词典就会发现，几乎所有的汉语词典，包括：《汉语大词典》《现代汉语词典》《现代汉语规范词典》《辞海》以及《国语词典》都找不到"吊书袋"一词，都不约而同地收录了"掉书袋"一词，看来，大家一致的看法都是"掉书袋"是这个词语的规范用法，而"吊书袋"是一种望文生义的错误用法。

"掉书袋"为什么是正确用法？

为什么古人用"掉"而不用"吊"呢？

"掉书袋"一词出于宋代马令《南唐书·彭利用传》记载："（彭利用）对家人稚子，下逮奴隶，言必据书史，断章破句，以代常谈、俗谓之掉书袋。"所以，后世民间讽刺这种动不动就喜欢引经据典、卖弄才学的行为，称之为"掉书袋"

为了更为具体形象地展示"掉书袋"的行为，明末清初文学家张岱还附会了一个故事。在他的《陶庵梦忆》里讲道：有一次天晚时分，朋友开玩笑地挽留他道："等看了'少焉'再走吧！"看着他大惑不解的样子，主人解释说："我们这儿有位官宦先生喜欢掉书袋，因为苏东坡的《前赤壁赋》里面有'少焉月出于东山之上'的句子，于是就把月亮叫作'少焉'。"

"掉书袋"一词，之所以用"掉"而不是"吊"，也源于"掉"字有"摇摆，引申为卖弄、耍。"的含义。"朱熹在《朱子全书》里说："如曰如何是佛云云，胡乱掉一语，教人只管去思量。"中的"掉"即是"卖弄，戏耍"的意思。而查遍词典，"吊"字均无此义。因此，"掉书袋"才是该词的正确用法。

"掉书袋"这个词一般是嘲笑文人用的词语，相比之下，文人自己用得很少。正如胡适先生在《文学改良刍议》中引江亢虎的信中所说："饾饤獭祭，古人早悬为厉禁。"古代文人喜欢用"饾饤""獭祭"这种更为晦涩难懂的词语来展示自己更为高级的"掉书袋"，其实早已被近代有识之士弃之如敝，而"掉书袋"这样的俗语俗词反倒被使用至今，可见，语言文字的生命力和影响力取决于时代需要和社会生活中老百姓的自主选择。

历史上，也有将"掉书袋"用作"掉书囊""掉书语""调书袋"的书例，却绝不会使用"吊书袋"这样错误的词语。

撒手锏：充满文学想象力的绝招

现代汉语中关于"撒手锏"的文字疑惑有两个。一个是"撒手锏"这个武学夺命绝招到底有没有？另外一个就是"撒手锏"与"杀手锏"的异同。

说到"撒手锏"，就要从"锏"字说起，《说文解字》说："锏（鐗），车轴铁也。"《康熙字典》引《释名》解释说："鐗，闲也。闲釭轴之闲，使不相摩也。"可见，这个字最初是指车轴上的铁条，用以减少轴与毂之间的摩擦，与兵器一点儿关系都没有。"锏"字作为兵器最早的记录是宋代的《武备总要》"铁鞭、铁锏二色，鞭，其形大小长短，随人力所胜用之。有人作四棱者，谓之铁锏，谓方棱似形，皆鞭类也。"后来明代的《武备志》也有同样的记载。

我们在传奇小说中看到的，唐朝名将秦叔宝善用"锏"作为武器，是使用"锏"的鼻祖，可惜《旧唐书》《新唐书》中都没有这样的记录。倒是宋代抗金名将李纲所用双锏中的一只被后人发现，这只锏全长近一米，四棱形，无刃，有竹节。按照清代《兵仗记》里的说法：鞭锏之间的区别在于"与剑相类者为铁锏，无刃起四棱，言方棱似□也；有与为类者为铁鞭，纯铁为之，状如竹根节也。"可以看出，"锏"才出现不久的时候较为原始，从形制上似乎还停留在"鞭"的过渡阶段，没有完全摆脱古代"策"的样式，不能称之为纯粹的"锏"。（见拙文"鞭策"）

由此可见，古代"鞭锏"是一对形影不离的武器。从渊源上说：兵器"锏"由"鞭"派生而来，是鞭的升级版，棱面的凹槽既减轻了重量，同时又更为稳定牢固。我们知道，"鞭"最早与"策"配伍相对，"策"在古代也称之为"简"。于是有人说，在古代最初并没有"锏"字，是从"简（策）"借用过来的，其形状也像"简（策）"，比如说有竹节、类似竹棍等，似乎是有一点儿道理的。

所以,"锏"这种武器,应该出现在唐朝以后的时代。以后,传统民俗中的过年门神画像上的秦琼和尉迟恭,一个拿鞭一个拿锏,守卫万家安康的形象,就是后世人们历史穿越之后美好的想象。

由于"鞭锏锤抓"这类武器在冷兵器时代主要是破甲武器,即是击破敌方盔甲使用的,其特点是质量大、威力足,一击致命。例如,出土的李纲所用单锏重3.6公斤,一双即是7.2公斤。同样,如果一击不中,则麻烦大了,因此,"撒手锏"便成为传说中古代使用"锏"的武学绝招秘籍。但是,从历代武学典籍里没有找到"撒手锏"的记载,倒是传奇小说中经常出现它的踪影,可见,这个词语的来源充满了文学想象力和文字杜撰的成分。

《说唐》里有一个故事说,秦琼与表弟罗成互传武艺,秦琼保留了一手"撒手锏",罗成留了一手"回马枪",双方都把自己的绝招保留不露,就是为了使自己武功天下第一,关键时刻可以杀死对手。这个情节虽然杜撰痕迹浓厚,但却符合传奇小说的情节需求。

第二个问题是,"撒手锏"尚可以称之为文学想象和文字杜撰的巧妙结合,这个词语也不断出现在明清以后的传奇小说中,以至于后世约定俗成,用它来表示厮杀时出其不意地用锏投掷敌人的招数,比喻最关键时刻使出的最拿手本领。包括《汉语大词典》《辞海》等各个词典也先后将其收入其中。而"杀手锏"确是今人凭空想象和完全杜撰的一个无中生有的词语,他是用"撒手锏"的谐音,使用了"杀"这个动词来表示"致命一击致其死亡"的意思,充满了想象的附会和鲁鱼亥豕的浑水摸鱼意味。

不过今天的网络上,也不断出现"杀手锏"的使用语例,不知道后人在编写词典时,会不会依据词频高企的原则,将其收入册中。

"不服老",可不是"不伏老"!

据权威部门统计:2018年我国60岁以上老年人口2.49亿人,占总人口的17.9%,每年还以八千多万的数量增长,正在快速进入老龄化时代。所以,关于老年人"不服老"的语言使用问题就越发凸显出来。例如:

"想借圣人的名言表示自己很有些不服老的精神"(《读书》167期)

"今晚正需我包仁抡大锤,这活儿俺不服老。"(姚雪垠《李自成》第2卷)

"台北现代无伴奏合唱团"碰!乐团"用现代歌唱手法演绎了关汉卿的元曲《一枝花·不伏老》中的梁园月、东京酒、洛阳花和章台柳等元素,以及元朝翁森的《四时读书乐》。"(2019年04月20日,新华网)

"仿西洋之行为艺术,似魏晋之放浪形骸,欠嫖资学柳三变,不伏老赛关汉卿。"(2013年09月02日,人民网)

这里有用"不服老"的,也有用"不伏老"的,同样,《汉语大词典》里既收录了"不服老",也收录了"不伏老"。两个词含义基本相近,又同时被收录,给读者正确使用带来了困惑。

还有,单就两个词的关键字"服""伏"两字来说,现代汉语相关词典中,"伏"字最接近"承认,自认"的意思是"低头屈服;被迫接受"义项;而"服"字最接近的意思是"听从;信服"。似乎用哪一个也都有一定的道理。

究竟是"不服老"用得对呢?还是"不伏老"用得对呢?还是两个词都可以使用?回答是否定的,现代汉语中,规范使用只能用"不服老"而不能用"不伏老"。

首先,2002年3月国家发布的《第一批异形词整理表》中即公布了338组异形词规范用法。涉及"服"和"伏"两字的词语中,以"服"为规范用法,诸如"服侍(伏侍、服事)""服输(伏输)""服罪(伏罪)"等,从规范用词的角度,明确了"服老"一词是规范用法。因此,体现国家规范的《现代汉语规范词典》中,"服"字头下收有"服老"一词,而"伏"字头下,并没有收录"伏老"一词。他们的主张很确定,现代汉语规范的用法是"不服老"。《现代汉语词典》也是只收录了"服老"一词,没有收录"伏老"一词。因此,可以确定,现代汉语规范正确的用法是"不服老"。

为什么选择用"不服老"而不用"不伏老"呢?

首先,"服"与"伏"语源语义不同,在语用中发挥的作用也不同。"服"字在汉语语源含义中,既有顺从、服从之义,又有适应、习惯之义;而"伏"的意思一般是指使屈服、使折服。因此,"服"字更贴近、更能够准确表达"不服老"的基本含义。同时,从古代汉语语例上看,罗贯中《三国演义》中的三处用例,其中如"吾不服老,死于此地矣!""吾虽年迈,尚有廉颇之勇,马援之雄。此二古人皆不服老,何故不用我耶?"都是说近七十岁的赵云。而"不伏老"则只有《警世通言》里的一个孤例。

其次,词语使用频率也是我们判定的一个标准。来看一看今人多用"不服老"还是"不伏老"?据人民网语料库统计,"服老"一词使用多达495篇(次),"伏老"仅有8篇(次),显然,"服老"以五十多倍的差距遥遥领先"伏老";而在古代用例中,"不服老"的语用例子也超出了"不伏老"4倍。

"共把十千沽一斗,相看七十欠三年。闲征雅令穷经史,醉听清吟胜管弦。"白乐天一首轻吟浅唱,表现了老来独乐的自在悠闲;"老骥伏枥,志在千里。烈士暮年,壮心不已。"抒发了曹孟德老而弥坚的壮志雄心;"时人不识余心乐,将谓偷闲学少年。"展现的是明道先生老不言老的年轻心态;"莫道桑榆晚,为霞尚满天。"体现的是刘梦得大器晚成的老当益壮。而苏东坡的"老夫聊发少年狂,左牵黄,右擎苍,锦帽貂裘,千骑卷平冈……会挽雕弓如满月,西北望,射天狼"是最能够体现"不服老"词语所表现的精神心理和行为状态。因此,该词也被社会所认可,从而得以广泛流传和使用。

"下马威"是谁的威风?

"下马威"一词最早来自"下车作威",是说汉代的一个故事。据《汉书》记载,西汉时期,为了巩固中央集权对于地方的统治,各地的郡守都由朝廷任命派出。班伯(班固的先人)主动请缨到社会治理混乱的定襄郡(今山西北部、内蒙古南部)去做郡守。据说当时的定襄豪绅大户众多,盗贼横行,社会相当混乱。少年得志、"志节慷慨"又兼之出身名门望族的班伯此行,恐怕是下车伊始就要大展宏图,开始对当地的乱象进行整治。《汉书·叙传上》记载说:"定襄闻伯(班伯)素贵,年少,自请治剧,畏其下车作威,吏民竦息。"害怕班伯"下车作威",担心他一到任就会采用严刑酷律来树信立威,为了躲避这个风头,所有人都纷纷收敛平时的恶行凶相,豪绅大姓把以前作恶的手下全都藏匿起来,静观其变。

而聪明的班伯一上任,却出乎意料地大肆宴请当地的豪绅大姓,与他们交朋友,酒过三巡,菜过五味,酒酣耳热之时,这些得意忘形的豪绅大姓纷纷吐露心声,告诉了许多真实的情况。班伯待掌握了所有实情和罪证后,立即下令捕杀凶徒,定襄郡很快就安定了。

"下车作威"一词是指官员下车伊始就开始"作威"的意思。汉代以前,官员上任坐车,所以说"下车",后来,到了他们骑马上任的年代(唐以后),就自然转换成了"下马"。

而"作威"一词,则属于借用古词并扩展其用法的情况。该词源自《尚书·洪范》,是殷商后人箕子接受周武王邀请,陈说治国方略中的"天子三德"的内容,原话是:"惟辟作福,惟辟作威,惟辟玉食;臣无有作福作威玉食。臣之有作福作威玉食,其害于而家,凶于而国。"大意是只有天子才能作福、作威、玉食,臣子不能,否则,就危害家国。所以,后来缀合成一个成语,叫作:作威作福。此中的"作威",即是行赏处罚——执行赏赐和惩罚的权力。

后来,封建社会里,执行恩赏和处罚的权力从天子延伸到了天子治下的百官身上,"作威"一词的词义也就跟随时代的变迁而引申为具有这种权力的人所进行的行为动作。于是,"下车"演变成"下马","作威(省略为"威")",重新组合成"下马威"一词,由动作短语转变为俗语名词,但万变不离其宗,其中的含义还是指权力拥有者在一开头就向对方显示自己威风和惩罚威力的意思。

"作威"一词的使用,在白话小说流行的明清以前,多数指官员使用权力来进行的动作。例如《汉书》中"窃见丞相商(外戚王商,汉元帝、成帝时宠臣)作威作福,从外制中,取必于上,性残贼不仁,遣票轻吏微求人罪,欲以立威,天下患苦之。"说的是汉元帝、成帝时宠臣外戚王商的所作所为;《梁书》中:"然朱异之徒,作威作福,挟朋树党,政以贿成。"说的是南朝梁武帝萧衍的宠臣朱异依托皇帝的权势狐假虎威的事情;《旧唐书》里"王守澄自长庆已来知枢密,典禁军,作威作福。"则是说唐朝末年活跃于宪、穆、敬、文四朝的宦官王守澄借助三废三立皇帝的淫威来耍威风的情况。基本上还是依托或假借天子的权力所做的行为,还保留着语言引申过渡期的痕迹。

自明清以后,在白话语境中,"下马威"成了所有有权力行使赏罚(主要是罚)来树立自己的权威或者强加自己意志的行为常用的词语。例如《二刻拍案惊奇》:"先是一顿下马威,打软了,然后解到府里来。""李彪终久是衙门人手段,走到灶下取一根劈柴来,先把李旺打一个下马威。"以及《说岳全传》:"一个庄丁道:'员外请了个狠先生来教学……'王贵听了,急急的寻着张显、汤怀,商议准备铁尺短棍,好打先生个下马威。"等等。

所以,清代黄六鸿《福惠全书》里说:"及受而叱之出,则狼仆追擒,已一绳高吊于幽室矣。遂执所携巴棍而毒殴之,名曰打下马威。"此后,只要是灭他人意气、长自己威风的事情,不管是什么形式和规模,也不管是利用公权力还是民间恩怨的黑、私活动,统统都称之为"下马威",这个语义延续到今天,一直都没有改变过。

"鬼门关"前细分辨

说起"鬼门关",几乎所有的人都是一副惧怕畏难的模样,这个词所映射出的阴森乖戾之气,在所有民间俗语中是最不容易理解和释说的。

古代传说"鬼门关"为通往阴曹地府之门。《聊斋志异》里描述说:"鬼门关"位于天子殿西南侧,大殿前塑立"阴曹地府"门亭,右侧外树立一块碑,上书"此冥府也!"四个大字,也就是另一个世界的门户。在著名的重庆丰都,"鬼门关"被建造成一个三山飞檐样式的亭子,据说在此缴了路引,过了此关,就进入鬼怪的世界。进去的人很多,不过看来看去,除了周遭几座鬼怪的雕塑外,很难看见鬼的影子。

从社会生活来说,人们把一脚生、一脚死的临界状态下所处的位置都叫"鬼门关",所以,不同行业、不同经历的人们心目中,会有形形色色各自不同的"鬼门关"。古代开船的遇见三门峡、三峡,就是"鬼门关";行脚的遇见高山峻岭、密林深渊也称"鬼门关"。在今天的广西北流市西有一个全国闻名的"鬼门关",据《辞海》称:古时候,这里瘴气滋生,野兽出没,鸦雀悲鸣,蚊虫鼠蚁繁多,经常被一团白雾笼罩,甚是可怕。《旧唐书》记载:"其南尤多瘴疠,去者罕得生还。谚曰:'鬼门关,十人九不还。'"不过,这是眼睛看得见的"鬼门关"人们虽然惊恐害怕,但还是能够壮起胆子、战战兢兢地闯过去,比拼一下自己的体能和毅力,希望借助好运气来帮助自己度过生死,所以,唐代宰相杨炎被贬崖州(今海南),经过"鬼门关"时留下了"崖州何处在?生度鬼门关。"的诗句。

古代人相信,在人类世界的对面,一定还有一个与之相对的神仙或者鬼蜮世界,它们与人类世界的交集构成了完整的世界体系。有神鬼世界必然有来往的通道,也就有交接的关口——鬼门关。在我们所能够找到的资料里，一个是神话传说中的鬼门，在沧海之上。据东汉初年王充《论衡》所引古代喜欢说神话鬼的《山海经》里说："沧海之中有度朔之山，上有大桃木，其屈蟠三千里，其枝间东北曰鬼门，万鬼所出入也。"也就是说，古代人认为的鬼怪都生活在东方大海深处的度朔山，其上有一个"鬼门"可供他们进出。后来，据说鬼怪往来人的世界过于频繁，给人类造成种种困扰，于是，王充说："于是黄帝乃作礼以时驱之，立大桃人，门户画神荼、郁垒与虎，悬苇索以御凶魅。"来限制和约束鬼怪的行为。唐代诗人沈佺期被流放到驩州（今越南）时，哀叹到："魂魄游鬼门，骸骨遗鲸口。"大概就是认为自己已经到了"鬼门"之关口了，这一回是死定了，再也没有机会"重饮洛阳酒"了。

还有更为恐怖的——那就是内心深处潜意识里隐藏着的"鬼门关"。王充说："凡天地之间，有鬼，非人死精神为之也，皆人思念存想之所致也。"但是世上的人却都不相信他，偏偏认为一定有"鬼"的存在。于是"病者困剧，身体痛，则谓鬼持棰、杖殴击之，若见鬼把椎锁绳纆，立守其旁。病痛恐惧，妄见之也。初疾畏惊，见鬼之来；疾困恐死，见鬼之怒；身自疾痛，见鬼之击。"所有的疾病痛楚皆由"鬼"所导致。于是，每一个人的心里，就为"鬼"开了一扇门，由其自由出入，并且将自己所有的不幸烦恼统统归之于"鬼"在作祟。所以，有明白人告诫说"驱山中鬼易，驱心中鬼难。"自己心中的"鬼门关"过不去，关的是自己，放的是鬼怪，最后，作难受害的还是自己。

词典上综合了上述情节，将"鬼门关"比喻为险恶的境地。就像《醒世姻缘》里说的那样："这个妇人生产，只隔着一层鬼门关，这只脚跨出去就是死，缩得进来就是生。"我们今天使用这个俗语词语来表达的含义也基本如此。

"绿头巾（帽子）"为谁而戴？

对中国古代的冠饰样式、颜色及其所代表的身份地位的高低区别稍加研究就会发现，从样式上说，"巾"不如"冠"。从颜色上说，绿色在古代一直不被待见，往往是低贱卑微的象征。《毛诗序》中解释《诗经·绿衣》中的"绿衣黄里""绿衣黄裳"就是比喻夫人失宠（黄里、黄裳）而贱妾僭位（绿衣）的意思。

因此，把绿色布帛做成的头巾（或帽子）戴在头顶上，那就是极为卑贱的标志了。清代翟灏在《通俗编》说：远在春秋时代，"有货妻女求食者，绿巾裹头，以别贵贱。"意思是说，那些靠出卖妻女的男人才头裹"绿巾"。当时即便是被逼起义的普通农民也是头戴"黄巾（汉末黄巾军）"，可见人们对"绿巾"的鄙视态度。汉代时，人们的头饰由"巾"变"帻"，唐代颜师古在注解《汉书》里所提到的"绿帻"时说："（董君）绿帻，贱人之服也。""董君"指的是汉武帝姑母馆陶公主的情夫董偃，董偃曾在汉武帝看望馆陶公主时，觐见过汉武帝，当时所戴的就是"绿帻"。所以，直到东汉，它都是贱民们的专属冠饰。

在唐代，六品至九品这种品级最低的官吏才穿"青""绿"色官袍。白居易的《忆微之》："分手各抛沧海畔，折腰俱老绿衫中。"说的就是自己官职低微的意思。唐代封演在《封氏闻见录》里记载了一个故事，说"李封为延陵令，吏人有罪不加杖罚，但令裹碧头巾以辱之，随所犯轻重，以日数为等级，日满乃释。吴人着此服出入州乡为耻。"延陵大约在今天的常州、江阴等吴地沿江一带地区。可见表示低贱含义的"绿（碧）头巾"，在唐代已经是尽人皆知的事情了。

直到元代之前，虽然"绿头巾"表示身份低贱，但并无强烈的羞辱、侮辱性含义。"绿头巾"成为教坊青楼里娼妓的丈夫与乐工的专属冠饰，是元代蒙古人统治时期的事情。《元典

"绿头巾（帽子）"为谁而戴？

章》里明确规定："至元五年，准中书省扎，娼妓之家，家长并亲属男子裹青巾。"具体规定是："娼妓穿着紫皂衫子，戴角冠儿。娼妓之家长并亲属男子裹青头巾。"娼妓尚可戴帽子，但她们的家属随从，只能裹着"绿（青）头巾"，用"绿（青）头巾"来标注那些"娼妓之家"的亲人们，除了因为他们身份低微、出身卑贱的缘故外，还添加上了羞辱和蔑视的成分在里边。

明代沿用其制，时人沈德符《野获编》："按祖制，乐工俱戴青字巾，系红绿反搭膊。常服则绿头巾，以别于士庶。"也是因为乐工之妻女多为娼妓，名隶乐籍，在当时是被玩弄与侮辱的对象。关于这一点，清代大臣梁同书在《直语补证》里引明人《杂俎》中的记载，说得十分明白："（娼妓）隶于官者为乐户，又为水户，国初之制，绿其巾以示辱。"

自此以后，"绿头巾（帽子）"的含义从过去表示低微卑贱身份发展到指妻子卖身养汉行为中的那些人。这种称呼不仅常见于曲剧小说里，更是社会生活中老百姓常用的俗语。明人郎瑛所著的《七修类稿》，其中专有《绿头巾》，当时律令规定："谓之娼夫，以绿巾裹头，以别贵贱。"还介绍了这一规定的缘由，"吴人称人妻有淫者为绿头巾，今乐人朝制以碧绿之巾裹头，意人言拟之此也。"也就是说，当时"绿头巾"所阐述的这个意思起自江南一带的"吴人"，当地人讥讽某人妻子有外遇或淫行的时候，就谑笑其丈夫戴了"绿头巾（帽子）"。

从语料上看，明清小说中，包括《醒世姻缘》《二十年目睹之怪现状》《聊斋志异》等都有关于"绿头巾（帽子）"的语言描写。例如《醒世姻缘》里："争奈这样混帐戴绿头巾的汉子，没等那老婆与他一点好气，便就在他面前争妍取怜，外边行事渐次就要放肆。"说的就是吃软饭的狄希陈戴着"绿头巾"，吃着老婆的软饭，还逐渐张狂放肆的样子。

现代汉语中直接用"绿帽子"替代了"绿头巾"，但其中的意思并没有丝毫的改变。

"守财奴"还是"守钱虏"?

中外历史上关于"守财奴"的故事和传说都很多,有好事者多以"富且不义"来定义这群人。比如外国的葛朗台、夏洛克、阿巴贡、泼留希金以及中国古代《儒林外史》中的严监生,这些文学作品中的人物生动形象地描写了有钱却视钱如命,对财富的追逐,使他们丧失理智、人性,并将愚蠢、下作、卑鄙无耻等人心黑暗面表现得淋漓尽致。文学作品是社会生活的真实反映,有这些"守财奴"的具体形象存在并流传,这个词语便成了我们经常使用的热词。

"守财奴"一词最早叫作"守钱虏",源自《后汉书·马援传》,是说马援这个人胸怀大志,后来因为私自放走了国家重犯而被迫逃亡到北方,又因为善于经营而暴富,但他说:"凡殖货财产,贵其能施赈也,否则守钱虏耳。"大意是钱财这个东西要善于施舍赈济他人,否则,就是守卫钱财的俘虏。于是,他散尽家产,成就一番大业。这个词一直使用到清代时期,在当时的《蒙学》课本里还有"守钱虏,讥蓄财而不散。"来向蒙童解释"守钱虏"是什么样的人或做什么样的事情。

"虏"字,按照《说文解字》的说法,即"获也",从其繁体字"虜"的字源上看,它是一个形声字,由"虍、毌、力"三部分组成,"虍"表音,"毌"即"贯"字,是穿钱用的绳索,这里和"力"结合,表示用绳索强力拘捕的意思,所以它就是表示"俘获"。转为名词时,就成为"俘虏;奴隶"。而"奴"字,按照《王力古汉语字典》的说法,一直是"奴隶、奴仆"的意思,没有动词的用法。所以,古人用"虏"来表示"被财富所俘获"的意思,更为准确和合理。

一直到三国时期,作为同义词的"钱奴"一词才出现,三国吴·唐滂《唐子》一书中:"守财不施,谓之钱奴。"唐末五代时,

"守财奴"还是"守钱虏"?

才出现"守财奴"一词,《王梵志诗》里:"前人多贮积。后人无惭愧。此是守财奴。不兑贫穷事。"但是"守钱虏"一词还是使用中最多的,也是一直使用到了清代,例如宋代陆游《悲秋》诗:"富贵空成守钱虏,吾今何止百宜休。"清代和邦额《夜谭随录》:"彼守钱虏,别有肺腑。"等等。而"守财奴"一词真正开始使用并成为社会生活中最常见的词语,当在明清白话小说大行其道的时候了。

从词语特点上看,"守财奴"是明明白白的俗话俚语,而"守钱虏"显然是较为晦涩的文言词语,其所使用的语言场景也基本是两个世界,但是,所表达的核心含义却是完全一致的。

大抵这些被称之为"守财奴"的人。一是吝啬抠门,诸如文学作品中的严监生,临死都不舍得点两根油灯捻子一样。另据《魏略》记载,身为曹操堂弟的曹洪敛财有术,是曹操手下第一巨富,但是当自己的侄子太子曹丕找他借一百匹绢,他却百般托词不愿意借,以至于后来当上皇帝的曹丕找了个由头把这位堂叔下到狱中,准备处死他。二是搜刮财富,手段无所不用其极,有节俭如清代江宁巡抚汤斌的,这位被尊为"理学名臣"的才子,却是出了名的守财奴,一天他发现自己的孩子早餐多吃了一个鸡蛋,不禁勃然大怒,将儿子罚跪,说"南方的鸡蛋多贵啊!你想吃,可以回河南老家去吃啊!"也有敲骨吸髓、巧取豪夺的,如《儒林外史》中的县令王惠、举人张静斋等等。

现代汉语中只使用"守财奴"一词,"守钱虏"作为文言用词已经消失不用了。

"长舌"的福祸

"长舌"一词语出《诗经·大雅》的《瞻卬(áng)》篇,是讽刺周幽王宠信褒姒以至于亡国的诗歌,那个"妇有长舌,维厉(凶险)之阶"的妇人自然就是褒姒了,郑玄解释说:"长舌,喻多言语。"也就是多说话的意思。古人说,国家有了好传闲话、爱搬弄是非的长舌妇,是危险凶恶的来源,所以,弄出"烽火戏诸侯"的褒姒亡了"郁郁乎文哉"的大周王朝。

无独有偶,英语中和"长舌妇"对应的单词是"yenta",据称来源于犹太女性的名字"Yente",或许是某个叫Yente的女人喜欢搬弄是非,后来便以她的名字喻指为"长舌妇"。

"长舌"之所以是"长"舌,自然与常人的舌头不一样。首先是舌头的长度要超过常人,凡是常人说不到的地方,长舌都可以说到,比如家长里短的隐私,无中生有的造谣等等;更重要的是舌头的功能要大大优于常人,凡是常人不敢说、不愿说、不能说的话,长舌都可以说,而且要说得头头是道,条分缕析,比如挑拨是非、邪恶污秽等内容的语言。《明史·周宗建传》中有一句话说得清楚,胡乱说话进谗言,无中生有寻衅之事,肯定是"长舌"造成的。

"长舌"一词,原本主要是说那些摆弄口舌、挑拨是非的女人。但发展到后来,也不仅限于女人,《西游记》里孙悟空骂巨灵神的话:"泼毛神,休夸大口,少弄长舌!"巨灵神就不是女人;而唐代李观《晁错论》:"遂摇长舌,交构七国,借诛错为名"而"摇长舌"的人,是指朝中反对晁错的大臣,也是男人。现代作家贾平凹出过一部散文集《长舌男》,里面絮絮叨叨地也写了许多长舌的男人。所以说,"长舌"始于女人,却不限于女性。

说到"长舌",还有一个问题需要说清楚。在汉传佛教中,也有一个跟舌头有关的词,叫"广长舌",是指佛的舌头。据说

"长舌"的福祸

佛的舌头既广阔又长大,可以覆盖到整个面部和头发。这是佛祖32法相中的第27相,所谓"舌广而长,柔软红薄,能覆面而至于发际也。"如今,在甘肃武山水帘洞拉梢寺石窟里,还有广长舌相的佛教塑像存在。

"广长舌"的法相是要告诉人们,不妄语(胡说)、不恶口(骂人)、不两舌(播弄是非)、不绮语(不可花言巧语,或说轻浮无礼不正经的话),做到上述四点,才是福相,才能得到福报。这个"广长舌"的标准是不是与我们对于"长舌妇"的批判内容极为一致呢!

所以,"长舌"一词,世俗用"长舌妇",比佛教所言形象而直白,更有传播力和批判力;佛教用"广长舌",比世俗之语具体而准确,更有执行力和影响力。是福是祸,不在舌头有多长,而在乎人心。

被"杀"的风景使人愁

我们今天把损坏美好的自然景色,败坏人们欣赏美景的好兴致;比喻在兴高采烈的场合使人扫兴的行为叫作"大煞风景",也说"煞风景"。其实,这个词最初出现的时候叫作"杀风景"

唐代著名诗人李商隐在他记录当时社会底层生活中怪现象的《杂纂》中,专门列出一章,叫作"杀风景"篇,罗列出十一个"杀风景"的场景样式,其中包括松下喝道、月下把火、花架下养鸡鸭等。都是古代文人眼里影响人们融入自然风景,沉醉大好风光的捣乱破坏作为。

"杀(殺)"在古代汉语中有两个含义,除了读 shā,含有杀死、杀戮的意思之外;还读 shà,同煞(杀的俗字),指凶神恶煞。唐代张读《宣室志》说:"俗传人之死,凡数日当有禽自柩中出者,曰杀(煞)。"就是说死人的灵魂所变成的东西,叫作"杀(煞)",清代校勘学家卢文弨解释说"俗本杀作煞,道家多用之。"李商隐是一位虔诚的道教追随者,因此,他使用"道家多用"的"杀(煞)"来表示损害欣赏美好风景而形成的美好心境,也就顺理成章了。

古代"杀风景"的案例很多,宋代邵伯温在《闻见后录》里也记录了一个例子,说王安石正在兴致勃勃地赏月,此时,与苏轼同登进士第的蒋颖叔毫无顾忌、大呼小叫地过来,搞得王安石很烦,雅兴顿无,不由地赋诗说:"怪见传呼杀风景,不知禅客夜相投。"后来,邵伯温评价说到,这就是"李义山(李商隐)《杂纂杀风景门》'月下传呼'用此事。"啊!

宋元以后,白话小说中"杀""煞"兼用,但含义内容却有延伸,多从损害自然风景扩展为人事活动,比如:"今夜那忧杀风景,酒花来斗妖浓"说的就是赏花斗酒醉依罗裙的冶游酣醉;

被"杀"的风景使人愁

而《玉梨魂》何梦霞对兄长说的:"兄非故作此煞风景语,自等于无情之物。"则是情场哀怨后的自我解嘲。时至今日,诸如聚会不来、一人向隅、唱歌跑调等等,均可以纳入"杀(煞)风景"的范畴,后人还为了加强语气,将其改为"大煞风景"这个成语,一直流传下来。

  需要注意的是,我们今天用这个词或者成语的时候,也依从了人们使用的习惯,确定它的规范用法是"煞风景"或者"大煞风景",不再使用"杀风景"一词了。

| 甲骨文 | 金文 | 篆文 | 隶书 | 楷书 |

"一不做,二不休"告诉我们什么?

俗话说,世上没有买后悔药的,人在极度后悔的时候,才能够对自己所作所为有一个客观清醒的认识。比如唐代名臣张光晟,他临死前就对自己的孩子们说,为人处世,一定要"一不做,二不休"啊!

故事要从唐代中期的"安史之乱"说起,公元756年6月,安禄山的军队席卷中原,攻打长安东边的门户潼关,守将哥舒翰在玄宗皇帝的严令下,痛哭流涕出关迎战,结果掉入叛军的埋伏,哥舒翰被俘,全军覆没。担任先锋的步兵统领王思礼在逃跑中被一个年青的骑兵救护,因此得以活命。多年以后,已经官至司空兼河东节度使的王思礼在上任途中意外碰到了这个叫张光晟的救命恩人,他的命运自此高光开挂、青云直上,很快成为朝堂上的重臣命官。

公元783年,唐王朝发生"泾阳兵变",叛兵推立太尉朱泚为帝,张光晟原本与朱泚是好朋友,本来是好心前去告知朱泚躲避此次兵变,不料却被叛军裹挟进去。在朱泚的极力劝说下,先后做了他手下的节度使和宰相。一年以后,张光晟见朱泚大势已去,便暗中派人与唐军将领李晟取得联系,希望归降朝廷,李晟表示欢迎,令张光晟作为内应,同时指挥军队猛攻长安。张光晟此时却又反悔了,他亲自护送朱泚逃离长安,待朱泚出城逃远后,才率领残部向李晟投降。

这样一个两面三刀、出尔反尔的人被皇帝和一众大臣所唾弃,不久,皇帝颁下诏书,处死叛逆张光晟。临死时,张光晟悲哀地对自己的孩子说:"把我的话传给后世的人,'第一不要做,第二做了就不要罢休!'"他的意思是,要么就不要去做(违背朝廷的事),要做了就不要停止罢休,其实就是后悔了自己出尔反尔、摇摆不定的政治选择和人生态度。

"一不做,二不休"告诉我们什么?

"一不做,二不休"这句话出自唐代赵元一撰写的《奉天录》,原话是:"第一莫作,第二莫休。"后来被改为俗语时,将"莫"改为"不",更加适合民间俗话使用。

宋代士大夫和文人大多喜欢佛道之术,"一不做,二不休"也出现在佛家偈语中。《五灯会元》里庐州开先宗禅师讲"一不做,二不休。捩转鼻孔,捺下云头。禾山解打盐官鼓,僧繇不写戴嵩牛。"偈语的内容也是要坚定信念、抱守初衷的意思。而元代戏曲家关汉卿在《救风尘》里:"我着这粉脸儿搭救你女骷髅,割舍的一不做,二不休,拼了个由他咒也波咒。"则表达风尘侠妓赵盼儿为了搭救自己的姐妹出脱苦海而横下一条心,坚决不回头的坚定决心。

在明清白话小说里,这个俗语被大量的使用。例如《初刻拍案惊奇》里:"谁知北人手辣心硬,一不做,二不休,叫得先打后商量。"说的是抢劫的土匪心狠手辣,斩草除根;《水浒传》里武松"一不做,二不休,杀了一百个,也只是这一死。"说的是武松血溅鸳鸯楼时怒发冲冠、破釜沉舟的心态性情;而《红楼梦》里,金桂对于薛蟠与小丫鬟偷情的吵闹纠缠时,"金桂意谓一不做,二不休,越发喊起来了。"则是撒泼吵闹,不怕把事情搞大的坚决态度。可见,在不同的语境下,"一不做,二不休"表达着不同的内容,但其中一门心思走到底,表达坚定决心和坚强意志的核心是不变的。

急急如律令,网上怎么用?

我们经常从网络上或者网络游戏中看到一个奇怪的短语,叫作"急急如律令",多用在强制性、命令性的语言之后,例如,抓紧时间去做某件事情,急急如律令。那么,这句并不符合语法结构和构词方式的短语是怎么来的?又表达的是什么意思呢?

宋代赵彦卫《云麓漫钞》说:"急急如律令,汉之公移常语,犹今云'符到奉行'。张天师汉人,故承用之,而道家遂得祖述。"大意是说,"急急如律令"是汉代官府公文结尾常用的结束语,类似于今天政府公告中的"此布"或"遵照执行"的意思,有"如律令"或"急急如律令"等用法,意思是立即按照法律命令办理。汉魏时期建安七子之一的陈琳所作《为袁绍檄豫州文》,在历数曹操罪状之后,宣布斩得曹操首级的,可"封五千户侯,赏钱五千万",末尾注明"如律令"三字,强调不可违逆的语气并表示文告结束。

据说这种文体后来被神谶之风流行的东汉神巫所借用,以增加装神弄鬼的权威和影响力。如东汉巫师在举行"墓门解除"(一种殡葬中镇鬼压邪、保护活人的法术)的解除文,末尾即以"百解去,如律令!"作为结束语,大意是所有的束缚都被解脱,你们(神鬼)都好好的遵守纪律(别肆无忌惮地祸害人)。

这种情况被后来创立的道教作为符咒来使用。我们知道,道教创始人相传是西汉开国功臣张良八世孙张道陵,他曾经当过汉王朝的行政官员,所以在他所撰写的经文、咒语末尾,习惯性地效仿公文加入了"如律令"或者"急急如律令"的句子,大概是希望符咒经文能够快速准确地执行下去,产生灵验的效果。后世的道教符咒都开始上行下效,通常道教符咒中会加入道教老君的名号,以显示是谁发出的咒语或敕令,例如"急急如太上老君律令"等,从此,这个短语就成了道教文告符咒上的标配格式。

清代翟灏《通俗编》里引用了唐代李济翁《资暇集》的一段资料说:"令,宜平声,律令,乃雷边捷鬼,此鬼善走,与雷相疾速,故云如此鬼之疾走也。"这里说的是"律令"是一个鬼神的名字,这个鬼神的特长就是善于奔走。清代顾张思在《土风录》说:"令,音伶,律令,雷部神名,善走,用之欲其速。"可见当时道士或巫师用之于符咒的末尾,就是希望自己的符咒就如同"律令"一样迅疾传达,立竿见影地产生应有的效果。

自此以后,我们看到的语料中,"急急如律令"总是出现在佛道经典或者与之相关的场景中。例如《敦煌变文》中:"咒而言曰:'捉我者殃,趁我者亡,急急如律令。'"宋代张君房《云笈七签》里:"四海大神辟百鬼,荡凶灾,急急如律令!"等等。白话小说里使用最多的是《西游记》,大多是"太上老君急急如律令奉敕"的符咒结束语。

想来虚无缥缈的网络上使用"急急如律令",不过也是为了表达使用者急急如神符、快快似魔咒的急迫心情以及催促他人顺从自己心意的强烈语气罢了。

天地人情，通通不管

"不管三七二十一"看起来像是一道小学乘法算术题。其实说的是一个道理，表示不问情由，不管是非，形容急切莽撞、不管不顾的情状。也说"不问三七二十一"。

越简单，越复杂，汉语文字往往氤氲着古人无涯无际的想象力和智辩妙论的口舌功夫，因此，看见这样的词语一定要小心求证。

这个词语是一句珠算口诀，一定是与古代的算学有天然的联系，也就离不开我们对于算盘的认知。算盘，又作祘盘、珠算盘——中国古代一种常用的计算工具。算盘起源于何时众说纷纭，有的说是上古的"筹算"，也有的说从东汉才有，但形制与今不同。如当时数学家徐岳《数术纪遗》记载："珠算控带四时，经纬三才。"北周甄鸾注云："刻板为三分，位各五珠，上一珠与下四珠算盘色别，其上别色之珠当五，其下四珠各当一。"还有的说起源于北宋时代，在著名的北宋名画《清明上河图》中赵太丞家药铺柜上就可以看见一架算盘。而流行最久的珠算书是明代程大位所辑的《算法统宗》。因此，至少在宋明时代，算盘及其运算方法已经很成熟了。

有一个说法是"不管三七二十一"一词来自战国时期纵横家苏秦游说齐宣王抗秦的故事。当齐宣王慨叹齐国的兵力不足时，苏秦劝解说，齐国都城临淄有七万户，每户按三个男子服役，这就是三七二十一万雄兵啊。这个故事显然是杜撰出来的，一来苏秦所说的齐国都城临淄，当时根本没有这些人口；二来，那时候哪来的"三七二十一"的珠算口诀呢。

那么，古人为什么选择"三七二十一"来表示这个意思，而不是"三八二十四"或者"三六一十八"呢？

一定与"三""七"这两个数字在古代文明中所蕴含的文化

含义有极大的关系。

"三,天地人之道也。(《说文解字》)"

"一生二,二生三,三生万物。(《老子》)"

"王三赐命。(《易·师》)荀注:'三者阳德成也。'"

"结恨三泉。(《后汉书·黄琼传》)注:'三者数之小终。一生二,二生三,三生万物。天地之极数,故以三名者,取其深之极也。'"

总结一下:"三"是天地人道;是生育万物的开始;是乾坤世界阳德的生成;是二进位制的古代数术观念的终结,也是古人宇宙观的尽头。

我们再看一看"七"字。

"七,阳之正也。从一,微阴从中斜出也。(《说文解字》)"

"七者,天地四时人之始也。(《汉书·律历志》)"

古人认为:乾坤阴阳世界以"七天"作为一个周期——每到"七"的时间,就是一个阳世的重新开始。例如,古今祭奠死去的亲人时,都是以七天为期,一直要祭奠到七个七天(49天)。所以,"七"字所组合的词语在形而上层面与天象、生死、宗教都有关系,如儒教的"七政"、道教的"七魄"、佛教的"打七",还有七星、七曜、七七等等;在形而下层面与人世间的灾祸、苦难、病痛等有关系,如七出、七伤、乱七八糟、三分像人七分像鬼等。

所以,"三"是天之末,乾阳之始;"七"为地之末,坤阴之初。天地阴阳的转换从"三""七"开始和结束,起始有道、轮转有序。因此,"三""七"是与天地人神有密切关系的字词。

而"不管三七二十一"即是"不管天地运化、世事人情"的意思——也就是借用珠算口诀的算式来表达这样的语言文字内涵。

方言俗语说『黄牛』

"黄牛"也叫作"黄牛党",是特殊时代产生的一个社会阶层,迄今有200多年了。其间,不同时期的"黄牛"有着不同的表现方式和谋生手段,他们是社会底层中最活跃、也最不稳定的那一部分群体。其行为类似于掮客,却比之更为低级和无赖,也更为公开和市场化,是靠力气、智慧以及对于权势的巴结利用来赢得牛毛利益所铸造成的综合体。

"黄牛"所处时代不同,其行为内容也大相径庭,换句话说,就是现实生活和市场上人们需要什么,什么东西热门紧俏,他们就囤积和倒卖什么,这些东西从体力到权力,从有形到无形,不一而足。比如20世纪五十年代倒卖粮票、布票,八十年代倒火车票、外汇;21世纪初倒卖戏票、电影票、演唱会票,最近十多年倒卖医院专家号、名校招生名额等等,只要是社会有需求,中间有利润,"黄牛"都会不遗余力,千方百计投机钻营地搞到手,再倒手出去,每一天乐呵呵地数着赚到的钞票,不在乎别人鄙视的眼神和气急败坏的辱骂。

不同的社会层面,看到的是"黄牛"所包含的迥然不同的褒贬意义。社会治理者看"黄牛",即是腐蛀社会发展正常肌理的蠹虫、社会公平原则的破坏者、投机倒把的坏人;而那些真正需要那些稀缺资源的人们,视之为亲人,奉之为上宾,四处打听,百般找寻。所以,"黄牛"这个词:让人欢喜让人忧。

"黄牛"一词来自上海的方言俚语,据说与上海的黄包车有关。黄包车,也叫人力车,因为最早出现在日本,所以也叫东洋车或洋车。19世纪末引入上海后,为了招徕生意,引人注目,故将车身涂上杏黄色的油漆,俗称黄包车。拉车的车夫也身穿黄马甲,黄车黄人,一时间,成为上海滩上的一道黄色风景。

方言俗语说"黄牛"

上海是一个多水多桥的城市,黄包车夫拉车过桥时就特别费劲,一不小心还会因上桥前轻后重而双脚腾空,车夫被吊在了空中,活脱脱似鱼竿钩线上吊着、拼命挣扎的鱼,俗称"钓鱼";而下桥时,黄包车又容易往前倾覆,容易把客人甩出车来。于是,很多难走的桥头就应运而生地出现了一批帮助黄包车夫推车上下桥的苦力。上桥时,帮着在前推,下桥时,帮着往后带住一把,然后就向乘客乞求几个赏钱。这些在桥头讨生活的苦力,被称为最早的"黄牛"。

他们为什么被称之为"黄牛"呢?大概是因为在江南水乡,牛的种类中,乳牛是用来产奶的,水牛是用来耕地的,而黄牛既不能用来产奶,也无法用来耕地,只有做一些苦作杂役的活计,所以,人们将这种出苦力来挣钱养家糊口的人们称之为"黄牛"。

同时,所谓"黄牛"又与古人文献中的"黄牛车"形音义基本接近。据《汉书》里说:"(汉宣帝)求得外祖母王媪,媪男无故,无故弟武皆随使者诣阙。时乘黄牛车,故百姓谓之黄牛妪。"而清代学者蒋清翊在注解唐代王勃《春思赋》里:"向夕天津洛桥暮,争驱紫燕黄牛度。"中的"黄牛"一词时说:"黄牛,车名"可见古人很早就把"黄牛"当作车子的代名词了。

黄包车(夫)不仅颜色是黄色的,还因为有历史渊源,因此,这种依托在黄包车上谋生的手段和行为被称为"黄牛"。20世纪三十年代,苏州的《大光明》月刊有一篇文章题目叫作《南新桥上黄牛多》,内容是说高峻难行的苏州南新(星)桥(包括万年桥、杏秀桥)等等,因为黄包车经过时特别难行,需要大量的苦力予以帮助,因此,活路比较多,客人赏钱也多,于是,桥边便聚集了大量的苦力,一时间出现了"黄牛"人数比上海桥头还多的景象。

"黄牛"一方面不置办家当设备,依靠出卖自己的气力和讨好客人的言语,专做推、拉等与黄牛相同的苦活累活,并以此谋取生活之资;另一方面,"黄牛"是居间行业,一手依托黄包车(夫),一手依托被拉客人的恩赏,所以收入既不固定,也无须为自己的行为承担什么样的责任。在行进间用力不当,往往会使车夫把控不住,导致人仰车翻的乱子出现,这时"黄牛"就会一哄而散,他们不会、也无力承担责任。上海俗语中有一句"黄牛肩胛(指说话做事不负责任;滑头)",形容其行为最为贴近,因此,"黄牛"一词在诸多缘由的综合作用下,应运而生。

其实,"黄牛"是一种谋生状态和行为方式,广泛地存在于社会生活的不同区域和时期。例如英语最初将这种状态称之为 scalper,由头皮 scalp 而来,最初 scalping 表示的是一种剥头皮的野蛮风俗,后来发展成为期权交易中的非法买卖行为;还有,"黄牛"的行为在北京话里叫"拼缝儿"等等。

如今,"黄牛"一词已经脱离了原始含义,拓展引申成为所有的非法中介牟利行为的代名词。像医院专家号、演唱会、车票、年货、春运、外汇黑市等等,都是"黄牛"活跃的领域,因此,综合了苦力、智力、关系影响力等在内的综合因素,造就了新的"黄牛"一词的内容和含义。

古往今来说"饭圈"

"饭圈"一词,古代没有,近代也没有,其兴起是从互联网发达以后,今天的"饭圈"是一个音义结合、土洋结合而产生的网络热词。"饭圈"不是"吃饭的圈子"而是英文单词"fans"的网络音义合成,其中的fan可以直接音译为"饭——粉丝群体",s一般表示数量多,他们组成的圈子叫"饭圈"。从词义上说,大概是使用了"饭"的吃饭义和"圈"的"(利益)共同体、(行为)约束性"义的结合,具体来说是指喜欢某个明星或团体组合的粉丝群体。这一群体不是自发的追星群体,而是某些利益集团,包括明星经纪公司为套牢自己明星的粉丝组织起来的具有专业化水平的群体。

"饭圈"究其实从"追星"行为而来,中国古代早已有之。据载西晋左思《三都赋》面世后,其想象之磅礴、词语之精妙惊艳世人,一时间豪门贵族之家争相传阅抄写,"粉丝"跟风追星的结果导致"洛阳纸贵";绝世美男宋玉为了维护自己的名声,写了篇《登徒子好色赋》,把所有不堪入目的词都用在登徒子身上,借以衬托自己是人美心也美,起到了巨大的"吸粉"作用。最有名的还是"看杀卫玠"的故事。晋人卫玠五岁时就神态异于常人,长大后相貌英俊,光彩照人,乘坐羊车从街市过,人们都去围观他。有一年,卫玠从豫章郡到京都(今南京)时,出来看他的人围得像一堵墙密不透风,卫玠本来身体就虚弱,结果因此染病而死。追星能把"星"追死了,也是古今绝唱。

至于类似"饭圈"性质的"追星"行为出现,则是近代的事。如今"饭圈"的所有行为,除开使用了互联网这样的工具来提升速度、黏合力、影响力以外,其他诸如"撕逼""控评""拉踩""应援""刷屏""打榜""无脑捧爱豆"等行为,几乎全是那些民国大佬们玩剩下的。举个例子说,民国时期"四大名旦"称号的诞

生,即是荀慧生的金主和粉丝们暗中推动,通过捆绑顶级流量梅兰芳、尚小云、程砚秋而上位,堪称"捆绑"上位的典范。类似于"打榜"的"捧角儿"行为,在民国时期也是标配。观剧者对自己喜爱的角儿摇旗呐喊,站脚助威,喝彩披红,扔钱送礼,甚至愿效犬马之劳比比皆是。甚至"文捧"之外还有"武捧",粉丝一大群浩浩荡荡占据包厢、前排镇场。爱豆一上台,鼓掌叫好,声势震天,爱豆的戏演完了,不管这出戏结束没有,一大票人立马散场,表示"我只看这角儿的戏"。比如《空城计》这出戏,谭鑫培唱一百回,就有人花钱去听一百回,而且一定确保满堂彩。还有,当时的女粉丝对角儿的热爱发展到极致,便是"捧角儿嫁",可以理解成"不嫁给×××我就去死",就像影视剧《大宅门》里的白玉婷看万筱菊一样。而历史学家顾颉刚也曾做过"无脑捧爱豆",他说:"好戏子的吸引力,比好教员更大,好像讲堂的梁上绕着他们的余音似的,收拾不住这心猿意马,我终究做了他们的俘虏了。"

今天的"饭圈"打破了许多年来中国社会社交圈子的传统,通过互联网平台将所有的具有同一特征的陌生人聚合在一起,成为一个明星或者团体的拥趸。但是,从单纯的追星、买专辑、看演唱会发展到为偶像买周边(衍生产品)、租广告位做宣传、投票以及做慈善公益活动。饭圈由追星粉丝自发组成的文娱社群逐渐发展成为有组织、专业化的利益圈层,形成了以"捧""撕""黑"为主要手段和行为的饭圈文化,甚至涉嫌犯罪行为,则成为危害社会发展的毒瘤。

相信"饭圈"一词,只不过是社会发展长河里一朵短暂泛滥后逸出的黑色浪花,终究会消失在人类认知的视野里。

"二五眼"是什么眼？

北京人有一句方言土话叫"二五眼"，说人的时候，指这个人不着调、不认真、不靠谱；说事物状态的时候指马马虎虎、不怎么样。这个词语与"眼"有什么关系呢？怎么还是"二五眼"？

原来，"二五眼"一词与京剧有密切的关系。最初，民乐戏剧专业里有一个专业词语叫作"有板有眼"简称"板眼"，其中，表示曲谱里的每一小节中的强拍，多以鼓板敲击按拍，称"板"；次强拍及弱拍，则以鼓签或手指按拍，称"眼"，合称"板眼"。简单说，就是表示强弱节拍的演奏方式。据说这一演奏方式起始自唐玄宗，明代王骥德《曲律》："古拍板无谱，唐明皇命黄幡绰始造为之。牛僧孺目拍板为'乐句'，言以句乐也。盖凡曲、句有长短，字有多寡，调有紧慢，一视板以为节制，故谓之板眼。"

京剧创立后，经过长期的积累发展，形成了一套完整的"板眼"体系。有两板三眼、两板四眼、两板六眼等，唯独没有两板五眼——也就是说它不在曲谱的调子之内（不着调），所以，北京话中"两板五眼"（简称二五眼），意思就是不着调，与唱腔中的荒腔走板同属于一类。也有人将这种形容某人技艺不高或没有经过正规训练、没有规矩的状态叫作"稀松二五眼"，则是既指京剧演奏中打板的人，也指拉京胡的人。打板的人叫"二五眼"，拉京胡的人称"稀松——指弓破弦松，手法很烂。"

"二五眼"一词，既表示本质的差劲，指能力差（人）；质量差（物品）等，也表示对事物认识不清、马虎了事的行为状态。由于该词既形象，又诙谐，因此被广泛地使用在民间口头语言表达场景里。比如做学问最忌讳的"一瓶子不满，半瓶子晃荡。"就是对于二五眼最准确的描绘。文化圈子如果说某位是"二五眼"，那就是说他对于学问一知半解，根本摸不着路径，更别提登堂入室、学富五车了；而工作中所说的"二五眼"即是指粗心大意,行事马虎,不认真,不仔细;生活里说它,则是指一种凑凑合合、稀松平常的生存状态。不管是孩子学习、日常生活或者生意收入,即便是小两口刚结婚,如果说日子过得"二五眼",也不是琴瑟和谐、夫唱妇随的理想状态。

　　"二五眼"属于方言俗语,在各个地方说法不一,表达的语义状态也有轻有重。老北京说"二五眼",可以包打天下,所有的事情、人物、状态、格调等等,都可以一言以蔽之,就连走路打了个趔趄,也会来一句"二五眼",表示调侃之意;而傲娇的上海人把"二五眼"的人称作"呀呀唔",意思是笨手笨脚、呆头呆脑;精细的山西人会指马大哈,意思是粗心大意、满不在乎;诙谐的天津人则是表达自己的小日子过得马马虎虎,不上不足、比下有余,十足乐天派的幽默派头。所以,"二五眼"是褒义还是贬义,表达什么意思,语义的轻重缓急等等,全看用在什么地方或者什么人在用,不能够一概而论。

"半吊子"当不得!

看过戏曲《十五贯》的人们,对于"贯"作为我国古代货币计量单位都十分熟悉,"贯"在清代也叫"吊"——因为1000枚沉重的铜钱串在一起耷拉下来,确实像上吊的模样。

将500大子(一枚钱又称一个子)的铜钱串在一起,叫作半吊子。因为不足一千钱,就不够一吊——也就是不够数的意思。同时,"吊"跟"调"同音,民间谐音有"不成调,不着调"之意。汉语中有这样一类词,靠借音造词成义,如"打破砂锅璺(问)到底""不蒸馒头蒸(争)口气"等等。平常我们称荒腔走板、离谱太远叫"走调",半吊(调)子就是指脑袋瓜不好使、说话办事不靠谱的人。后来,人们用该词来比喻知识贫乏或技术不高的人,也比喻不通事理、做事鲁莽或办事不实在、有始无终的人。

这个词是明清以后才被广泛使用的民间俗语,因为只有在这个时间阶段才"贯""吊"混用。据载:清代道光年间流行于湖北东部的楚剧里有一出戏叫《半吊子卖鞋》,表现的是一个绰号"半吊子"的鞋匠腊月三十卖鞋过年的故事。证明"半吊子"这个俗语最晚在清朝已经在民间广泛使用了。

还有一种说法是说"半吊子"这个俗语是来自南方。南方将煮开水熬东西用的器具叫铫(diào)——一种带柄有嘴的小锅,形状像比较高的壶,口大有盖,旁边有手柄,用陶土或金属制成。据说半"铫"水烧开时,由于蒸汽的作用,会发出"咕嘟咕嘟"的响声,反倒是满壶开水时,没有响声。因此民间有类似"一瓶子水不响,半瓶子水哐当"的说法。江淮一带的方言中,半吊子的含义既指说话不实在,办事不地道,有始无终,或不善始善终;也指一知半解,夸夸其谈,满瓶不动半瓶摇,错把谬夸当恭维的意思。

后来有人结合社会上流行的诸如二愣子、二杆子、二百五、二混子……这些以"二"打头的词,也说"二半吊子"。用于形容那些愣头愣脑、横冲直撞、不管不顾、不读诗书、不懂礼仪的粗人。

　　不管是"半吊子",还是"二半吊子",都不是什么好词,千万别当"它"所形容的那种人。

(原载于《语言文字报》2023.11.8,标题有改动)

"咸猪手"是什么手?

"咸猪手"是流行在上海、广东以及港澳台的一句俚语俗话,是指对女性动手动脚的性骚扰行为。这个词语从组词结构可以划分为"咸(湿)"和"猪手"两部分,是一个出现在近代的中洋结合、文俗相彰的民间俚语词语。

"咸"字是"咸湿"的缩略,来自英语 hamshop 的粤语翻译,一些专家认为 hamshop 来自清朝末年去过广州或者香港的英国人小范围流传的俚语。十九世纪以后,清政府"闭关锁国"政策被各个帝国主义的坚船利炮打破,广州、上海纷纷开埠,很多国家陆续在此设立租界,随之而来的还有 hamshop——一种酒吧,以演出大腿舞为主的各类色情表演以及暗地里让舞女陪酒卖淫的场所。租界里的洋人戏称这类酒吧为 hamshop,英语里 ham 指火腿,shop 是商店,上海俚语便直通通地把 hamshop 译为"火腿店",又因为当地"火腿"也称"咸肉",hamshop 的经营方式又类似当地民间低档妓院"咸肉庄",也称之为"咸肉庄"。广东人更为直接地将 hamshop 音译为"咸湿"。"咸湿"一词与淫秽色情之间含义关联的产生,正是中西方亚文化交融的产物,它显然带着舶来语的历史烙印。

在粤语中,"咸湿"还有一种说法,是指清代末年广州的下层市民需要解决生理需求时,全然不顾天气湿热,常常满头、满身臭汗钻进炮寨(多设立在海岸边或者船上)等低等妓院里,急匆匆地完事。于是,周遭又咸又湿的海水氛围以及人类生理分泌物的咸味液体和湿漉漉的状态,都成为"咸湿"词义通用性的社会生活来源。

"咸"字出现后,迅速泛化为众多的词语出现,诸如"咸书(色情书)""咸片(色情片)""咸水妹(妓女)""咸猪手(性骚扰者)"等等。从构词特点上看,"咸书(色情书)""咸片(色情片)"

"咸水妹(妓女)"是地地道道的广东俗语,而"咸猪手(性骚扰者)"虽然流行在广东地区,却与上海的俚语俗话脱不了干系。

上海最早有一种妓院叫"咸肉庄",是仅次于长三幺二、不挂牌的低档妓院。在这里,老鸨往往把所有妓女列队,听候嫖客进来挑选,就好像咸肉庄砧板上摆放的各类各等级火腿咸肉,有腿心、有坐臀……等待客人的选择。鲁迅先生在自己的著作里也把咸肉庄和赌场并列为上海的风月场所销金窟(见《且介亭杂文末编》)。"咸肉"就是"火腿","咸肉庄"又是妓院,所以,"咸"字的色情色彩不言而喻。

有人说"咸"来自《易经》的咸卦,显然是背离了词语形成的规律。一个民间俚语与一部中国古代最神秘晦涩系统论奇书挂上了钩,恰好《易经》的咸卦又具备了"亨,利贞;取女吉。"这样的主题,有充分理由被人认为,不是痴人妄语,便是借机蹭"高度"。

《易经》咸卦的这句话,大意是如果男女之间产生感应,能够依照正确的顺序结为婚姻,就可以大获吉祥。可是,有好事者不仅牵强附会地进行了勾连,甚至依照所谓的卦象设计出了"正确的顺序"。说咸卦的"六爻"基本上说的是一个男人从试探性地碰碰女子的脚拇指开始,根据妹子的反应,慢慢向上抚摸,攻城略地,直到"咸其辅颊舌(亲到她的脸和嘴)"的过程。还信誓旦旦地举出《金瓶梅》里"西门庆连忙蹲身下去拾,只见那妇人尖尖的一双小脚儿,正蹻在箸边。西门庆且不拾箸,便去那妇人绣花鞋儿上捏一把。"成功地"撩"到了潘金莲的例子,作为《易经》咸卦的社会生活案例印证。

其实,这只是牵强附会的挂羊头卖狗肉罢了。关于《易经》的"咸卦",唐代大儒孔颖达说得很清楚:"咸卦:明人伦之始,夫妇之义,必须男女共相感应,方成夫妇。"是讲男女作为天地阴阳两部分的代表,相互感应而依照程序成为夫妻的大概念。"六爻"是说这些感应过程中的程序和排次不能够颠倒,与男人追撩女人没有关系,更不是男人猥亵骚扰女性的"摧花宝典"。清代李士鉁解释说:"咸,古'感'字。男女有相感之情。少男(下艮)少女(上兑)相感尤易。二、五得位,六爻相应,其感又出于正也。"不光解释了此"咸"是"感"的假借字,婚姻是男女双方互感的结果,而且,也指出了男女感应,当"出于正也。"的基本原则。

关于"猪手"一词,则源自有好事者附会唐代安禄山和杨贵妃之间的故事。据《资治通鉴》里记载:杨贵妃与年龄比自己大出二十多岁的胡人"干儿子"安禄山关系暧昧,"自是禄山出入宫掖不禁,或与贵妃对食,或通宵不出,颇有丑声闻于外。上亦不疑也。"也就是说,杨贵妃与安禄山可以随意来往,通宵达旦地狂饮醉卧,面对众人的非议,唐玄宗却并不在意。

《太平广记》里说:三百多斤的大胖子安禄山"又尝与之夜宴,禄山醉卧,化为一猪而龙头。左右遂告。帝曰'渠猪龙,无能为也',终不杀之。"于是,半帝之体的安禄山因此得了一个"龙猪"的绰号。一次,杨贵妃与安禄山玩过了火,杨贵妃的酥胸被安禄山的"龙猪手"抓伤了,贵妃害怕唐玄宗发现,"乃绣胸服掩蔽曰诃子。即今之抱肚。"这个故事成了安禄山耍流氓、挑逗骚扰贵妃的罪证,被后世文人附会为"猪手"。其实,"猪手"即是借指那些hamshop酒吧里撩动男人春心的丰腴美腿,给周围的男人一种想入非非,急欲上下其手,抚摸、撩拨、挑逗的色情味道,与安禄山的淫秽行为风马牛不相及。

"猪手"加上"咸",自然是彻头彻尾的色情了,偏偏又流行于声色犬马、纸醉金迷的上海、广东、港澳台等地,也就理所当然地成为詈语。不过骂人的时候,带有浓重的蔑视和情绪宣泄的成分,非要搞得对方人不人、鬼不鬼的,才充分表达出自己的意思来。

八（大）姨：为什么是『裙带关系』？

我们常说的一句用来表示亲戚裙带关系的俗话，叫"七（大）姑八（大）姨"。例如：这个公司是个家族企业，管事的不是老板的七（大）姑，就是他的八（大）姨。那么，"八（大）姨"作为亲戚怎么有了裙带关系呢？这要从我们熟悉的唐代美人杨贵妃说起。

杨玉环，号太真，姿质丰艳，善歌舞，通音律，被后世誉为中国古代四大美女之一。她先为唐玄宗儿子寿王李瑁妃，受皇帝指令出家后，又被公爹唐玄宗册封为贵妃。玄宗对后宫人说："朕得杨贵妃，如得至宝也。"杨贵妃得宠后，玄宗将他的姐妹兄弟都予以册封。据《旧唐书》记载："（杨贵妃）有姊三人，皆有才貌，玄宗并封国夫人之号：大姨，封韩国；三姨，封虢国；八姨，封秦国。并承恩泽，出入宫室，势压天下。"后来诗人白居易在《长恨歌》里这样说："姊妹兄弟皆列土，可怜光彩生门户。"因此，作为秦国夫人的"杨八姨"，也就成了趋炎附势的代名词。

说起这个秦国夫人杨"八姨"，也是不简单的人物，借助杨贵妃的受宠而得势后，便开始飞扬跋扈，干预朝政。她曾经帮助中唐时期最著名的弄臣李林甫——就是我们说那个"口蜜腹剑"的李林甫，将当朝监察御史杨慎矜三兄弟迫害致死。

事情是这样的，当时，杨慎矜是隋炀帝杨广玄孙、弘农郡公杨崇礼之子。一次，其亡父坟墓上被人泼上红色液体，人们都以为这是血，不吉利，因此杨慎矜请人做法事以消灾，并送了美人、夜明珠给做法事的那个人。这件事被"杨八姨"知道后，便将知情人带到唐玄宗面前，说明杨慎矜为其亡父做法事的情况。后来，这件事被李林甫抓住不放，趁着唐玄宗大怒的时候找人陷害杨慎矜，说杨慎矜要谋反，还想恢复隋朝的江山,开始对杨慎矜及其兄弟们严刑拷打直至迫害致死。

唐玄宗时,杨家的权势无人能及,当时的老百姓称呼杨贵妃、杨国忠、虢国夫人、秦国夫人、韩国夫人为"杨家五宅",由于他们住的近,并且一出行便是浩浩汤汤,车队有五个颜色,显得十分招摇。有一天,杨家五宅夜游,跟公主发生了抵触,公主坠马,杨家一点事儿没有。可结果怎么样呢?杨家死了个奴才顶罪,而公主家的驸马却被停职查办了。

杜甫曾写下一首《丽人行》,描述杨家出游的盛况:"绣罗衣裳照暮春,蹙金孔雀银麒麟。头上何所有?翠微盍叶垂鬓唇。背后何所见?珠压腰衱稳称身。"可见"八姨"所包含的裙带攀附表现出来是多么地厉害。

刮地皮是怎么个"刮"法?

中国封建统治长期处于农业社会时期,土地及长在田地里的农作物是农民的主要财产,所以,"刮地皮"一词就是形象地比喻贪官污吏将农作物连根都被"刮"走,搜刮民脂民膏丝毫不留的丑恶行为。

"刮地皮"一词自始至终都保持着仇视权贵的姿态,从最底层老百姓口中流传出来时,就带有浓厚的贬义色彩。"刮"显示那些贪官污吏剥夺民脂民膏的程度有多么的惨烈和残酷,"地皮"绝不是指自然的地面,而是直接比喻为民财公物、民脂民膏,甚至是人们最后仅有的一点儿财产,所以,清代李宝嘉在《官场现形记》里说:"这些老爷们平时刮地皮,都是发财发足的了。"

所有的民间俗语在传播中都会带有具有相当有趣情节的故事,"刮地皮"也不例外,据说这个故事出自安徽宣州,最早称作"掠地皮"或者"捲地皮"。南唐遗老郑文宝以丛谈琐事汇辑成的《南唐近事》中记载说:徐知训在宣州任上横征暴敛,百姓生活极为痛苦。有次他去觐见皇上,在国宴上正演出一场戏,一个供人取乐的戏子穿着一身绿色的衣服,化妆打扮得像鬼一样跑上台来,别人问他是谁,他说是宣州的土地神,问他怎么会来京都跑到朝中来,他回答说:"吾主入觐,和地皮掘来,故得至此。"意思是徐知训入朝觐见,把地皮都掠了来,没有了地皮存身,所以土地神也只能跟到了这里。这个戏谑中带有泪水的故事,后来被著名作家冯梦龙改编成笑话,有板有眼讽刺这个贪官搜刮民脂,敛民钱财,搜刮地皮的丑恶嘴脸。

笑话中蕴藏着老百姓对于贪得无厌官员的深恶痛绝,据说古代为了暗讽官员"刮地皮"之惨烈,老百姓往往在其卸任调离之际,奉上巨额鎏金牌匾一块,上书"天高三尺"。明白人

仔细琢磨才知道,其实是暗讽其人在任时掘地三尺"刮地皮"的丑恶行径。

　　明清时期,官员"刮地皮"之风更加猛烈,所谓"一年清知府,十万雪花银。"当时有一副对联说得好,可谓一针见血:"大鱼吃小鱼,小鱼吃虾,虾吃泥,泥干水尽,天只剩空气;省府刮州府,州府刮县,县刮民,民穷国危,地无存草皮。"清人李宝嘉在《官场现形记》里记录到:"一个月工夫,随便你怎么下辣手刮地皮,总捞不回本钱来吧!"可见当时"刮地皮"既普遍又猛烈的程度。

　　"早去一天天有眼;再留此地地无皮。"老百姓的痛恨,被一些文人编成故事或者对联传播开来,展现的是当时官员的丑恶嘴脸。因此,"刮地皮"一词从诞生之日起,就带着强烈的贬义色彩,一直流传到今天。

什么是"烧高香"?

我们在查阅词典时经常会发现,不同的词典在解释同一个词语时,会出现一定的差异,大多数情况下,是释义表述的不同,但是像"烧高香"这个俗语的表述内容出现如此大的本质性差异,还是不多见的。

1、长期烧香礼拜。表示感谢神灵保佑的意思。(《汉语大词典》)

2、在神佛前烧香,以感谢护佑恩泽。比喻十分感谢,然多含有讽刺意味。(《国语辞典》)

3、烧最好的线香祭祀或供奉神佛。比喻对别人的帮助特别感激;也表示为意外得到好结果而庆幸。(《现代汉语规范词典(第3版)》)

4、在神像、佛像前烧长而粗的香,求神佛赐福或感谢神佛,借指受到恩赐或表示感谢。(《现代汉语词典(第6版)》)

这里的差异主要表现在:一是释义中如何解释"烧香"与"烧高香"的区别,上述词典存在很大的差异。《汉语大词典》将"高"理解为"长期";《国语辞典》不予区分;《现代汉语规范词典(第3版)》认为是"最好的";《现代汉语词典(第6版)》则说是"长而粗"。可见,以上都没有完整准确地理解"高香"的含义。

所谓"高",从形制上说,是"长而粗",从质量上说,是"好而纯",从烧香人的态度上说,是"虔诚而尊崇",三者具备,才能够说是"高香"。其二是语气问题,"烧香"是基本表达的方式,"烧高香"是增强语气表达的方式,叠加了更为浓重的心理祈愿和感谢愿景在里面,所以,才会用"高"字来表示。一个

什么是"烧高香"？

"高"字，既体现了大的形制，也包含更为浓重的心意，不是一般的烧香所能够表达的。第三，从行为状态上看，"烧香"与"烧高香"也有很大区别。"烧香"的行为所表达的内容并不完全专指对"佛像、神像"——也就是我们日常所说的到庙里"烧香"，有时也指在家里或者祖先灵堂（坟茔）等不同场合"烧香"；而"烧高香"虽然是民间口语，但是非常专一地仅指在寺院道观的"佛像、神像"前烧香。

"烧高香"是一个现代汉语口语词语，并无古代汉语的语用案例，我们搜集的多是"烧香"的语例。其中事关神佛的"烧香"内容，占到了70%以上，多数是到庙里或者富贵家里的佛堂里进行的行为。从汉代到宋元的1000多年里，"烧香"基本是与拜佛求神共存的专用词语。而明清白话小说的兴盛，带来了口语词语的广泛使用，"烧香"一词也就开始分蘗演化为礼佛、祭祖和日常生活三层含义。

首先是以礼佛为主要内容，例如"闲时不烧香，临时抱佛脚""慕容愁愤愤，烧香作佛会。""某在南康祈雨，每日去天庆观烧香。（《朱子语类》）"以及《初刻拍案惊奇》里"郑生的中表，乃是烧香求子被他灌醉了轿夫，溜了进去的。""长寿要到东岳烧香，保佑父亲。"等等，都是说"烧香"的礼佛敬神的意思。

其次，也有许多的"烧香"词义开始演化为家常行为或者祭祖活动。如《警世通言》里："这小二在家里小心谨慎，烧香扫地，件件当心。"《琵琶记》："是奴公婆的真容，待将路上去，借手乞告些盘缠，早晚与他烧香化纸。"《醒世姻缘》："媳妇姜氏合二奶奶春莺也出在坟上庄屋里居住，以为与晁夫人坟墓相近之意，好朝夕在坟头烧香供饭。"等等，这些"烧香"已经脱离了礼佛敬神的内容，延伸到日常生活中的敬鬼怀祖的层面。

更有诗人雅士将"烧香"作为文案雅玩的乐趣来享用。例如"烧香知夜漏，刻烛验更筹。（《诗镜总论》）""昔南阳张津为交州刺史，舍前圣典训，废汉家法律，尝著绛帕蒙头，鼓琴烧香，读邪俗道书，云以助化，卒为南夷所杀。（《梅磵诗话》）"可见当时的"烧香"至少已经分化为多重含义，在不同的语境场景中表达不同的意思。

大概是"烧香"一词过于朴素和寻常，不足以表达老百姓对于神灵佛祖的五体投地膜拜之情，抑或是"烧香"一词演化分蘗的过于复杂，难以表达对于佛祖或神仙的无比崇敬心情。因此,当白话文成为语言主流的时代,民间百姓在"香"字之前添加上"高"字,既表示所烧之"香"的不同凡响,也充分展示了自己对于佛祖神灵的崇敬之情,因此,"烧高香"一词便诞生于民间俗语之中,成为表情达意更为充分的词语。

总结一下,"烧高香"意思就是:在神像、佛像前敬烧最好、最大的香,求神佛赐福保佑或感谢神佛。借喻对别人的帮助特别感激;也表示为意外得到好结果而庆幸。

眼中钉是什么「钉」？

"眼中钉"最早也说"眼中丁"，是因为"釘（钉的繁体字）"字在古代最初并没有"钉子"的意思，仅仅表示"炼鉼黄金。（《说文解字》）"用后人的话说，类似于"锭（王筠《说文句读》）"，所以，今天"钉子"的意思，在古代都用"丁"来表示。《王力古汉语字典》认为，"丁"通"釘"；清代朱骏声《说文通训定声》说："假借为丁，今俗用为铁钉字。"

既然是眼中之"丁（钉）"，必须具备两个条件，一个是经常在眼前的人或身边发生的事情。另一个就是使人恨之入骨，急欲连根拔掉才舒服自在。《新五代史》里所记载的赵在礼，就符合这样的标准。据说赵在礼在宋州（今河南商丘）当官时，依仗自己是皇亲国戚而贪赃枉法，鱼肉百姓，百姓受尽欺压，十分痛恨他。当他被调任其他地方时，宋州老百姓高兴极了，奔走相告说："眼中拔钉，岂不乐哉？"于是就有人将这个故事总结为"拔眼中钉"。据说，这样的话传到了赵在礼的耳朵里，结果心狠手辣的他又在调任之前收取了老百姓一笔苛捐杂税，名之为"拔钉钱"，要求每家每户缴纳一千文，当年就收取了一百万文的所谓"拔钉钱"据为己有。这个故事在当时的笔记《云仙杂记·拔丁钱》有专门的描述，因此可以推断，"眼中钉"这个词在五代时期已经出现并开始流传。

五代时期发生的这个故事，在一百多年后的宋代再次重演，不过，这一次的"钉"确实是姓"丁"。据《续资治通鉴》等文献记载：宋真宗赵恒驾崩的时候，当时宋仁宗赵祯还很小，年幼无知，当时的刘太后就联合大臣丁谓排挤走了宰相寇准，临朝称制，而功臣丁谓也升任宰相。但是，丁谓这个人品行不端，任宰相期间多有不法行为，惹得民怨四起。于是民间开始流传一首民谣："欲得天下宁，须拔眼中丁。"其中的"丁"指的就是

丁谓。

　　通过这个故事我们可以看到,中国古代的文字词语在形成和流传过程中,往往能够汇集各种典故或者故事,使用不同的表现方式来固定一个词语。将这些故事或者典故集合并加以分析,就可以看出该词语的来龙去脉,了解到其中深含的词义所在,"眼中钉"就是典型的例子。

　　在明清的曲剧白话中,我们既可以看到"眼中丁",也可以看到"眼中钉",不过总体上看,使用"眼中钉"的还是多一些,所以后人将这个词语固定为"眼中钉"。

究竟什么人才会"打秋风"？

"打秋风"也说"打秋丰"或"打抽丰"，是一个俗语，意思是"因人丰富而抽索之"，故而也称"打抽丰"。指假借权力、名义、利益以及人情关系等方式向人索取财物的行为。明代郎瑛《七修类稿》："俗以干人云打秋风，予累思不得其义，偶于友人处见米芾札有此二字，风乃'丰熟'之'丰'，然后知二字有理，而来历亦远。"可见，至少在宋代大书法家米芾的时代，已经出现了这个俗语所说的行为。

该词后来被广泛地使用在白话小说或者野史演义中，较为形象地描述了某些官员利用权力或者一些人利用亲缘人情索取财物的无良行为。明代江西人汤显祖、山西人罗贯中以及清代安徽人吴敬梓在自己的著作中都曾多次使用过它。《牡丹亭》里说："你说打秋风不好，茂陵刘郎秋风客，到后来做了皇帝。"《儒林外史》第4回也说："张世兄屡次来打秋风，甚是可厌。"可见，"打秋风"使用很广，而且不是什么夸赞他人的褒义词语。清代翟灏编写的《通俗编·货财》云："《野获编》（明代沈德符撰）载都城俗事对偶，以'打秋风'对'撞太岁'，盖俗以自远干求，曰'打秋风'，以依托官府，赚人财物，曰'撞太岁'也。"可见，此俗语倒是南北皆宜，而且使用很宽泛。

作为民间俗语，"打秋风"一词更多是表现在民众生活方面。一般都指的是某些经济条件差的人，借着亲戚或者朋友的关系，到亲朋故旧那里去占点儿便宜，蹭个饭吃，搜刮些财物什么的。比如江浙一带的方言里也叫作"打秋丰"，本是当地农民在秋季丰收季节，对上门或路过的客人，热情招待他吃一顿饭的好客之道。但是，偏偏有些爱占便宜的人，打起了歪脑筋，利用这种淳朴的习俗，在丰收的秋季，东游西窜，混吃混喝，久而久之，人们蔑称这些好占便宜、吃白饭的行为叫作"打秋风"。

还有一种说法,是指读书人的"打抽丰"。有一副对联这样说:"业岂有毕时,须知毡破砚穿,难向宫墙窥妙美;丰本无抽理,怎奈囊空金尽,姑援俗例扰亲朋。"下联说的就是读书人的"打秋风(抽丰)"叨扰亲朋的场景。清代著名才子佳人小说《平山冷燕》里:"窦知府听了暗想道:'进京举人,无一毫门路,还要强来打抽丰,作盘缠。'"可见,"打抽丰"这种事情,不光是街头无赖可以干,连文质彬彬的斯文人也外甥打灯笼——照旧(舅)。

现代作家阿英于1932年曾到海盐县澉浦一带调查盐业生产和盐民生活,写下了《盐乡杂信》,其中说:"盐警打秋风的事情很多很多……想出种种的方法,如做生日之类,向盐民们弄钱。从前的地保,也是专门'打秋风'的,上海俗语'地保做生日',就是'打秋风'的别名,平常人至少须五十岁的整寿,才能发帖子称庆,惟有地保却年年做寿,乱发请柬,借此敛财。"

可见,"打秋风"一词伴随着世事沧桑的变幻,一直延续到我们今天生活的方方面面。

(原载于《语言文字报》2023.10.25,标题有改动)

码头"敲竹杠",闹市"拆白党"

"敲竹杠"是汉语常用词,即利用他人的弱点或错误趁火打劫、敲诈勒索。最早出现在清末李宝嘉《官场现形记》第17回里,一共出现了5个"敲竹杠"的用例,第一个是县丞单大爷拜会知府魏竹冈,说了胡统领借着剿匪搜刮钱财的事,魏竹冈听了诧异道:"兄弟敲竹杠,也算是会敲的,难道这里头还有竹杠不成。"其他四处也都是表达趁火打劫、敲诈勒索的意思。

"敲竹杠"从字面上理解就是敲击用竹子做的杠子,它如何和敲诈关联到一起了呢?这里面一定有一个有趣的故事。

民间流传的"敲竹杠"故事有许多版本,最为令人信服的故事是:清朝末年,鸦片走私十分严重,走私贩子为躲避官府设在码头的关卡检查,挖空心思藏匿鸦片,把毒品密藏在竹制的船篙或者竹竿里,随船从水路运往各地。有一天,云南商船来到浙江绍兴码头的关卡,检查官员照例上船检查,从土布翻到药材,查不出一点烟土,正准备放行时,一个吸着长杆旱烟的绍兴师爷走进船舱,提起长筒烟管,朝着搁在船舱里的竹杠"笃笃笃"地敲了几下。看到这种情况,船主吓得面色大变,知道经验丰富的师爷已看透了秘密,忙从怀里掏出一包银子,假称"云南旱烟"悄悄地塞给这位绍兴师爷,师爷用手一掂,分量沉重,知道里面是银子,于是便会心一笑,随缉私人员下船去了。

一个弄虚作假,蒙混过关;一个心知肚明,存心敲诈。双方在一敲一递之间,神不知鬼不觉地完成了肮脏交易,从此,"敲竹杠"一词便在民间流传开来,成为敲诈的代名词。

也有一种说法,"敲竹杠"最早应该是沪上的方言俗语。清末民初南通人孙锦标在《通俗常言疏证·财货》说:"《金陵杂志》:'敲钉锤,一名敲竹竿,不当取之财而取之之谓'。今上海谓之'敲竹杠'是也。"显然,作者认为"敲竹杠"是上海话。《申报》同治十三年(1874年)九月初一的报纸曾刊登一首诗:"聚党流氓号拆梢,频将竹杠遇人敲。无端良懦遭诬讼,不剥衣衫便夺包。"其后的注释里说:"沪上流氓,红头人(就是旧上海租界的印度巡捕)以'拆梢党'目之。每遇良懦,百般缠作,俗名'敲竹杠'"

此处引出了"敲竹杠"的主体,也就是什么人才会"敲竹杠"。除了手中掌握生杀予夺权力的官宦之外,就是那些游手好闲、到处惹是生非的城市流氓无赖,上海话叫作"拆白党"。

"拆白"也有多种说法,比如解释为"拆梢(梢板,当时的上海流氓称钱财为梢板)"和"白食"各取一字的合称。1882年出版《沪游杂记·拆梢党》:"沪上游民,串诈乡民、孤客,或乘机局骗,或无债索偿,遇者受其欺凌,旁人莫辨真伪,谓之'拆梢党'""拆梢党"就是"拆白党",即专事结党营私、敲诈勒索勾当的团伙。还比如因为"拆白党"大半是翩翩少年,故也称"擦白(雪花粉)党"。

其实,最准确的解释是:"拆白"就是"赤膊"的南方吴语发音,"拆白党"就是南方吴语中的"赤膊党"的意思,为什么用"拆白"二字,是因为这种敲诈组织成员首先是一穷二白,无产无畏;其次,其行为多呈现"拆(瓜分所得)和白(白吃白喝)"的特征。因此"拆白党"便在当时的吴越地区广为流传。

今天,"敲竹杠"因其通俗直白而被后世人们广泛使用。如:"敲竹杠"木马锁死手机索财(人民微博,2014年06月06日)。被"敲竹杠"索赔1500元(广州日报,2013年10月15日)。而"拆白党"却因为时过境迁而不被后人使用,尘封入土。

名士翻"白眼"，名妓"闭门羹"

在中国古代，一般来说拒绝别人会有多种行为方式的选择。比如孔子对于曾经藐视过他的贵族家臣阳虎利用"礼法"逼迫他与之相见的行为，就采取了"时其亡也，而往拜之。"——就是趁着阳虎不在家的时候，前往拜会他。这样礼节上说得过去，又避免了见面的尴尬。又比如魏晋时期的高士阮籍，看不起那些热衷于功名利禄的人，凡是这种人，即便是他的好朋友嵇康的哥哥来为自己母亲吊丧，他也都以"白眼"相对。可是，当他喜欢的弟弟嵇康前来吊唁时，阮籍马上用热烈欢迎的"青眼"来相对。

所以，后世看见不喜欢的人或者事物，均以"白眼"相对。如王维躲避官场，久居辋川时的"科头箕踞长松下，白眼看他世上人。"的孤傲，如陈陶年逾九十高龄后冷眼"年年白眼向黔娄，唯放蜻蟟飞上树。"的通透，如杜甫羡慕的酒中八仙之一的崔宗之"举觞白眼望青天，皎如玉树临风前。"的倜傥洒脱，如宋词里"径醉双股直，白眼视庸流。"的狂放无忌。但是在明清白话语境中，"白眼"除了原有的含义外，也旁逸斜出了被"白眼"蔑视的意思。如《聊斋志异》："我以人不齿数故，遂与母偕隐；今又返而依人，谁不加白眼？"《玉梨魂》："梦霞离故乡来客土，以乖僻之情性，操冷淡之生涯，自知不合于时，到处受人白眼。"等等

那么，古代勾栏瓦舍的娼妓们是怎样做到既拒绝自己不想接待的恩客，又不能得罪客人的呢？唐代有一位风尘女子就用"闭门羹"来应对。

唐代冯贽在《云仙杂记·迷香洞》记载："史凤，宣城妓也。待客以等差……下则不相见，以闭门羹待之，使人致语曰：'请公梦中来。'"言下之意是，这个叫史凤的宣城名妓，将客人分为三等，按照不同的等级分类接待，最下等的客人，即以"闭门羹"

待客,这样,既不浪费自己的时间和宝贵的青春年华,又使得此等客人不至于恼羞成怒,气急败坏,惹出什么是非来。可见,古代即便是身处风尘的娼妓,也知道婉拒客人的套路。

这里我们需要注意"羹"的意思。所谓"羹",最早指羊肉等肉类制成的糊状食品,以后,凡是将粮食、果品和蔬菜肉类煮成有浓汁的食品,都可以称为羹。据说,史凤的"闭门羹"是用豆腐和鸭肠子这些下脚料熬制而成,恰到好处地暗含了三层意思。一是有的吃没得见;二是不花钱只能吃下等的汤水,享受下等的服务;三是要还是这样,就不要来了。由此,今天"闭门羹"的含义已经不再指可以吃喝的饭食,而是一种比喻用法,用于指拒客进门;也指登门拜访而主人不在的尴尬情况。

为什么是『说曹操,曹操到』?

说到曹操被后人误解的黑历史,可能是历史人物中最多的一个。因此,在善于脸谱性表演的诸多戏剧中,曹操的形象永远是被刻画成白脸的奸臣模样。不过,民间有一个词语却表达了对曹操的欣赏和褒赞,那就是"说曹操,曹操到。"老百姓用这句谚语来比喻正说到某个人,他恰巧就来到了,形容对方出其不意地出现在说话者面前,常常给人意外和惊喜的场景。

关于"说曹操,曹操到"这句谚语,历史上有两个与之相关的故事,都来自《三国演义》,罗贯中在设计这两个故事时,是贯穿了他的思想在里边的。

一个故事是《三国演义》第14回:"曹孟德移驾幸许都"说的是李傕、郭汜二人合兵一处后,继续追索汉献帝的关键时刻,太尉杨彪向汉献帝献计推荐曹操可以救驾,汉献帝即派人通知曹操,曹操马上率领二十万精兵前来护驾,在皇帝生死存亡之际,将李、郭联军击溃后,"挟天子而令诸侯"。故有"说曹操,曹操到"之说,表示其行动迅速、执行力强而有力的含义。

还有一个故事是指《三国演义》第12回里讲述的故事,吕布占据了濮阳城,曹操想再夺过来,但是久攻不下,此时陈宫为吕布出了个计谋,让濮阳城的富户田氏假意投降曹操,约定和曹操里应外合,骗曹操进城,曹操不知是计,欣然赴约进城,企图一举歼灭吕布。结果吕布突然关门打狗,四处放火,把曹操困在城中,当曹操的部队被吕布分割包围,溃不成军的时候,武艺高强的吕布手持方天画戟,在烟火弥漫的城里寻找曹操,殊不知平时极容易辨识的曹操,此时已经被烟火熏燎而模样大变,出现了戏剧性的一幕,曹操"再转北门,火光里正撞见吕布挺戟跃马而来,操以手掩面,加鞭纵马竟过。吕布从后拍马赶来,将戟于操盔上一击,问曰:'曹操何在?'操反指曰:'前面骑

黄马者是他。'吕布听说,弃了曹操,纵马向前追赶。"骗过了吕布,在援军典韦的救援下,曹操才保全了自己的性命。

两个故事,两种态度,两个说法,一个是指曹操救驾及时,为后来"挟天子而令诸侯"奠定了基础;一个是说曹操攻打吕布被围困几乎丧命、易容改面逃跑的情节,此中含有当吕布面对曹操的紧要关头,却因不认识而放过死对头曹操的遗憾。试想一下,如果此时"说曹操,曹操到"的结果就是一代枭雄被斩杀,三国鼎立的局面也就不会形成和存在了。

改写历史的两个关头,都说的是曹操,曹操也都到了。所以后人毛宗岗在批注《三国演义》时说:"见了曹操,反问曹操,舍却曹操,别赶曹操。曹操谚云:方说曹操,曹操就到。当面错过,岂不好笑。"

所以,最初的"说曹操,曹操到"这个俗语表达的是对于历史人物在关键历史时期所作所为的评判,并不完全是简单的时间准确及时的概念,这样就解释了这个俗语为什么是"说曹操,曹操到"而不是说别人的疑问。

因此,"说曹操,曹操到"在后来的使用中,很多语境都会包含着关键人物在关键时刻出现的意思。例如在《孽海花》第 29 回里,赤云告诉要抓革命党人的威毅伯,恰好碰见了革命党人陈千秋,"无巧不成书!说到曹操,曹操就到。职道才和美菽在裁判所里遇见陈千秋,正和美菽讲哩!这个人,职道从小认识的,是个极聪明的少年,可惜做了革命党。"

不过到了今天,该词多出现在口语语境中,使用上也就开始随便起来,以至于其词义已经失去了原有的表示"关键"的内容,变得普通而随意了。

旁门左道的"野狐禅"

"野狐禅"之与佛教教徒,就像一个大户人家的正经媳妇生产下一个古怪胎儿一样,具有从根本上毁灭之前所有"温良恭俭让"美德的效果。只是佛教崇尚和睦,不愿意把话说得太恶毒,要用世间俗人的话说,"野狐禅"就是旁门左道、走火入魔,非我族类,是要被沉塘火焚点天灯的。

"野狐禅"一词,来自佛教禅宗的故事,两宋时期记载佛教传法故事的《五灯会元》里说:百丈禅师在江西百丈山说法传道时,总是遇到一个白发老翁,早来晚走,天天追随者他,于是,禅师就问他:"你为什么每次都迟迟不忍离开,应该是有问题要问吧?"于是,老翁就告诉禅师,五百年以前,他也是一个讲佛法的法师,因有位云游僧人问他:"大修行人还落因果也无?"他回答说:"不落因果",因此被罚变为狐狸身而轮回五百世。他想问一问禅师,究竟他错在哪里了?

百丈禅师告诉他:不是"不落因果"而是"不昧因果"。老翁听了这话,如醍醐灌顶、茅塞顿开,于是很高兴地拜谢说:"我得解脱了。"并恳请拜托禅师第二天到后山山洞里,寻找一个野狐尸体,并按宗教仪轨火葬。百丈禅师后来在后山洞穴中,找到野狐的尸体,便依佛法戒律礼葬。

这个故事原本告诉大家的是,"禅修"是修因果,得未来。而"禅"字是"野狐禅"一词的根本,若要修禅得道,就一定要修正道、断执念、忘生死。痴迷执着是许多信教修行者修道过程中最大的障碍,一个"落"字所包含的执着之心,极大地危害着老翁修道成佛的身心,成为他无法逾越的业障。在佛看来,"因果"还是那个因果,只是一"落"字,便是邪因,最终产生的必然是邪果;而一"昧"字则不然,它是指不弄虚作假、不虚过、不妄言,是正因,所以结果必然是正果。禅家将学道而流入邪僻,尤其是执念深重,不忘因果以及未悟道而妄称开悟,自称"佛、菩萨、罗汉、圣人"的"大妄语(《楞严经》)"认定为"野狐禅"。"野狐禅"一词,代表佛教禅宗最为严肃的摈弃和惩戒。

"野狐"一词是古代民间对于淫邪幽僻、怪力鬼神这些危及人们生命的事物最形象、最严重的说辞,古人将这些事物多物化具象成艳媚野狐——既明艳妖娆、勾人魂魄,又心狠手辣、无所不用其极,蒲松龄《聊斋志异》中刻画的鬼怪形象多类于此。所以,"野狐禅"也就成了佛教禅宗里对于违背教义、背离教旨最为严厉的讥刺用语。后来的《禅宗无门关》里也讲过一个故事,叫作"野狐见解",说的内容也是一致的。要解决这个问题,就要像苏东坡那样:"何似东坡铁拄杖,一时惊散野狐禅。"像李贽那样"务狮子吼,无野狐禅,则续灯之意不虚。"下了死手,用了重典,才能够制止纠正这种歪门邪道的滋生和漫延。

"野狐禅"一词流入民间,被人们泛指各种旁门左道、歪门邪道或者没有正规渠道的事物。《儒林外史》里"若是八股文章欠讲究,任你做出什么来,都是野狐禅,邪魔外道。"以及黄遵宪诗里的"此亦妄造语,有如野狐禅。"说的都是这个意思,一直沿用到今天。

皮囊因何用"臭"字?

"臭皮囊"古人也叫"臭皮袋",这个词说起来比较复杂,一来它是词中嵌套词的构词结构。二来它来自舶来语,是佛教故事浓缩并意译的词语。就像一个混血再混血且容貌丑陋的孩子,从那个角度去解读和赏析,都不是那么轻松容易和赏心悦目。

"皮囊"也叫"革囊",指兽皮皮质的盛物容器,是一个偏正结构的古代汉语名词,"皮(革)"表示"囊"的质地为兽皮。古书上讲:带毛叫皮,去毛叫革(《康熙字典》)。例如《史记》里:"拊者,皮为之,以糠实如革囊也,用手抚之鼓也。"而春秋时,范蠡帮助越王勾践完成复国复仇大业后,"浮海出齐,变姓名,自谓鸱夷子皮。"其中的"鸱夷"就是"革囊(三国韦昭注)"或者叫"生牛皮也。"据唐代司马贞解释说,是因为当年吴王夫差杀害伍子胥时,就是用"鸱夷(革囊)"盛放他的尸身,所以,感同身受的范蠡借用这个典故,给自己改名。

作为一个用兽皮做的容器,其比喻义称人的躯体,这一含义是从佛教语言体系中流传出来的。

据《后汉书·襄楷传》记载,方士襄楷给汉灵帝上书说:"浮屠不三宿桑下,不欲久生恩爱,精之至也。天神遗以好女,浮屠曰:'此但革囊盛血。'遂不眄之。其守一如此,乃能成道。"讲的就是佛祖释迦牟尼成道之前,在菩提树下修行,为了测试他的诚心,天神就派妖艳美丽的少女去诱惑他,结果被佛祖拒绝,他说,她们那美丽笑靥、婀娜身姿只不过是皮囊里装了一些血肉罢了。这个故事来自佛教经典《四十二章经》。后来唐代武则天的次子、太子李贤解释说:"天神献玉女于佛,佛曰:'此是革囊盛众秽耳。'"所以,"革囊"盛满了众多的污秽,就理所当然地被叫作"臭皮囊"。

在佛教经典中,"皮囊"也好,"臭皮囊"也罢,都是用来盛放妨碍阻止佛法修行达到光明快乐彼岸的肮脏物件,其本身是没有什么实质性区别的。正如古人所说:"终朝填满臭皮囊,何日超凡登彼岸。(明代戏曲《女姑姑》)"佛教把天仙美女视为盛满污秽之物的皮袋子,凡是沉迷者则视为沾染淫欲而"不净",用明代文学家屠隆的话说,就是"超度沉迷"最终会落入六道轮回的三恶道,难以成佛。

为避免这种情况的发生,佛教教义非常明确地告诉信众,"臭皮囊"里到底盛放了一些什么污秽。佛教认为:四大五蕴皆空是作为佛教徒的基本原则。所谓"四大",即指地、水、火、风四种物质,是组成人的色身的基本构成之物。"地"是人体的毛、发、爪、齿、皮、骨、筋、肉;"水"是涕、唾、脓、血、痰、泪、津;"火"是温度、暖气;"风"是呼吸。而五蕴则是指色、受、想、行、识,是构成人心理状态的五个条件。所有这些都是盛放在人体这个"皮囊"里的污秽杂乱之物,必须彻底摈弃,进入无我无他的境地,才能够成佛成道。

不过,后人在使用这个俗语时,却从无差别状态发展成为两种情况和用法。表达自己本身的躯体,不带贬义或者略带自嘲自谦语境时,一般用"皮(革)囊";带有浓重贬义色彩时,就使用"臭皮囊"。因此,"皮囊"加上"臭"不仅仅是语法结构的需要,而且是语气和感情色彩的必须。例如明代梅鼎祚所作戏曲《玉合记》里说:"我心已如死灰,何以革囊见试。"《金瓶梅》:"若有那看得破的,便见得堆金积玉,是棺材勤带不去的瓦砾泥沙;贯朽粟红,是皮囊内装不尽的臭淤粪土。"等等,都是没有贬义色彩的使用案例。而《西游记》里唐僧所说:"胜似在家贪血食,老来坠落臭皮囊。"《红楼梦》里:"失去本来真面目,幻来新就臭皮囊。"则都是后者使用的语例。

好看的皮囊千篇一律,有趣的灵魂万里无一。今天,人们对于这个俗语的使用更是增添了时代的新理解、新气息、新色彩。既结合了宗教的原旨含义,有具备了民间的烟火气息,使得这个俗语在我们的字里行间、生花笔端跳跃萦绕,绽放出一次又一次准确表达的快乐感受。

| 甲骨文 | 金文 | 战国文字 | 篆书 | 楷书 |

乞丐为什么俗称"叫花子"？

"叫化(花)子"是社会生活中对于乞丐群体的俗称，那么这个俗词是怎么来的。有人说因为他们乞讨时，手拿"花棍"而得名；也有人说是他们敲着莲花落（如树丫状的乞讨工具），边摇边说边要饭；还有一种说法是他们穿的鹑衣百结破棉袄的缘故。所以被世人嫌弃，故而蔑称为"叫化(花)子"。

乞丐群体在我国早已有之，秦汉时期就有"乞人""丐""乞索儿"等称呼出现，并且一直到清末民初。"乞"《说文解字》作"气"，借云气字，表示乞求义。《郑樵·通志》解释说："气，气也。因声借为与人之乞，音气。因与人之义，借为求人之乞，此因借而借也。""丐"又作"匃(gai,丐)"，在甲骨卜辞中多作祭祀用词，指向神灵乞求，也作给予义。所以，在古代"乞丐"一词大意为：祈求并给予。

"乞丐"一词为什么到了宋元时候被民间称为"叫化(花)子"（"子"为词缀，表示名词），这与"叫化"这个词有关，"叫化"一词的"叫"，有些地区也说"告"，即是以语言、说话来从事某项活动的意思。核心词根"化"字，一般来说有四种解释：

1、来自佛教的"化缘"，佛教谓佛、菩萨因有教化众生的因缘而来到人间，因缘尽了即离去（《汉语大词典》）。因佛教广大僧众之间日渐广泛的募化布施关系，产生了民间最初的依"化缘"为生的乞讨群体。例如老舍《茶馆》里常四爷说松二爷："他还有我这个朋友，给他化了一口四块板的棺材。"表明，这里的"化"已经从佛教化缘的原旨，引申扩展成为民间的讨要募化之义。

2、来自我国最早的"教化"含义。古代"教化"一词，既有"道义教化"之义，如《道德经》："我无为而民自化。又以德化民曰化。"《增韵》："凡以道业诲人谓之教。躬行于上，风动于下,谓之化。"又有行乞、乞讨或者乞丐的意思。如明代高明《琵琶记》:"虽然这头发值钱不多,也只把他做些意儿,恰似教化一般。"元代郑廷玉《看钱奴》:"大清早起,利市也不曾发,这两个老的就来教化酒吃,被我支他对门讨药去了。"

3、源自古代"无礼之事。"《公羊传》有"化我也"的话,被解释为:"行过无礼谓之化,齐人语也。"杨树达先生在《长沙方言续考》里说:"今长沙斥人为无赖之行者曰化,詈人化哥或云化生子。"都是说做了某些不应该做的事情,就叫作"化"。这里也凸显出了"欺骗、无赖"等语义。

4、来自道教的"化饭"一词,"化"字在段玉裁《说文解字注》里说:"今则取饭器之义行而本义废矣。"也就是说"化"表示"人取饭"的意思。晋朝葛洪《神仙传》里记载了一个"化饭"的故事,被后人引申为募化斋饭。《快嘴李翠莲记》:"白日沿门化饭吃,黄昏寺里称念佛祖念南无。"《三国演义》:"身边只有一小行者,化饭度日。"等等,都是这个意思。

语言文字的发展,有时候是当时社会的综合因素所导致。产生于宋元时期的"叫化(花)子"一词,一来因为当时中国封建社会处于动荡期,脱离封建王朝禁锢在土地和户籍上的民众越来越少,而四处流浪,依赖商品交易或者募化乞讨的人群越来越多,形成了"叫化(花)子"一词产生的社会基础;同时,佛教的、传统的语言力量综合在一起,出现了更加适合于民间的新词语来准确描述当时出现的这种社会现象或者行为,才导致了"叫化(花)子"这个具有方言特征的俗语出现,并衍化出各地不同的音、形的变化。如"告化(花)子""化(花)子""叫化""叫化头"等等。

至于"化"与"花",只是南北方语音音调上的差别。比如北京官话里称诡计多端的人叫"花花";粤语中指不务正业、二流子那样的人叫作"花子佬"一样。"叫化子"与"叫花子"是一样的含义,并没有语义上的差别,只是为了规范使用,这个词我们今天只用"叫花子",而不用"叫化子"。

冤不冤,与大头何干?

有人说"冤大头"一词来自"袁大头"——民国时期发行的镌刻有袁世凯头像的银元,这显然是无厘头的牵强附会。且不说"冤"与"袁"连读音音调都有差别,含义上更是风马牛不相及,毫无相通之处。同时,"冤大头"一词早在明清时期已经开始出现并使用,比之"袁大头"早了好几百年,即便是穿越,也还要有一点儿基本常识好不好。

"冤大头"一词是一个民间俗语词语,是一个由"冤"和"大头"组成的同义联合复合词。"冤"和"大头"属于同义词,都有使人上当吃亏和有意哄骗的双重含义,组成复合词后将两词叠加使用,更加强化其含义。"冤"字的引申含义中,用于方言语境的,就是上当、受人欺骗的意思;而"大头"一词,正如清人胡式钰在《语窦》里说的那样:"受人绐弄,不惜所费,曰大头。"用今天的话说,就是被人卖了还帮人数钱的人,就是"大头"。两个词组合起来所表达的含义就是那种有了一点钱就忘乎所以,一经别人挑动怂恿或好言哄骗,就倾囊而出,大把花钱且毫不在乎的蠢笨之人。

这个词最早出自清人吴长元的《燕兰小谱》"俗呼豪客为冤大头"一语。吴长元是清代康乾盛世有名的文化人,他的《燕兰小谱》主要描写当时北京男性旦角艺人的生存状态,反映了士优之间错综复杂的暧昧关系。他用了一首诗来描述"冤大头"一词所展示的场景:"飞眼皮科笑口开,渐看果点出歌台。下场门好无多地,购得冤头入坐来。"他解释说:"近时豪客观剧,必坐于下场门,以便与所欢眼色相勾也。而诸旦在园见有相知者,或送果点,或亲至问安,以为照应。少焉歌管未终,已同车入酒楼矣。鼓咽咽醉言归,樊楼风景于斯复睹。"

可见,"冤大头"一词产生于当时的戏园子,那些为自己喜欢的男旦捧场助兴的"豪客"成为"冤大头"一词所指的内容对象。这些"豪客"所具备的基本条件,构成了"冤大头"一词的基础含义。一是多金,具有常人难以比拟的财富作为基础,挥金如土来证明自己优越的行为成为他们身上的标配动作;二是死要面子、强充场面,所有的优越感都必须由他们承袭,所有的优先权都会落入他们用金钱堆积起来的囊彀之中。用今天流行的一句话说,就是人傻钱多。三是痴迷不悟,所有的"冤大头"共同的特点,就是被别人哄骗钱财却以为是自己实力超群而无所顾忌、肆无忌惮。其实,他们的痴傻和执迷不悟等人性弱点,早已被那些欺骗者看得清清楚楚,明明白白,怪不得《文明小史》里说,京城的馆子、窑子若遇见个别赖账潜逃的"只消遇着几个冤大头,也就弥补过去了。"而《二十年目睹之怪现状》里的"等到无端碰了这个冤大头,一口气便肯拿出十万,他便乐得如此设施了。"其中的"冤大头"都表达的是这个意思。

"冤大头"一词是产生、发展、使用在北方的方言俗语,在其他地方并不常用。比如上海地方表达同样意思的词语,依照《清稗类钞》里的记载,有"猪头三""戆大""筹头码子""开辫子"等等;到了闽粤地方,则叫作"凯子(闽南语,傻子)",骗人——尤其是骗男人,就叫作"编凯子"或"钓凯子"。

所以说,离家十里,方言不同,如何精确地使用这些方言俗语,需要我们因时、因地、因语言对象的不同而予以选择。

色盲不可怕，"心"盲才糊涂

"不问青红皂白"是一句很突兀的俗语，多用在明清小说里，也说"不管青红皂白""不论青红皂白"。乍看起来，该词与颜色有着密不可分的联系，"青红皂白"四种颜色，咋就可以"不问"呢？

"不问"在古代有两层意思，一个是不加慰问。如《周礼》："出入三积，不问，一劳。"意思是，在出入王国的路上三处为他提供食物，国王不派使者问候，只慰劳一次；一个是不加问罪。如韩愈《论淮西事宜状》："朕即赦元济不问，回军讨之。"而"不问青红皂白"的"不问"却出脱了这两种含义，是"不分辨；不辨别"之义。查阅古代字书，均未发现"问"字有"分辨；辨别"的含义，即便是《说文解字》的"讯（询问）"的含义也与之相差甚远，因此，此处的"问"字应该是民间口头俗语所表达的意思，怪不得后世也说"不管""不论"呐，相比来说，"不论（辨别）青红皂白"似乎更加符合词语合成的结构性要求以及词义解释的逻辑性原则。

青红皂白，四种颜色。"青"在古代是一种综合色，既指蓝色，也指深绿色，特定的语境下还指黑色，如青盖（汉代帝王车辇）；"皂"，黑色，原指皂斗，其壳斗煮汁，可以染黑。因此，"不问青红皂白"就是分不清或者根本不分辨青红黑白的颜色差别，引申为分不清或者不分辨是非曲直。

这个短语最早叫作"不问皂白"，源自汉代郑玄注释《诗经·桑柔》里"匪言不能，胡斯畏忌。"这句话时说："胡之言何也，贤者见此事之是非，非不能分别皂白言之于王也。"大意是，其人所说的话语，贤明的人能分辨其中的是非曲直，不会不分是非、不问情由的，是把"皂白"与"是非"等同而语的。后人又加上了"青红"，形成了色差、色温的对比，丰富了该词词义。

"青红"指两种相对接近的颜色,而"皂白"是指黑与白完全相反的颜色。用"不问"表示不管是泾渭分明的是非,还是差别细微的纠结,都不去审问之、明辨之。如果是色盲或眼神差、分辨能力差也就罢了,要是从心底里不愿分辨"青红皂白"的是非曲直,睁着眼说瞎话,故意为之,那可就麻烦了。

这个短语多使用在明清白话小说中,分主动行为和被动行为两种情况。主观上主动而为的如《粉妆楼》里:"大爷,我们不要管她闲事,我们闯上楼去,不论青红皂白抢了就走,倘有阻拦,就说我们相府里逃走的,拐带了千金珠宝,谁敢前来多管!"《金瓶梅》里:"你不问个青红皂白,就把他屈了,却不难为他了!"而由于性格或者认知习惯的被动行为有《红楼梦》里:"凤姐儿道:'虽如此说,但宝玉为人,不管青红皂白,爱兜揽事情。'"《五美缘》:"此人姓沈,名白清,为人最爱贿财,有人告到他手里,不论青红皂白,得了贿赂,没理也就断他个有理。"不管是主动还是被动,其核心含义都是一样的。

挂什么头、卖什么肉？

现代商业活动中常常用"挂羊头卖狗肉"来形容"货不对版"的欺诈行为。老百姓说这句话的时候,多半是指招牌上鼓吹得天花乱坠,实际上兜售的却是低劣货色;用于正式场合,则比喻表里不符,狡诈欺骗或者用好的名义做幌子,实际干坏事的行为。

"挂羊头卖狗肉"这句俗语最初叫作"悬牛首买马脯",是春秋时期晏子的语录,出自《晏子春秋》。据说晏子继承父业,继续辅政齐灵公,使得齐国逐渐强盛起来。但是,齐灵公有一个特别的私人爱好,用今天的话说,就是同性恋倾向,他喜欢让宫中佳丽都穿着男装聚集在自己周围,以展示男子阳刚勇毅之气。正所谓"楚王好细腰,宫中多饿死。"齐灵公的这个喜好使得整个后宫佳丽都开始脱下红裙穿上男装,看到满眼的男装女子婀娜在宫殿之上,齐灵公高兴极了。不想这样的风气传出宫墙,于是整个齐国都城街道上全是男人装打扮的女人,一时间,男女不分,雌雄难辨,闹出了许多令人啼笑皆非的笑话。齐灵公这下着急了,就急忙派官员去检查禁止,并且下令:只要见到女扮男装者,撕毁衣服,割断腰带。但即便是这么严厉的法令,都很难制止这股女扮男装之风。

于是,晏子就进谏说:您喜欢宫中的嫔妃女扮男装,却禁止社会上的妇女效仿,这就好比"悬牛首于门而卖马脯于外。"这不是骗人吗！怎么可能制止这种风气的流行呢！于是留下了"悬牛首,卖马脯"的短语。

这句短语因其语义较为晦涩难懂,所以并没有在社会上流传开来,直到南北朝范晔撰《后汉书》时,才见使用,原话叫作:"悬牛头,卖马脯,盗跖行,孔子语。"大概意思是挂着牛头卖马肉,说着孔子的仁义话,干着盗跖的卑鄙勾当。实质内容并没有变,还是"名实不符"的意思。

这句短语之所以后来能够为社会所接受并且广为流传,是

因为佛教禅宗的修改并不断使用的缘故,也就是把"悬牛头,卖马脯"改为"悬羊头,卖狗肉"的过程。

这样的修改来自宋理宗景德年间的《续景德传灯录》里的记载:"从此卸却干戈,随分着衣吃饭,二十年来坐曲录床(禅床),悬羊头,卖狗肉,知它有甚凭据?"二百多年后的佛教传奇著作《五灯会元》有更深入的解释说明:"有般名利之徒,为人天师,悬羊头卖狗肉,坏后进初机,灭先圣洪范。"即是指责批判那些冒用佛教天师名义到处招摇撞骗的假僧侣,是"悬羊头卖狗肉",毁坏了佛祖的教义原旨,破坏了人们进入佛教修行的机缘。可见,这个时候的"悬羊头卖狗肉"是当作佛家教育僧侣或修行者,要真真正正弘扬佛法真谛的说教语言来使用的。

那么这个古语为什么会在佛教经典中重新组合,焕发光彩,开始频繁地使用起来了呢?具体原因不得而知,不过,按照佛教教义原则和仪轨来看,我们大致可以窥其一斑。

首先是将"悬牛首"改为"悬羊头"我们知道,佛教教义十分崇拜牛。佛经里赞叹佛的伟大,比喻佛是"牛中之王。(《瑜伽师地论》)"在如来身相之中,其中就有一项是"行步安平,犹如牛王"。《妙法莲华经譬喻品》里以牛车借喻成佛之道。禅宗更以牛来比喻众生的心,以牧牛来代表修行精进的十个不同境界。同时,这种崇尚风气也影响了世俗社会,唐代张读《宣室志》记载,夜叉会给老百姓传染瘟疫,但却传染不了那些不杀牛、不吃牛肉的人,《酉阳杂俎》也有类似的记载。牛在佛教,尤其是禅宗里是代表着具有法相的神物,因此,"悬牛首"不能说,也就自然而然地成为"悬羊头"了。

其次,"卖马脯"成为"卖狗肉",则是因为一来古代马匹作为力畜和战马,国家规定不可以随便宰杀食用。二来,狗肉的食用在民间相当普及,随处可见。所以,"卖狗肉"更具有广泛流传的社会基础。

在《五灯会元》里,多次使用"悬羊头卖狗肉"来表情达意。到了近代推广白话文时期,就放弃使用"悬"这类古汉语字词,改而成为"挂羊头卖狗肉",这样就更明白通俗,也更容易传播。例如鲁迅先生《且介亭杂文》里:"所以与其劝人莫用墨水和钢笔,倒不如自己来造墨水和钢笔,但必须造得好,切莫'挂羊头卖狗肉'。"

现代社会中,这种既形象又有趣的词语被广泛地使用在表述社会生活的方方面面,仅《人民网》近年的语料,即多达3000余条,可见其使用频次之高。

有钱能使"鬼"推磨

过去天真地认为,鬼才相信"鬼推磨"这样的场景能够在现实社会中出现,"有钱能使鬼推磨"这个俗语只是古人发挥了极其无限的想象力,才创造出的短语词语,但后来发现,还真不是那么回事。

据说这个俗语最早的案例出自南北朝时期的刘义庆《幽明录·新鬼》。南北朝时期的文人上承魏晋遗风,本来就擅长装神弄鬼地讲玄冥鬼道的故事,刘义庆又是编选这类故事的高手,于是,那个新入伙的瘦弱不堪的新鬼,在向老油条胖鬼请教如何可以使自己"富起来"的方法之时,得到的答案是,只要多到人间社会作祟闹事,多刷存在感,人们一害怕,就会多多地供奉东西给他吃。

新鬼于是来到一家虔诚信奉佛法的人家,看见屋子西厢房有一盘磨,新鬼便用力推转磨盘,发出来巨大的响声。这家主人听见后查看,发现房间里空无一人,而磨在不停地转动,于是感叹道:"佛祖怜惜我家穷苦,让鬼来给推磨。"一晚上,那个新鬼累得半死,白白为主人家磨出了几斗麦,却没有得到主人家的丝毫供奉。后来,新鬼又为西家舂米,也没有得到供奉,再后来,那个教唆他的胖鬼才告诉他,不要去信奉佛教的家里,他们都有佛祖的保护,才不会供奉地狱冥界的恶鬼呢!果然,这个瘦鬼后来专门找那些迷信鬼神的人家,于是很快就得到了供奉,变得富态起来。

原本是讲述佛教微言大义、劝人信佛,借此印证崇奉释道便能够消灾除祸,连鬼神都可供其役使,而不信教而信鬼神的人家则不然了,被老鬼唆使新鬼来作怪,结果给讹诈去许多食物。这个故事被老百姓歪打正着地玩成了"鬼推磨"的因果游戏,形成了"有钱能使鬼推磨"一词的理据基础。

其实,早在刘义庆之前,就有西晋文学家鲁褒写过《钱神论》,其中就有俗话说:"有钱可使鬼"的言语,揭示了"鬼推磨"的实质是金钱作祟,所有的能动性均来自物质财富推动力的义理,用今天的话说,有钱就有一切,有钱就可以役使一切。

真正的"有钱能使鬼推磨"一词,来自明代戏曲家沈璟所创作的《义侠记》,完整的意思是:"有钱能使鬼推磨,一分钱钞一分货,若有说谎负心时,难免天灾与人祸。"大意是说,有钱可以使鬼去推磨,贵的东西质量也会好,假如你说谎做了负心汉,天灾和人祸是不能避免的。这种因果论直接影响了明清民间社会对于金钱、物质、天地人心之间的照应关系的理解。

自此以后,明清曲剧白话中,这句俗语开始泛滥起来,《喻世明言》中玉兰与阮三的孩子得中状元后为母亲修建贞节牌坊时,说"正所谓:贫家百事百难做,富家差得鬼推磨。"掩盖了小姐玉兰偷情怀孕的不堪过往真实情况。

清代翟灏在《通俗编·神鬼》里也讲了一个"有钱能使鬼推磨"的故事,据《治世馀闻》里说,当年有高官之子买通他人为自己"替考"科举,被发现后却用他人"顶包"替罪,当时有人讽刺说"有钱买得鬼推磨,无力却叫人顶缸。"于是"鬼推磨"一词的含义才在不断摇摆中被逐渐固定下来。

怪诞奇"词"道符字——从陕西楼观台一副对联说起

中国本土宗教——道教的庙宇宫观散布全国各地,在陕西省西安市周至县的终南山上,就有一个叫楼观台的道教圣地。传说周王朝时,大夫尹喜曾在这里研究天文,观星望气,所以人们把这儿叫作"楼观台"。后来,老子李耳由楚入秦,也来过这里,据说在这里坐台讲经。到了东汉,张道陵创立道教,尊奉老子为"太上老君",有许多道士来到这里修道,楼观台就成了国内最早的道教宫观。

楼观台的正殿是老子说经台,内有一副石刻对联。对联的十四个字,像是"天书"。

这副对联刻在古楼观说经台老子祠大门内的《道德经》碑石之侧,上联右上角标明"太上老君作",对联中有七个字在《康熙字典》中收录,其余的字都无从查考。

这样的事情还有许多,记得有一次,一位学者就教于语言学家,说看见一幅横额,不认识,想问问,随即贴出照片。

这种以完整汉字作为组词部件的造字方式,多为民间或者宗教道符所用,并不完全符合汉语言文字的造字规律,在社会生活中,也少有流传,不能成为约定俗成的通用汉字法书或者规范用字。从字形上说,它既不是异体字或异形词,也不是方言用字或者音译用字;从读音上说,既没有音韵学上的反切和声韵关系,也不是汉语拼音中的读音;从书写上说,脱离了简洁好写好认的基本原则,反而陷入了晦涩难懂、繁芜庞杂的境地。因此,多年来就像"怪力鬼神"一样,被主流文字界所诟病或者遗弃。

但它依然故我地存在,矗立在历经千百年沧桑的华夏大地的角角落落,被风吹过被雨打过被烟火焚烧熏烤过,在百千万人猎奇的目光逡巡之中,默然传播着可知或者不可知的内容含义,诉说着可能或者不可能的故事。因此,我们也有必要对其做一些了解。

根据当地道士讲,楼观台这副对联,上联读作"玉炉烧炼延年药",下联读作"正道行修益寿丹"。这让我想起中国最早的字义释义的典范——《论语·卫灵公》中的一句话。

子贡问曰:"有一言而可以终身行之者乎?"

子曰:"其恕乎! 己所不欲,勿施于人"。

这里"恕"这一词条(单音节词)被释义为"己所不欲,勿施于人",所以该字由"女""口""心"组成。沿着这样的思路,我们看一看,能不能解读这些存在已久的"怪"字。

1.玉(身+宝(寶)),读 yù,释义:珍宝。家有珍贝为宝;天有日、月、星三光为宝;人有精、气、神三品为宝。此字教人固守三宝,恬淡世情,积精累气,以求长生。

2.炉(身+丹)读 lú,释义:冶炼的器具。道家的养生炼丹分内丹和外丹两种,此字是指炼内丹(以人身固有的精、气、神,经过阴阳交会的作用,就可以炼就养生的真丹),即为修炼自己。

3. 烧(丙+火)读 shāo,释义:由"一""内""火"合成。一者,坎,为水;内者是身内有水、有火。以自身所有的禀赋(水、火寓意阴、阳)练就长生不老之术。

4. 炼(木+石+土)读 liàn,释义:由"木""石""土"合成,寓意人体的内在循环。道家五行说将人体比喻成一个在"金木水火土"中的循环,只有善用人本身意念协调"金木水火"所对应的脏腑,使之气运归源(土),真气才能正常运转。

5. 延(心+命)读 yán,释义:由"心""命"合成。它含有延长寿命的意思。

6. 年(千+万)读 nián,释义:由"千""万"合成。寓意长长久久,延年益寿。

7. 药(自+家+水)读 yào,释义:由"自""家""水"合成。自、家、水是人体内之精液,为三品上药之源泉。

8. 正(靖)读 zhèng,释义:"真也。人能行真正,不染邪曲者,为仙之基本也。《康熙字典》"由"正""青"合成,指人外行纯一,不染邪曲,故而生机旺盛。

9. 道(人+道+寸)读 dào,释义:由"人""道""寸"合成。"人"指人体;"道"指宇宙万物运行的规律;"寸"比喻最小的长度单位,如"寸心""方寸"。寸心不离常理,寸步不违天道,方能革除邪思妄为,返璞归真。

10. 行(人+法+心)读 xíng,释义:由"人""法""心"合成。"人"是人体;"法"是师法;"心"指人的心性。寓意绝去私欲,养我清静之心。

11. 修(臧)读 xiū,释义:由"至""成"合成。至:达到;成:成功。寓意坚持不懈即可获得成功。

12. 益(天+水+井)读 yì,释义:由"水""天""井"合成。指人口中津液如天井之水,七日口中无水即死。只有长养津液,吞吐循环,才能达到养生延寿的目的。

13. 寿(在+人+内)读 shòu,释义:由"在""人""内"合成。"人"指道家的所谓真身,"内"指人身内的精、气、神所凝成的一种结晶物——丹。寓意如果人身内成就此丹,便可长寿延年。

14.丹(九+真)读dān,释义:由"九""真"合成。"九"同"久",比喻炼功长久;"真"是真实之意。形容修炼必须是持之以恒,久修久炼,才能炼就真丹。

同样,用这种分解字形中包含的字义的办法注释其他的合成"怪"字,也是屡试不爽。原来,他们的造字秘密在这儿呢!

诸如此前那位先生的横额:"(青+气)为天""(万+丈)为长""(山+水+土)为地""(千+年)为久",合起来就是"天长地久"。

注意,这里的"长、久"两字无古字,为臆造;"天(靝)、地(埊)"两字为古字。据《康熙字典》记载,"靝"字出自《篇海》:"与天同。出道书。"即与"天"字有相同用法。《汉语大字典》对"靝"的解释,也认为与"天"相通。"埊"字,南朝顾野王所著的《玉篇》"土部"中:"埊,古地字。"后被武则天造字时使用。

不过,一位家乡的朋友最近送来一个字,搞得我有点儿焦头烂额,这里既有成字,又有偏旁部首的复杂组合。据说这个字读"biáng"是象声词,56画,释义怎么说……你能帮帮我吗?

一点上了天
黄河两道弯
八字大张口
言字往里走
你一扭我一扭
你一长我一长,
当中坐个马大王,
心字底月字旁,
留个钩钩挂麻糖,
坐着车车逛咸阳。

语言"杂烩"造就的娱乐狂欢——解词《罗刹海市》

"写鬼写妖,高人一等"的蒲松龄终于依仗300多年以后刀郎的一首《罗刹海市》火了一把,据说他位于山东淄博的故居,因为年久失修不开放而被蜂拥而至的国人诟病。那么,《罗刹海市》这首歌除了有民谣曲剧的音乐风格以外,其歌词语言中到底有什么地方值得民众如过江之鲫般的痴心追随呢?

首先是语言的维度拓展与空间转换超乎寻常。在蒲松龄小说《罗刹海市》的语言使用中,"罗刹""海市"分别表述两层含义。一层是其基础含义,"罗刹"一词,最早见于古印度颂诗《梨俱吠陀》,相传原为南亚次大陆土著名称,称"恶鬼"。《慧琳意义》记载:"罗刹娑,梵语也,古云罗刹……乃暴恶鬼名也。男即极丑,女即甚姝美,并皆食啖于人。""恶鬼"义引申出"恶地"义;因为读音的情况,也指俄罗斯,属于节外生枝的含义;至于所谓的"罗刹江(钱塘江)"则是特指引申的含义,总之,其基础含义只有第一个的"恶鬼",由此引申出汉语中的"凶险;险恶"的意思来。"海市"则是与"海市蜃楼"意思一致,表示虚幻的、缥缈的,不真实的含义。这样的意思被使用在歌词里,既有所指的具象,又无法具体地着落在一个人(组织、团队等)身上,这样写,既无法律层面的侵权之忧,也无世俗层面强力对抗的针对压力,谁对号入座,它就是谁。语言的共时三维体现的现实通用性以及历史二维呈现的历史寓意结合得非常巧妙准确。另外,如"一丘之河(貉)""苟苟营(狗苟蝇营)""勾栏""司晨""画堂""如意""华夏"等词语的使用,也恰到好处地表现了主题内容。比如"勾栏"一词,唐代出现,最初是唐玄宗教唱乐伎的场所(类似我们今天的歌舞剧院),宋代以后被常用于演戏以及妓院,现代汉语中这个词已经不再使用,被用在歌词中,也是起到了画龙点睛的效果。一般来说,这种将历时与共时结合起来使

用的词语,多数带有隐指的性质,所能够表达的含义更加尖锐深刻,因此,其所能够拓展的语言空间也就更加广大。

其次是文字的简繁、部首等字形使用的现实寓意十分突出。在歌词中,简化字和繁体字的转化使用、字形偏旁部首的拆分使用等结合得天衣无缝、相得益彰。如"又鸟(鸡)""马户(驴)",其实在繁体字系统中,"驴"是由"马""盧"组成,《说文解字》说"似馬,長耳。从馬盧(卢)聲。"而"鸡"是由"奚""佳"组成,《说文解字》说:"雞,知时兽也。从佳,奚声。籒文从鳥。"所以,抛开繁体字字形认识的错误,如将"盧"认为是"户",使用现代人更熟悉的简化字字形来表情达意,是这首歌词的高明之处,毕竟受众体会的是词、曲、意结合之后的整体情绪,而不是老学究式的咬文嚼字。这样的情况还有"女子为好非全都好。"等。

歌词中还有一个这样的问题是"爱"字,"爱字有心心有好歹"一句说的是"爱"的繁体字是"愛",中间包含一个"心"字,这就涉及人们对于简化字的看法。一些人曾经批评简化字,说"爱无心,亲不见、云无雨、涌无力。"认为简体字构造不合理据,违背六书的结字原则。有人问"驚惧"一词,何以"惧"从心,而"驚"从"马"呢?用简化字的人是否也可说"惊"从心更合理呢?总之,使用什么样的语言文字可以更准确地表达自己的思想内容和情感趋向,是文字使用的最高境界,《罗刹海市》的歌词就是值得我们深入地研究的样本之一。

第三是情节描述语言的"古为今用""洋为中用"。歌词里"过七冲越焦海三寸的黄泥地"是用中医专业术语表示内容,"两耳傍肩三孔鼻"是用蒲松龄原著关于罗刹国相国的容貌的描写借指今人,原著这样说"视之,双耳皆背生,鼻三孔,睫毛覆目如帘。"将其概括为"两耳傍肩三孔鼻",既符合歌词韵律的要求,又契合文字高度概括的规矩,更形象、更上口、更具传播力。这样的词语还有"美丰姿少倜傥""半扇门楣上裱真情""红描翅那个黑画皮绿绣鸡冠金镶蹄"等等。

将国外的哲学家与歌词场景的充分转换也是其特点之一,维特根斯坦有一句名言说"说谎的人多了,就没有人愿意说实话。"语言掩盖下的丑恶多了,人们就不再使用那个表达真情实意的语言。从"马户""又鸟"这样的语言文字问题延伸到人们的生活状态,从粗俗的骂人上升到哲学思考,恐怕是这首歌词给我们深刻的印象,也是很多人虽然不能完全理解,却心心念念、趋之若鹜的根本原因。

第四是詈言俗语使用上的雅致化,这是受众议论最多的地方,不过,相比于人们热议的指向和影射等问题,我们更应该注意,在歌词中的詈言俗语的使用状态。

我们一般可将骂人的语言场景分为三种,初级的骂大街,如胡同里泼妇大妈的对骂,语言直白有力度,但持续性不强,格调不高;中级的文骂,字里行间充满了讽刺、贬低和满怀满眼的瞧不上,如鲁迅先生的文章,嬉笑怒骂,皆出锋芒,锋利无比,势不可挡;高级的笑骂,将盛满愤懑的污秽行囊以内在愉悦的心情传递给对方,并请旁观者明明白白地、清清楚楚的观瞻,然后,巧笑而去,不着痕迹。

"叉杆儿"是古代汉语方言中一句詈语(骂人的话),可用在这里表示一种当权者、保护伞的含义,却不点儿也不粗俗和突兀。"公公"在现代汉语中,也是一个带有极其强烈贬义色彩的词。如歌词里的"公公",半真半假、虚虚实实,既有实指"好威风"的畅快讥讽,却无具体落实之忧,骂人骂到这种高明的地步,也是语言文字的魅力所在。这样的词语还有"转腚""老粉嘴""草鸡""黄蜂尾上针"等等。

总之,用古今中外的詈言俗语表达今天的现实,是该歌词之所以为人们所接受的语言基础,就像一盆南甜北咸、东辣西酸的杂烩菜,调味好了,适合几乎所有人的胃口,能够掀起人们味觉的狂欢;调味差了,就是一盆泔水,污言秽语,谁见谁恶心。

后　记

　　说起本书和文字词语的缘起,是得益于五年前和辞书终身成就奖获得者李行健先生(以下简称先生)以及终身从事语言文字国家规范研究和推广的张世平老师的结识。2018年秋,在先生主编的《现代汉语规范词典》等系列规范词典的影响和感召下,我开始对于词典和字词产生了浓郁的兴趣,并借助自己对于文字的痴迷爱好,开始了对于词典编纂以及文字词语的思考和研究。初时,茫无头绪的我只能是跟随大家亦步亦趋地照猫画虎,对于语词的认识也仅仅是停留在感性的层面,无法进行更加深入的研究和发掘。

　　记得刚开始摸不着门径的煎熬,使得自己曾经憧憬过多年的语文梦想始终是雾里看花、水中望月,也曾愁苦地告诉先生,自己不是中文系毕业,没有经过语文基础训练,恐怕做不好事情,辜负先生希望。在打退堂鼓的时候,是先生鼓励我,不懂没关系,可以边干边学嘛。几年下来,深深地感受到了先生不仅是词典编纂的大家,还是敢于创新词典编纂理论、方法以及编纂体制、经营机制的拓路者。

　　首先感受到的是先生坚持不懈地坚定执行国家语言文字规范标准的勇气和毅力。《现代汉语规范词典》如今经过三十多年的编纂和出版,已经修订到了第4版,每一次的修订,都是为了适应国家语言文字发展和规范的需要,秉承吕叔湘、王力等先辈先生的语言文字规范夙愿,坚持规范标准,咬定规范不放松的过程。《中华人民共和国国家通用语言文字法》《第一批异形词整理表》《普通话异读词审音表》《通用规范汉字表》等一大批语言文字规范法规和标准先后完整、准确地贯彻在词典的字里行间,形成了坚决执行国家语言文字规范标准的编纂思路和基本架构。与此同时,按照词义发展引申脉络排列义项、按义项标注词性并设立小手提示,指正语言文字使用中的语用规范和使用错误等等,都是在先生亲力亲为的指挥和督促下,完成了对于语言规范标准的实施落实。三十年来,四十多部规范词典,5500多处小

后　记

手提示,都是在日复一日的真抓实干中逐渐清晰地落墨定稿。而这些工作是先生率领一批又一批退休教授、语文研究者筚路蓝缕艰苦创业所取得的。同样,在开拓海峡两岸合编《中华语文大辞典》的"破冰"之路上,在建设国家通用语言共同语的思考和创设理念上,在以语素为基础解释和归并词义的语言文字解析道路上,这位耄耋老人依然在不断思考、辛勤耕耘、踔厉奋进。

　　本书内容的确立即是出自李行健先生秉承吕叔湘、王力、周祖谟等先辈关于语素解词的思想和论述基础上,长期以来坚持词语研究和不断创新词典字词释义方法的结果。他的老师吕叔湘、王力先生关于语素研究和解词释义的一系列论述以及周祖谟先生认为的"在一部词典中只讲单字义,而不讲合成词中的语素义,是很大的缺点,有必要进行革新,创立新的模式。"对于李行健先生的词语研究奠定了基础,指明了方向。早在上个世纪50年代初,先生在北京大学求学期间就对词汇产生了浓厚的兴趣,写下了"《世说新语》中副词'都'和'了'的用法及其比较"一文。60年代初,他在《天津日报》等报刊上发表"'山药'一词的来历",还有诸如"从'救火'谈释词""'骗'和'骗马'简说"等等文章。尤其是他八十年代初发表于《辞书研究》上的"概念意义和一般词义——从'国家'的词义是什么说起",引起了语言文字界的巨大反响,并受到了中央相关领导的关注。十多年前,他又亲自组织一批专家学者摸索语素解词在词典编纂中的作用,并写成了"语源词典"初稿。尽管有所创新,但距离他心目中"理想的语素词典"尚有很大的距离。不过,尽管前行路上困难重重,却更加坚定了先生创新语素释词编纂词典的决心。

　　近年来,尽管先生主持日常词典编纂工作繁杂琐碎,占用了他大部分时间和精力,但先生对于词语释义的关注程度丝毫也没有减弱。他在编写组集体会议上多次强调,要充分认识语素在词语义项归类上的重要作用。他曾经反复例举诸如"瓦解;瓦砾"的"瓦"字;"回合"的"合";"膜拜"的"膜"等语素含义的认识不同而影响到了词语义项归类的问题,帮助大家分析语素含义的内容及其影响。在先生的亲自指导下,资深语言政策专家张世平老师率先提出组建编写团队,深入挖掘词语语素的内在含义以及词语在历时发展过程中有趣的语言故事和理据性证据,编写出短小精悍又具有趣味性、研究性和通用性的语言小短文,来推广和普及语素释词理念。于是,在编写组前辈老师辛勤工作的基础上,就有了这本书最初的起意和构架。

说词解字

那时候，正是我人生中最低谷的时期。2019年夏天，萱堂忽丧，慈母西游，万念皆焚的我找到先生，说出想回归故土、为母亲守孝的想法。先生恩许并劝我冷静一段时间，待后从长计议。一年后，先生再一次提起此事，希望我能够在这方面做一些研究和写作工作，并欣然表示，他可以亲自指导我们一起做这个工作。我为先生的执着坚持所感动，也为他倾心聚力创新词典编纂方式方法的雄阔之心所激励，暗自下了决心，一定不辜负先生和世平老师的谆谆嘱托，将竭尽全力投入本书的写作当中。两年多来，所思所写出短文二百余篇，每每得到先生和世平老师的指点和肯定，先生还多方约请《语言文字报》《北京晚报》编辑予以推荐，得对方青眼，一年多以来共刊出四十余篇。近日，先生又命我结集成书，完成了本书从缘起到成书的全过程。

日前，先生又告诉我，他在1962年发表于《天津日报》的"'山药'一词的来历"一文被《咬文嚼字》2023年11期转载，并嘱我修改受他文章影响而写的"为什么叫'山药'？"一文，我将文章修改，重新命名为"从'山药'的更名说起……"以续貂。在修改中，先生与我不断讨论相关史料的真实性、文辞的准确性和立论的合理性等问题，其思维的逻辑性、记忆的准确度和表述的清晰度，实难想象他已经是"米"寿已过且经过三年疫情反复煎熬的老人。所以，将先生"山药"原文列于本书篇首，其实就是想告诉大家，本书如果有一点点可以为读者在趣读中解疑答惑的地方，也是在先生手把手的教诲和指导、在世平老师的鼓励和帮助之下，在编写组前辈老师们的努力工作和建树基础之上取得的。

同样，本书还是《现代汉语规范词典》编写组集体智慧的结晶，因此需要感谢的师友颇多，国蛙老师的殷勤指点、登岐老师的醍醐灌顶、喜田老师的反复论道、寿江兄长的音韵提携，使我从"鸡同鸭讲"的茫然无知逐渐过渡到了音韵谐声的登堂入室，"初读芦台不知春，回首已是春满园。"还有很多人很多事……每一点滴的进步，都是所有同仁的不断提携和帮助，在此一并感谢。

赵景荣
2023年11月6日